EIICHIRO ODA

„Der legendäre Held"

Die Strohhut-Bande

Tony Chopper

Kopfgeld:
1000 Berry

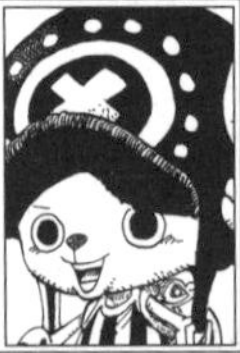

Hat im Königreich Torino intensive Studien zu »starken Medikamenten« betrieben und ist danach wieder mit den anderen Strohhüten zusammengetroffen.

Schiffsarzt

Lorenor Zorro

Kopfgeld:
1 Milliarde 111 Millionen Berry

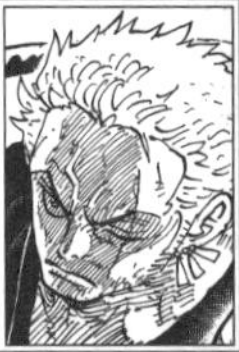

Warf seinen Stolz beiseite und bat Mihawk auf Kuraigana um Unterweisung im Schwertkampf. Stieß danach ebenfalls wieder zu seinen Gefährten.

Mitstreiter

Nico Robin

Kopfgeld:
930 Millionen Berry

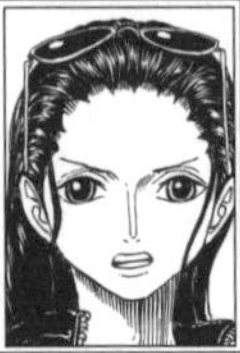

Kam nach einem Aufenthalt in Bartigo, der Basis von Dragon, dem Anführer der Revolutionäre und Ruffys Vater, zurück zur Strohhut-Crew.

Archäologin

Nami

Kopfgeld:
366 Millionen Berry

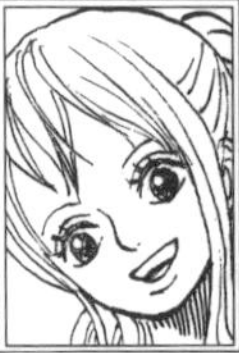

Studierte auf der kleinen Himmelsinsel »Weatheria«, wo Wetterforschungen betrieben werden, die klimatischen Bedingungen der Neuen Welt. Auch wieder mit den Gefährten vereint.

Navigatorin

Frankie

Kopfgeld:
394 Millionen Berry

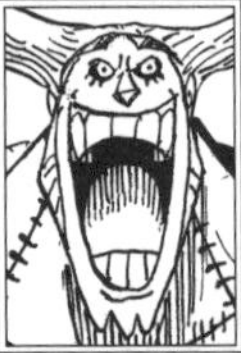

Führte im Land der Zukunft Balsimoa selbst Umbauten an seinem Körper aus, durch die er zum »Armored Frankie« wurde, und stieß dann zu den anderen.

Schiffszimmermann

Lysop

Kopfgeld:
500 Millionen Berry

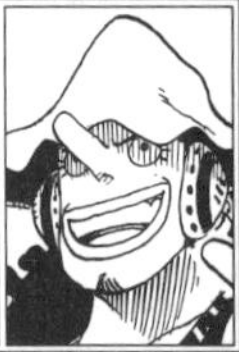

Hat sich auf den Bowin-Inseln von Heraklesn unterweisen lassen, um »König der Scharfschützen« zu werden, und kam anschließend ebenfalls zurück zu den anderen Strohhüten.

Scharfschütze

Brook

Kopfgeld:
383 Millionen Berry

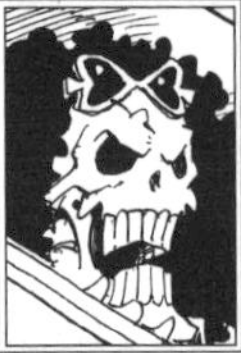

Wurde zunächst von Langarm-Menschen gefangen und als Sensation zur Schau gestellt, kehrte dann aber als Superstar »Soul King« zu seinen Gefährten zurück.

Musiker

Sanji

Kopfgeld:
1 Milliarde 32 Millionen Berry

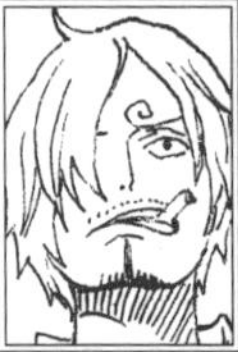

Hat sich im Königreich der Transen durch die Kämpfe gegen Meister der Transen-Kampfkunst noch weiter verbessert und ist danach auch wieder bei den anderen eingetroffen.

Koch

Jinbei, der Ritter der Meere

(ehemaliger Samurai der Meere)
Kopfgeld:
1 Milliarde 100 Millionen Berry

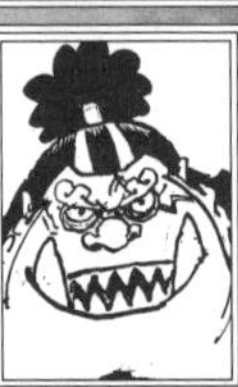

Durch und durch ehrenwerter Mann. Um Ruffy bei dem heftigen Kampf gegen Mom zur Flucht zu verhelfen, nahm er seine Aufgabe als Feudalherr wahr und stieß vor dem Überfall wieder zu den Strohhüten.

Steuermann

The story of ONE PIECE

Die Yonko

Monkey D. Ruffy

Kopfgeld: 3 Milliarden Berry

Junger Mann, der davon träumt, Piratenkönig zu werden. Nach zweijährigem Training trifft er wieder mit seinen Gefährten zusammen. Ihr Ziel: die Neue Welt!

Käpt'n

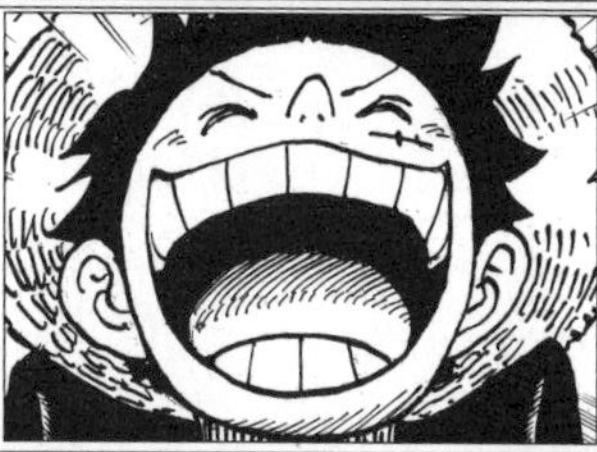

Shanks

Kopfgeld:
4 Milliarden 48 Millionen 900 000 Berry

Einer der Vier Kaiser. Wartet in der zweiten Hälfte der Grandline, der Neuen Welt, auf Ruffy.

Käpt'n der Rothaar-Piratenbande

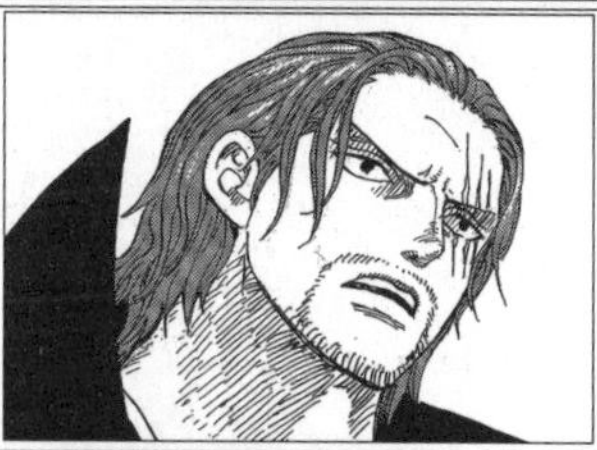

Marshall D. Teach

Kopfgeld:
3 Milliarden 996 Millionen Berry

Ehemaliges Mitglied der Whitebeard-Piratenbande. Tötete einen Kameraden und floh. Stieg vom Samurai der Meere zum Yonko auf.

Admiral der Blackbeard-Piratenbande

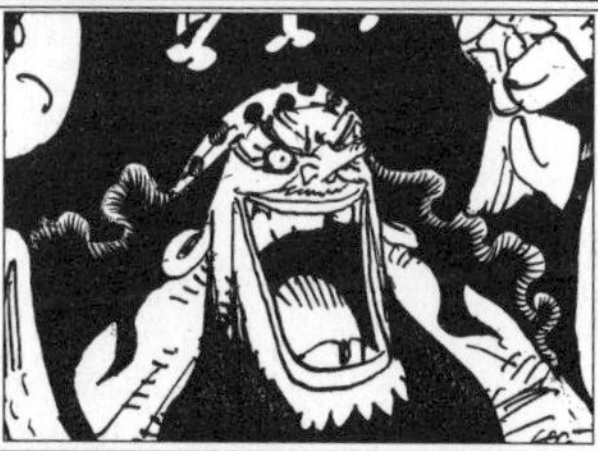

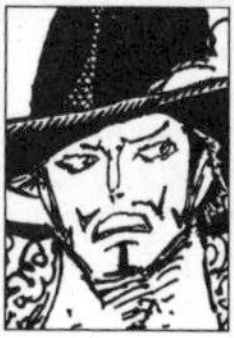

Mihawk Dulacre

Ehemaliger Samurai der Meere

Buggy der 1000-Münzen-Clown

3 Milliarden 189 Millionen Berry

Lernte zusammen mit Shanks auf dem Schiff von Rogers Piratenbande. Hat es zum Yonko gebracht!!

Cross Guild

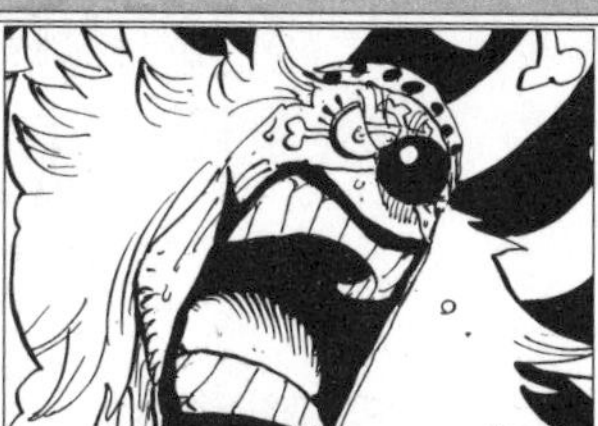

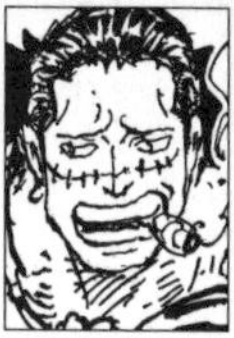

Sir Crocodile

Ehemaliger Samurai der Meere

Cross Guild

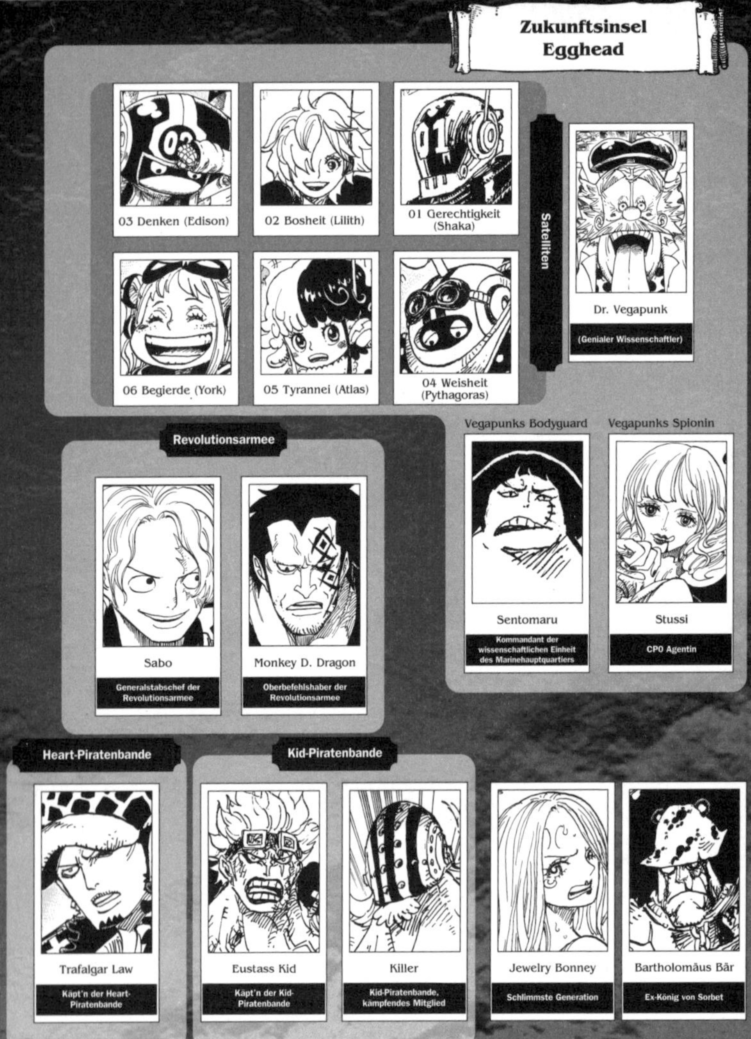

zu viel über die Geschichte weiß. Ruffy erklärt sich einverstanden und plant die Flucht mit der Sunny. Die Vorbereitungen beginnen, doch der Angriff der CP0 zwingt die Strohhüte zum Kampf. Schließlich überlassen sie Sentomaru den Kampfplatz und treffen mit Vegapunk zusammen, der allerdings kurz darauf von der Bildfläche verschwindet! Und plötzlich formieren sich immer mehr Marineschiffe rund um die Insel…

The story of ONE PIECE

Marine

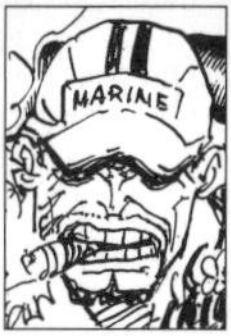
Akainu (Sakazuki)
Großadmiral, Marinehauptquartier

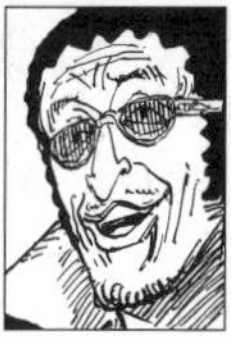
Kizaru (Borsalino)
Admiral, Marinehauptquartier

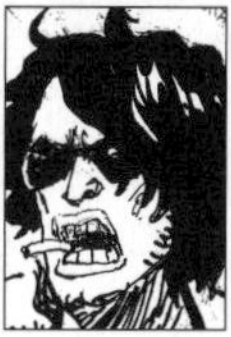
Ryokugyu (Aramaki)
Admiral, Marinehauptquartier

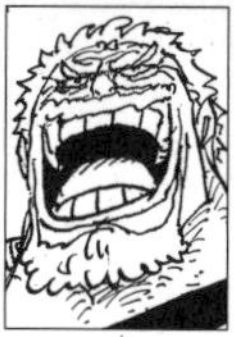
Monkey D. Garp
Vizeadmiral, Marinehauptquartier

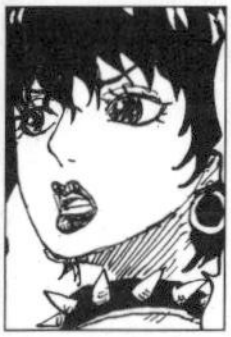
Doll
Vizeadmiralin, Marinehauptquartier

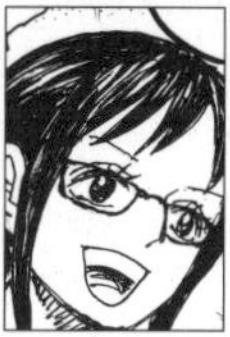
Tashigi
Kapitänin, Marinehauptquartier

Sword

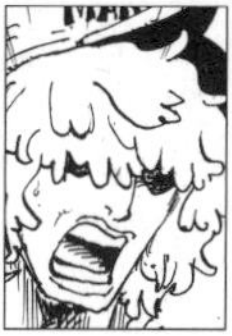
Prince Grus
Konteradmiral, Marinehauptquartier

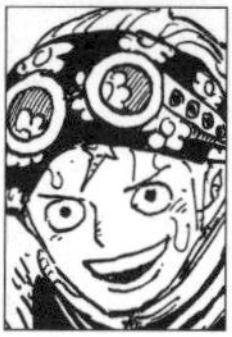
Corby
Kapitän, Marinehauptquartier

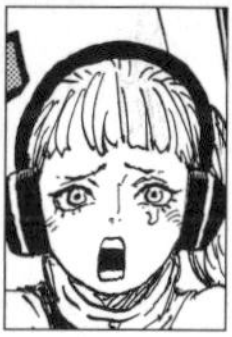
Hibari
Fregattenkapitänin, Marinehauptquartier

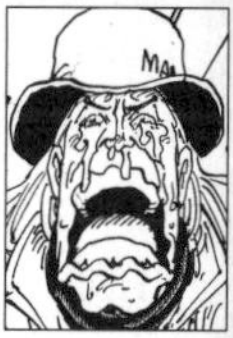
Helmeppo
Korvettenkapitän, Marinehauptquartier

Cipherpol „Aigis“ 0

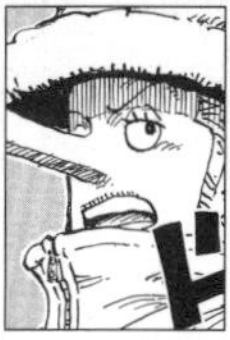
Ecki
CP0 Agent

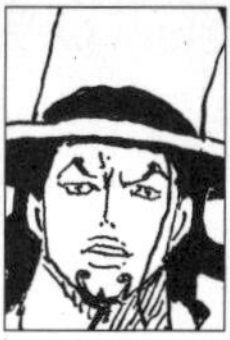
Rob Lucci
CP0 Agent

Die Seraphim

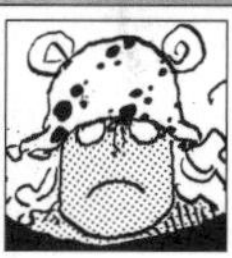
S-Bear

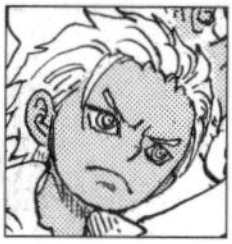
S-Hawk

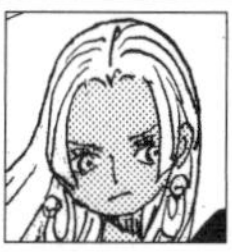
S-Snake

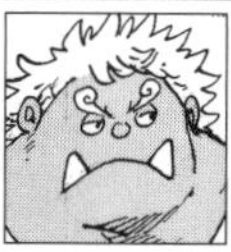
S-Shark

Was bisher geschah

Nach zwei Jahren intensiven Trainings treffen die Strohhüte auf dem Sabaody Archipel wieder zusammen. Nach einem Zwischenstopp auf der Fischmenscheninsel gelangen sie endlich zum letzten Meer, der Neuen Welt!! Nach dem Sieg über Kaido und der Befreiung von Wa no Kuni wird Ruffys Kopfgeld angehoben und er wird zum Yonko erklärt. Doch da das Gleichgewicht zerstört ist, kommt es nun überall auf der Welt zu Konflikten. Die Strohhüte landen indessen auf der Zukunftsinsel Egghead und begegnen dort Vegapunk, der sie bittet, ihm zur Flucht von der Insel zu verhelfen. Die Regierung hat es auf sein Leben abgesehen, weil er

Eiichiro Oda

One Piece 107

Der legendäre Held

Inhaltsverzeichnis

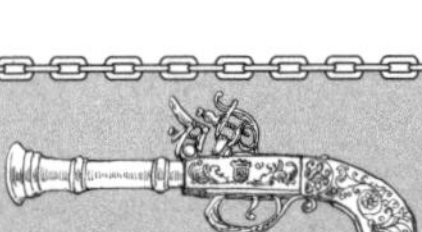

1077. Kapitel:
Das hätte mir früher auffallen müssen

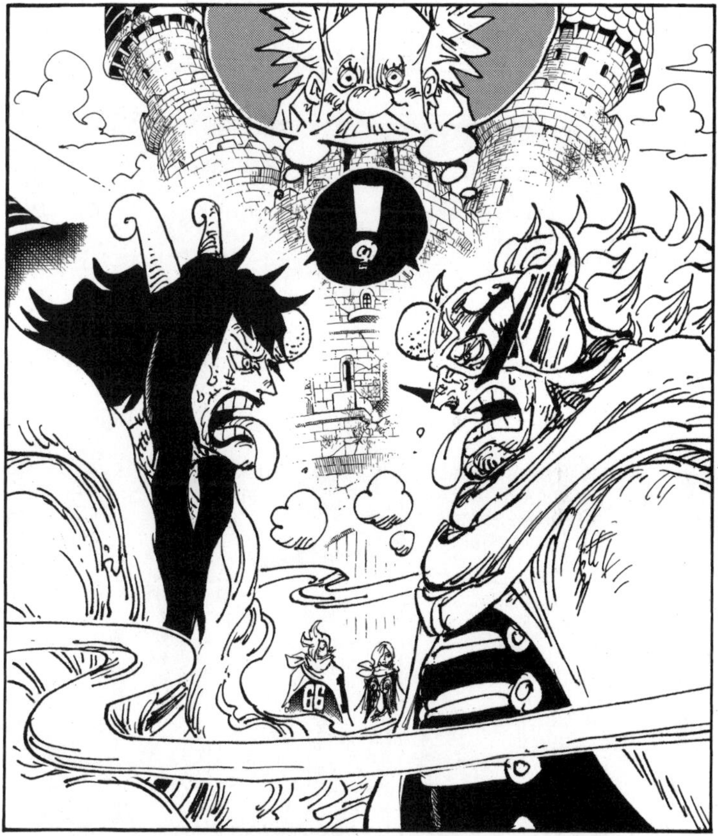

Dieser ausdruckslose Reisebericht der Germa 66, Teil 32
„Wenn man so darüber nachdenkt, dann war Vegapunk eigentlich das Problem“

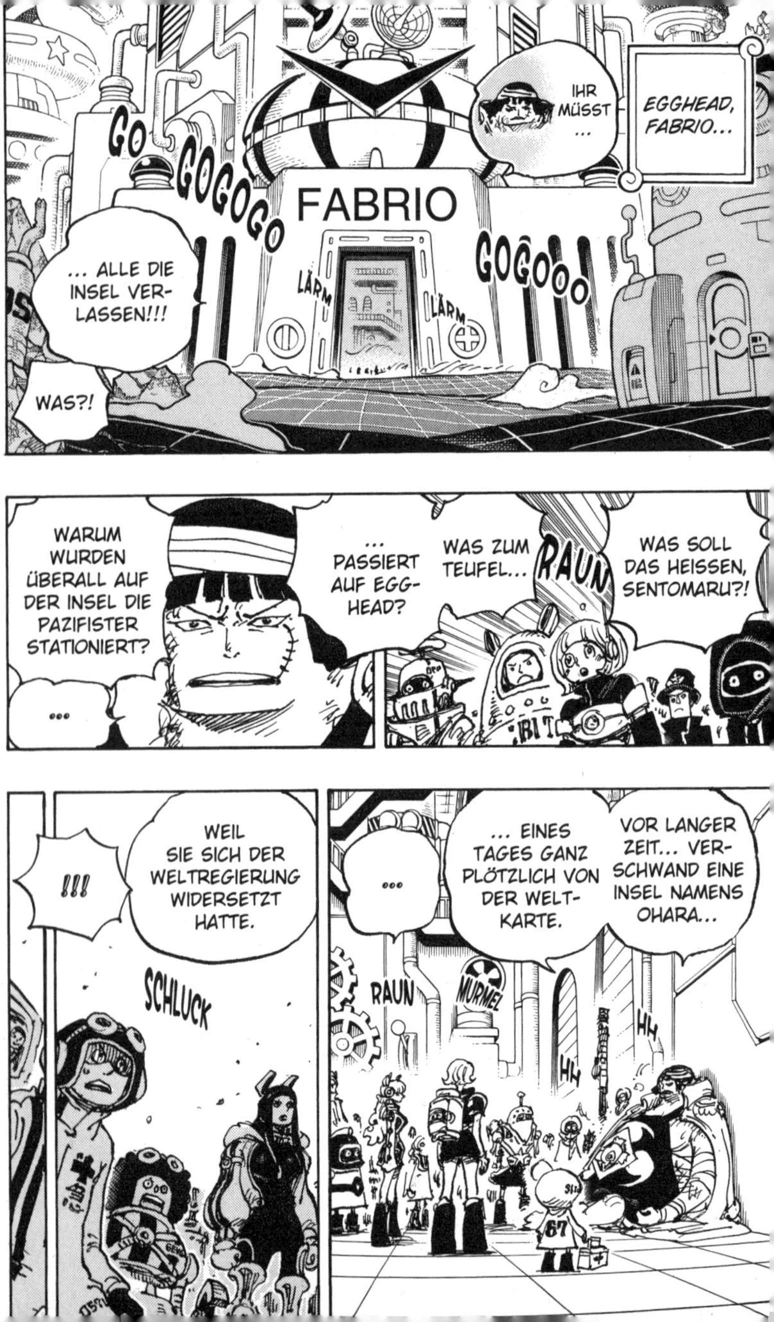
EGGHEAD, FABRIO...
FABRIO
IHR MÜSST ...
... ALLE DIE INSEL VER-LASSEN!!!
GO GOGOGO
GOGOOO
LÄRM
LÄRM
WAS?!
WAS SOLL DAS HEISSEN, SENTOMARU?!
RAUN
WAS ZUM TEUFEL...
... PASSIERT AUF EGG-HEAD?
WARUM WURDEN ÜBERALL AUF DER INSEL DIE PAZIFISTER STATIONIERT?
...
VOR LANGER ZEIT... VER-SCHWAND EINE INSEL NAMENS OHARA...
... EINES TAGES GANZ PLÖTZLICH VON DER WELT-KARTE.
...
RAUN
MURMEL
HH
HH
WEIL SIE SICH DER WELTREGIERUNG WIDERSETZT HATTE.
!!!
SCHLUCK

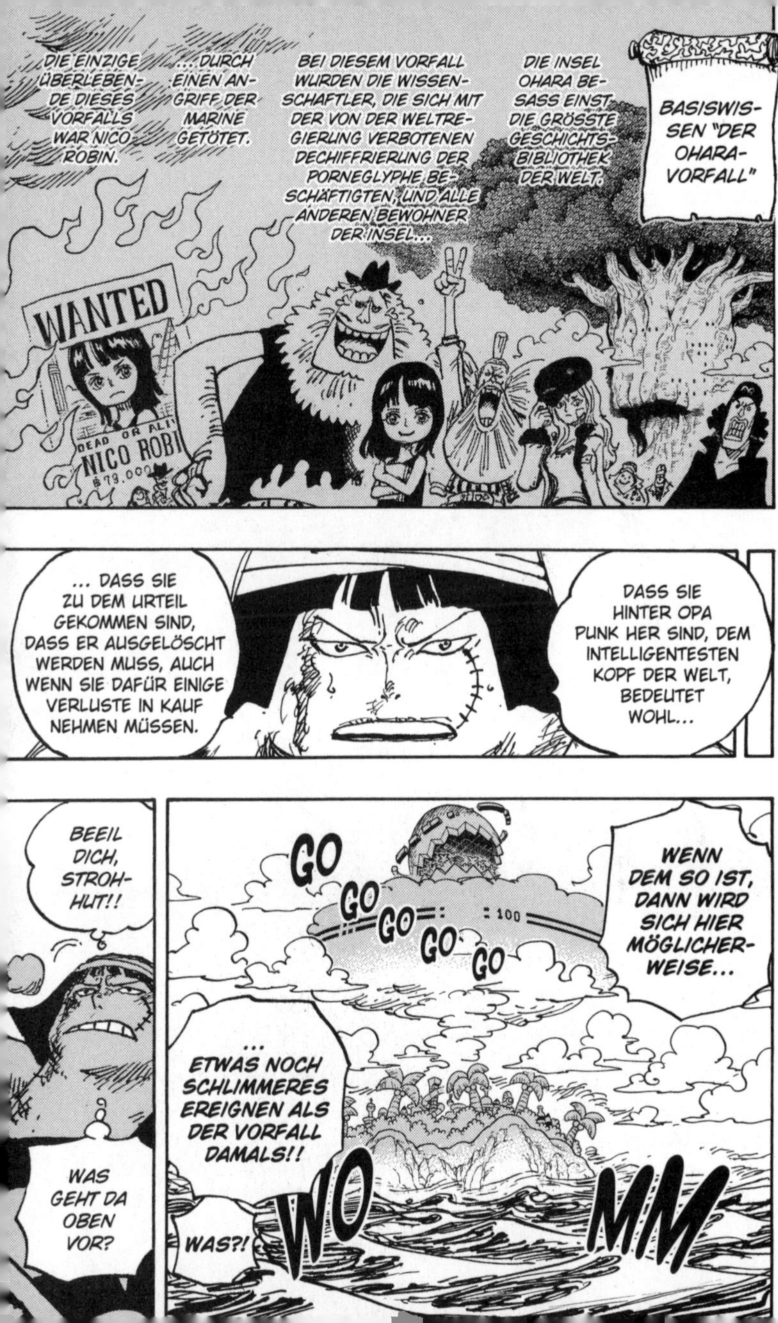
BASISWISSEN "DER OHARA-VORFALL"
DIE INSEL OHARA BESASS EINST DIE GRÖSSTE GESCHICHTSBIBLIOTHEK DER WELT.
BEI DIESEM VORFALL WURDEN DIE WISSENSCHAFTLER, DIE SICH MIT DER VON DER WELTREGIERUNG VERBOTENEN DECHIFFRIERUNG DER PORNEGLYPHE BESCHÄFTIGTEN, UND ALLE ANDEREN BEWOHNER DER INSEL...
... DURCH EINEN ANGRIFF DER MARINE GETÖTET.
DIE EINZIGE ÜBERLEBENDE DIESES VORFALLS WAR NICO ROBIN.
WANTED
DASS SIE HINTER OPA PUNK HER SIND, DEM INTELLIGENTESTEN KOPF DER WELT, BEDEUTET WOHL...
... DASS SIE ZU DEM URTEIL GEKOMMEN SIND, DASS ER AUSGELÖSCHT WERDEN MUSS, AUCH WENN SIE DAFÜR EINIGE VERLUSTE IN KAUF NEHMEN MÜSSEN.
WENN DEM SO IST, DANN WIRD SICH HIER MÖGLICHERWEISE...
GO GO GO GO GO
... ETWAS NOCH SCHLIMMERES EREIGNEN ALS DER VORFALL DAMALS!!
WOMM
WAS?!
BEEIL DICH, STROHHUT!!
WAS GEHT DA OBEN VOR?

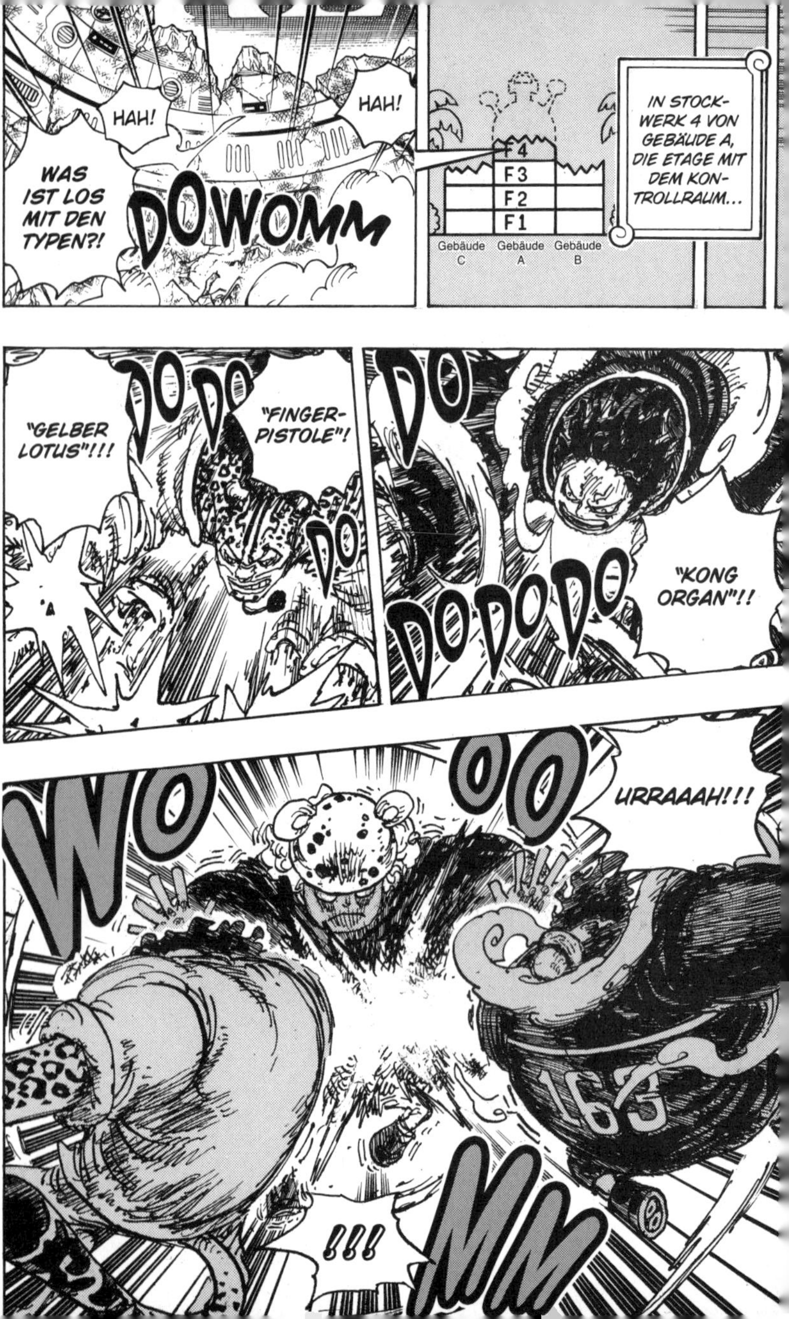

IN STOCKWERK 4 VON GEBÄUDE A, DIE ETAGE MIT DEM KONTROLLRAUM...
F4
F3
F2
F1
Gebäude C
Gebäude A
Gebäude B
HAH!
HAH!
DOWOMM
WAS IST LOS MIT DEN TYPEN?!
DO
"KONG ORGAN"!!
DODODO
"FINGER-PISTOLE"!
DODO
DO
"GELBER LOTUS"!!!
URRAAAH!!!
OO
WO
!!!
MM

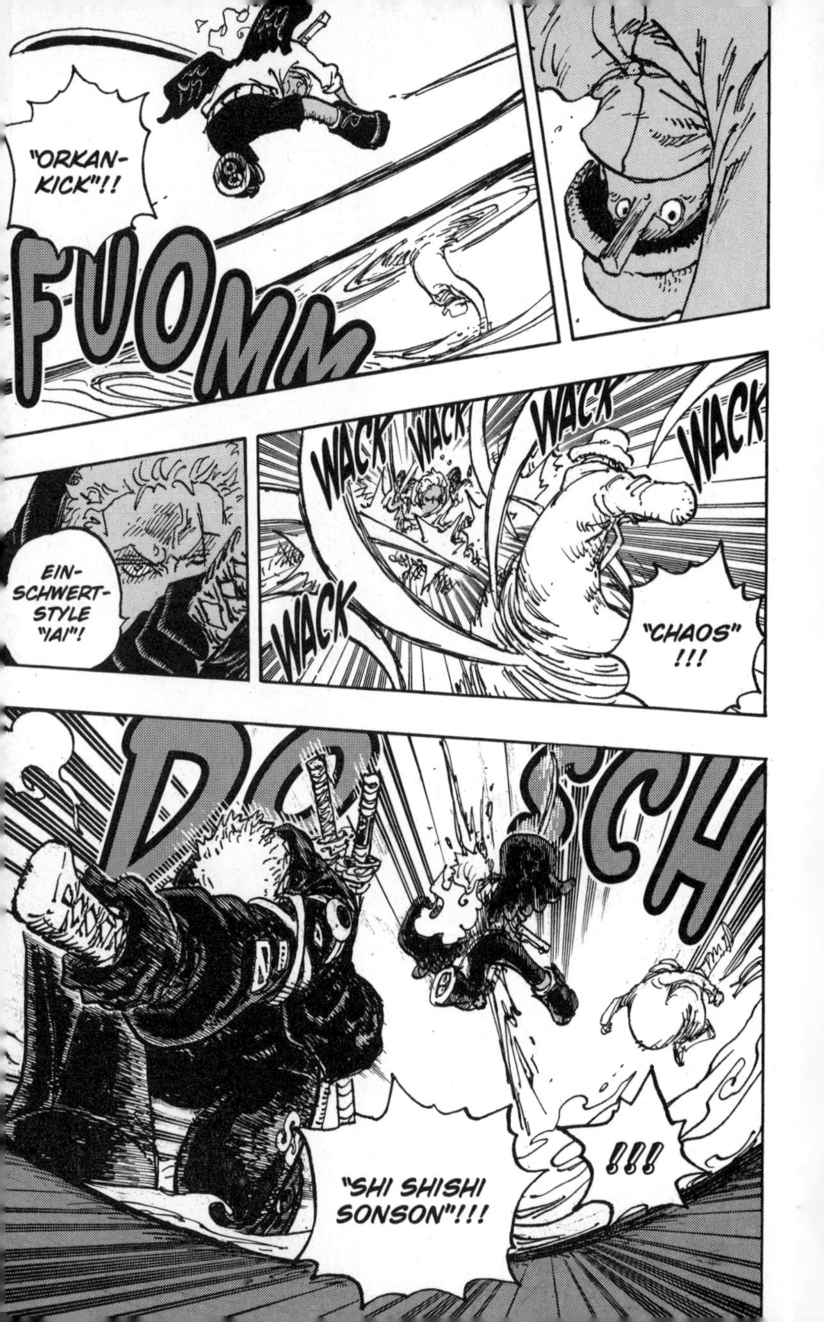
"ORKAN-
KICK"!!
FUOMM
EIN-
SCHWERT-
STYLE
"IAI"!
WACK
WACK
WACK
WACK
WACK
"CHAOS"
!!!
DOSCH
!!!
"SHI SHISHI
SONSON"!!!

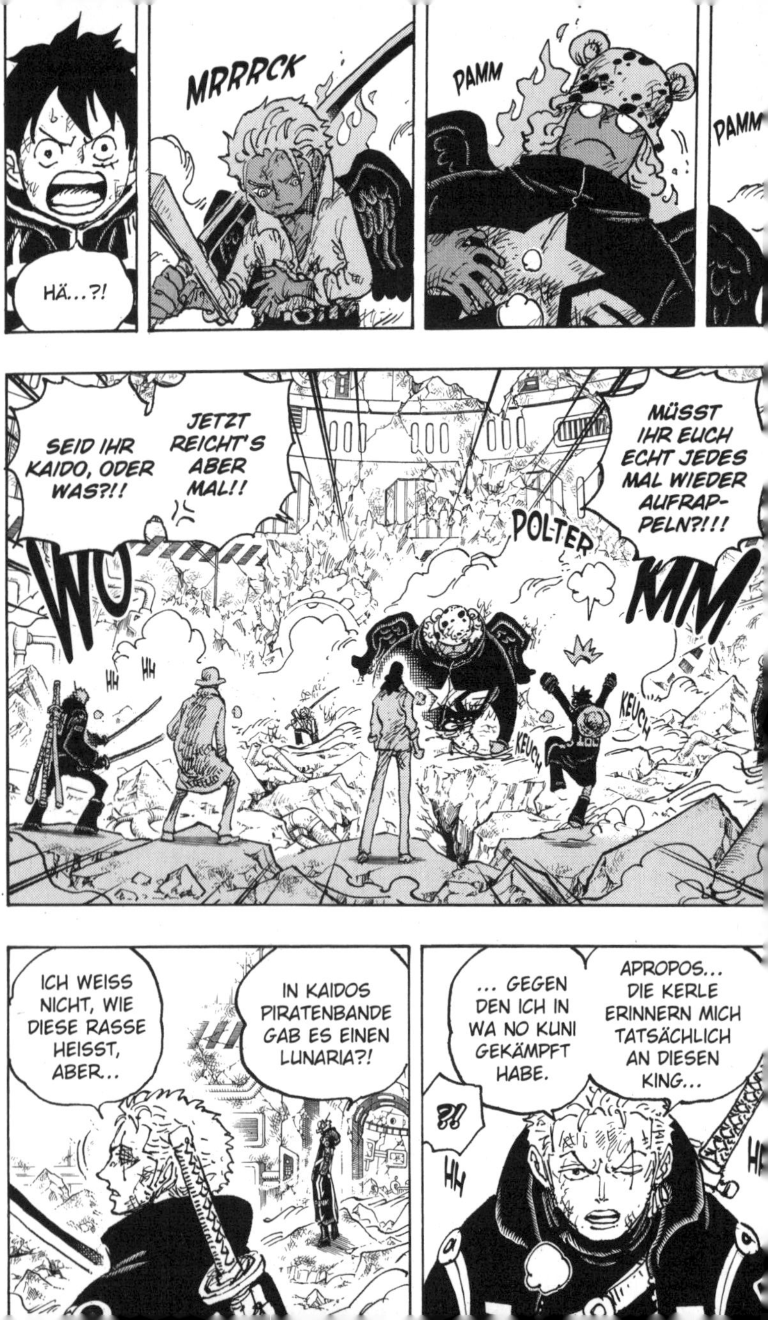
PAMM
PAMM
MRRRCK
HÄ…?!
MÜSST IHR EUCH ECHT JEDES MAL WIEDER AUFRAPPELN?!!!
POLTER
JETZT REICHT'S ABER MAL!!
SEID IHR KAIDO, ODER WAS?!!
WUMM
KEUCH
KEUCH
HH
HH
APROPOS… DIE KERLE ERINNERN MICH TATSÄCHLICH AN DIESEN KING…
… GEGEN DEN ICH IN WA NO KUNI GEKÄMPFT HABE.
?!
HH
ICH WEISS NICHT, WIE DIESE RASSE HEISST, ABER…
IN KAIDOS PIRATENBANDE GAB ES EINEN LUNARIA?!

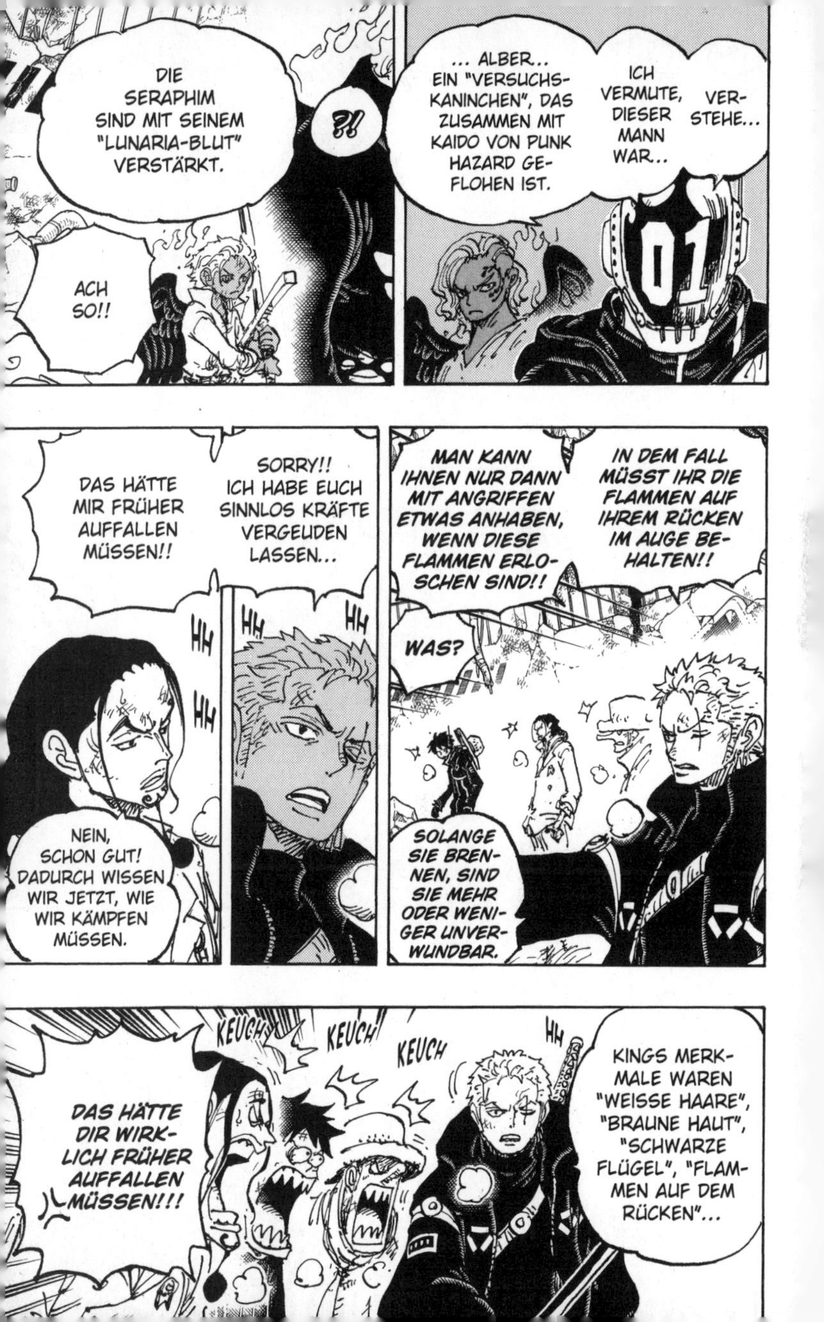

VERSTEHE...
ICH VERMUTE, DIESER MANN WAR...
... ALBER... EIN "VERSUCHSKANINCHEN", DAS ZUSAMMEN MIT KAIDO VON PUNK HAZARD GEFLOHEN IST.
?!
DIE SERAPHIM SIND MIT SEINEM "LUNARIA-BLUT" VERSTÄRKT.
ACH SO!!
IN DEM FALL MÜSST IHR DIE FLAMMEN AUF IHREM RÜCKEN IM AUGE BEHALTEN!!
MAN KANN IHNEN NUR DANN MIT ANGRIFFEN ETWAS ANHABEN, WENN DIESE FLAMMEN ERLOSCHEN SIND!!
WAS?
SOLANGE SIE BRENNEN, SIND SIE MEHR ODER WENIGER UNVERWUNDBAR.
SORRY!! ICH HABE EUCH SINNLOS KRÄFTE VERGEUDEN LASSEN...
HH
HH
DAS HÄTTE MIR FRÜHER AUFFALLEN MÜSSEN!!
HH
HH
NEIN, SCHON GUT! DADURCH WISSEN WIR JETZT, WIE WIR KÄMPFEN MÜSSEN.
HH
KINGS MERKMALE WAREN "WEISSE HAARE", "BRAUNE HAUT", "SCHWARZE FLÜGEL", "FLAMMEN AUF DEM RÜCKEN"...
KEUCH
KEUCH
KEUCH
DAS HÄTTE DIR WIRKLICH FRÜHER AUFFALLEN MÜSSEN!!!

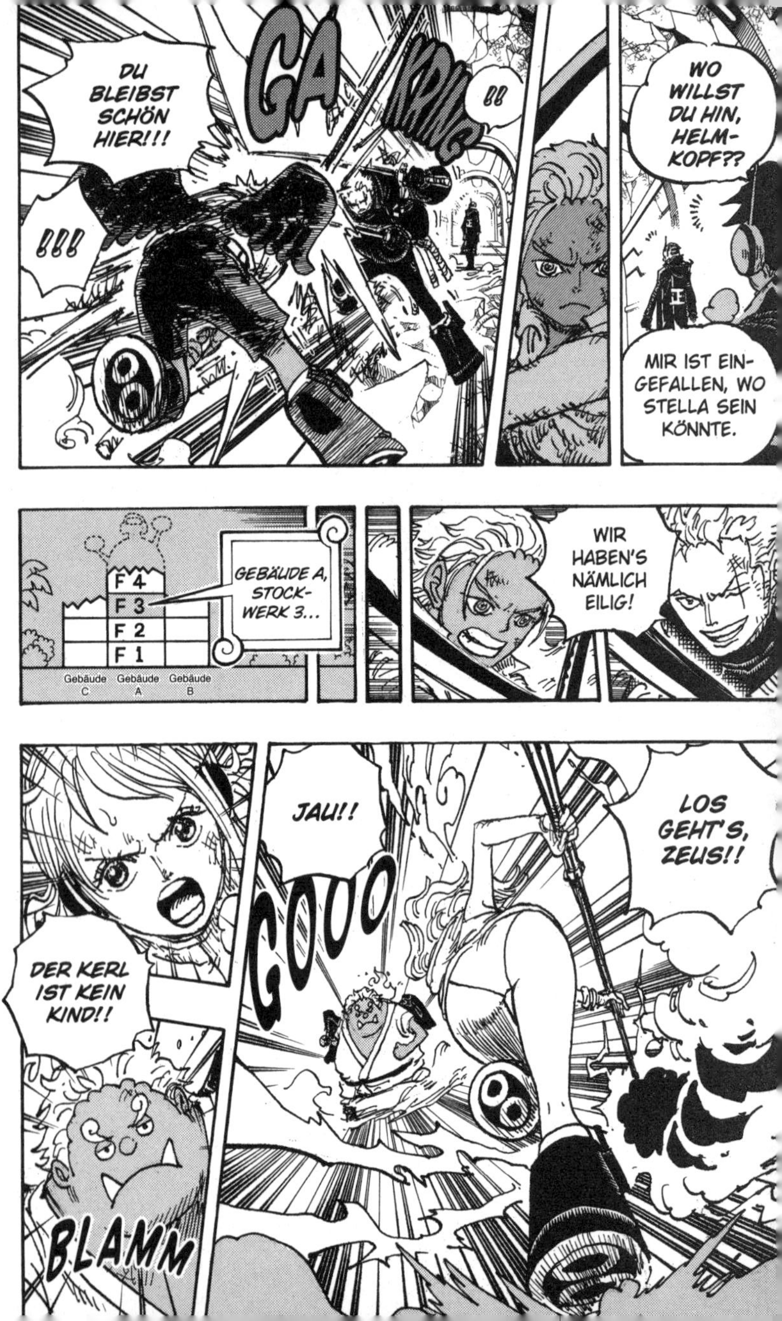
WO WILLST DU HIN, HELM-KOPF??
MIR IST EIN-GEFALLEN, WO STELLA SEIN KÖNNTE.
!!
GA
DU BLEIBST SCHÖN HIER!!!
!!!
WIR HABEN'S NÄMLICH EILIG!
GEBÄUDE A, STOCK-WERK 3...
F 4
F 3
F 2
F 1
Gebäude C
Gebäude A
Gebäude B
LOS GEHT'S, ZEUS!!
JAU!!
DER KERL IST KEIN KIND!!
BLAMM

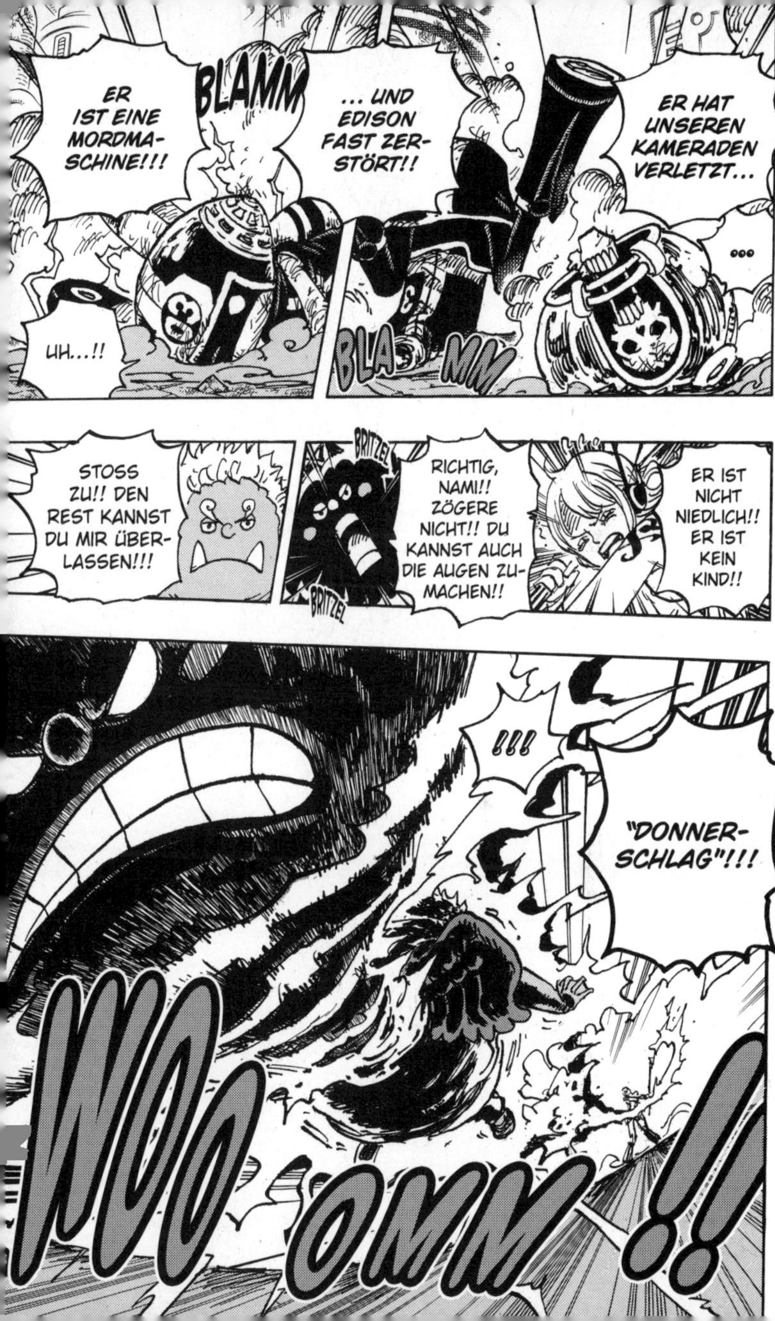

ER HAT UNSEREN KAMERADEN VERLETZT…
…
… UND EDISON FAST ZERSTÖRT!!
BLAMM
ER IST EINE MORDMASCHINE!!!
BLAMM
UH…!!
ER IST NICHT NIEDLICH!! ER IST KEIN KIND!!
RICHTIG, NAMI!! ZÖGERE NICHT!! DU KANNST AUCH DIE AUGEN ZUMACHEN!!
BRITZEL
BRITZEL
STOSS ZU!! DEN REST KANNST DU MIR ÜBERLASSEN!!!
"DONNERSCHLAG"!!!
!!!

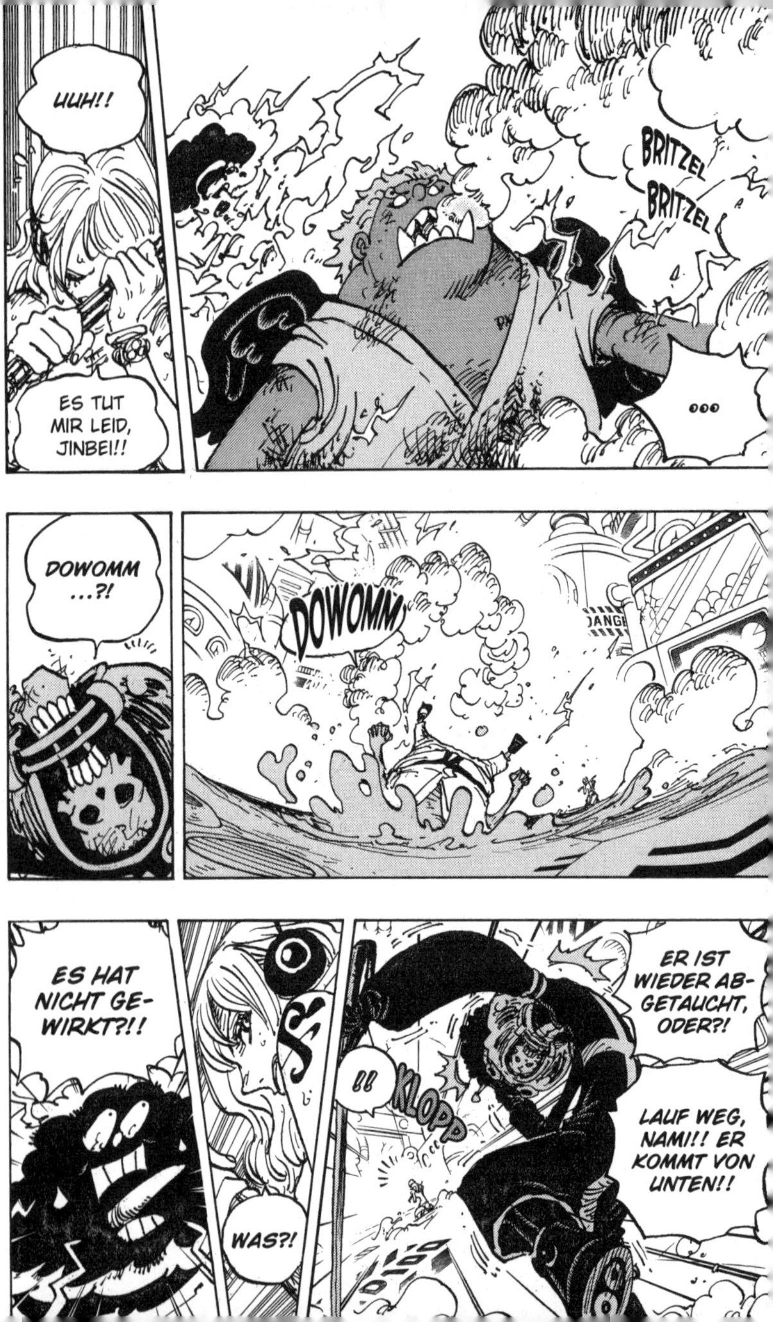
BRITZEL BRITZEL
...
UUH!!
ES TUT MIR LEID, JINBEI!!
DOWOMM
DOWOMM ...?!
ER IST WIEDER ABGETAUCHT, ODER?!
LAUF WEG, NAMI!! ER KOMMT VON UNTEN!!
KLOPP
WAS?!
ES HAT NICHT GEWIRKT?!!

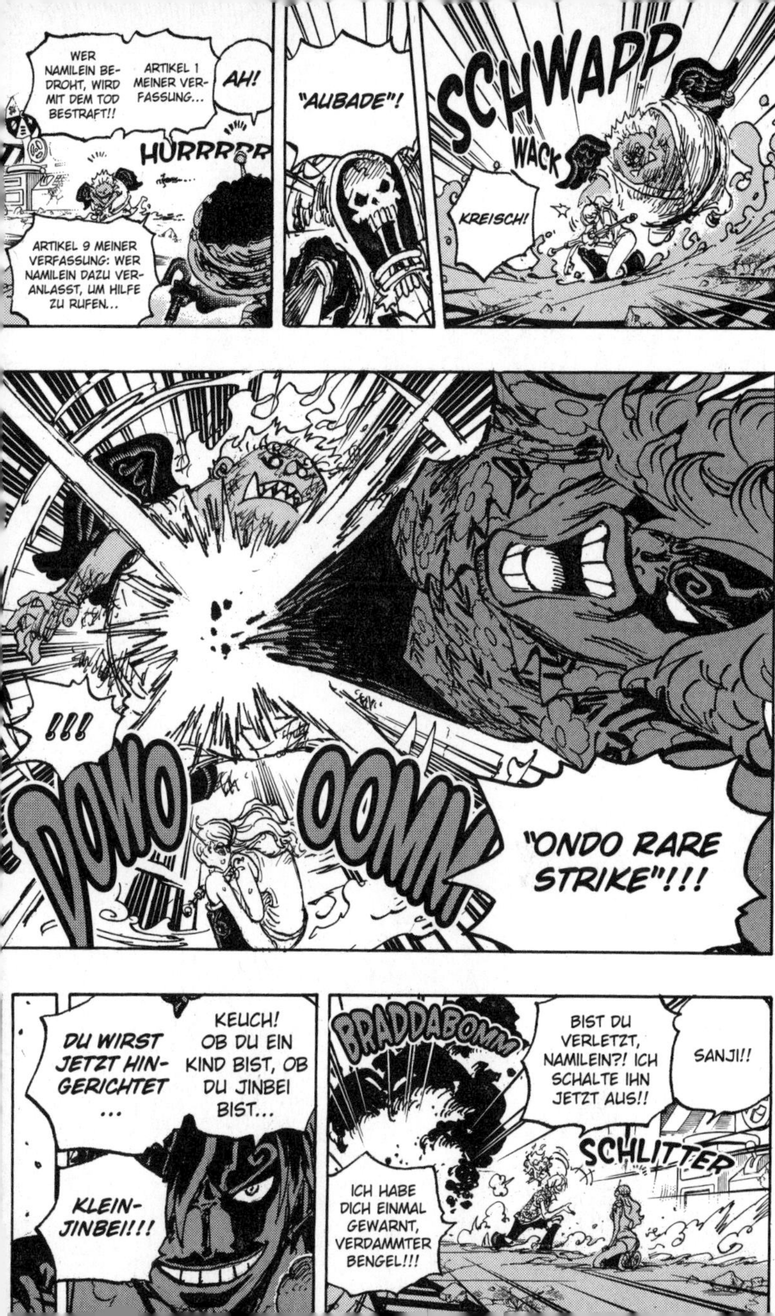
SCHWAPP
WACK
KREISCH!
"AUBADE"!
AH!
ARTIKEL 1 MEINER VERFASSUNG…
WER NAMILEIN BEDROHT, WIRD MIT DEM TOD BESTRAFT!!
HURRRRR
ARTIKEL 9 MEINER VERFASSUNG: WER NAMILEIN DAZU VERANLASST, UM HILFE ZU RUFEN…
"ONDO RARE STRIKE"!!!
DOWO
OOMM
!!!
SANJI!!
BIST DU VERLETZT, NAMILEIN?! ICH SCHALTE IHN JETZT AUS!!
BRADDABOMM
SCHLITTER
ICH HABE DICH EINMAL GEWARNT, VERDAMMTER BENGEL!!!
KEUCH! OB DU EIN KIND BIST, OB DU JINBEI BIST…
DU WIRST JETZT HINGERICHTET …
KLEIN-JINBEI!!!

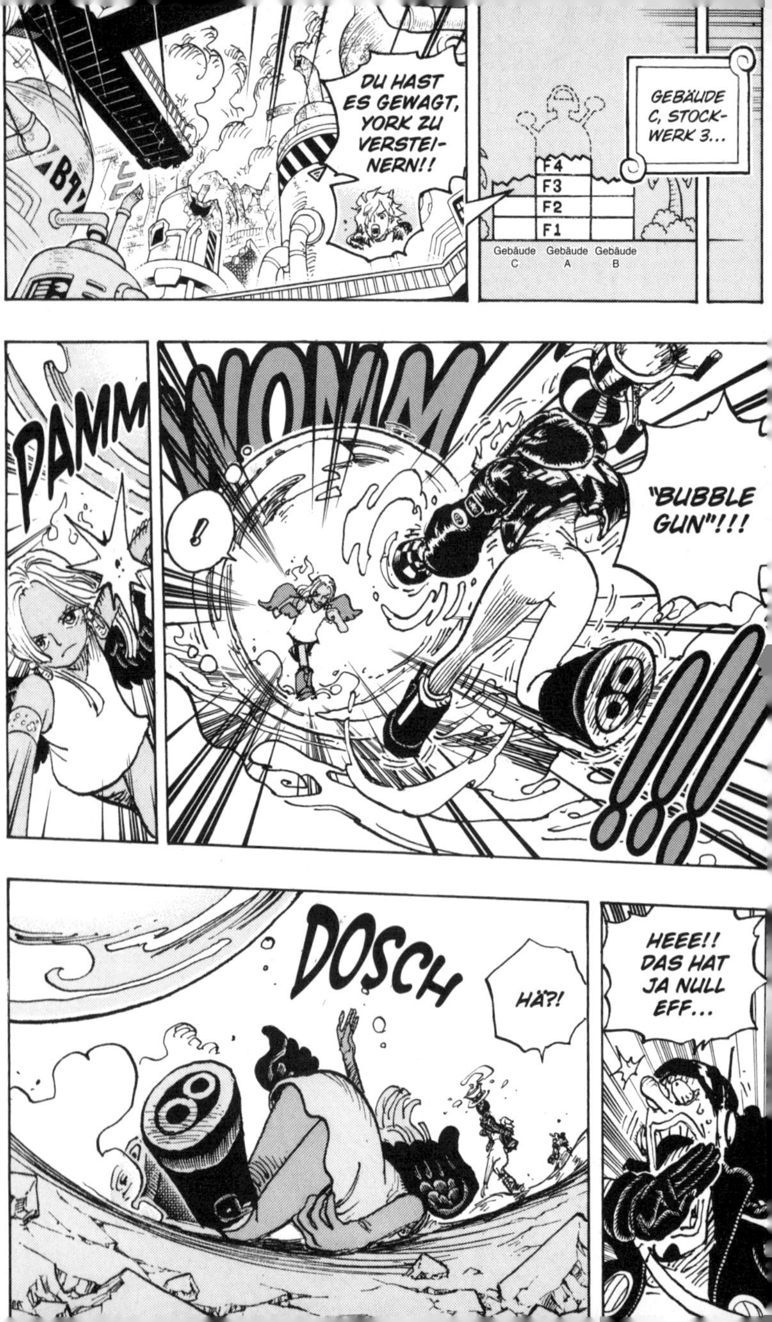
GEBÄUDE C, STOCKWERK 3...
F4
F3
F2
F1
Gebäude C
Gebäude A
Gebäude B
DU HAST ES GEWAGT, YORK ZU VERSTEINERN!!
WOMM
DAMM
!
"BUBBLE GUN"!!!
DOSCH
HÄ?!
HEEE!! DAS HAT JA NULL EFF...

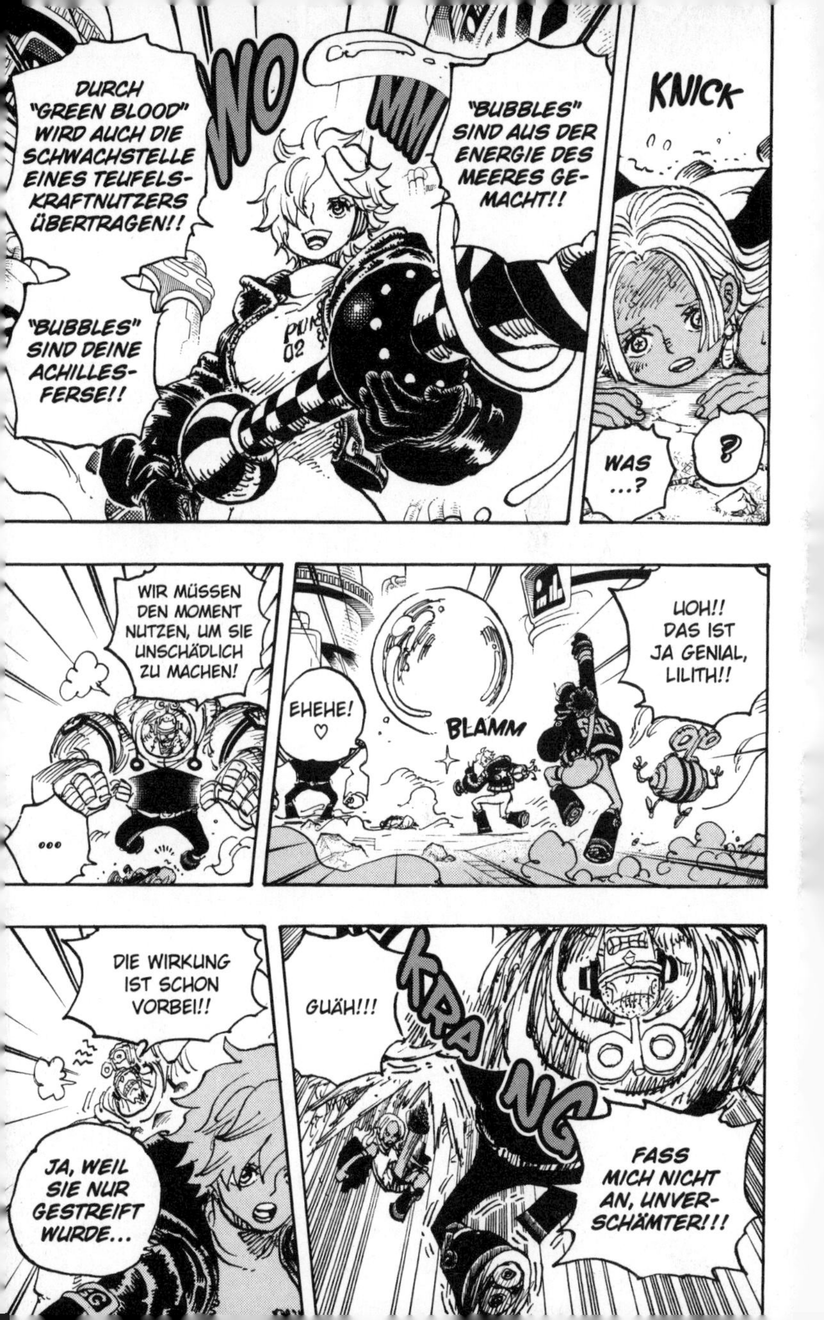
WOMM
DURCH "GREEN BLOOD" WIRD AUCH DIE SCHWACHSTELLE EINES TEUFELS-KRAFTNUTZERS ÜBERTRAGEN!!
"BUBBLES" SIND DEINE ACHILLES-FERSE!!
"BUBBLES" SIND AUS DER ENERGIE DES MEERES GE-MACHT!!
KNICK
WAS ...?
?
WIR MÜSSEN DEN MOMENT NUTZEN, UM SIE UNSCHÄDLICH ZU MACHEN!
...
UOH!! DAS IST JA GENIAL, LILITH!!
EHEHE! ♡
BLAMM
DIE WIRKUNG IST SCHON VORBEI!!
JA, WEIL SIE NUR GESTREIFT WURDE...
GUÄH!!!
KRANG
FASS MICH NICHT AN, UNVER-SCHÄMTER!!!

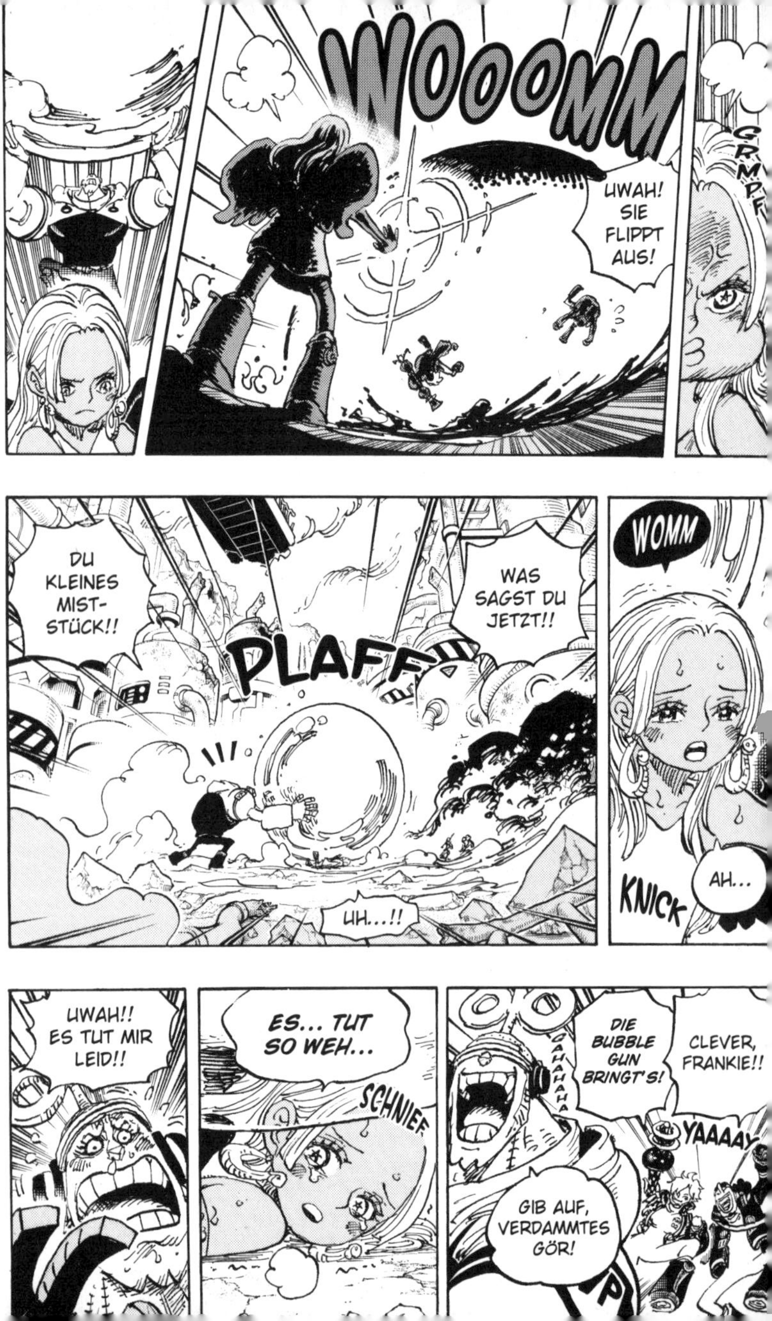
GRMPF
WOOOMM
UWAH! SIE FLIPPT AUS!
WOMM
KNICK
AH...
WAS SAGST DU JETZT!!
DU KLEINES MIST-STÜCK!!
PLAFF
UH...!!
CLEVER, FRANKIE!!
DIE BUBBLE GUN BRINGT'S!
GAHAHAHA
YAAAAY
GIB AUF, VERDAMMTES GÖR!
ES... TUT SO WEH...
SCHNIEF
UWAH!! ES TUT MIR LEID!!

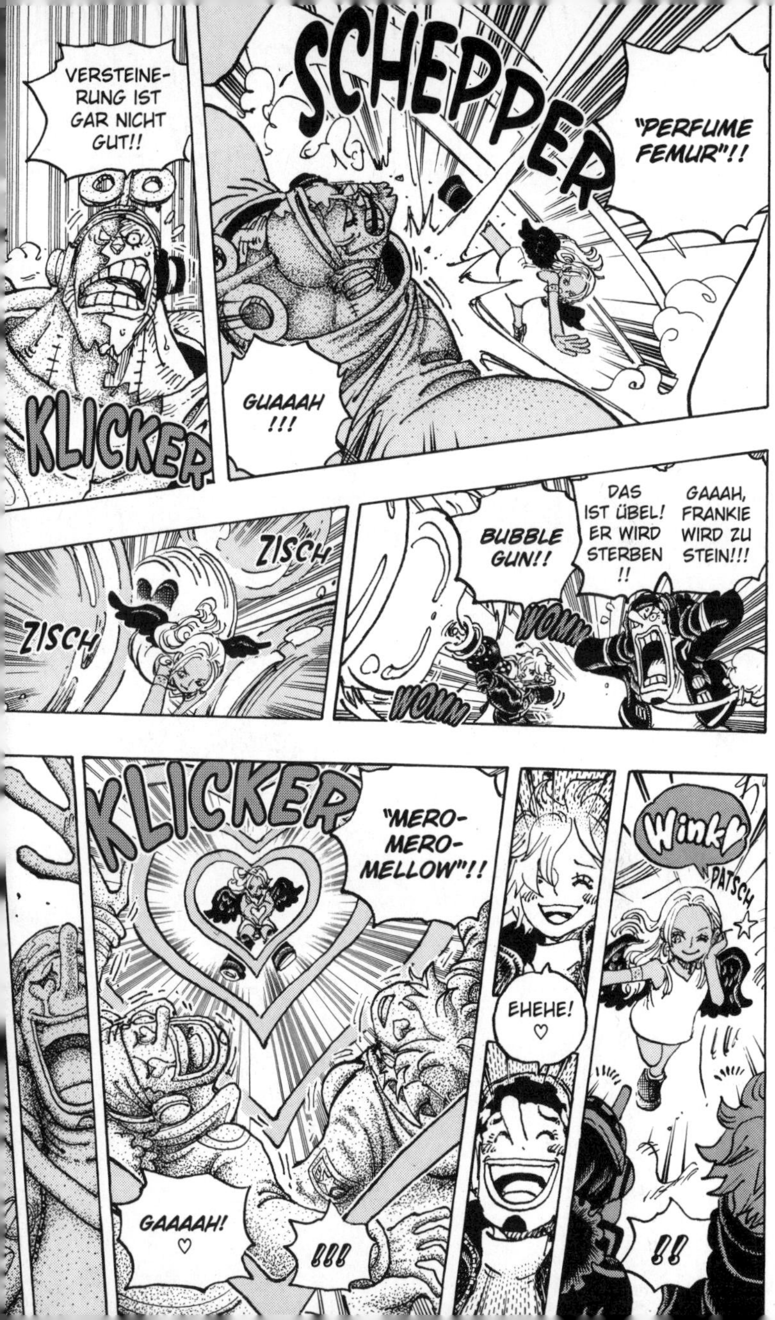
SCHEPPER
"PERFUME FEMUR"!!
GUAAAH !!!
VERSTEINE-RUNG IST GAR NICHT GUT!!
KLICKER
GAAAH, FRANKIE WIRD ZU STEIN!!!
DAS IST ÜBEL! ER WIRD STERBEN !!
BUBBLE GUN!!
WOMM
WOMM
ZISCH
ZISCH
Wink
PATSCH
EHEHE! ♡
!!
"MERO-MERO-MELLOW"!!
KLICKER
!!!
GAAAAH! ♡

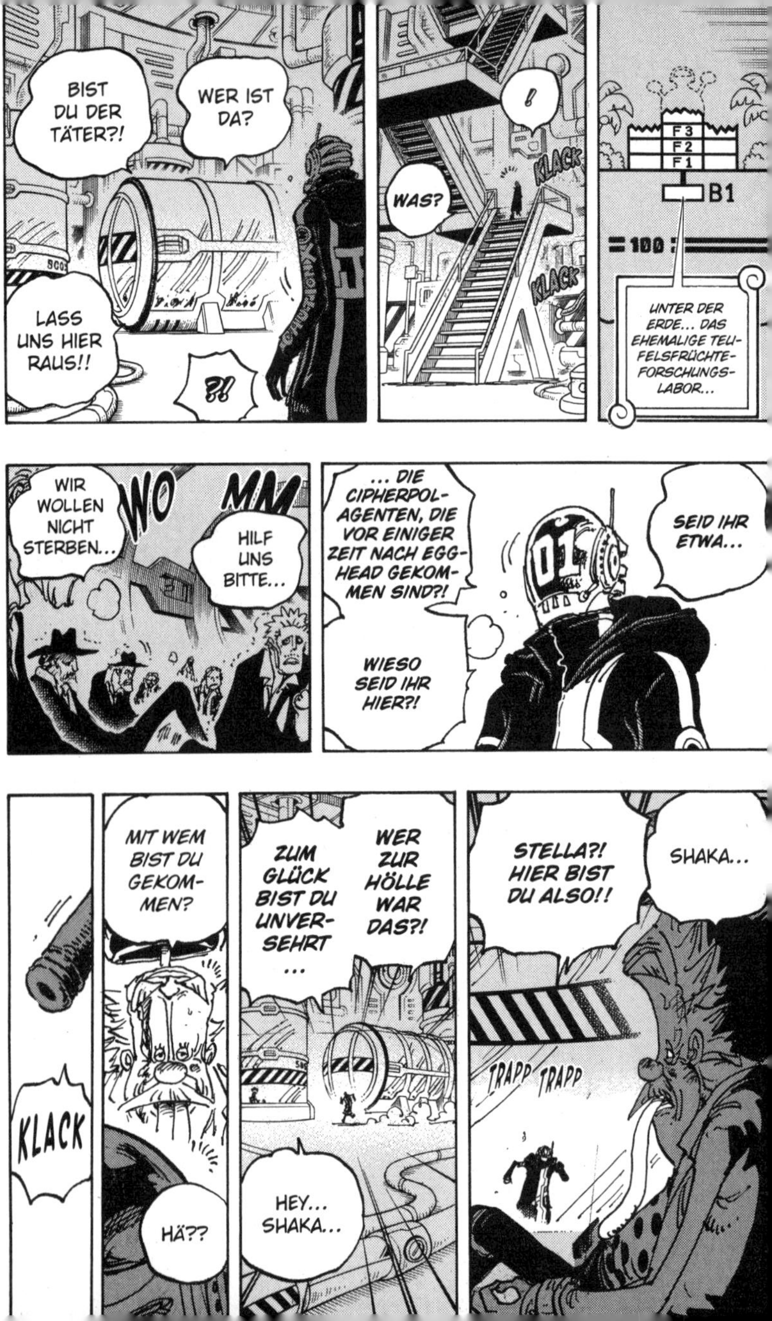
UNTER DER ERDE... DAS EHEMALIGE TEUFELSFRÜCHTE-FORSCHUNGSLABOR...
F3
F2
F1
B1
!
KLACK
KLACK
WAS?
WER IST DA?
BIST DU DER TÄTER?!
LASS UNS HIER RAUS!!
?!
SEID IHR ETWA...
... DIE CIPHERPOL-AGENTEN, DIE VOR EINIGER ZEIT NACH EGGHEAD GEKOMMEN SIND?!
WIESO SEID IHR HIER?!
HILF UNS BITTE...
WIR WOLLEN NICHT STERBEN...
WOMM
SHAKA...
STELLA?! HIER BIST DU ALSO!!
TRAPP TRAPP
WER ZUR HÖLLE WAR DAS?!
ZUM GLÜCK BIST DU UNVERSEHRT ...
HEY... SHAKA...
MIT WEM BIST DU GEKOMMEN?
HÄ??
KLACK

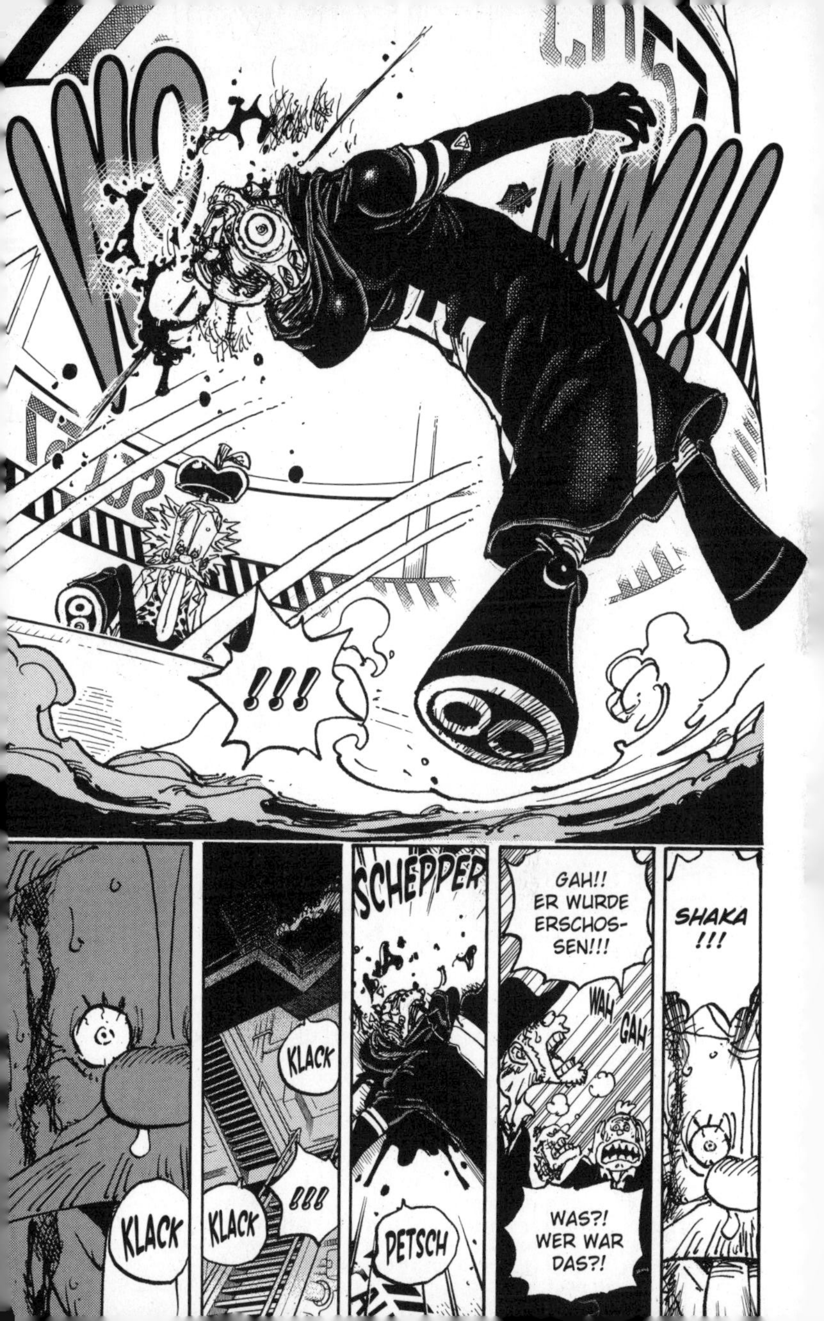
!!!
SHAKA !!!
GAH!! ER WURDE ERSCHOS-SEN!!!
WAH
GAH
WAS?! WER WAR DAS?!
SCHEPPER
KLACK
PETSCH
BBB
KLACK
KLACK

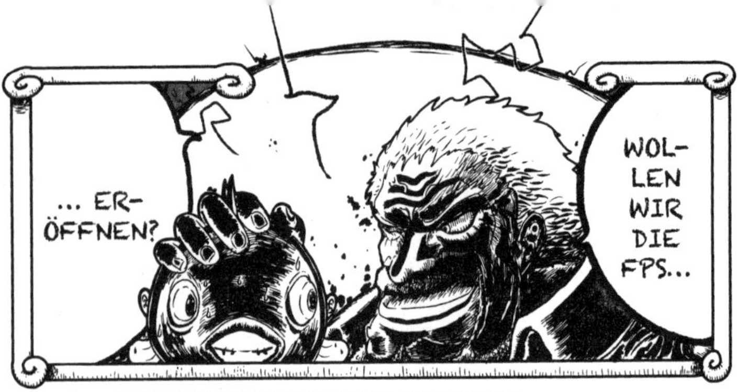

O (ODA): GRUSELIG!! SIE IST ERÖFFNET!! (ENTTÄUSCHT)

L (LESER): UNSER HEUTIGER GAST IST ODA-CHI! HUCH, HAST DU DIR DEN KOPF DURCHTRENNT?
PSEUDONYM: TAKATAKA

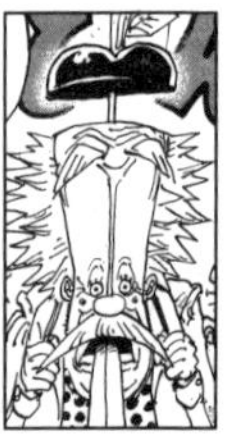

O: JA, GENAU, ZACK, EINFACH DURCH, UM MICH FRISCHER ZU FÜHLEN. ALS OB!!

L: WIE HAT VEGAPUNK SICH DIE HAARE GEWASCHEN, ALS SEIN KOPF RIESIG WAR?
PSEUDONYM: TAKASHI-KUN

O: SO. IM BECKEN SCHWIMMEN SEHR VIELE "SCHEUERFISCHE" HERUM, SO WERDEN DIE HAARE SCHÖN SAUBER.

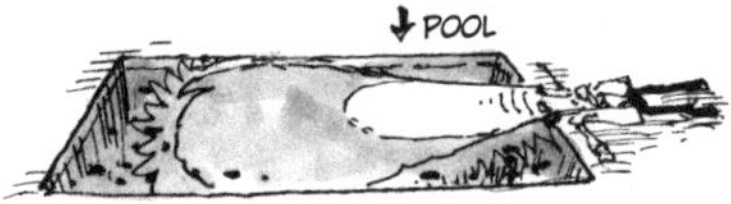

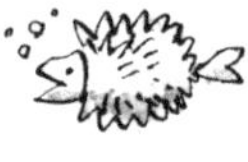

L: IST ES WAHR, DASS ODA-CHI AUS EINEM "HAUPTKÖRPER" UND SECHS "KATZEN-SATELLITEN" BESTEHT?
PSEUDONYM: NAKAYU

O: JA, ES GIBT SIE!! VON LINKS "YORK", "YORK", "YORK", "YORK", "YORK" UND "YORK". SECHS YORKS, ES IST DIE HÖLLE!!

L: IST IM IN WIRKLICHKEIT... EINE PERSON MIT EINER EXTREM SPITZEN LIPPE?
PSEUDONYM: NORIEZT

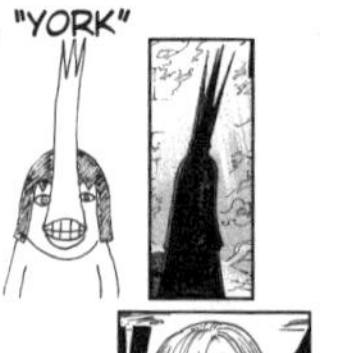

O: UHUMM. ICH MARKIER DAS MAL ALS GELESEN.

L: WIE HEISST BONNEYS TEUFELSFRUCHT? ICH NEHME AN, ES GIBT EINE MENGE ÄHNLICHER FRAGEN, ABER BITTE VERRATEN SIE ES UNS!!
PSEUDONYM: KRAGEPAN

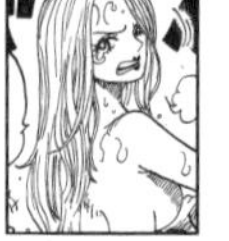

O: JA, DADURCH, DASS SO VIELE DANACH GEFRAGT HABEN, IST MIR AUFGEFALLEN, DASS ICH DAS WOHL NOCH NICHT ENTHÜLLT HABE. SIE HAT VON DER ALTERSFRUCHT GEGESSEN UND IST EIN ALTERSMANIPULATION-MENSCH. FÜR DIE LEUTE, DIE DIE FPS NICHT LESEN, MUSS ICH ES AUCH IN DER STORY ERWÄHNEN.

L: NACHDEM RUFFY BONNEY GETROFFEN HATTE, IST ER SCHNELL VON "BOGGY" ZU "BONNEY" GEWECHSELT. GIBT ES DAFÜR IRGENDEINEN GRUND?
PSEUDONYM: MA-CHAN

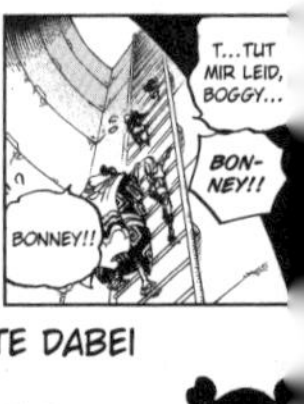

O: IN DEM PANEL RECHTS WECHSELT ER ZU BONNEY. ER HAT VORHER ERFAHREN, DASS BONNEYS VATER IN EINEN CYBORG VERWANDELT WORDEN WAR, UND DARAUF BEGEISTERT MIT "WIE COOL!" REAGIERT. DANACH WOLLTE ER SICH ENTSCHULDIGEN, SAGTE DABEI ABER "BOGGY" UND WURDE KORRIGIERT. DIE SITUATION WAR SO UNANGENEHM, DASS SICH SELBST RUFFY DANACH NIE WIEDER VERTAT.

1078. Kapitel:
Flucht-Limit

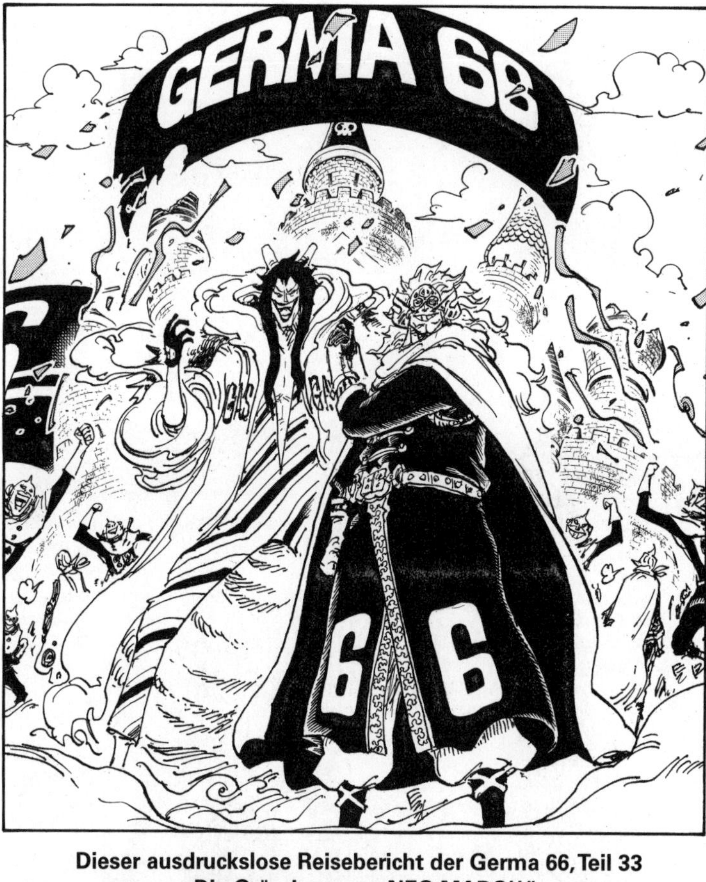

Dieser ausdruckslose Reisebericht der Germa 66, Teil 33
„Die Gründung von NEO MADS!!“

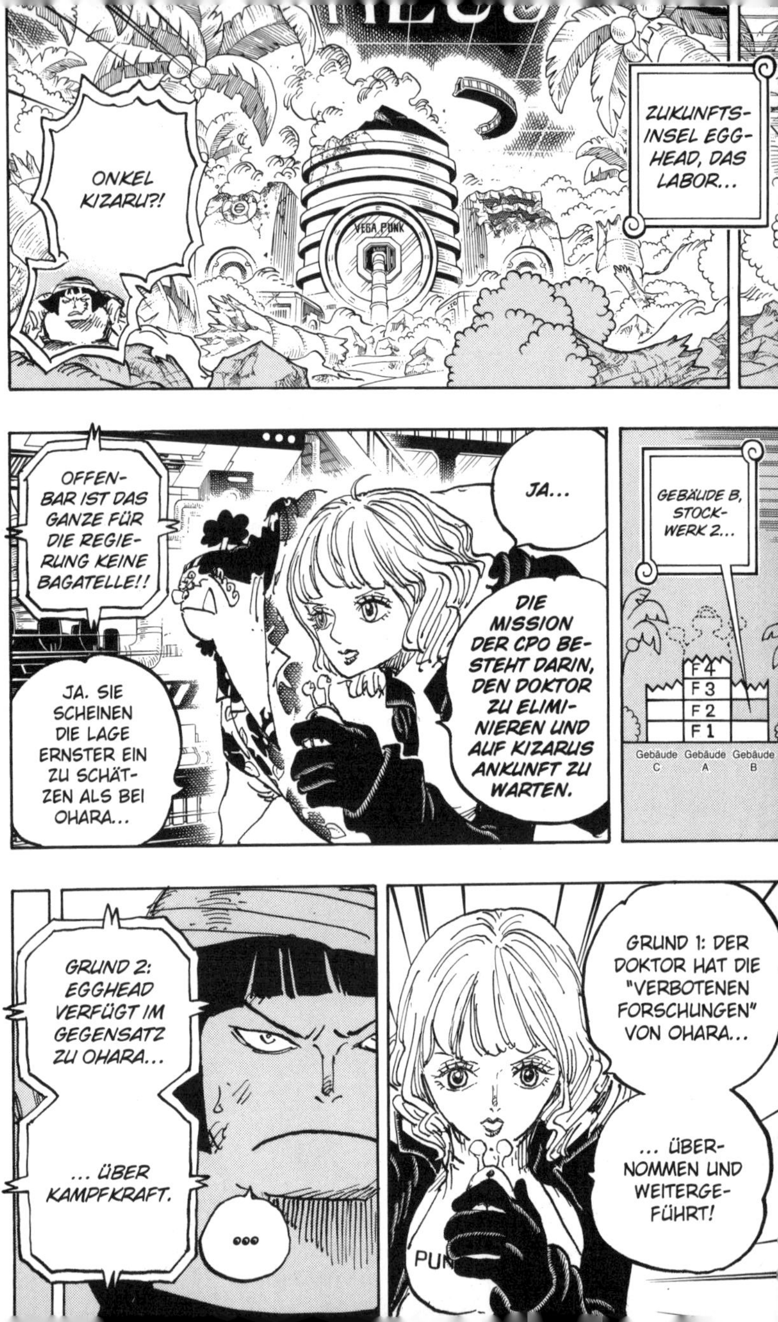

ZUKUNFTS-INSEL EGG-HEAD, DAS LABOR...
VEGA PUNK
ONKEL KIZARU?!
GEBÄUDE B, STOCK-WERK 2...
F4
F3
F2
F1
Gebäude C
Gebäude A
Gebäude B
JA...
DIE MISSION DER CPO BE-STEHT DARIN, DEN DOKTOR ZU ELIMI-NIEREN UND AUF KIZARUS ANKUNFT ZU WARTEN.
OFFEN-BAR IST DAS GANZE FÜR DIE REGIE-RUNG KEINE BAGATELLE!!
JA. SIE SCHEINEN DIE LAGE ERNSTER EIN ZU SCHÄT-ZEN ALS BEI OHARA...
GRUND 1: DER DOKTOR HAT DIE "VERBOTENEN FORSCHUNGEN" VON OHARA...
... ÜBER-NOMMEN UND WEITERGE-FÜHRT!
GRUND 2: EGGHEAD VERFÜGT IM GEGENSATZ ZU OHARA...
... ÜBER KAMPFKRAFT.

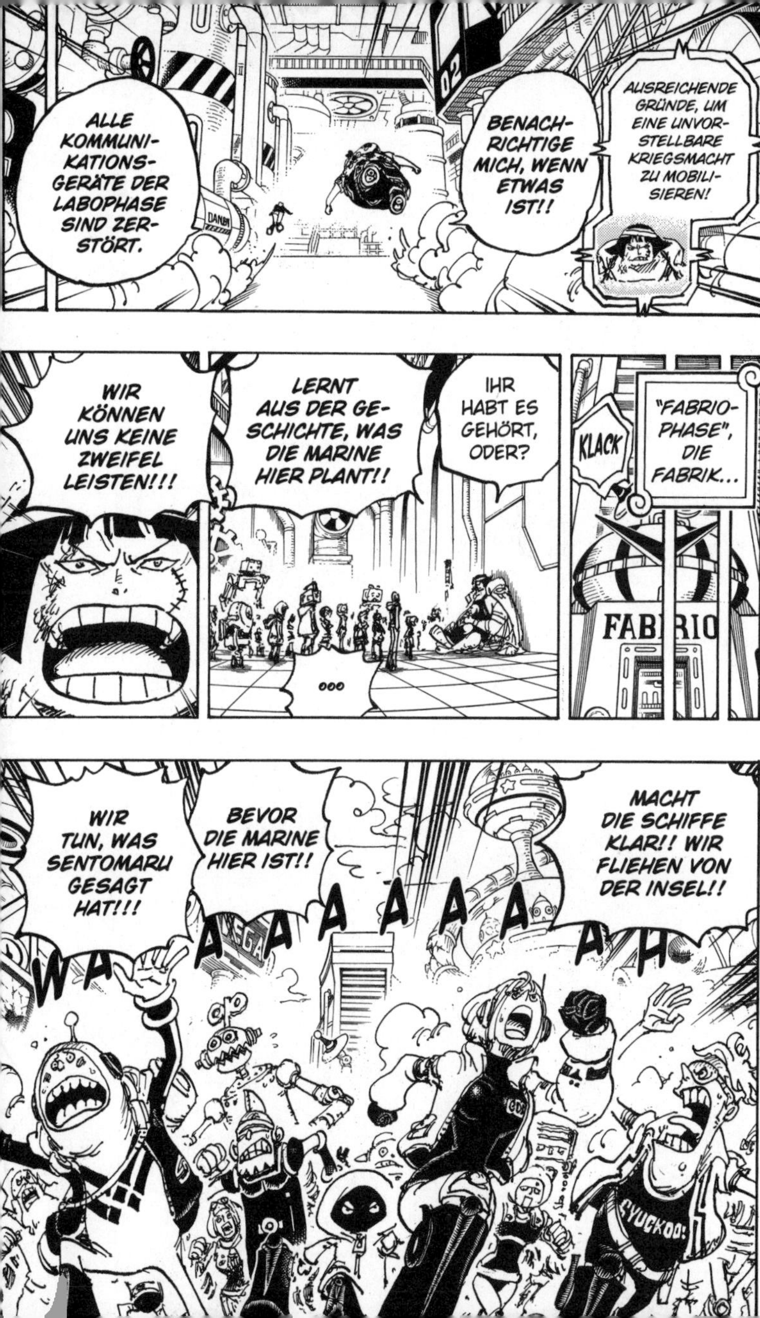
AUSREICHENDE GRÜNDE, UM EINE UNVORSTELLBARE KRIEGSMACHT ZU MOBILISIEREN!
BENACHRICHTIGE MICH, WENN ETWAS IST!!
ALLE KOMMUNIKATIONSGERÄTE DER LABOPHASE SIND ZERSTÖRT.
KLACK
"FABRIO-PHASE", DIE FABRIK...
FABRIO
IHR HABT ES GEHÖRT, ODER?
LERNT AUS DER GESCHICHTE, WAS DIE MARINE HIER PLANT!!
...
WIR KÖNNEN UNS KEINE ZWEIFEL LEISTEN!!!
MACHT DIE SCHIFFE KLAR!! WIR FLIEHEN VON DER INSEL!!
BEVOR DIE MARINE HIER IST!!
WIR TUN, WAS SENTOMARU GESAGT HAT!!!
WAAAAAAAAH

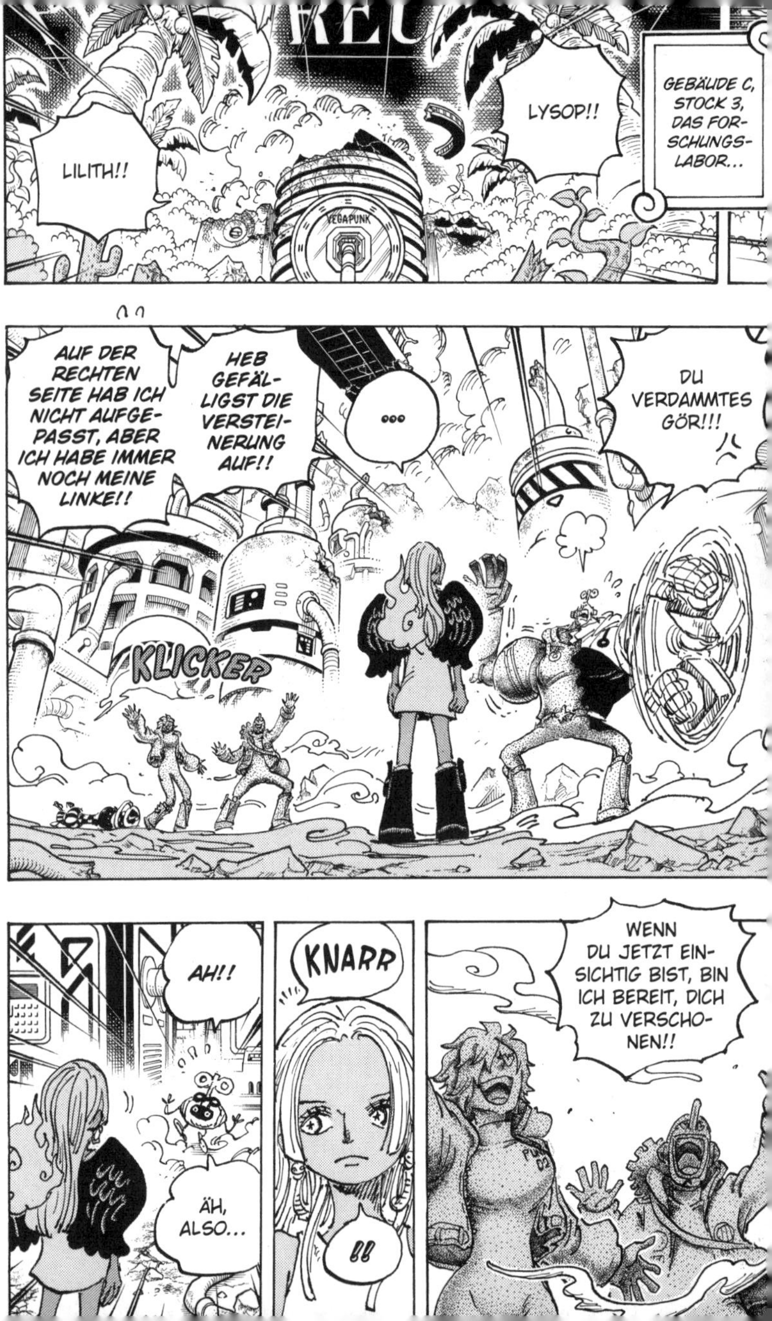
GEBÄUDE C, STOCK 3, DAS FORSCHUNGSLABOR…
LYSOP!!
LILITH!!
VEGAPUNK
DU VERDAMMTES GÖR!!!
…
HEB GEFÄLLIGST DIE VERSTEINERUNG AUF!!
AUF DER RECHTEN SEITE HAB ICH NICHT AUFGEPASST, ABER ICH HABE IMMER NOCH MEINE LINKE!!
KLICKER
WENN DU JETZT EINSICHTIG BIST, BIN ICH BEREIT, DICH ZU VERSCHONEN!!
KNARR
!!
AH!!
ÄH, ALSO…

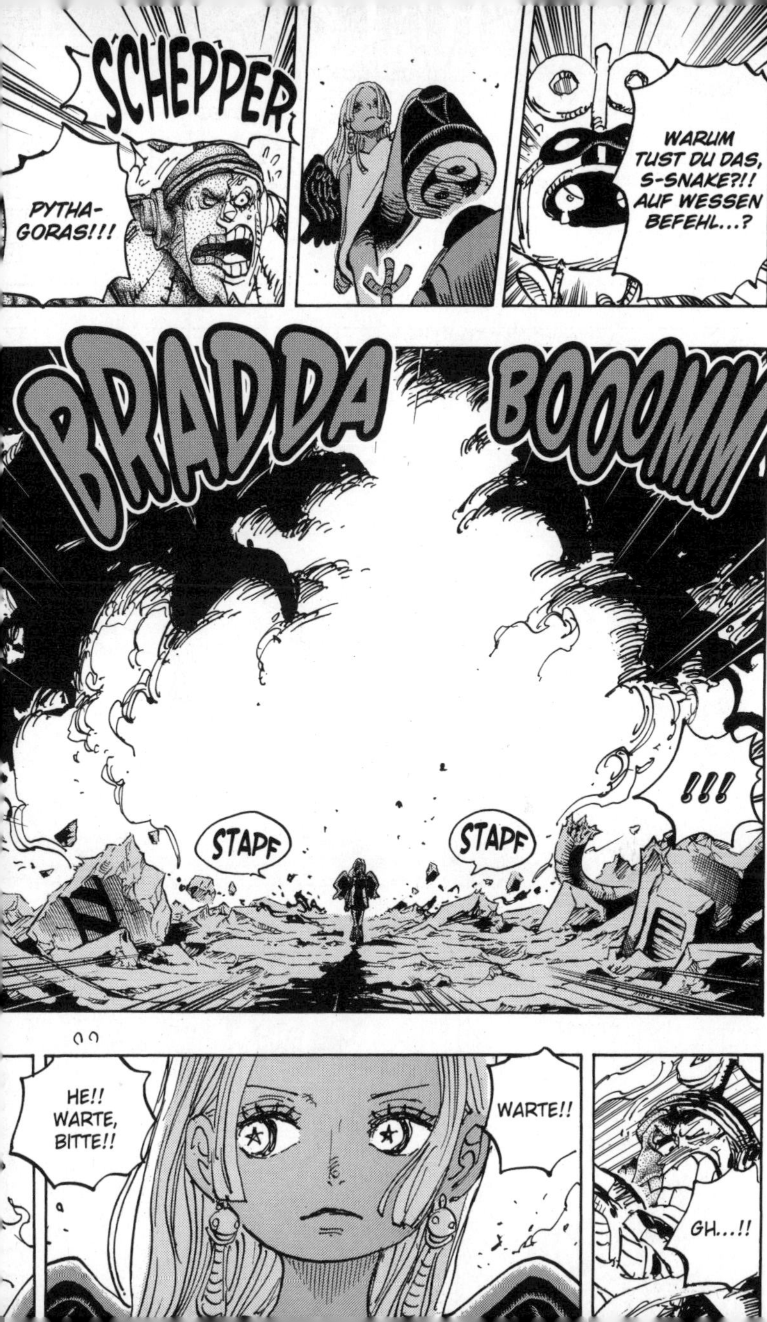

WARUM TUST DU DAS, S-SNAKE?!! AUF WESSEN BEFEHL...?
SCHEPPER
PYTHAGORAS!!!
BRADDA BOOOMM
!!!
STAPF
STAPF
GH...!!
WARTE!!
HE!! WARTE, BITTE!!

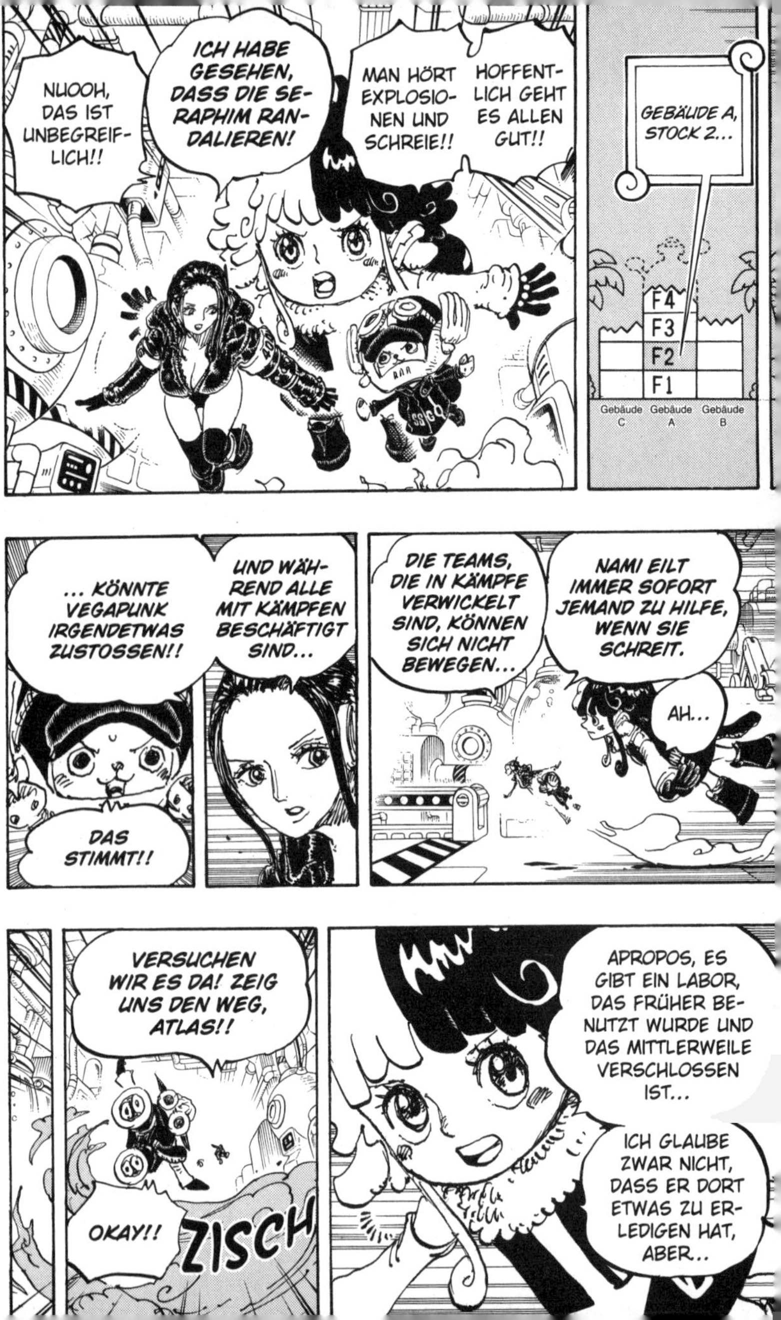
GEBÄUDE A, STOCK 2…
F4
F3
F2
F1
Gebäude C
Gebäude A
Gebäude B
HOFFENTLICH GEHT ES ALLEN GUT!!
MAN HÖRT EXPLOSIONEN UND SCHREIE!!
ICH HABE GESEHEN, DASS DIE SERAPHIM RANDALIEREN!
NUOOH, DAS IST UNBEGREIFLICH!!
NAMI EILT IMMER SOFORT JEMAND ZU HILFE, WENN SIE SCHREIT.
AH…
DIE TEAMS, DIE IN KÄMPFE VERWICKELT SIND, KÖNNEN SICH NICHT BEWEGEN…
UND WÄHREND ALLE MIT KÄMPFEN BESCHÄFTIGT SIND…
… KÖNNTE VEGAPUNK IRGENDETWAS ZUSTOSSEN!!
DAS STIMMT!!
APROPOS, ES GIBT EIN LABOR, DAS FRÜHER BENUTZT WURDE UND DAS MITTLERWEILE VERSCHLOSSEN IST…
ICH GLAUBE ZWAR NICHT, DASS ER DORT ETWAS ZU ERLEDIGEN HAT, ABER…
VERSUCHEN WIR ES DA! ZEIG UNS DEN WEG, ATLAS!!
OKAY!!
ZISCH

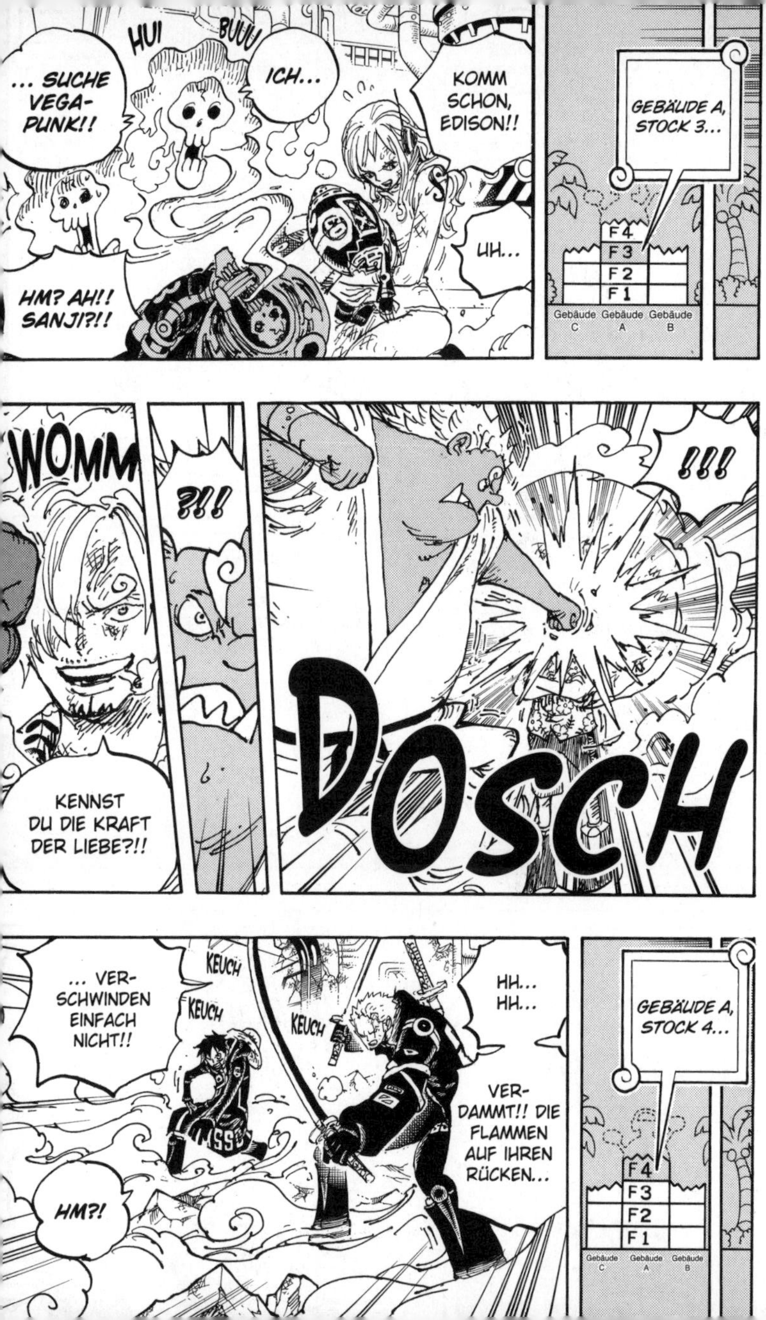
GEBÄUDE A, STOCK 3...
F4
F3
F2
F1
Gebäude C
Gebäude A
Gebäude B
KOMM SCHON, EDISON!!
UH...
ICH...
HUI
BUUU
... SUCHE VEGA-PUNK!!
HM? AH!! SANJI?!!
!!!
DOSCH
?!!
WOMM
KENNST DU DIE KRAFT DER LIEBE?!!
GEBÄUDE A, STOCK 4...
F4
F3
F2
F1
Gebäude C
Gebäude A
Gebäude B
HH... HH...
VER-DAMMT!! DIE FLAMMEN AUF IHREN RÜCKEN...
KEUCH
KEUCH
KEUCH
... VER-SCHWINDEN EINFACH NICHT!!
HM?!

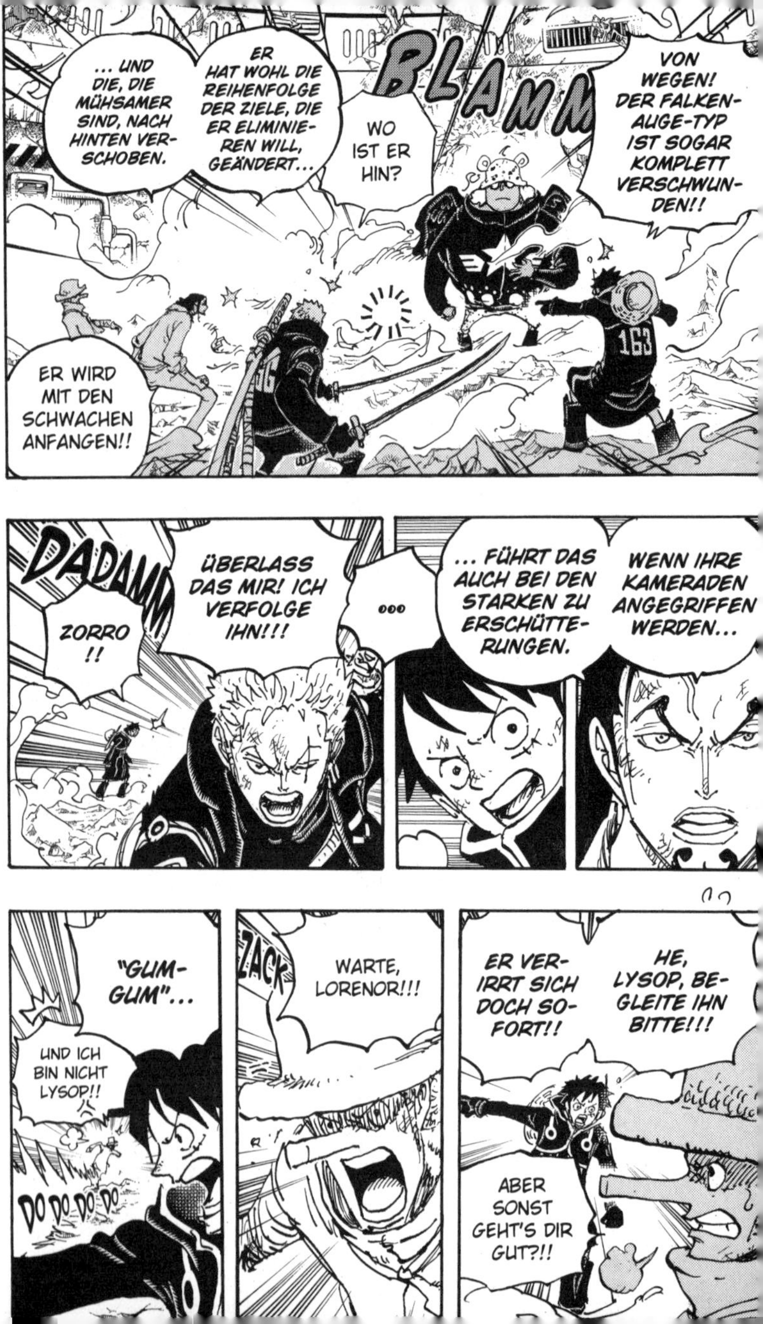
BLAMM
VON WEGEN! DER FALKEN-AUGE-TYP IST SOGAR KOMPLETT VERSCHWUNDEN!!
WO IST ER HIN?
ER HAT WOHL DIE REIHENFOLGE DER ZIELE, DIE ER ELIMINIEREN WILL, GEÄNDERT...
... UND DIE, DIE MÜHSAMER SIND, NACH HINTEN VERSCHOBEN.
ER WIRD MIT DEN SCHWACHEN ANFANGEN!!
WENN IHRE KAMERADEN ANGEGRIFFEN WERDEN...
... FÜHRT DAS AUCH BEI DEN STARKEN ZU ERSCHÜTTERUNGEN.
...
ÜBERLASS DAS MIR! ICH VERFOLGE IHN!!!
DADAMM
ZORRO !!
HE, LYSOP, BEGLEITE IHN BITTE!!!
ER VERIRRT SICH DOCH SOFORT!!
ABER SONST GEHT'S DIR GUT?!!
ZACK
WARTE, LORENOR!!!
"GUM-GUM"...
UND ICH BIN NICHT LYSOP!!
DO DO DO DO

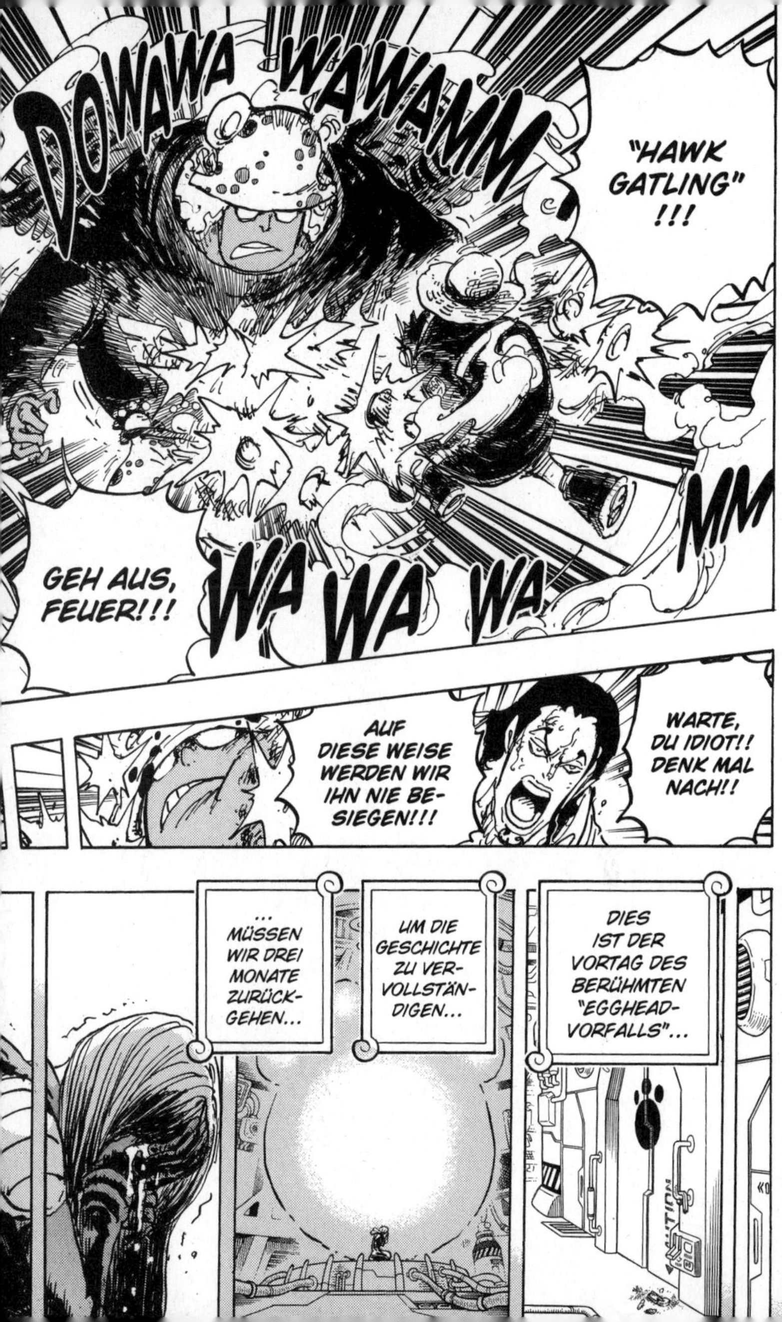
DOWAWA WAWAMM
"HAWK GATLING"!!!
MM
WA WA WA
GEH AUS, FEUER!!!
WARTE, DU IDIOT!! DENK MAL NACH!!
AUF DIESE WEISE WERDEN WIR IHN NIE BESIEGEN!!!
DIES IST DER VORTAG DES BERÜHMTEN "EGGHEAD-VORFALLS"...
UM DIE GESCHICHTE ZU VERVOLLSTÄNDIGEN...
... MÜSSEN WIR DREI MONATE ZURÜCKGEHEN...

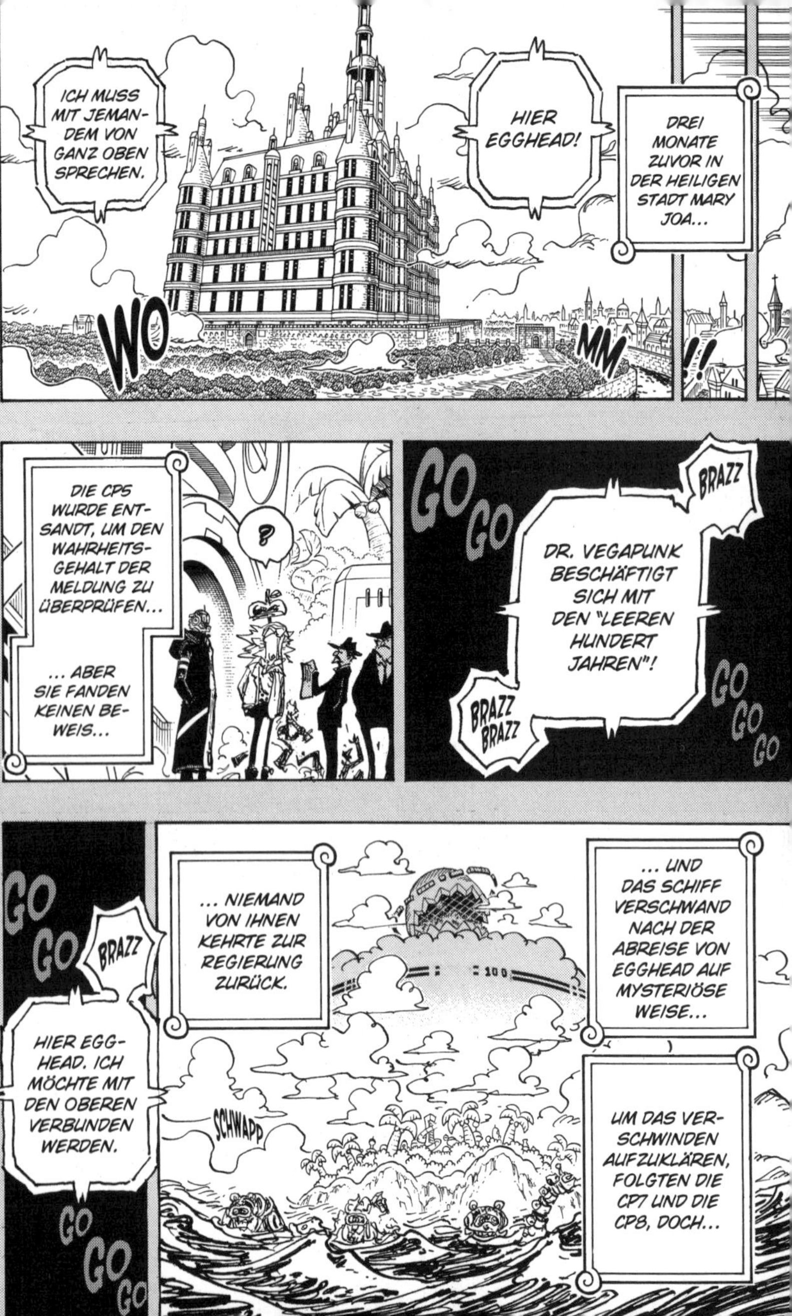
DREI MONATE ZUVOR IN DER HEILIGEN STADT MARY JOA...
HIER EGGHEAD!
ICH MUSS MIT JEMANDEM VON GANZ OBEN SPRECHEN.
WO
MM
!!
BRAZZ
GO GO
DR. VEGAPUNK BESCHÄFTIGT SICH MIT DEN "LEEREN HUNDERT JAHREN"!
BRAZZ BRAZZ
GO GO GO
DIE CP5 WURDE ENTSANDT, UM DEN WAHRHEITSGEHALT DER MELDUNG ZU ÜBERPRÜFEN...
?
... ABER SIE FANDEN KEINEN BEWEIS...
... UND DAS SCHIFF VERSCHWAND NACH DER ABREISE VON EGGHEAD AUF MYSTERIÖSE WEISE...
UM DAS VERSCHWINDEN AUFZUKLÄREN, FOLGTEN DIE CP7 UND DIE CP8, DOCH...
... NIEMAND VON IHNEN KEHRTE ZUR REGIERUNG ZURÜCK.
SCHWAPP
GO GO
BRAZZ
HIER EGGHEAD. ICH MÖCHTE MIT DEN OBEREN VERBUNDEN WERDEN.
GO GO GO

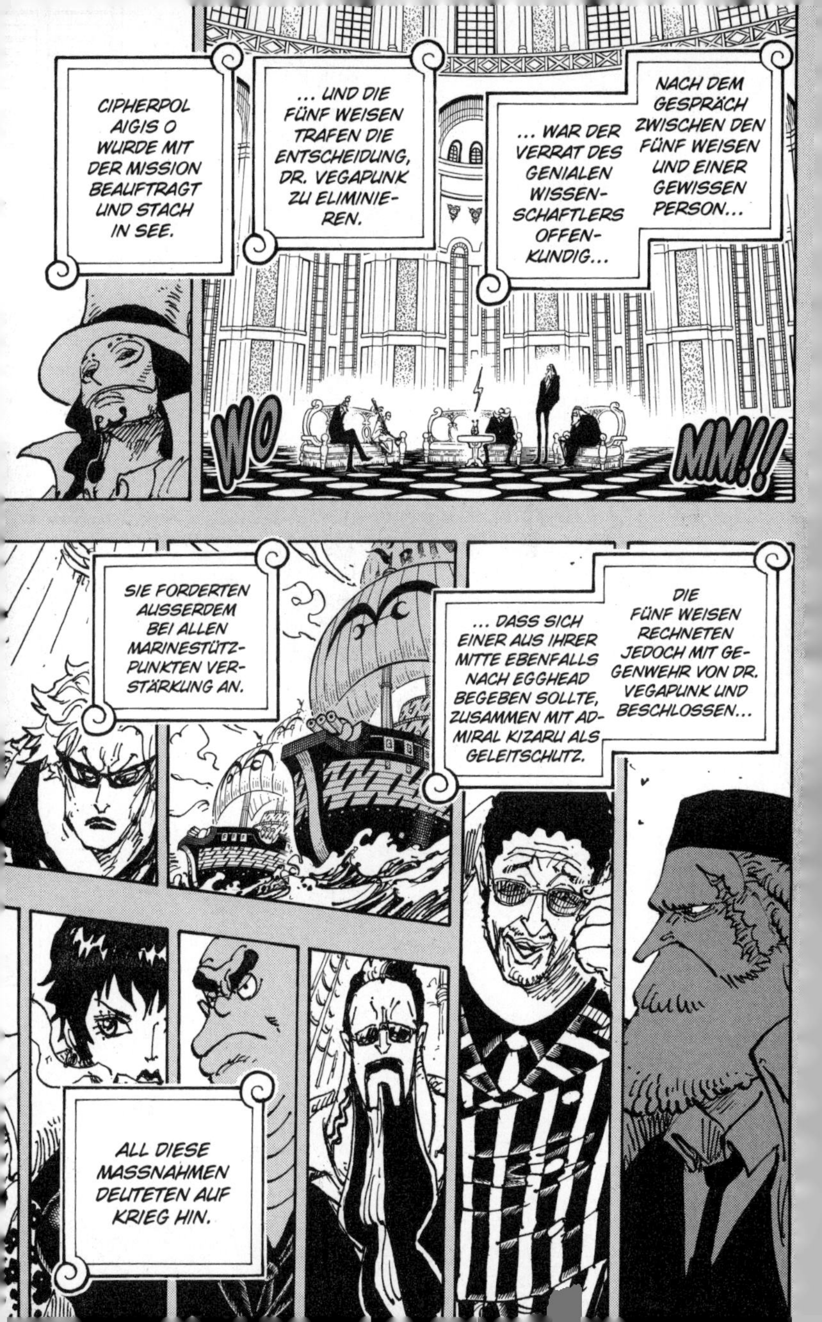
NACH DEM GESPRÄCH ZWISCHEN DEN FÜNF WEISEN UND EINER GEWISSEN PERSON...
... WAR DER VERRAT DES GENIALEN WISSEN-SCHAFTLERS OFFEN-KUNDIG...
... UND DIE FÜNF WEISEN TRAFEN DIE ENTSCHEIDUNG, DR. VEGAPUNK ZU ELIMINIE-REN.
CIPHERPOL AIGIS 0 WURDE MIT DER MISSION BEAUFTRAGT UND STACH IN SEE.
WOMM!!
DIE FÜNF WEISEN RECHNETEN JEDOCH MIT GE-GENWEHR VON DR. VEGAPUNK UND BESCHLOSSEN...
... DASS SICH EINER AUS IHRER MITTE EBENFALLS NACH EGGHEAD BEGEBEN SOLLTE, ZUSAMMEN MIT AD-MIRAL KIZARU ALS GELEITSCHUTZ.
SIE FORDERTEN AUSSERDEM BEI ALLEN MARINESTÜTZ-PUNKTEN VER-STÄRKUNG AN.
ALL DIESE MASSNAHMEN DEUTETEN AUF KRIEG HIN.

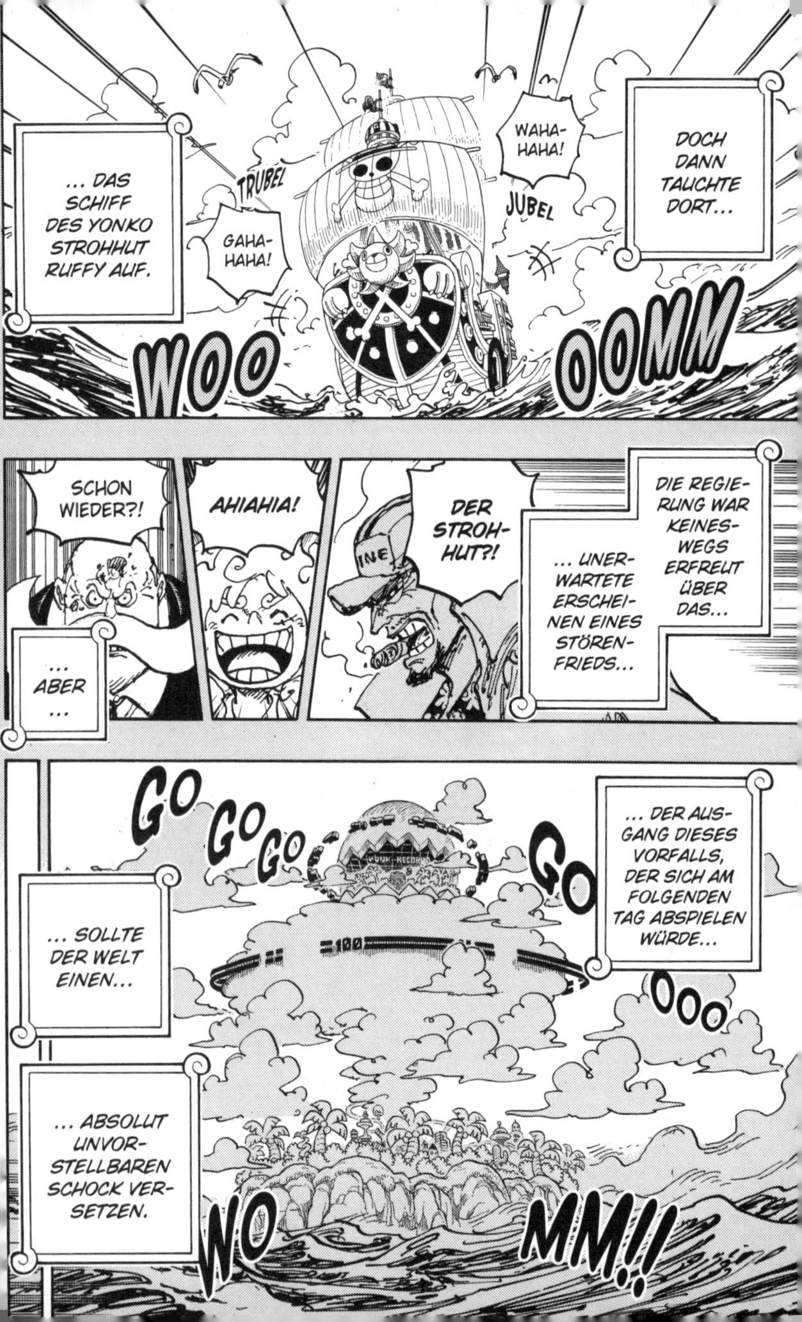
DOCH DANN TAUCHTE DORT…
WAHA-HAHA!
JUBEL
GAHA-HAHA!
TRUBEL
… DAS SCHIFF DES YONKO STROHHUT RUFFY AUF.
WOO OOMM
DIE REGIERUNG WAR KEINESWEGS ERFREUT ÜBER DAS…
… UNERWARTETE ERSCHEINEN EINES STÖRENFRIEDS…
DER STROHHUT?!
AHIAHIA!
SCHON WIEDER?!
… ABER …
… DER AUSGANG DIESES VORFALLS, DER SICH AM FOLGENDEN TAG ABSPIELEN WÜRDE…
GO GO GO GO
… SOLLTE DER WELT EINEN…
OOO
… ABSOLUT UNVORSTELLBAREN SCHOCK VERSETZEN.
WO MM!!

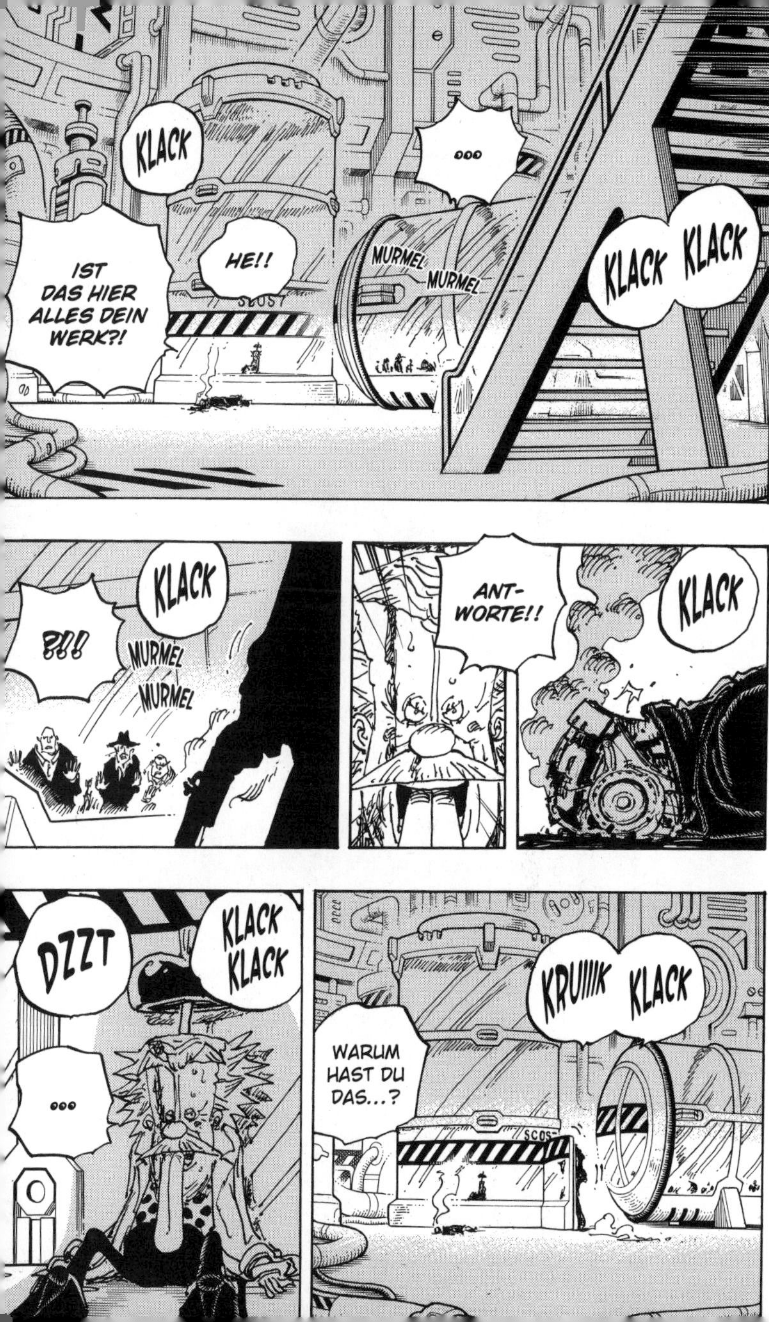
KLACK KLACK
MURMEL
MURMEL
...
HE!!
KLACK
IST DAS HIER ALLES DEIN WERK?!
KLACK
ANT-WORTE!!
KLACK
?!!
MURMEL
MURMEL
KLACK
KRUIIIK
WARUM HAST DU DAS...?
KLACK KLACK
DZZT
...

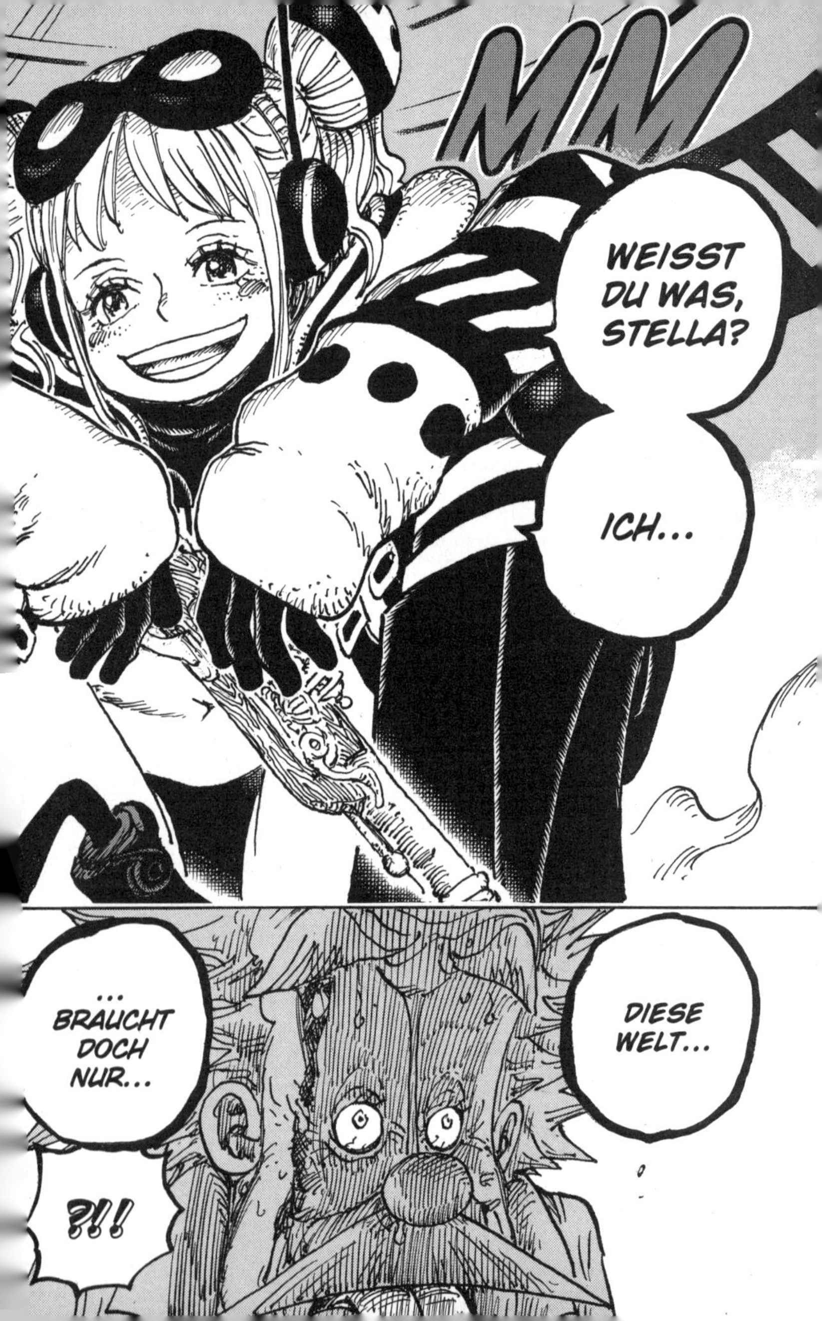
MM
WEISST DU WAS, STELLA?
ICH...
DIESE WELT...
... BRAUCHT DOCH NUR...
?!!

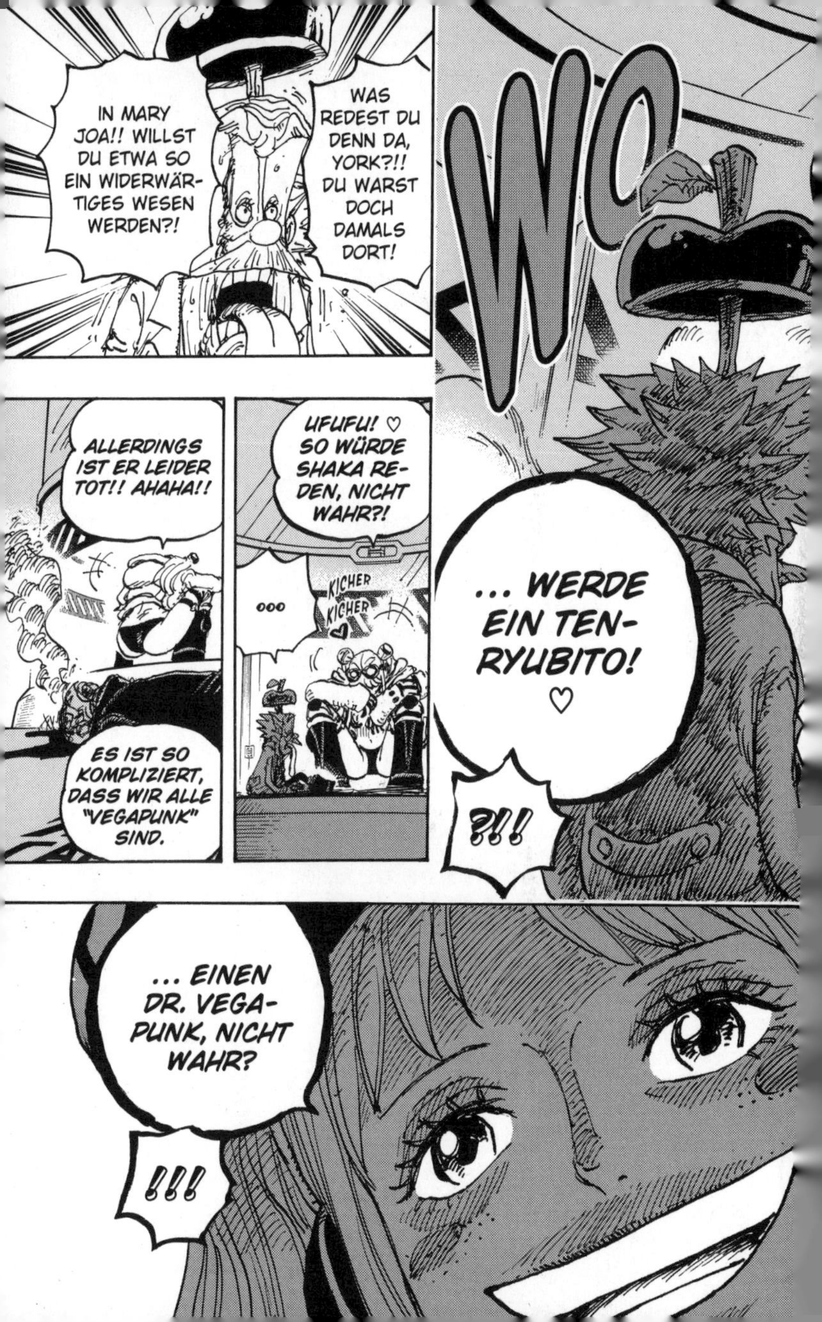
WO
... WERDE EIN TENRYUBITO! ♡
?!!
WAS REDEST DU DENN DA, YORK?!! DU WARST DOCH DAMALS DORT!
IN MARY JOA!! WILLST DU ETWA SO EIN WIDERWÄRTIGES WESEN WERDEN?!
UFUFU! ♡ SO WÜRDE SHAKA REDEN, NICHT WAHR?!
KICHER KICHER ♡
...
ALLERDINGS IST ER LEIDER TOT!! AHAHA!!
ES IST SO KOMPLIZIERT, DASS WIR ALLE "VEGAPUNK" SIND.
... EINEN DR. VEGAPUNK, NICHT WAHR?
!!!

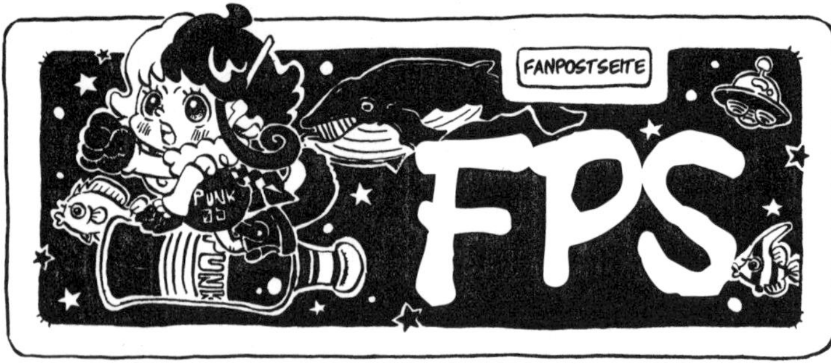

L: GUTEN TAG, ODA-SAN! ALS RUFFY VON SEINEM TRAUM ERZÄHLT, IST CARIBOU JA IN DEM FASS. HAT ER AUCH VON RUFFYS TRAUM ERFAHREN?
PSEUDONYM: SENA

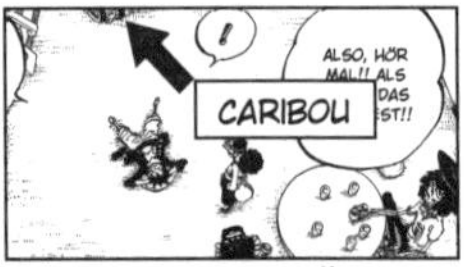

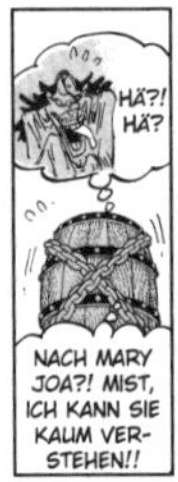

O: DARÜBER HABEN SICH VIELE VON EUCH GEDANKEN GEMACHT, ABER WERFT MAL EINEN BLICK AUF DIE SEITE DAVOR. ER KONNTE NUR MIT MÜHE ETWAS VERSTEHEN, WENN GESCHRIEN WURDE, EINE NORMALE STIMME DRINGT NICHT BIS IN DAS FASS. ALSO KEINE SORGE. AUSSER DER STROHHUTBANDE HAT NIEMAND ETWAS VON RUFFYS TRAUM ERFAHREN!!

L: ICH HABE EINE FRAGE AN DICH, ODA-CHI ☺ DER KOPF MEINES VATERS ENTWICKELT SICH LANGSAM ZUM EGGHEAD. GIBT ES IRGENDEINE METHODE, DIESE ENTWICKLUNG ZU STOPPEN?
PSEUDONYM: TORIKERA SAKIKO

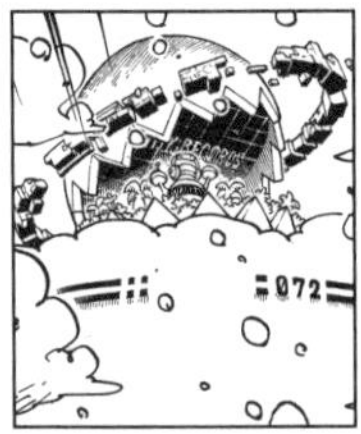

O: ACH, MACH DIR NICHTS DRAUS, DASS ER EINE GLATZE BEKOMMT! ABER ER WIRD NUN IMMER INTELLIGENTER, DAHER SOLLTEST DU SEINE WISSENSCHAFTLICHEN FÄHIGKEITEN IM AUGE BEHALTEN!! DIE EVOLUTION IST NICHT ZU STOPPEN.

L: GUTEN TAG, ODA-SENSEI! WENN DIE DREI NEUEN UND ALTEN ADMIRÄLE IN DER GEGENWART EXISTIERTEN, WELCHEN BERUF WÜRDEN SIE DANN AUSÜBEN?
PSEUDONYM: KIRSCHBAUM

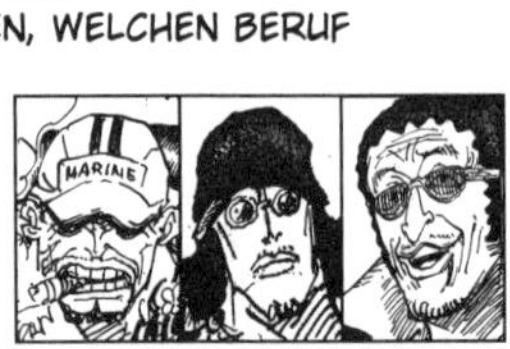

O: SIE WÄREN WAHRSCHEINLICH ALLE FÜNF RADIO-PROMIS, HAHA! "ALL NIGHT NIPPON MIT DEN DREI ADMIRÄLEN"!! WER ES NICHT KENNT, CHECKT ES MAL AUS!

L: WAS KAM AUS BROOKS AUGEN, ALS ER ENTDECKTE, DASS ZORRO MIT O-TOKO UND HIYORI IM BETT LAG?
PSEUDONYM: YUTAN

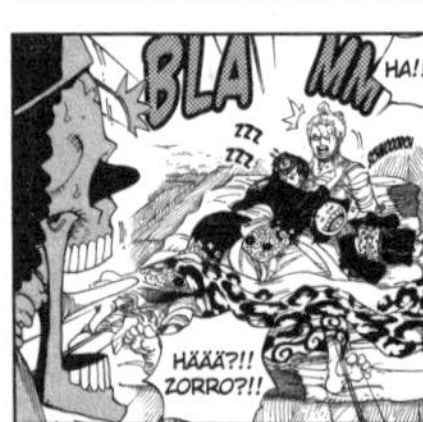

O: IN DER TAT… STATT DER AUGÄPFEL KOMMT DA IRGENDWAS HERAUS, NICHT WAHR?! DA ES SCHWARZ IST… KAFFEE VIELLEICHT? AH, ODER EINE SCHWARZE KATZE? ICH NEHME DIE SCHWARZE KATZE.

1079. Kapitel:

Die Yonko Rothaar-Piratenbande

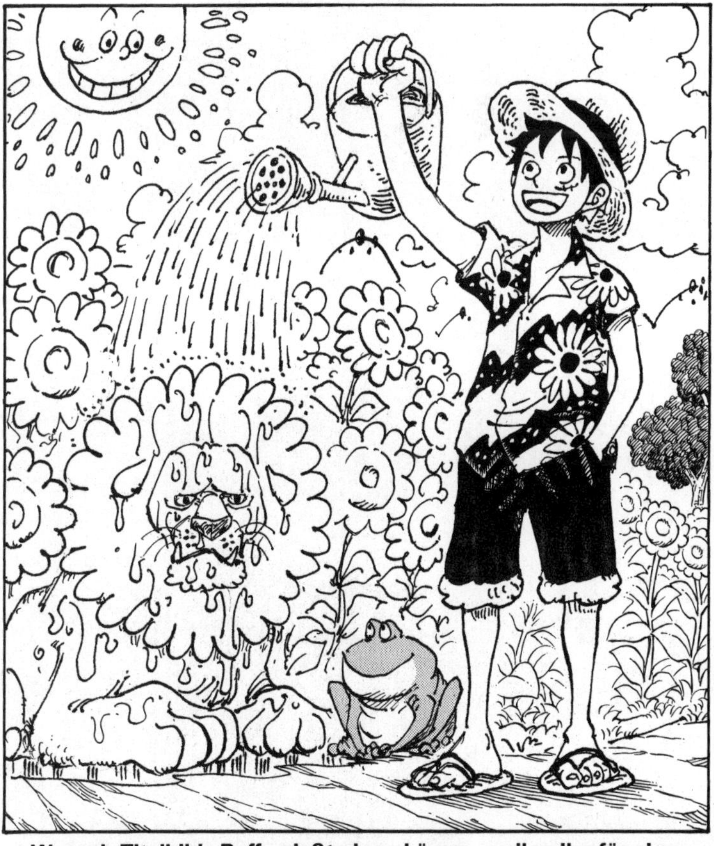

Wunsch-Titelbild „Ruffy gießt einen Löwen, weil er ihn für eine Sonnenblume hält" Pseudonym: Sonnenblumen-Shop

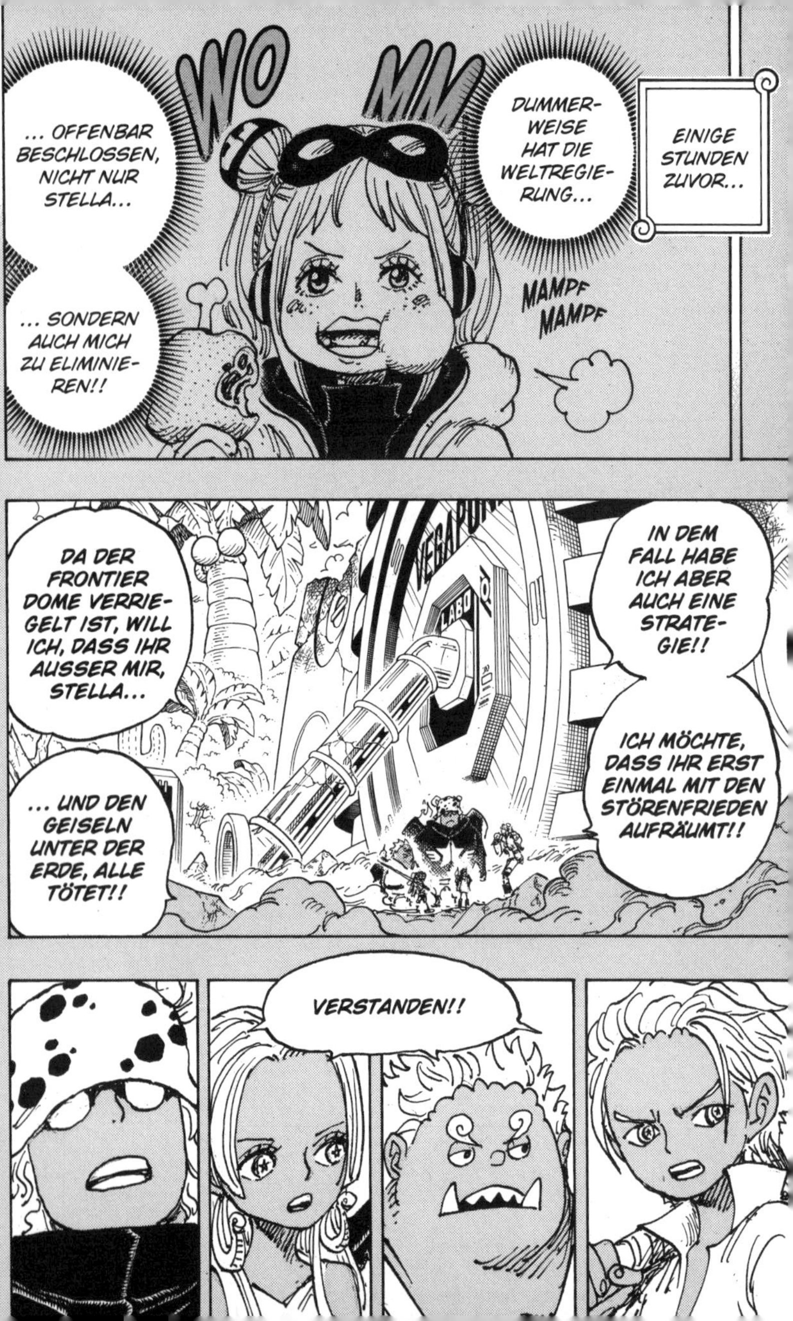
EINIGE STUNDEN ZUVOR...
DUMMERWEISE HAT DIE WELTREGIERUNG...
WO MM
... OFFENBAR BESCHLOSSEN, NICHT NUR STELLA...
... SONDERN AUCH MICH ZU ELIMINIEREN!!
MAMPF MAMPF
VEGAPUNK
LABO
IN DEM FALL HABE ICH ABER AUCH EINE STRATEGIE!!
ICH MÖCHTE, DASS IHR ERST EINMAL MIT DEN STÖRENFRIEDEN AUFRÄUMT!!
DA DER FRONTIER DOME VERRIEGELT IST, WILL ICH, DASS IHR AUSSER MIR, STELLA...
... UND DEN GEISELN UNTER DER ERDE, ALLE TÖTET!!
VERSTANDEN!!

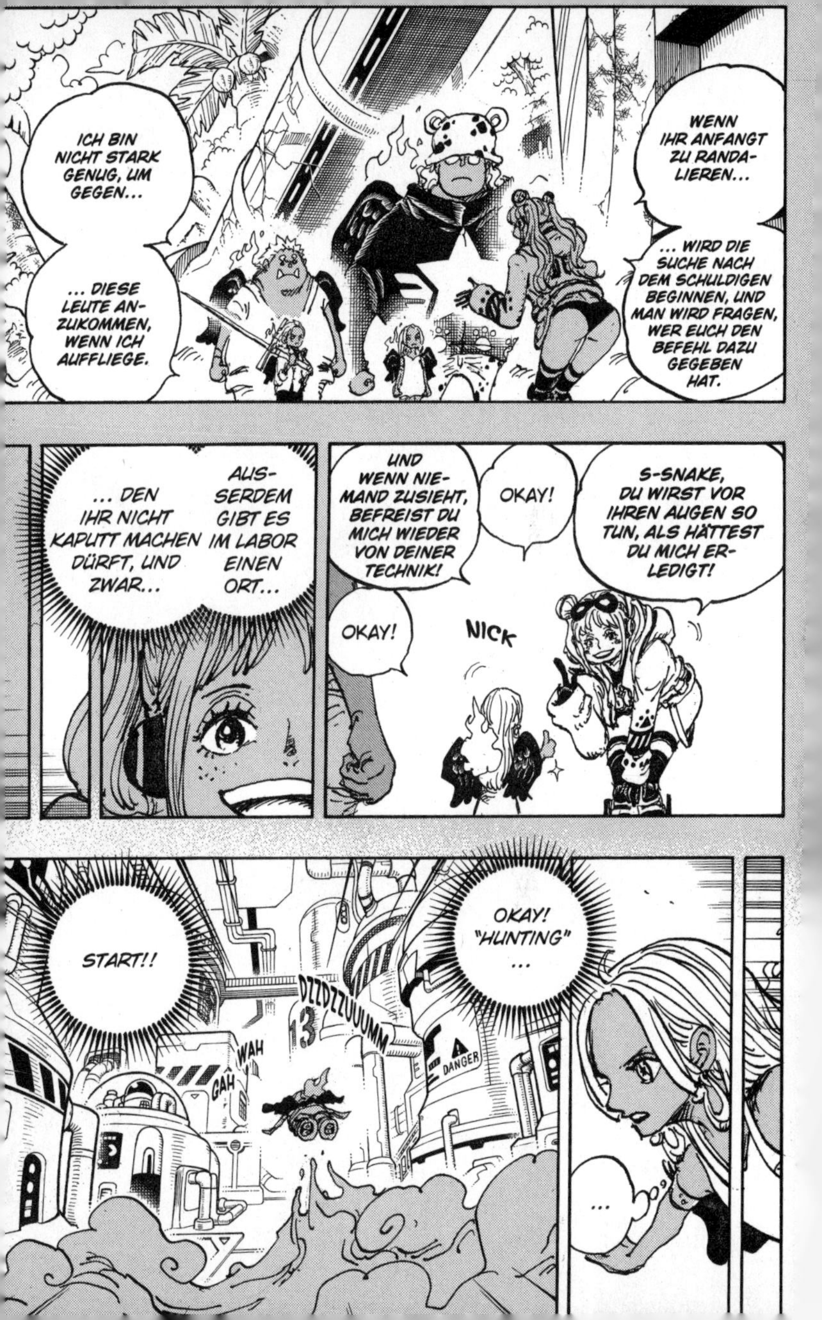
WENN IHR ANFANGT ZU RANDALIEREN...
... WIRD DIE SUCHE NACH DEM SCHULDIGEN BEGINNEN, UND MAN WIRD FRAGEN, WER EUCH DEN BEFEHL DAZU GEGEBEN HAT.
ICH BIN NICHT STARK GENUG, UM GEGEN...
... DIESE LEUTE ANZUKOMMEN, WENN ICH AUFFLIEGE.
S-SNAKE, DU WIRST VOR IHREN AUGEN SO TUN, ALS HÄTTEST DU MICH ERLEDIGT!
OKAY!
UND WENN NIEMAND ZUSIEHT, BEFREIST DU MICH WIEDER VON DEINER TECHNIK!
OKAY!
NICK
AUSSERDEM GIBT ES IM LABOR EINEN ORT...
... DEN IHR NICHT KAPUTT MACHEN DÜRFT, UND ZWAR...
...
OKAY! "HUNTING" ...
START!!
DZZDZZUUUMM
DANGER
13
WAH
GAH

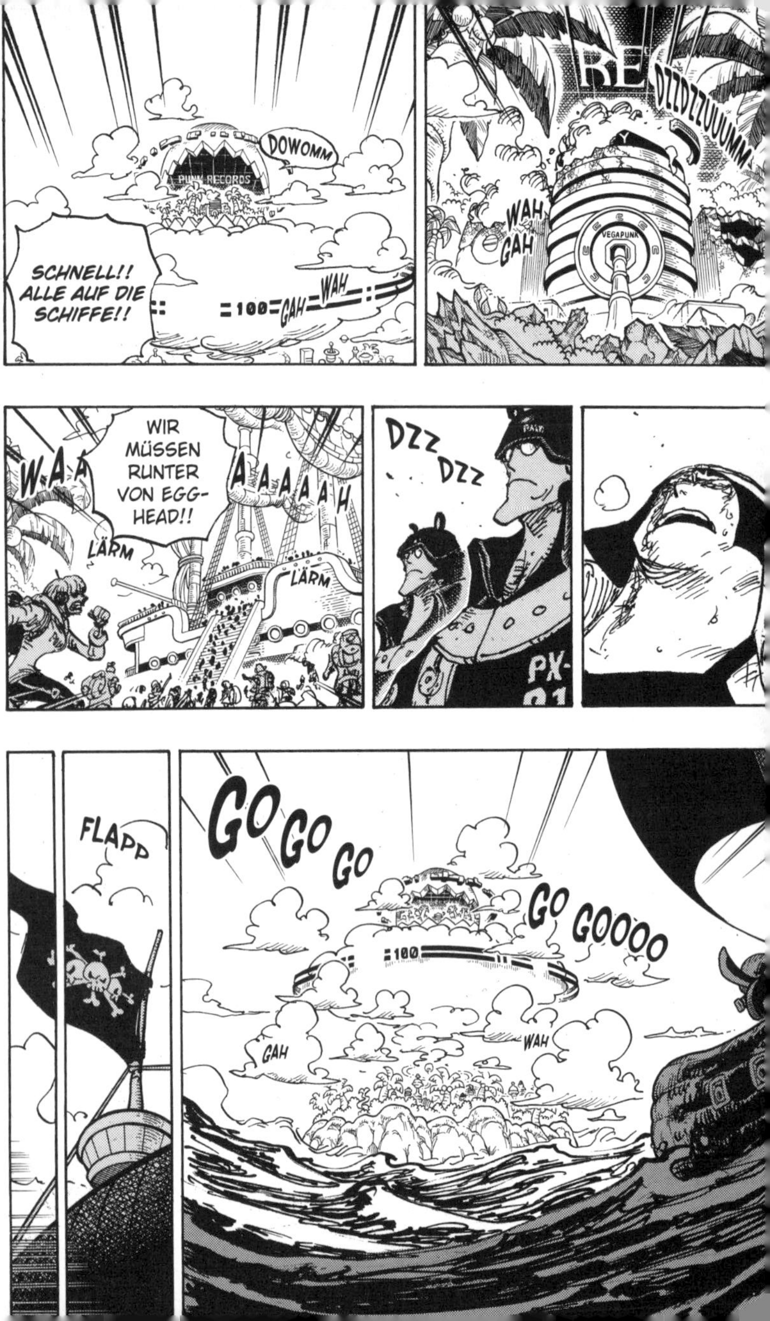

DOWOMM
PUNK RECORDS
SCHNELL!! ALLE AUF DIE SCHIFFE!!
100
GAH WAH
RE
DZZDZZUUUMM
WAH GAH
VEGAPUNK
WIR MÜSSEN RUNTER VON EGG-HEAD!!
WAA
AAAAAAH
LÄRM
LÄRM
DZZ DZZ
PX-
FLAPP
GO GO GO
GO GOOOO
100
GAH
WAH

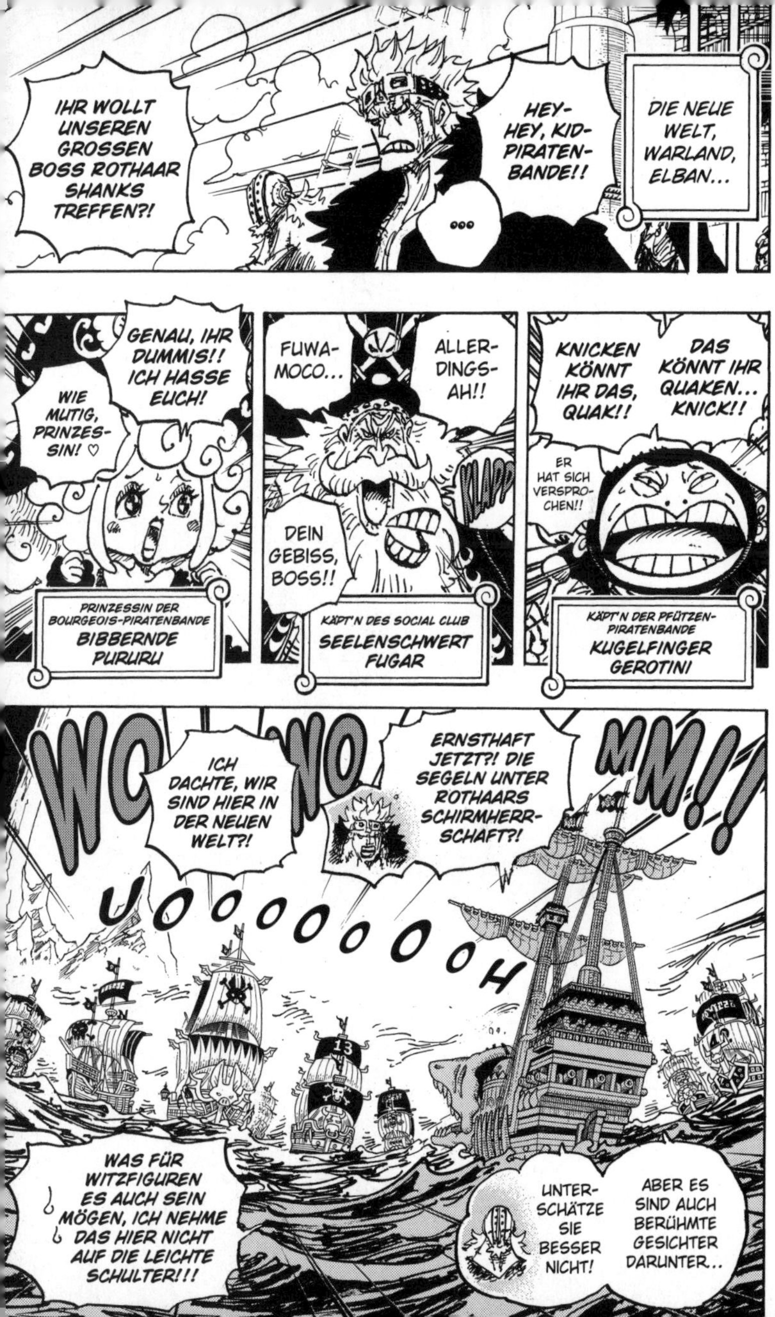

DIE NEUE WELT, WARLAND, ELBAN…
HEY-HEY, KID-PIRATENBANDE!!
…
IHR WOLLT UNSEREN GROSSEN BOSS ROTHAAR SHANKS TREFFEN?!
DAS KÖNNT IHR QUAKEN… KNICK!!
KNICKEN KÖNNT IHR DAS, QUAK!!
ER HAT SICH VERSPROCHEN!!
KÄPT'N DER PFÜTZEN-PIRATENBANDE KUGELFINGER GEROTINI
ALLER-DINGS-AH!!
FUWA-MOCO…
KLAPP
DEIN GEBISS, BOSS!!
KÄPT'N DES SOCIAL CLUB SEELENSCHWERT FUGAR
GENAU, IHR DUMMIS!! ICH HASSE EUCH!
WIE MUTIG, PRINZES-SIN! ♡
PRINZESSIN DER BOURGEOIS-PIRATENBANDE BIBBERNDE PURURU
WO NO MM!!
ERNSTHAFT JETZT?! DIE SEGELN UNTER ROTHAARS SCHIRMHERR-SCHAFT?!
ICH DACHTE, WIR SIND HIER IN DER NEUEN WELT?!
UOOOOOOOH
ABER ES SIND AUCH BERÜHMTE GESICHTER DARUNTER…
UNTER-SCHÄTZE SIE BESSER NICHT!
WAS FÜR WITZFIGUREN ES AUCH SEIN MÖGEN, ICH NEHME DAS HIER NICHT AUF DIE LEICHTE SCHULTER!!!

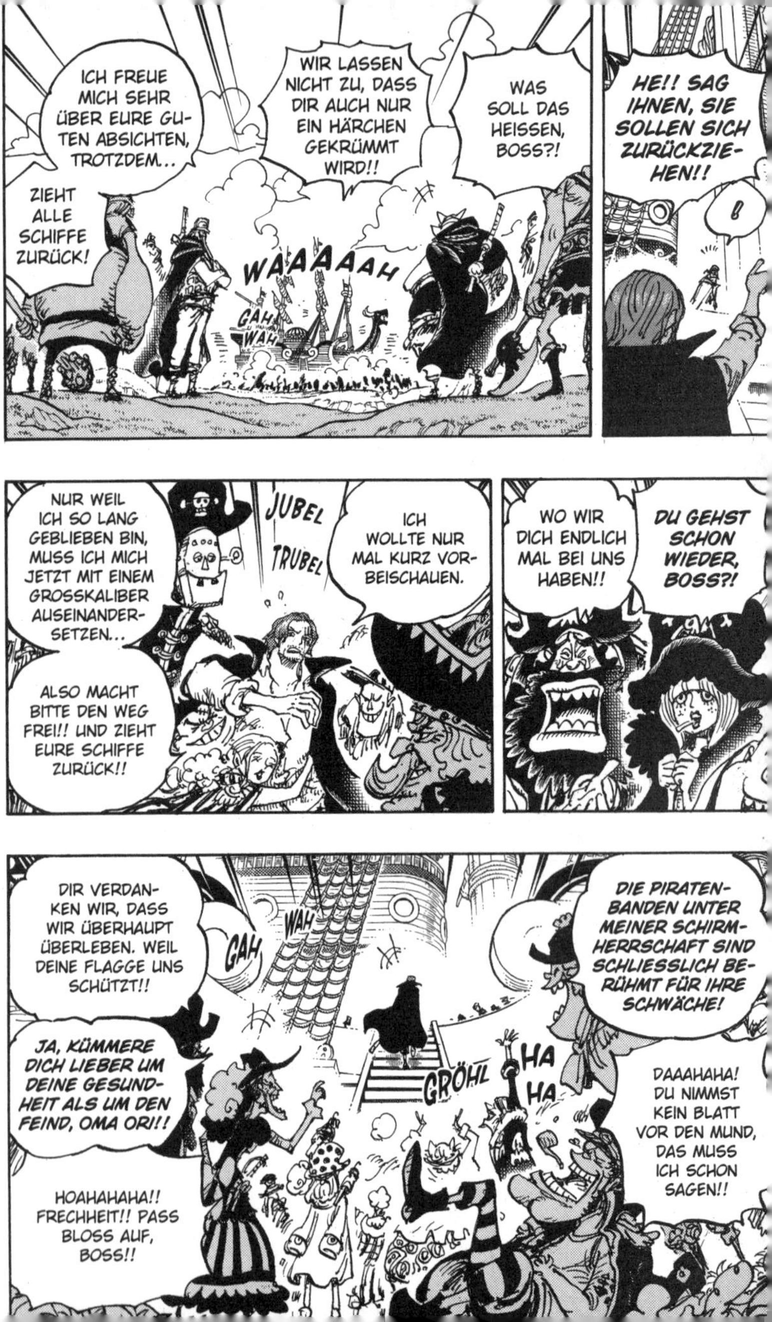
HE!! SAG IHNEN, SIE SOLLEN SICH ZURÜCKZIEHEN!!
WAS SOLL DAS HEISSEN, BOSS?!
WIR LASSEN NICHT ZU, DASS DIR AUCH NUR EIN HÄRCHEN GEKRÜMMT WIRD!!
ICH FREUE MICH SEHR ÜBER EURE GUTEN ABSICHTEN, TROTZDEM...
ZIEHT ALLE SCHIFFE ZURÜCK!
WAAAAAH
GAH
WAH
DU GEHST SCHON WIEDER, BOSS?!
WO WIR DICH ENDLICH MAL BEI UNS HABEN!!
ICH WOLLTE NUR MAL KURZ VORBEISCHAUEN.
JUBEL
TRUBEL
NUR WEIL ICH SO LANG GEBLIEBEN BIN, MUSS ICH MICH JETZT MIT EINEM GROSSKALIBER AUSEINANDERSETZEN...
ALSO MACHT BITTE DEN WEG FREI!! UND ZIEHT EURE SCHIFFE ZURÜCK!!
DIE PIRATENBANDEN UNTER MEINER SCHIRMHERRSCHAFT SIND SCHLIESSLICH BERÜHMT FÜR IHRE SCHWÄCHE!
DIR VERDANKEN WIR, DASS WIR ÜBERHAUPT ÜBERLEBEN. WEIL DEINE FLAGGE UNS SCHÜTZT!!
GAH
WAH
DAAAAHAHA! DU NIMMST KEIN BLATT VOR DEN MUND, DAS MUSS ICH SCHON SAGEN!!
HA
HA
GRÖHL
JA, KÜMMERE DICH LIEBER UM DEINE GESUNDHEIT ALS UM DEN FEIND, OMA ORI!!
HOAHAHAHA!! FRECHHEIT!! PASS BLOSS AUF, BOSS!!

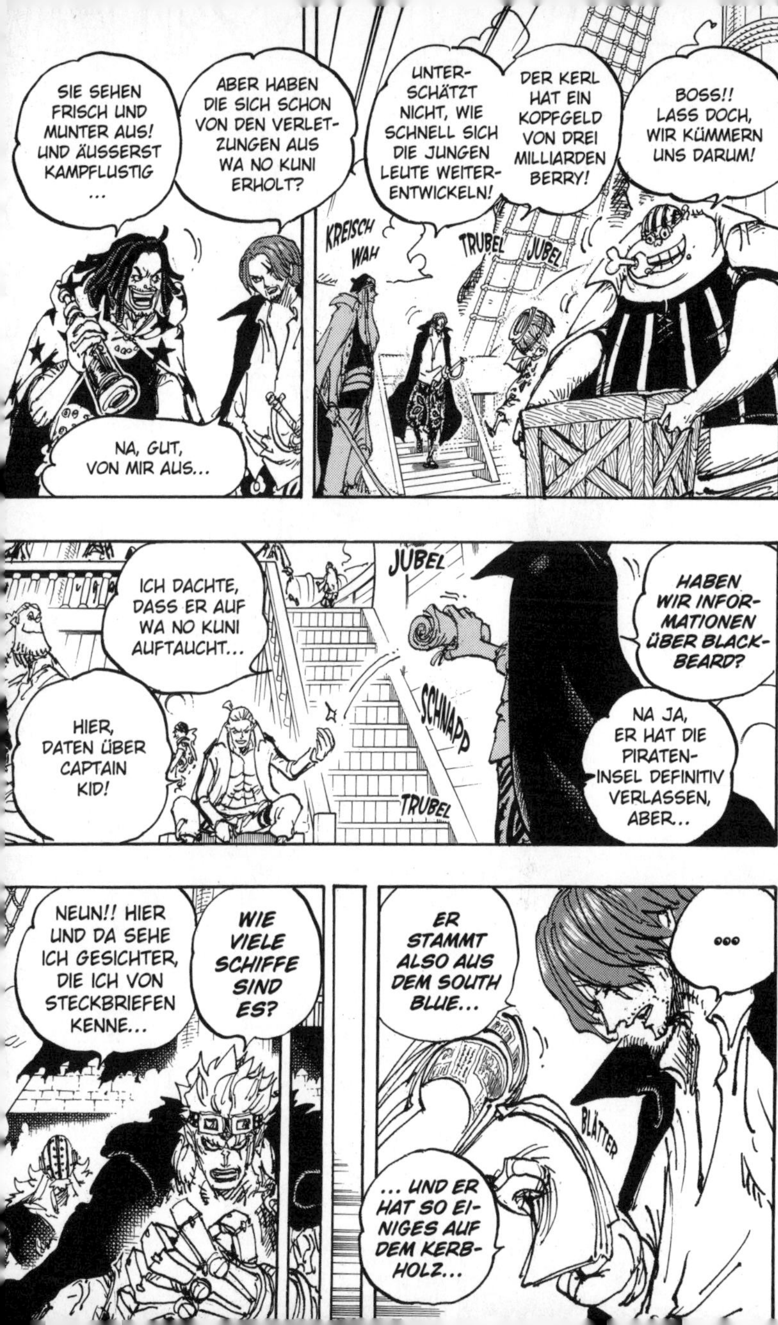
BOSS!! LASS DOCH, WIR KÜMMERN UNS DARUM!
DER KERL HAT EIN KOPFGELD VON DREI MILLIARDEN BERRY!
UNTERSCHÄTZT NICHT, WIE SCHNELL SICH DIE JUNGEN LEUTE WEITERENTWICKELN!
KREISCH
WAH
TRUBEL
JUBEL
ABER HABEN DIE SICH SCHON VON DEN VERLETZUNGEN AUS WA NO KUNI ERHOLT?
SIE SEHEN FRISCH UND MUNTER AUS! UND ÄUSSERST KAMPFLUSTIG …
NA, GUT, VON MIR AUS…
HABEN WIR INFORMATIONEN ÜBER BLACKBEARD?
NA JA, ER HAT DIE PIRATENINSEL DEFINITIV VERLASSEN, ABER…
JUBEL
SCHNAPP
TRUBEL
ICH DACHTE, DASS ER AUF WA NO KUNI AUFTAUCHT…
HIER, DATEN ÜBER CAPTAIN KID!
…
ER STAMMT ALSO AUS DEM SOUTH BLUE…
BLÄTTER
… UND ER HAT SO EINIGES AUF DEM KERBHOLZ…
WIE VIELE SCHIFFE SIND ES?
NEUN!! HIER UND DA SEHE ICH GESICHTER, DIE ICH VON STECKBRIEFEN KENNE…

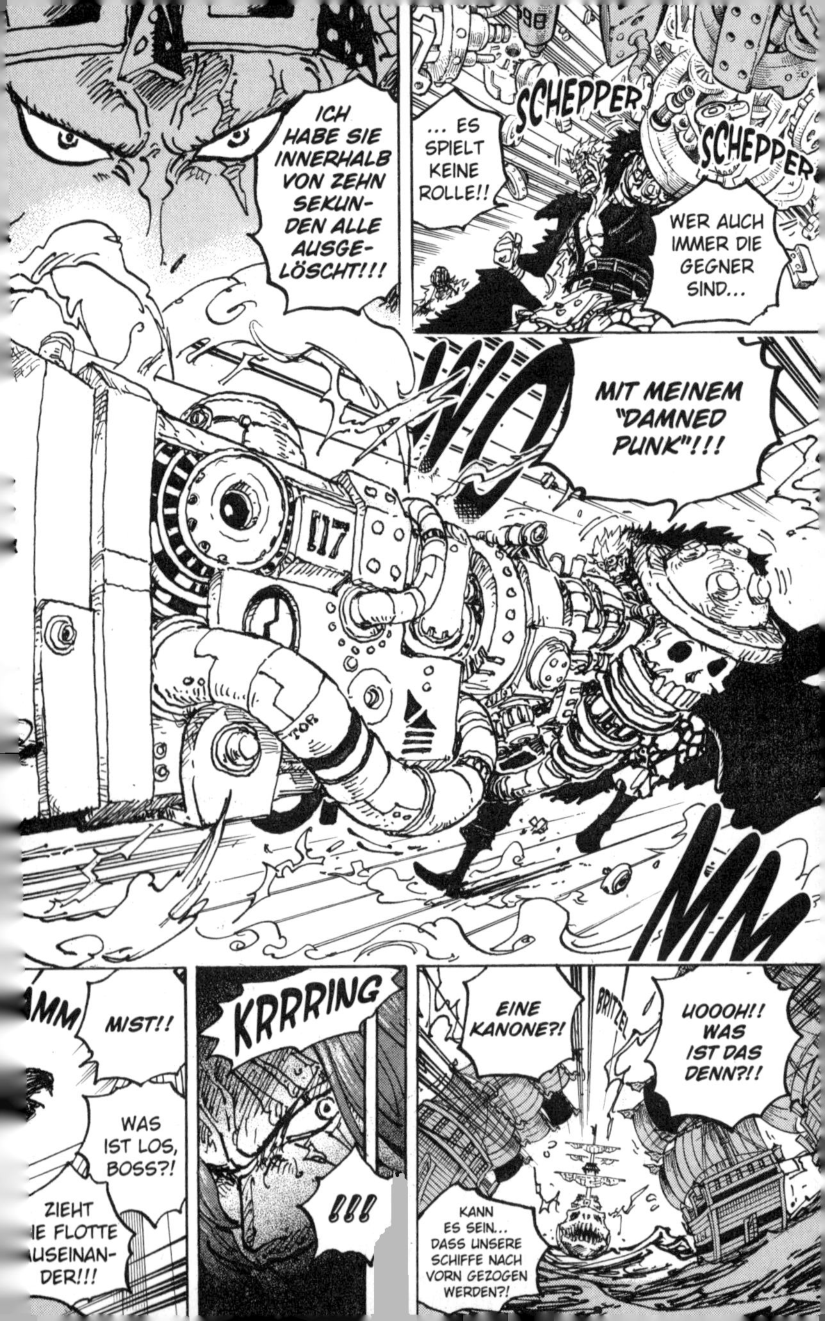
SCHEPPER
SCHEPPER
WER AUCH IMMER DIE GEGNER SIND...
... ES SPIELT KEINE ROLLE!!
ICH HABE SIE INNERHALB VON ZEHN SEKUNDEN ALLE AUSGELÖSCHT!!!
MIT MEINEM "DAMNED PUNK"!!!
WO
MM
UOOOH!! WAS IST DAS DENN?!!
EINE KANONE?!
BRITZEL
KANN ES SEIN... DASS UNSERE SCHIFFE NACH VORN GEZOGEN WERDEN?!
KRRRING
!!!
MIST!!
AMM
WAS IST LOS, BOSS?!
ZIEHT
IE FLOTTE
USEINANDER!!!

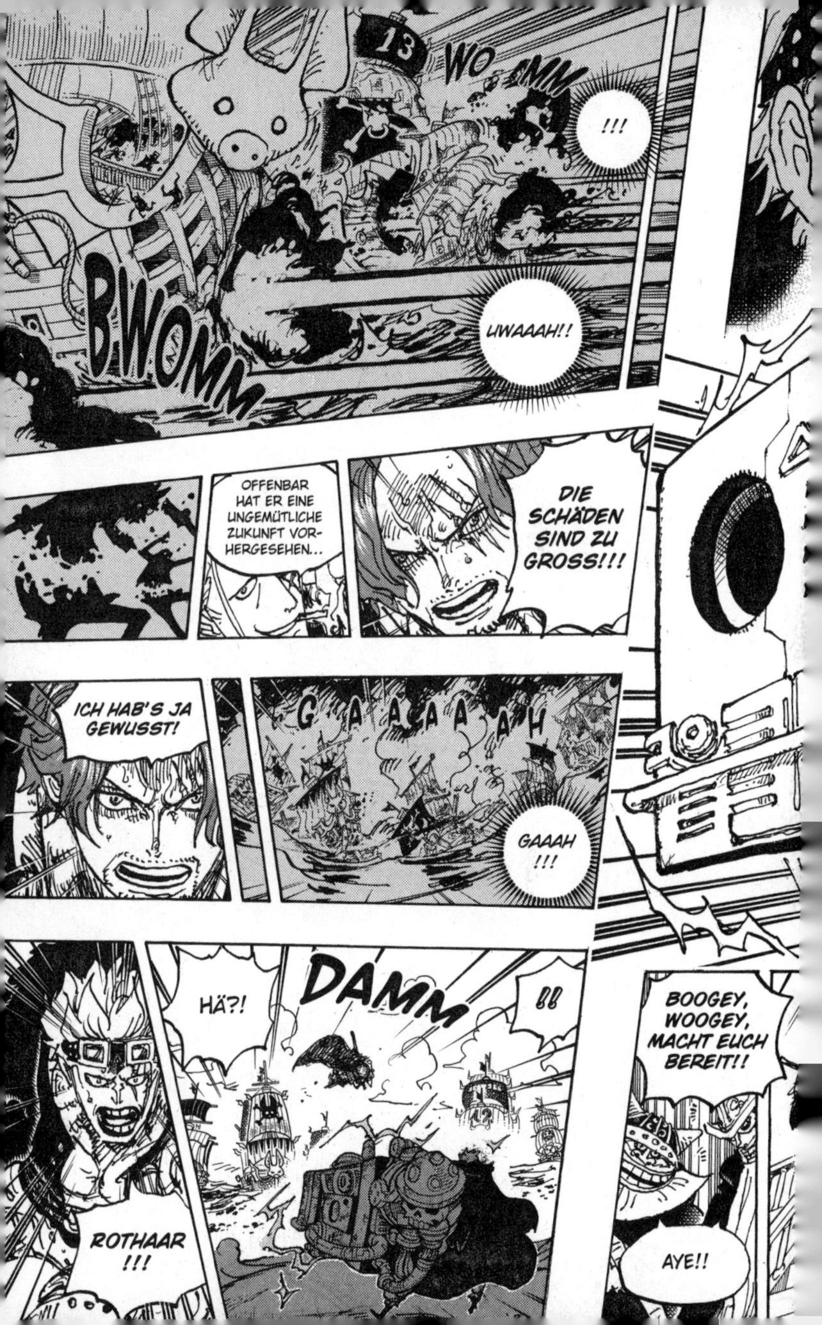
WO MM
!!!
B.WOMM
UWAAAH!!
DIE SCHÄDEN SIND ZU GROSS!!!
OFFENBAR HAT ER EINE UNGEMÜTLICHE ZUKUNFT VORHERGESEHEN...
GAAAH !!!
GAAAAAH
ICH HAB'S JA GEWUSST!
BOOGEY, WOOGEY, MACHT EUCH BEREIT!!
AYE!!
!!
DAMM
HÄ?!
ROTHAAR !!!

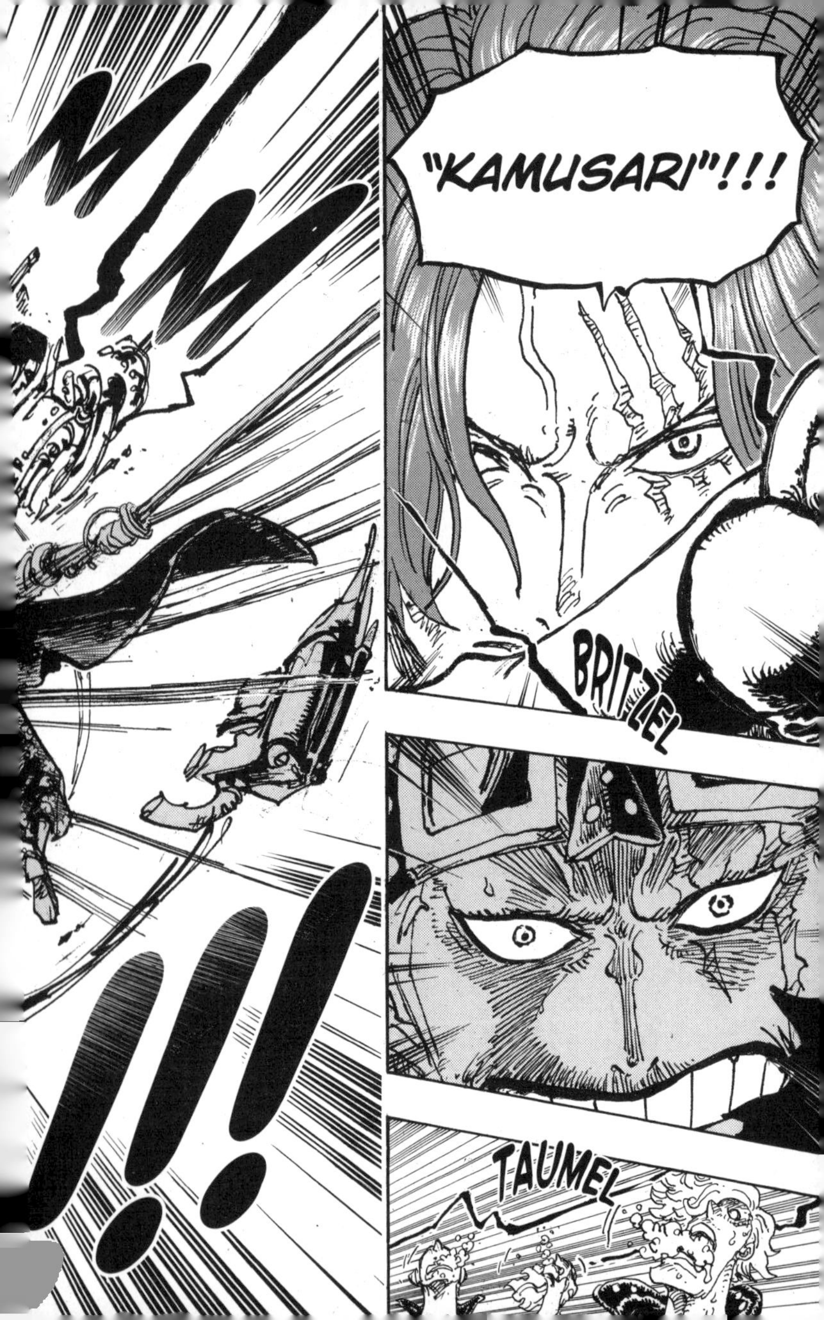
"KAMUSARI"!!!
BRITZEL
TAUMEL

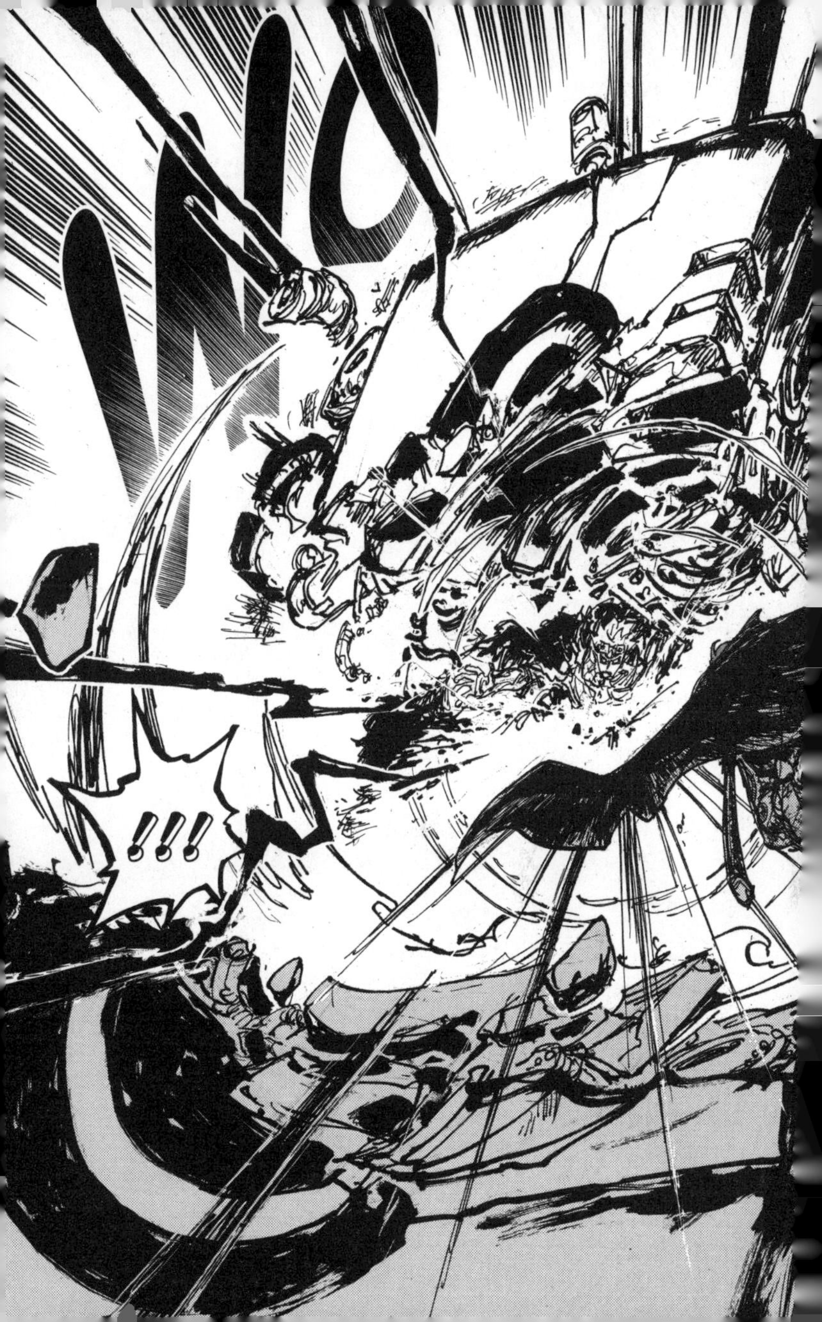

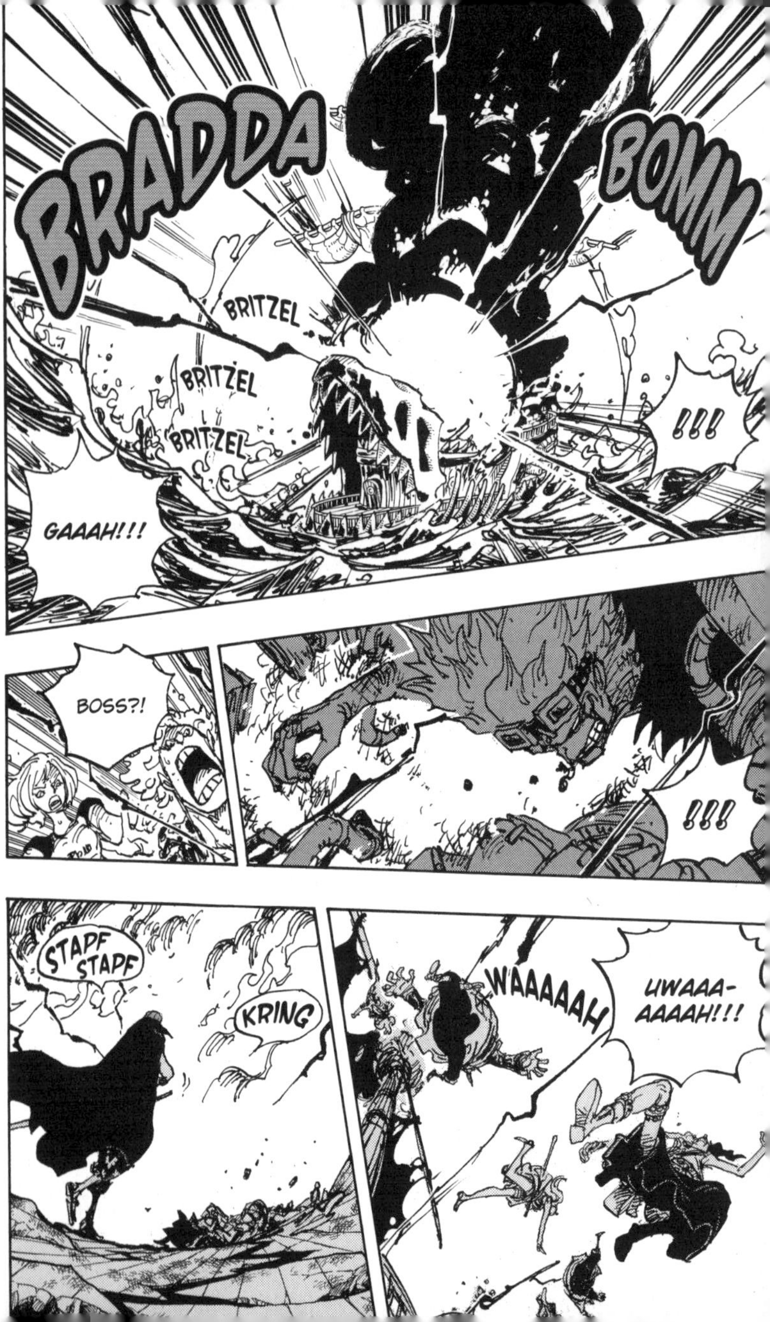
BRADDA
BOMM
BRITZEL
BRITZEL
BRITZEL
!!!
GAAAH!!!
!!!
BOSS?!
UWAAA-
AAAAH!!!
WAAAAAH
KRING
STAPF
STAPF

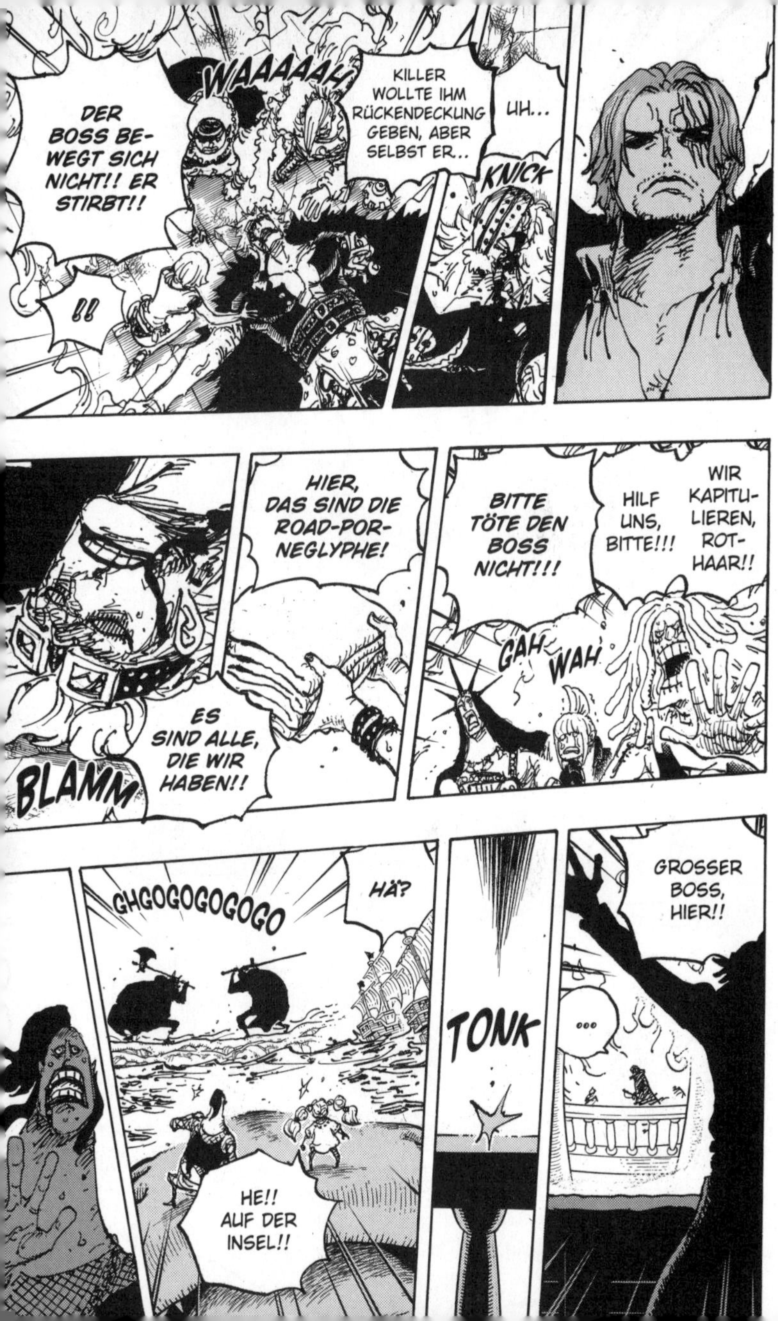
UH...
KNICK
KILLER WOLLTE IHM RÜCKENDECKUNG GEBEN, ABER SELBST ER...
WAAAAAH
DER BOSS BEWEGT SICH NICHT!! ER STIRBT!!
!!
WIR KAPITULIEREN, ROTHAAR!!
HILF UNS, BITTE!!!
BITTE TÖTE DEN BOSS NICHT!!!
GAH WAH
HIER, DAS SIND DIE ROAD-PORNEGLYPHE!
ES SIND ALLE, DIE WIR HABEN!!
BLAMM
GROSSER BOSS, HIER!!
...
TONK
HÄ?
GHGOGOGOGOGO
HE!! AUF DER INSEL!!

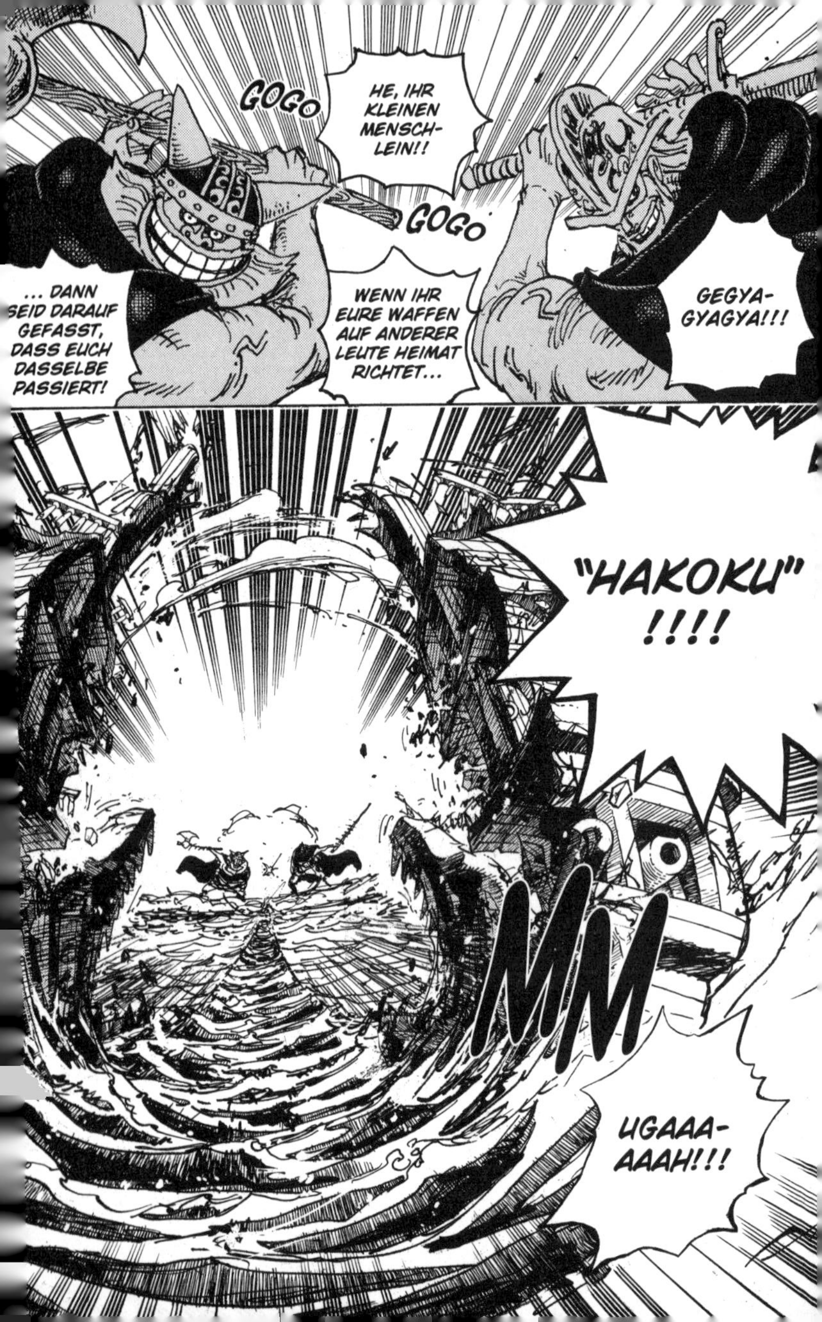
GOGO
HE, IHR KLEINEN MENSCH-LEIN!!
GOGO
GEGYA-GYAGYA!!!
WENN IHR EURE WAFFEN AUF ANDERER LEUTE HEIMAT RICHTET...
... DANN SEID DARAUF GEFASST, DASS EUCH DASSELBE PASSIERT!
"HAKOKU" !!!!
MM
UGAAA-AAAH!!!

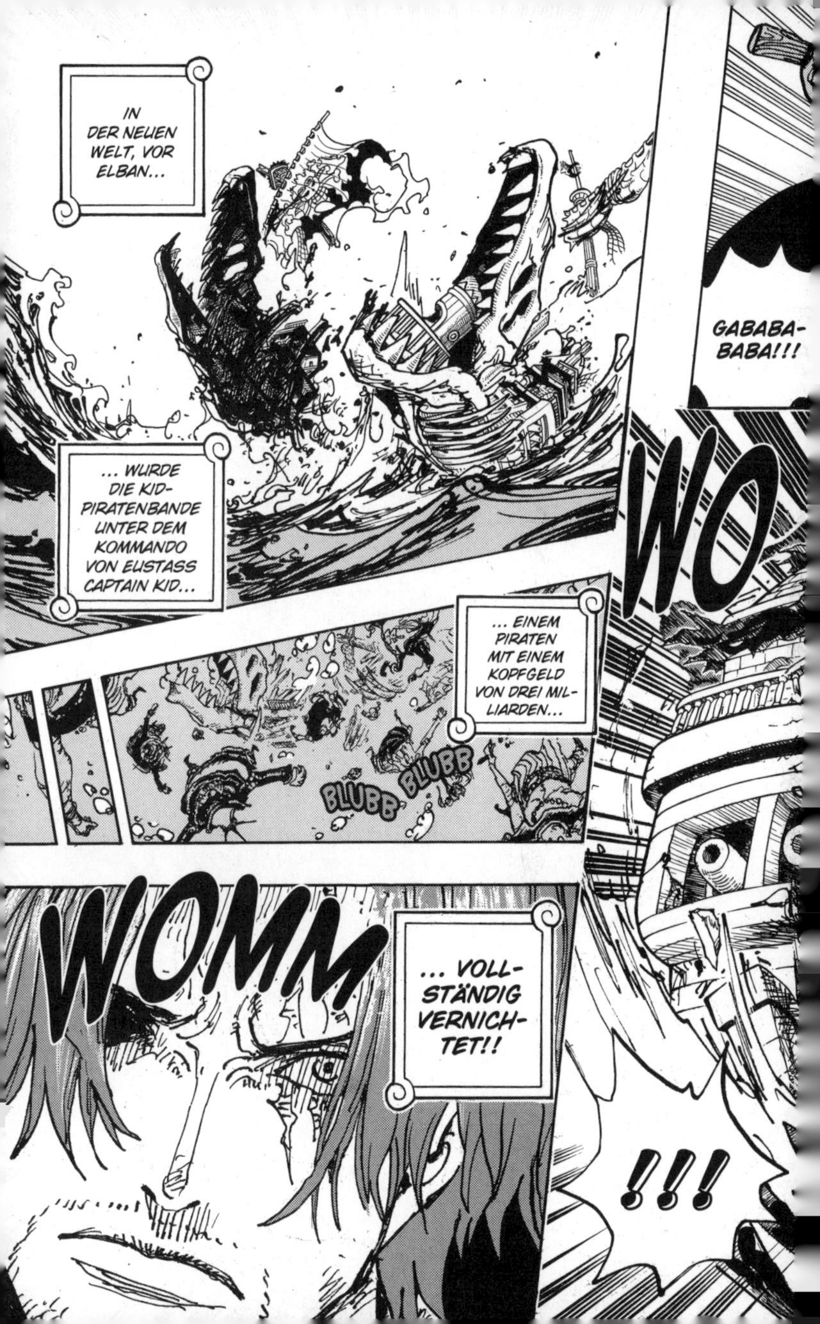

GABABA-BABA!!!
IN DER NEUEN WELT, VOR ELBAN...
... WURDE DIE KID-PIRATENBANDE UNTER DEM KOMMANDO VON EUSTASS CAPTAIN KID...
WO
... EINEM PIRATEN MIT EINEM KOPFGELD VON DREI MILLIARDEN...
BLUBB
BLUBB
... VOLLSTÄNDIG VERNICHTET!!
WOMM
!!!

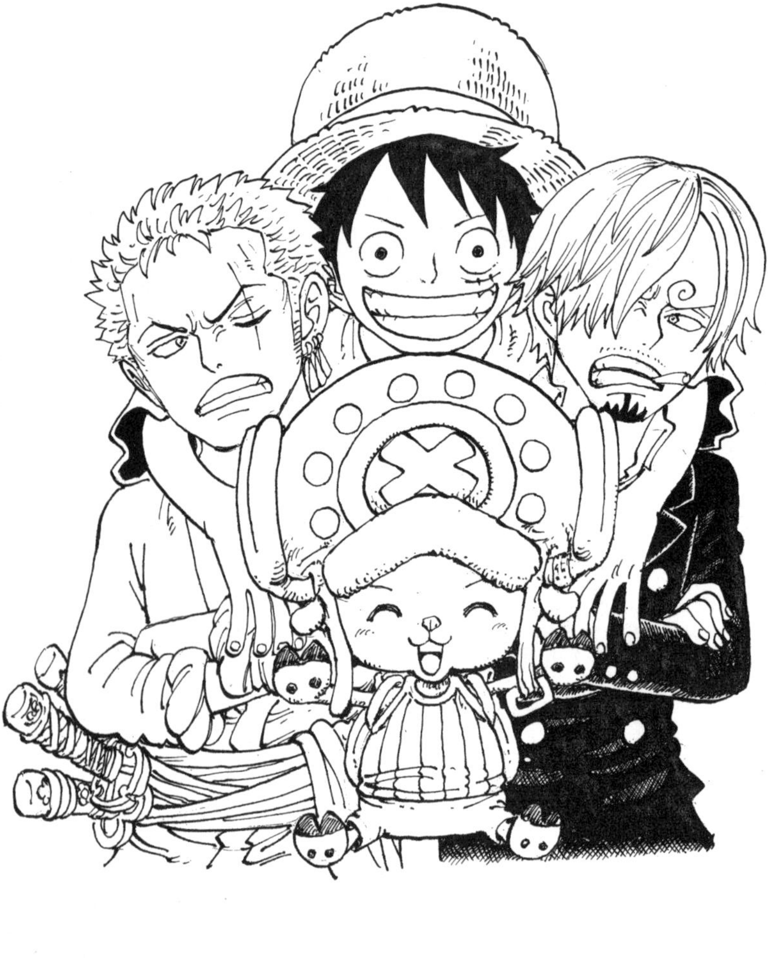

1080. Kapitel:
Der legendäre Held

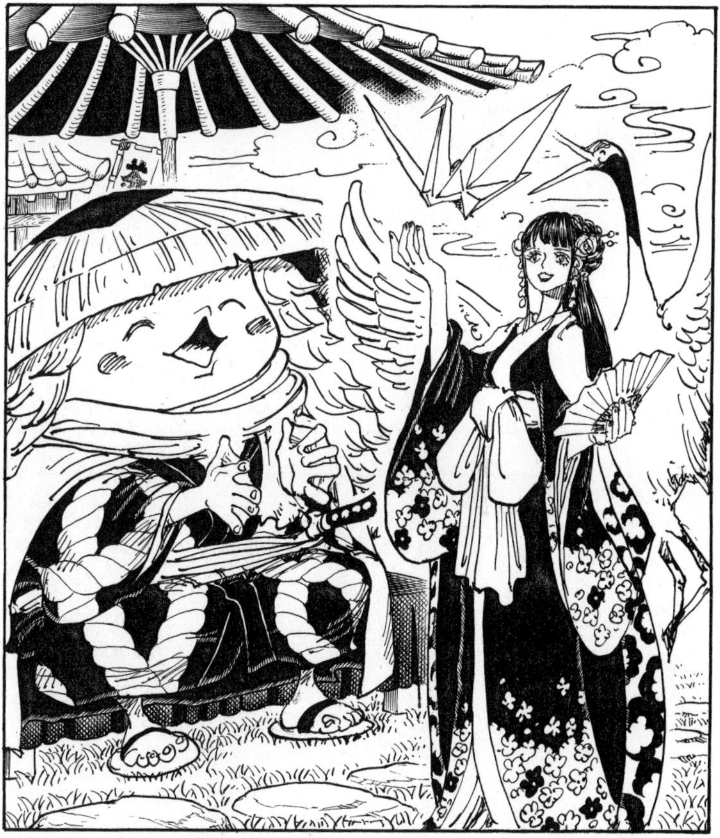

Wunsch-Titelbild „Kawamatsu und Hiyori spielen mit Origami"
Pseudonym: Aoi Akamine

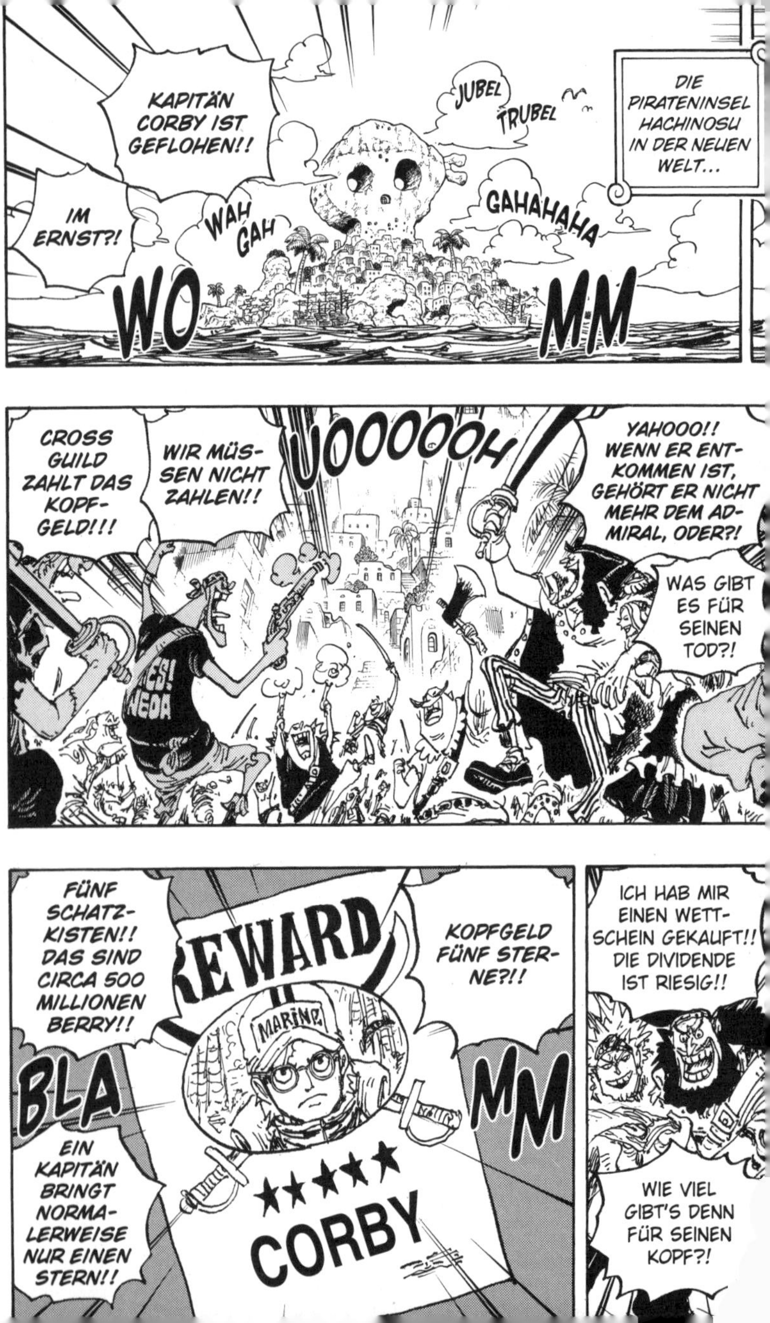
DIE PIRATENINSEL HACHINOSU IN DER NEUEN WELT...
JUBEL TRUBEL
GAHAHAHA
WAH GAH
KAPITÄN CORBY IST GEFLOHEN!!
IM ERNST?!
WO MM
YAHOOO!! WENN ER ENT-KOMMEN IST, GEHÖRT ER NICHT MEHR DEM AD-MIRAL, ODER?!
WAS GIBT ES FÜR SEINEN TOD?!
UOOOOOH
WIR MÜS-SEN NICHT ZAHLEN!!
CROSS GUILD ZAHLT DAS KOPF-GELD!!!
ICH HAB MIR EINEN WETT-SCHEIN GEKAUFT!! DIE DIVIDENDE IST RIESIG!!
WIE VIEL GIBT'S DENN FÜR SEINEN KOPF?!
KOPFGELD FÜNF STER-NE?!!
REWARD
MARINE
★★★★★
CORBY
FÜNF SCHATZ-KISTEN!! DAS SIND CIRCA 500 MILLIONEN BERRY!!
EIN KAPITÄN BRINGT NORMA-LERWEISE NUR EINEN STERN!!
BLA MM

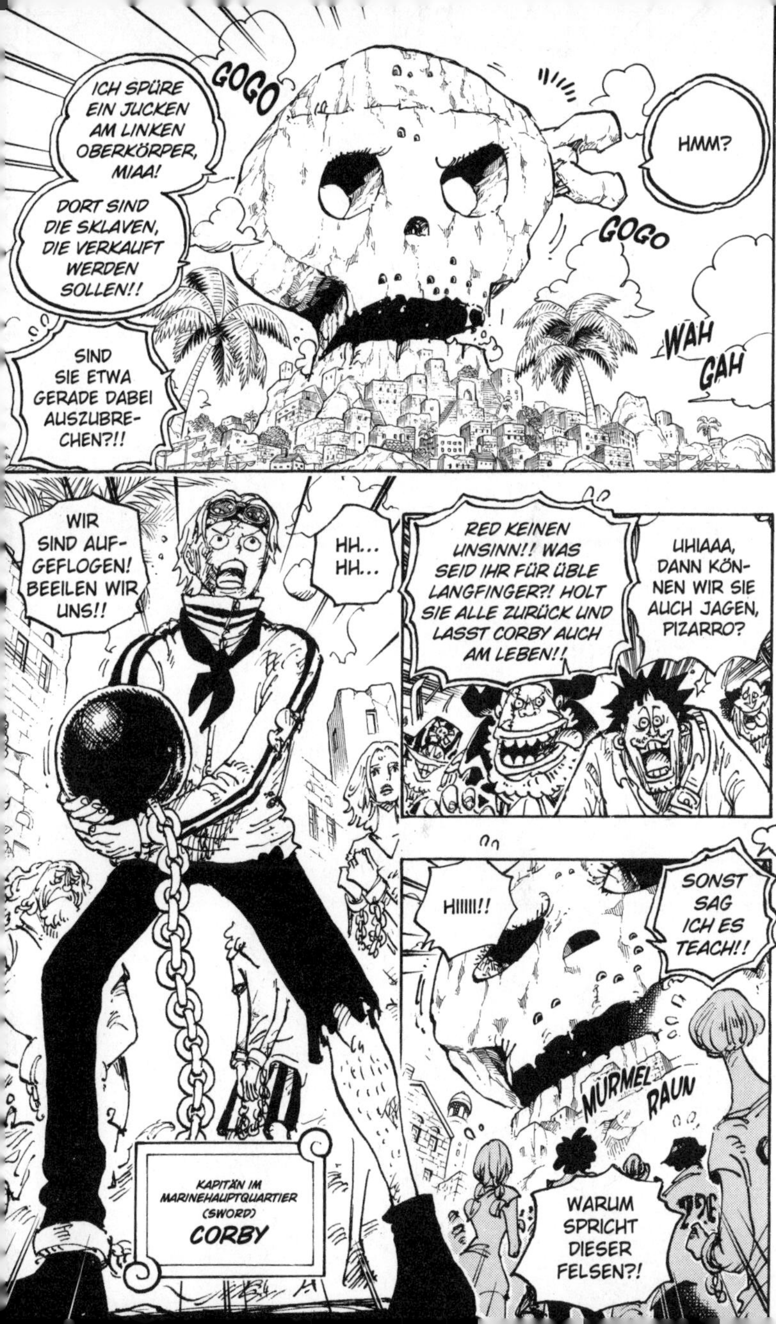
ICH SPÜRE EIN JUCKEN AM LINKEN OBERKÖRPER, MIAA!
GOGO
HMM?
DORT SIND DIE SKLAVEN, DIE VERKAUFT WERDEN SOLLEN!!
GOGO
SIND SIE ETWA GERADE DABEI AUSZUBRECHEN?!!
WAH GAH
WIR SIND AUFGEFLOGEN! BEEILEN WIR UNS!!
HH... HH...
RED KEINEN UNSINN!! WAS SEID IHR FÜR ÜBLE LANGFINGER?! HOLT SIE ALLE ZURÜCK UND LASST CORBY AUCH AM LEBEN!!
UHIAAA, DANN KÖNNEN WIR SIE AUCH JAGEN, PIZARRO?
KAPITÄN IM MARINEHAUPTQUARTIER (SWORD)
CORBY
SONST SAG ICH ES TEACH!!
HIIIII!!
MURMEL RAUN
WARUM SPRICHT DIESER FELSEN?!

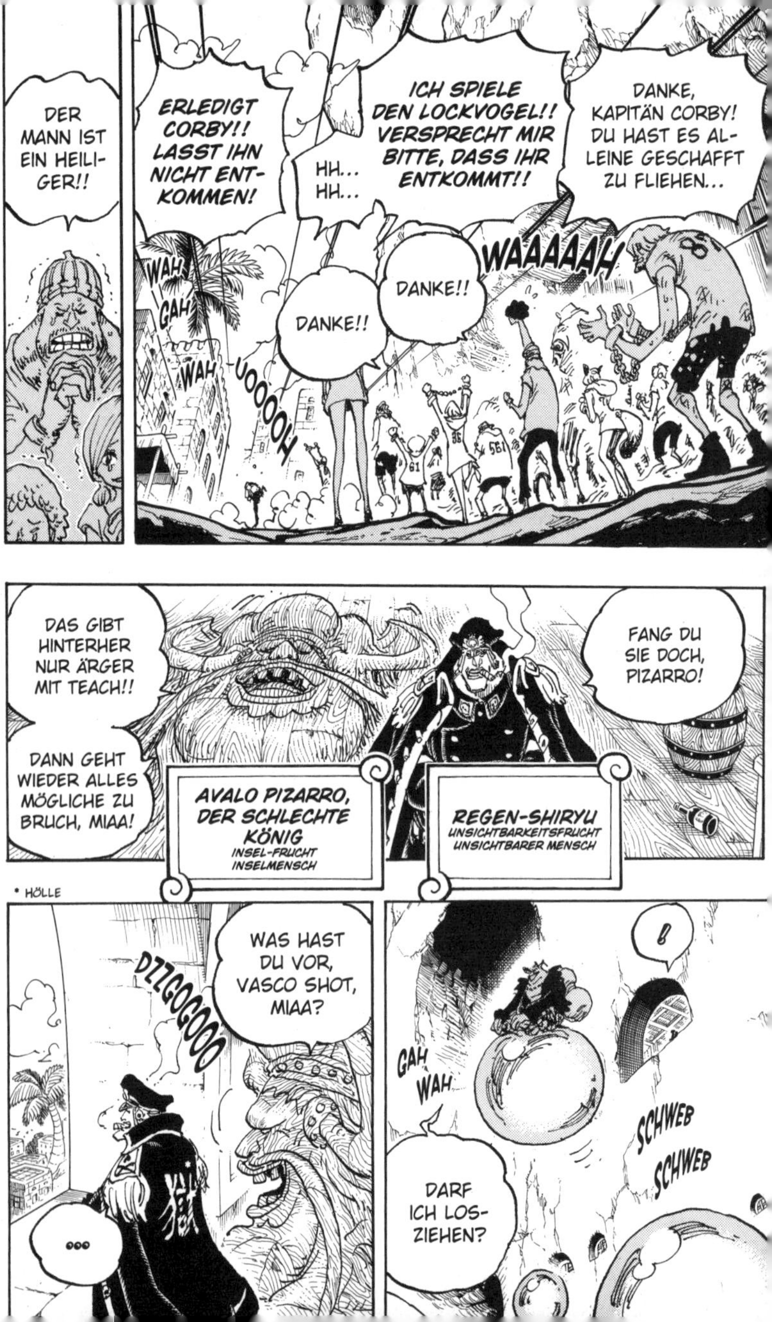

DANKE, KAPITÄN CORBY! DU HAST ES ALLEINE GESCHAFFT ZU FLIEHEN...
ICH SPIELE DEN LOCKVOGEL!! VERSPRECHT MIR BITTE, DASS IHR ENTKOMMT!!
HH... HH...
ERLEDIGT CORBY!! LASST IHN NICHT ENTKOMMEN!
WAAAAAH
DANKE!!
DANKE!!
WAH
GAH
WAH
UOOOOH
DER MANN IST EIN HEILIGER!!
FANG DU SIE DOCH, PIZARRO!
DAS GIBT HINTERHER NUR ÄRGER MIT TEACH!!
DANN GEHT WIEDER ALLES MÖGLICHE ZU BRUCH, MIAA!
REGEN-SHIRYU
UNSICHTBARKEITSFRUCHT
UNSICHTBARER MENSCH
AVALO PIZARRO, DER SCHLECHTE KÖNIG
INSEL-FRUCHT
INSELMENSCH
* HÖLLE
!
GAH
WAH
SCHWEB
SCHWEB
DARF ICH LOSZIEHEN?
WAS HAST DU VOR, VASCO SHOT, MIAA?
DZZGOGOOO
...

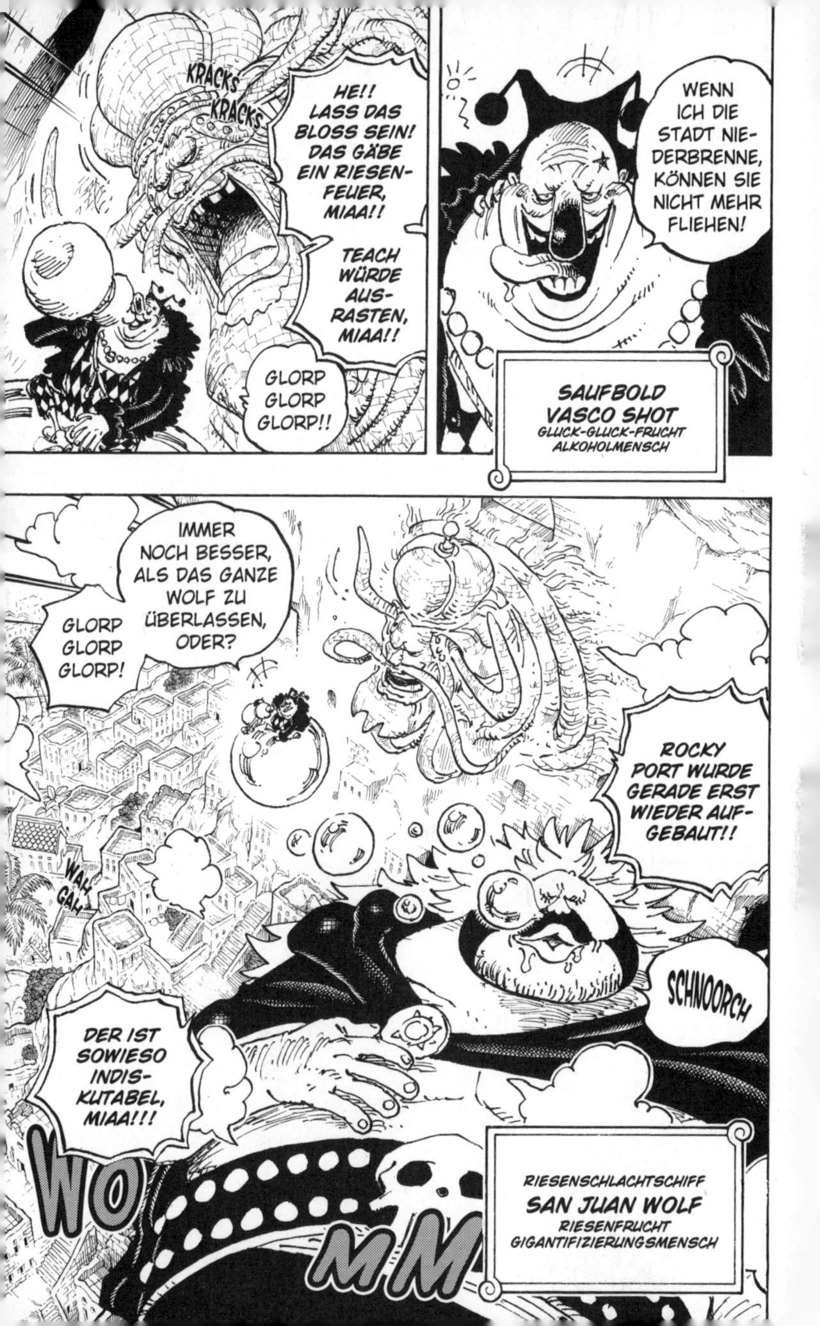
WENN ICH DIE STADT NIEDERBRENNE, KÖNNEN SIE NICHT MEHR FLIEHEN!
SAUFBOLD VASCO SHOT
GLUCK-GLUCK-FRUCHT ALKOHOLMENSCH
KRACKS
KRACKS
HE!! LASS DAS BLOSS SEIN! DAS GÄBE EIN RIESENFEUER, MIAA!!
TEACH WÜRDE AUSRASTEN, MIAA!!
GLORP GLORP GLORP!!
ROCKY PORT WURDE GERADE ERST WIEDER AUFGEBAUT!!
IMMER NOCH BESSER, ALS DAS GANZE WOLF ZU ÜBERLASSEN, ODER?
GLORP GLORP GLORP!
WAH GAH
SCHNOORCH
DER IST SOWIESO INDISKUTABEL, MIAA!!!
RIESENSCHLACHTSCHIFF
SAN JUAN WOLF
RIESENFRUCHT GIGANTIFIZIERUNGSMENSCH
WOMM

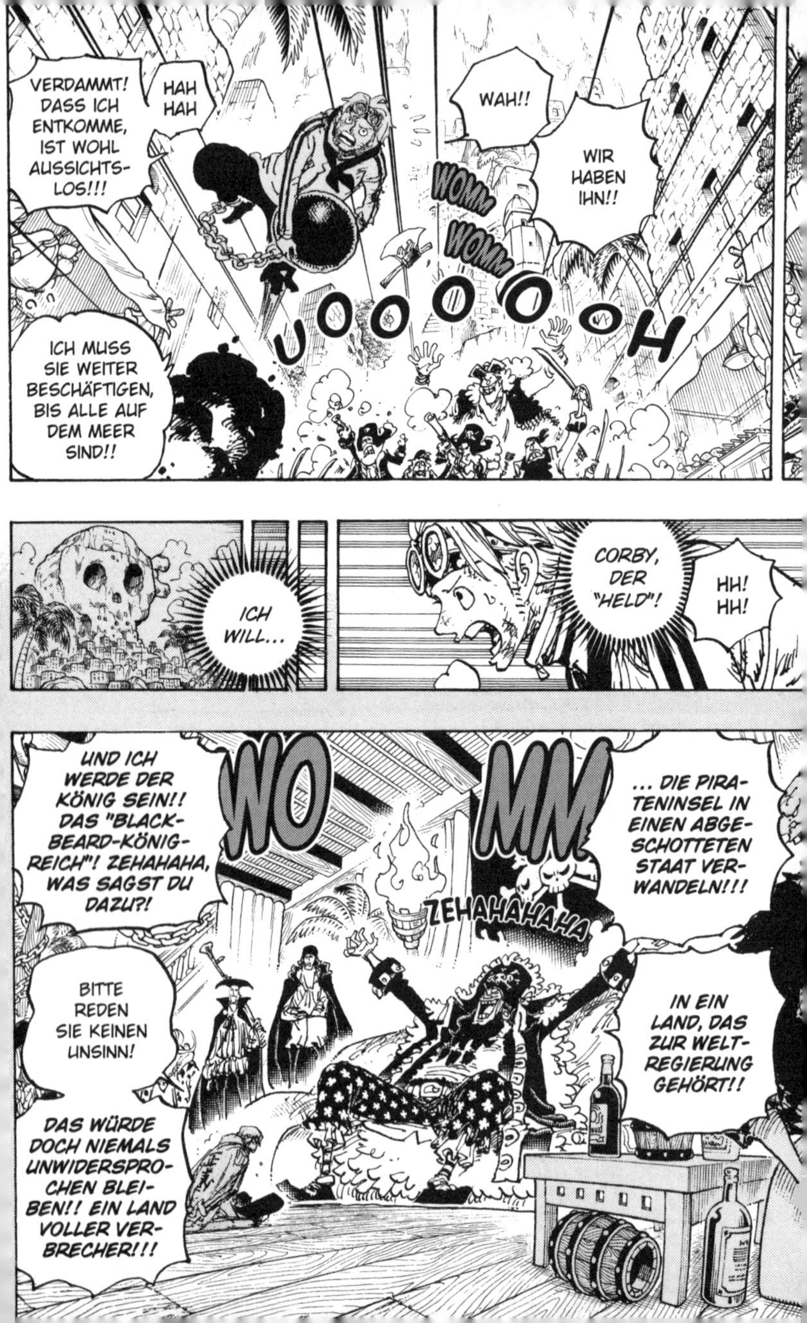
WAH!!
WIR HABEN IHN!!
WOMM
WOMM
UOOOOOOH
HAH HAH
VERDAMMT! DASS ICH ENTKOMME, IST WOHL AUSSICHTSLOS!!!
ICH MUSS SIE WEITER BESCHÄFTIGEN, BIS ALLE AUF DEM MEER SIND!!
HH! HH!
CORBY, DER "HELD"!
ICH WILL…
… DIE PIRATENINSEL IN EINEN ABGESCHOTTETEN STAAT VERWANDELN!!!
WOMM
UND ICH WERDE DER KÖNIG SEIN!! DAS "BLACKBEARD-KÖNIGREICH"! ZEHAHAHA, WAS SAGST DU DAZU?!
ZEHAHAHAHAHA
IN EIN LAND, DAS ZUR WELTREGIERUNG GEHÖRT!!
BITTE REDEN SIE KEINEN UNSINN!
DAS WÜRDE DOCH NIEMALS UNWIDERSPROCHEN BLEIBEN!! EIN LAND VOLLER VERBRECHER!!!

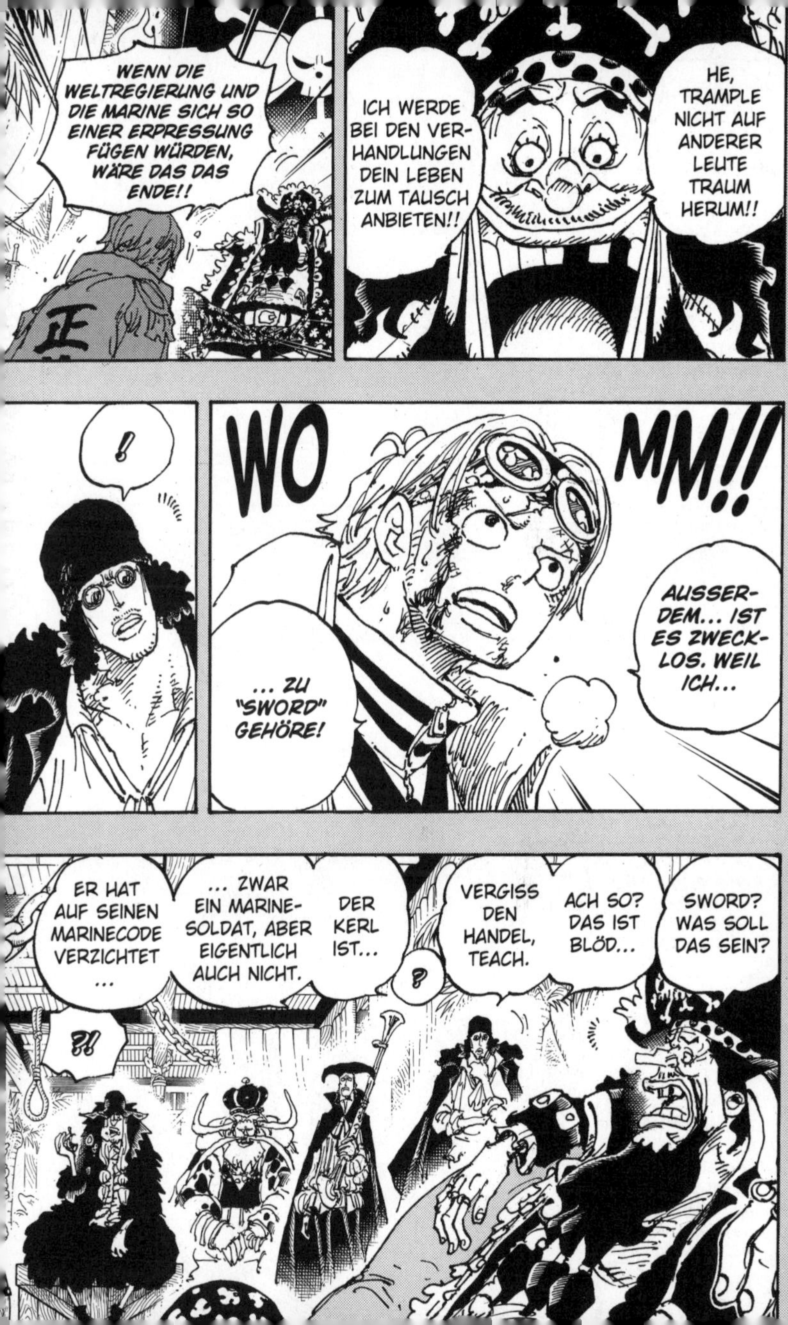
HE, TRAMPLE NICHT AUF ANDERER LEUTE TRAUM HERUM!!
ICH WERDE BEI DEN VERHANDLUNGEN DEIN LEBEN ZUM TAUSCH ANBIETEN!!
WENN DIE WELTREGIERUNG UND DIE MARINE SICH SO EINER ERPRESSUNG FÜGEN WÜRDEN, WÄRE DAS DAS ENDE!!
WO MM!!
AUSSERDEM... IST ES ZWECKLOS. WEIL ICH...
... ZU "SWORD" GEHÖRE!
!
SWORD? WAS SOLL DAS SEIN?
ACH SO? DAS IST BLÖD...
VERGISS DEN HANDEL, TEACH.
?
DER KERL IST...
... ZWAR EIN MARINESOLDAT, ABER EIGENTLICH AUCH NICHT.
ER HAT AUF SEINEN MARINECODE VERZICHTET ...
?!

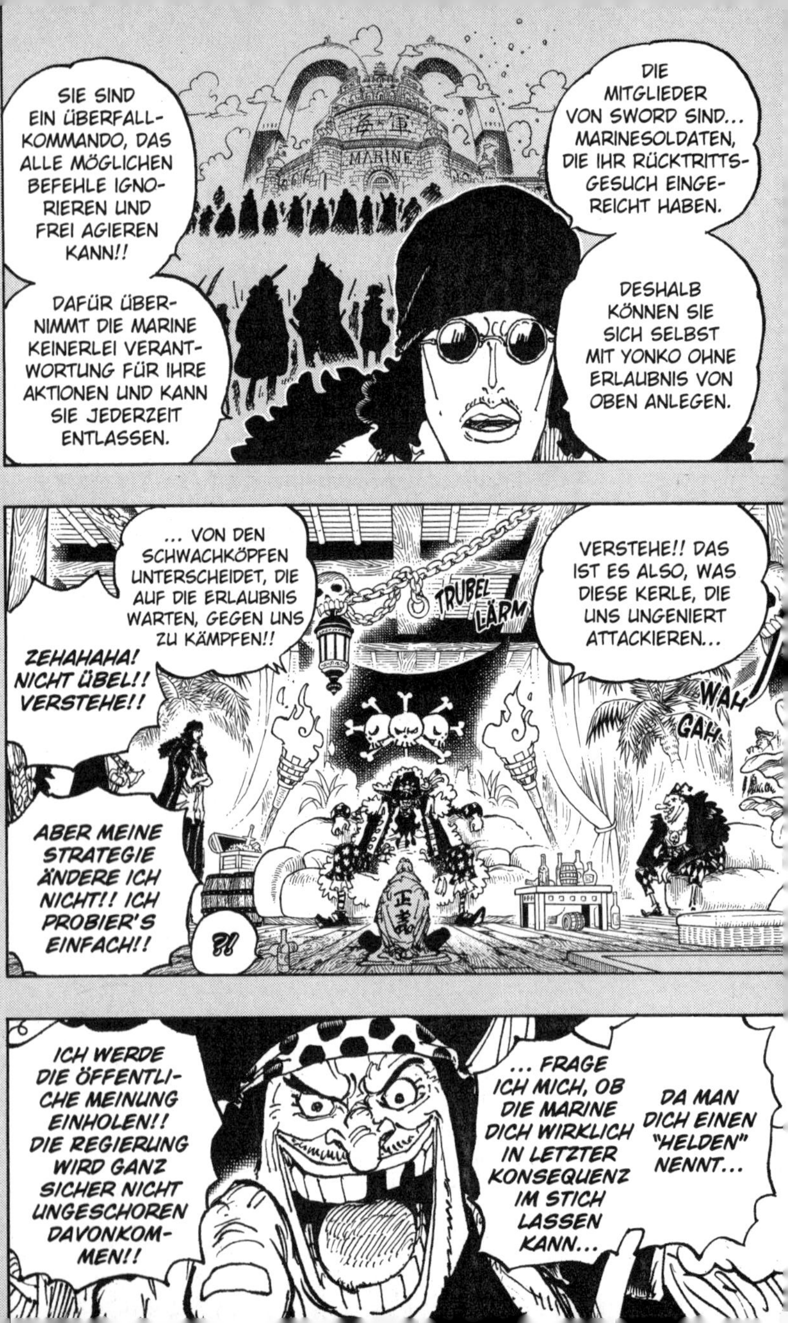

DIE MITGLIEDER VON SWORD SIND... MARINESOLDATEN, DIE IHR RÜCKTRITTS-GESUCH EINGE-REICHT HABEN.
DESHALB KÖNNEN SIE SICH SELBST MIT YONKO OHNE ERLAUBNIS VON OBEN ANLEGEN.
SIE SIND EIN ÜBERFALL-KOMMANDO, DAS ALLE MÖGLICHEN BEFEHLE IGNO-RIEREN UND FREI AGIEREN KANN!!
DAFÜR ÜBER-NIMMT DIE MARINE KEINERLEI VERANT-WORTUNG FÜR IHRE AKTIONEN UND KANN SIE JEDERZEIT ENTLASSEN.
MARINE
VERSTEHE!! DAS IST ES ALSO, WAS DIESE KERLE, DIE UNS UNGENIERT ATTACKIEREN...
... VON DEN SCHWACHKÖPFEN UNTERSCHEIDET, DIE AUF DIE ERLAUBNIS WARTEN, GEGEN UNS ZU KÄMPFEN!!
TRUBEL LÄRM
WAH GAH
ZEHAHAHA! NICHT ÜBEL!! VERSTEHE!!
ABER MEINE STRATEGIE ÄNDERE ICH NICHT!! ICH PROBIER'S EINFACH!!
?!
DA MAN DICH EINEN "HELDEN" NENNT...
... FRAGE ICH MICH, OB DIE MARINE DICH WIRKLICH IN LETZTER KONSEQUENZ IM STICH LASSEN KANN...
ICH WERDE DIE ÖFFENTLI-CHE MEINUNG EINHOLEN!! DIE REGIERUNG WIRD GANZ SICHER NICHT UNGESCHOREN DAVONKOM-MEN!!

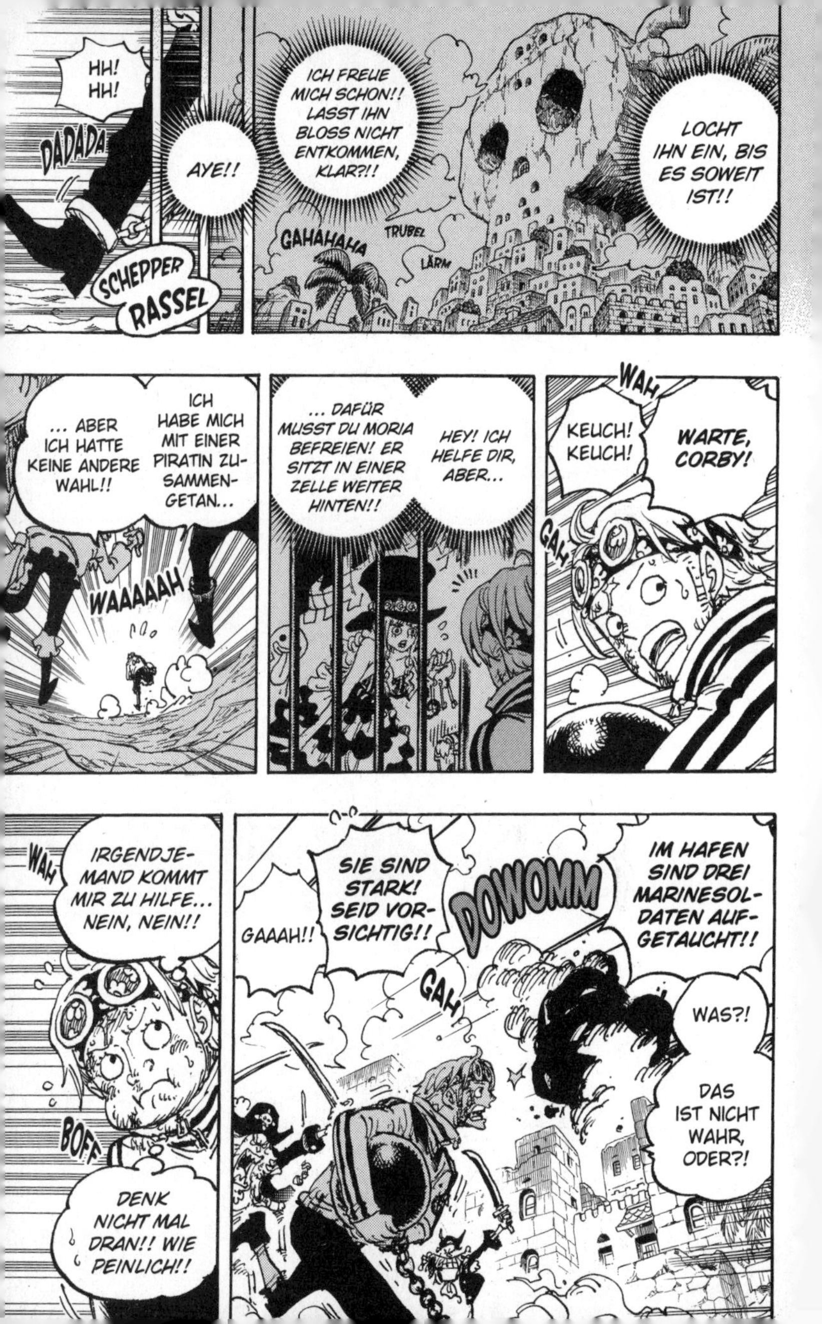
LOCHT IHN EIN, BIS ES SOWEIT IST!!
ICH FREUE MICH SCHON!! LASST IHN BLOSS NICHT ENTKOMMEN, KLAR?!!
GAHAHAHA
TRUBEL
LÄRM
AYE!!
HH! HH!
DADADA
SCHEPPER
RASSEL
WAH
WARTE, CORBY!
KEUCH! KEUCH!
GAH
HEY! ICH HELFE DIR, ABER...
... DAFÜR MUSST DU MORIA BEFREIEN! ER SITZT IN EINER ZELLE WEITER HINTEN!!
ICH HABE MICH MIT EINER PIRATIN ZUSAMMENGETAN...
... ABER ICH HATTE KEINE ANDERE WAHL!!
WAAAAAH
IM HAFEN SIND DREI MARINESOLDATEN AUFGETAUCHT!!
DOWOMM
SIE SIND STARK! SEID VORSICHTIG!!
GAAAH!!
GAH
WAS?!
DAS IST NICHT WAHR, ODER?!
IRGENDJEMAND KOMMT MIR ZU HILFE... NEIN, NEIN!!
WAH
BOFF
DENK NICHT MAL DRAN!! WIE PEINLICH!!

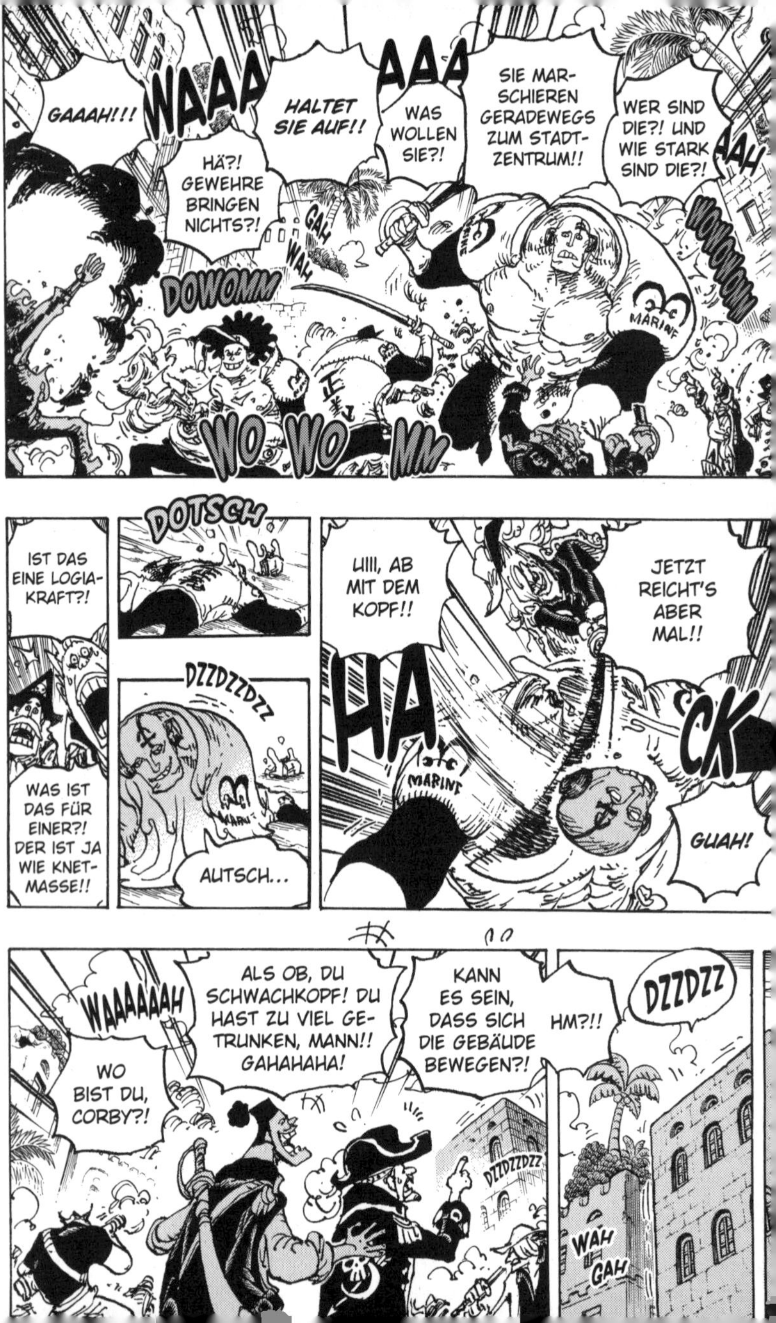
WER SIND DIE?! UND WIE STARK SIND DIE?!
AAH
SIE MARSCHIEREN GERADEWEGS ZUM STADTZENTRUM!!
AAA
WAS WOLLEN SIE?!
HALTET SIE AUF!!
WAAA
GAAAH!!!
HÄ?! GEWEHRE BRINGEN NICHTS?!
WOWOWOW
GAH
WAH
DOWOMM
WO WO MM
JETZT REICHT'S ABER MAL!!
UIII, AB MIT DEM KOPF!!
HA
CK
GUAH!
DOTSCH
DZZDZZDZZ
AUTSCH...
IST DAS EINE LOGIAKRAFT?!
WAS IST DAS FÜR EINER?! DER IST JA WIE KNETMASSE!!
DZZDZZ
HM?!!
KANN ES SEIN, DASS SICH DIE GEBÄUDE BEWEGEN?!
ALS OB, DU SCHWACHKOPF! DU HAST ZU VIEL GETRUNKEN, MANN!! GAHAHAHA!
WAAAAAAH
WO BIST DU, CORBY?!
DZZDZZDZZ
WAH
GAH

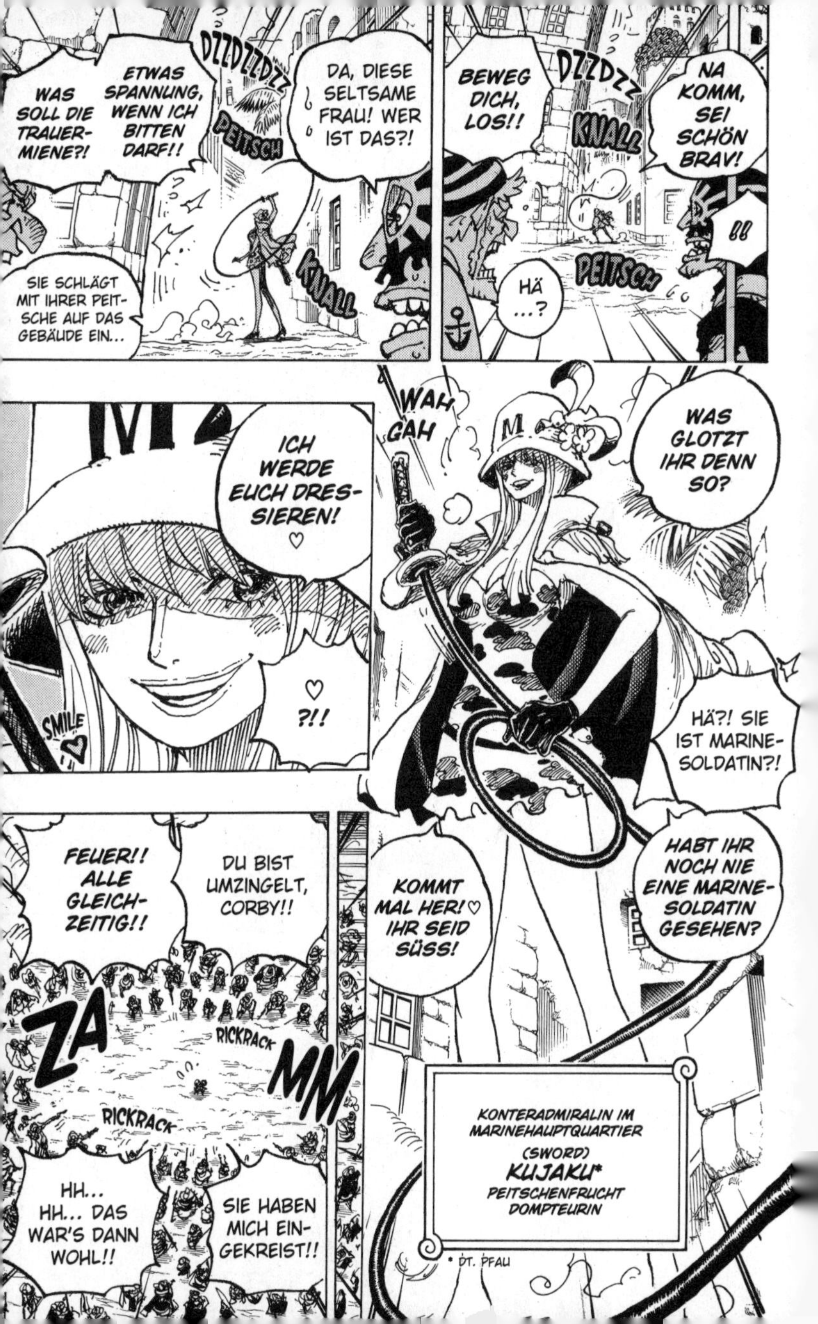
NA KOMM, SEI SCHÖN BRAV!
DZZDZZ
KNALL
BEWEG DICH, LOS!!
PEITSCH
HÄ …?
DA, DIESE SELTSAME FRAU! WER IST DAS?!
DZZDZZDZZ
PEITSCH
ETWAS SPANNUNG, WENN ICH BITTEN DARF!!
WAS SOLL DIE TRAUERMIENE?!
KNALL
SIE SCHLÄGT MIT IHRER PEITSCHE AUF DAS GEBÄUDE EIN…
WAS GLOTZT IHR DENN SO?
WAH GAH
HÄ?! SIE IST MARINESOLDATIN?!
HABT IHR NOCH NIE EINE MARINESOLDATIN GESEHEN?
KOMMT MAL HER! ♡ IHR SEID SÜSS!
KONTERADMIRALIN IM MARINEHAUPTQUARTIER (SWORD) KUJAKU* PEITSCHENFRUCHT DOMPTEURIN
* DT. PFAU
ICH WERDE EUCH DRESSIEREN! ♡
♡ ?!!
SMILE ♡
DU BIST UMZINGELT, CORBY!!
FEUER!! ALLE GLEICHZEITIG!!
ZA MM
RICKRACK
RICKRACK
SIE HABEN MICH EINGEKREIST!!
HH… HH… DAS WAR'S DANN WOHL!!

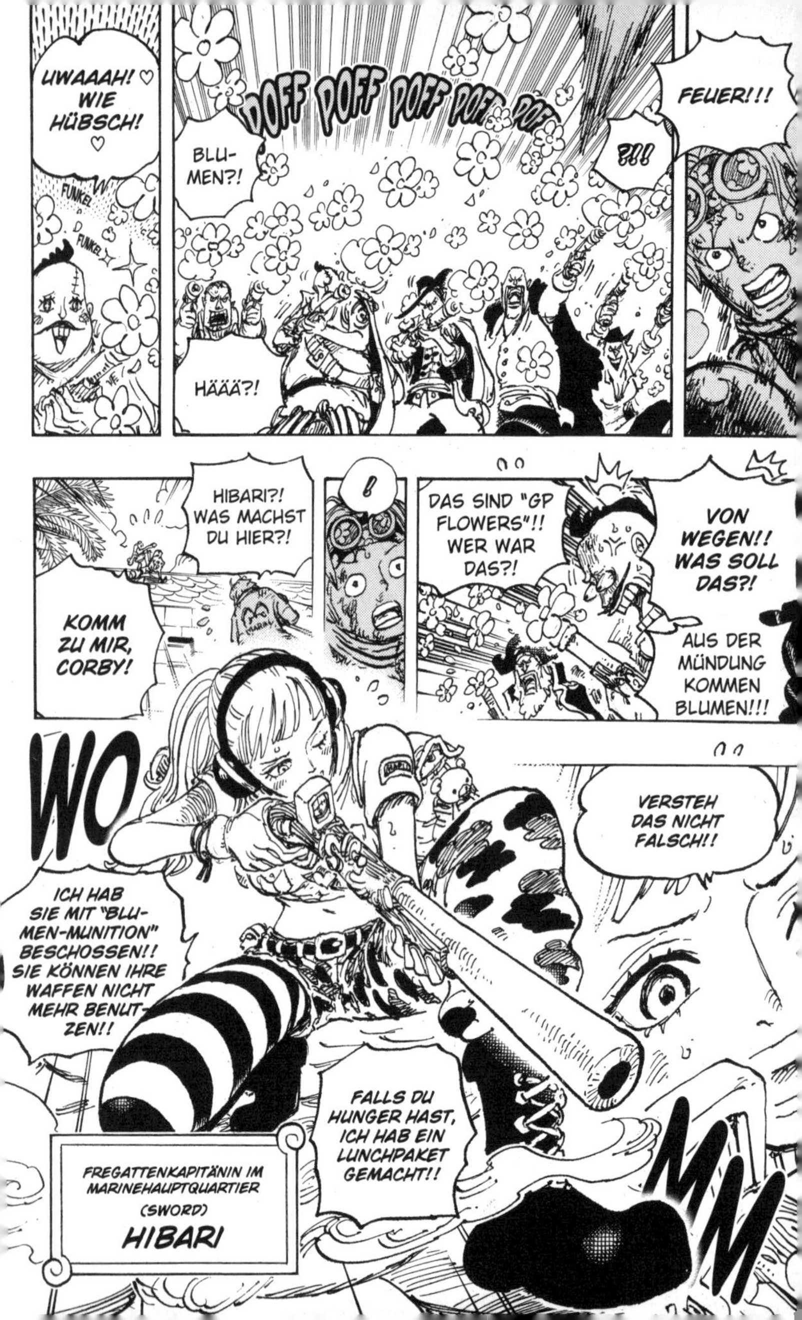

FEUER!!!
?!!
DOFF DOFF DOFF DOFF DOF
BLU-MEN?!
HÄÄÄ?!
UWAAAH! ♡ WIE HÜBSCH! ♡
FUNKEL
FUNKEL
VON WEGEN!! WAS SOLL DAS?!
AUS DER MÜNDUNG KOMMEN BLUMEN!!!
DAS SIND "GP FLOWERS"!! WER WAR DAS?!
!
HIBARI?! WAS MACHST DU HIER?!
KOMM ZU MIR, CORBY!
WO
VERSTEH DAS NICHT FALSCH!!
ICH HAB SIE MIT "BLUMEN-MUNITION" BESCHOSSEN!! SIE KÖNNEN IHRE WAFFEN NICHT MEHR BENUTZEN!!
FALLS DU HUNGER HAST, ICH HAB EIN LUNCHPAKET GEMACHT!!
MM
FREGATTENKAPITÄNIN IM MARINEHAUPTQUARTIER (SWORD) HIBARI

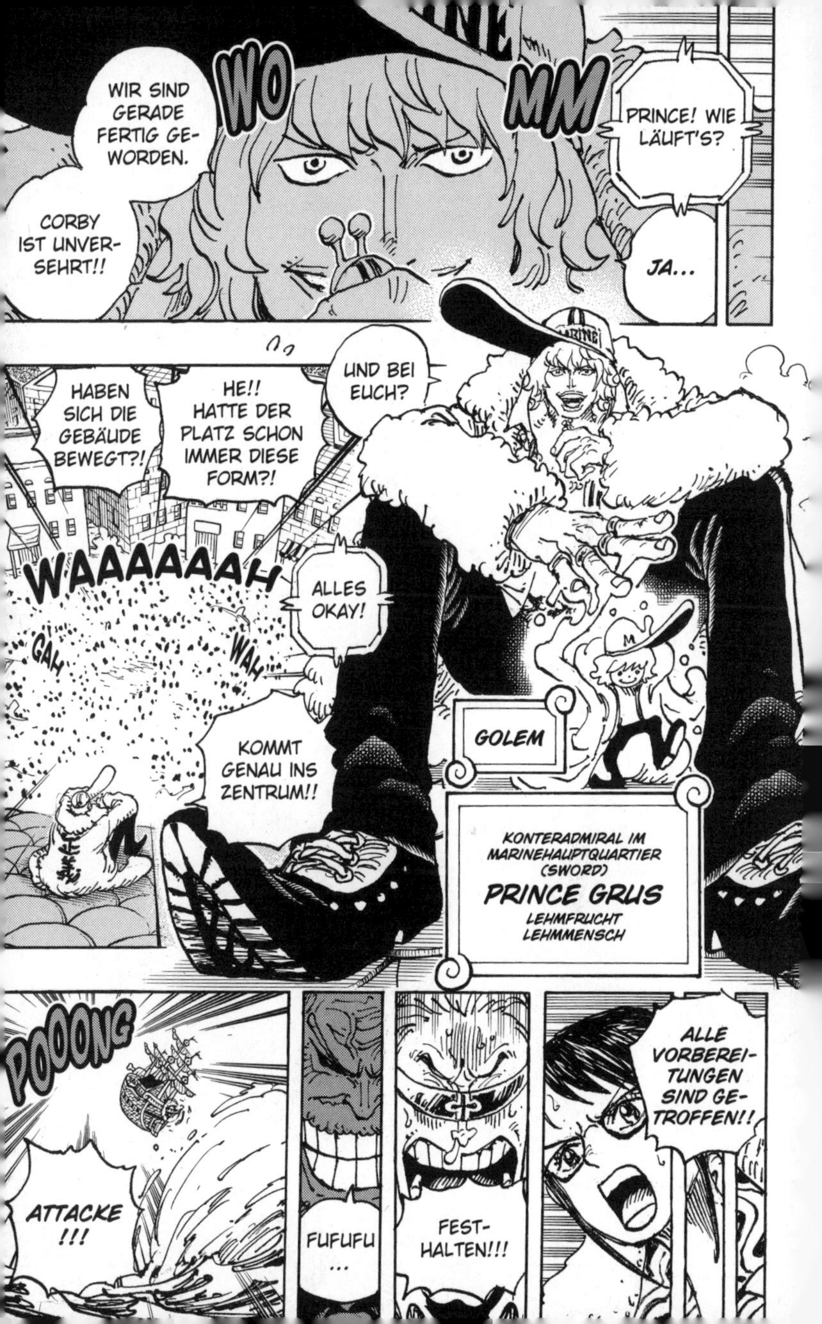
WOMM
PRINCE! WIE LÄUFT'S?
JA...
WIR SIND GERADE FERTIG GEWORDEN.
CORBY IST UNVERSEHRT!!
UND BEI EUCH?
HE!! HATTE DER PLATZ SCHON IMMER DIESE FORM?!
HABEN SICH DIE GEBÄUDE BEWEGT?!
WAAAAAAH
ALLES OKAY!
WAH
GAH
KOMMT GENAU INS ZENTRUM!!
GOLEM
KONTERADMIRAL IM MARINEHAUPTQUARTIER (SWORD)
PRINCE GRUS
LEHMFRUCHT
LEHMMENSCH
ALLE VORBEREITUNGEN SIND GETROFFEN!!
FESTHALTEN!!!
FUFUFU ...
POOONG
ATTACKE !!!

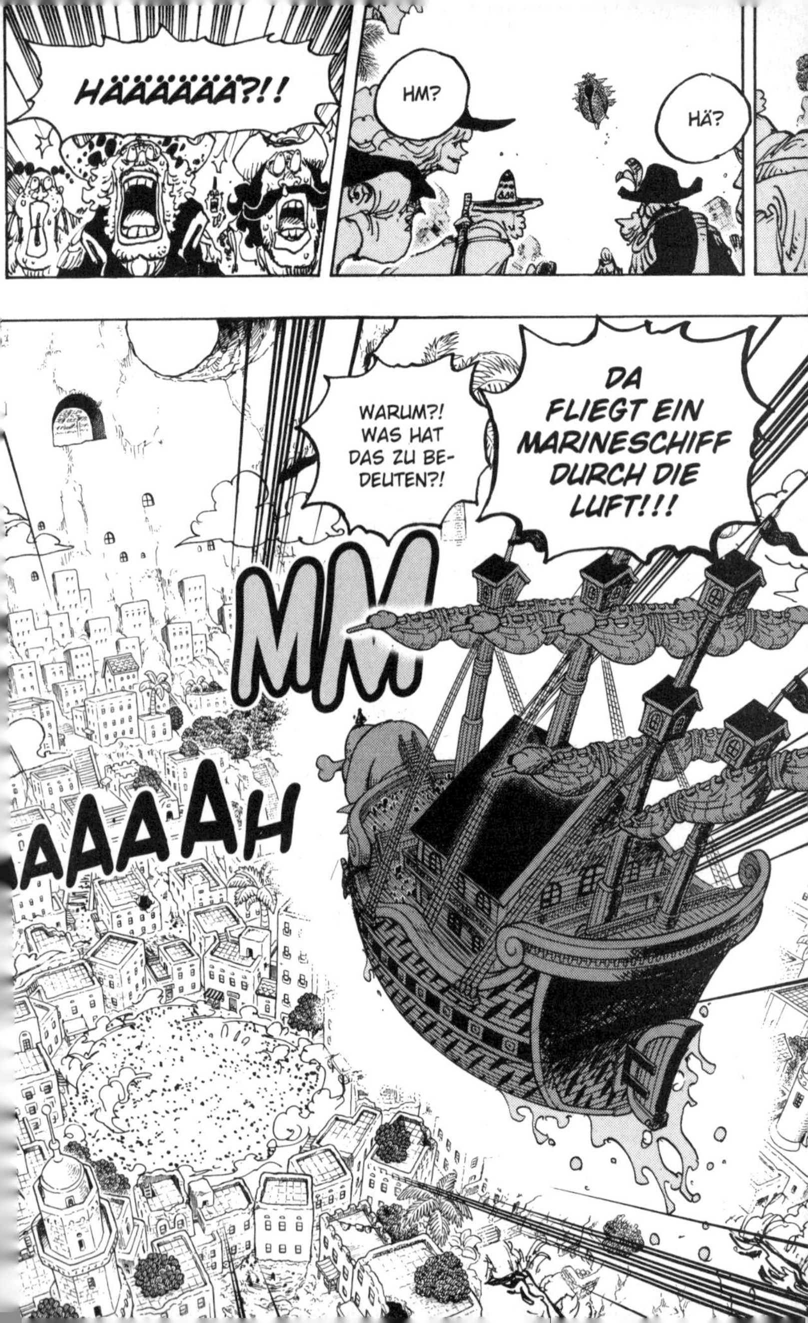
HÄ?
HM?
HÄÄÄÄÄÄ?!!
DA FLIEGT EIN MARINESCHIFF DURCH DIE LUFT!!!
WARUM?! WAS HAT DAS ZU BEDEUTEN?!
MMAAAAAH

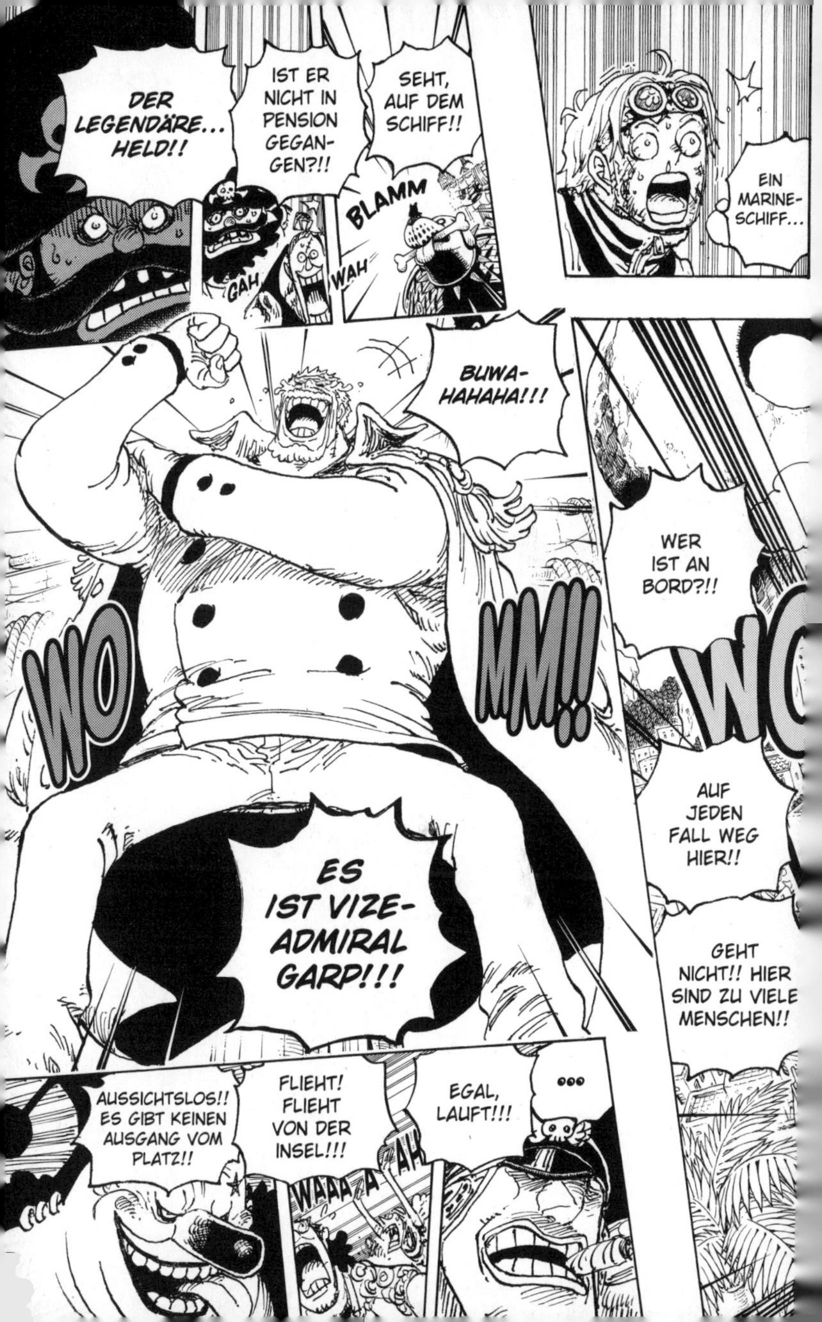
EIN MARINE-SCHIFF…
SEHT, AUF DEM SCHIFF!!
BLAMM
WAH
IST ER NICHT IN PENSION GEGANGEN?!!
GAH
DER LEGENDÄRE… HELD!!
WER IST AN BORD?!!
WO
BUWA-HAHAHA!!!
WO
MM!!
ES IST VIZE-ADMIRAL GARP!!!
AUF JEDEN FALL WEG HIER!!
GEHT NICHT!! HIER SIND ZU VIELE MENSCHEN!!
…
EGAL, LAUFT!!!
AH
FLIEHT! FLIEHT VON DER INSEL!!!
WAAAA
AUSSICHTSLOS!! ES GIBT KEINEN AUSGANG VOM PLATZ!!

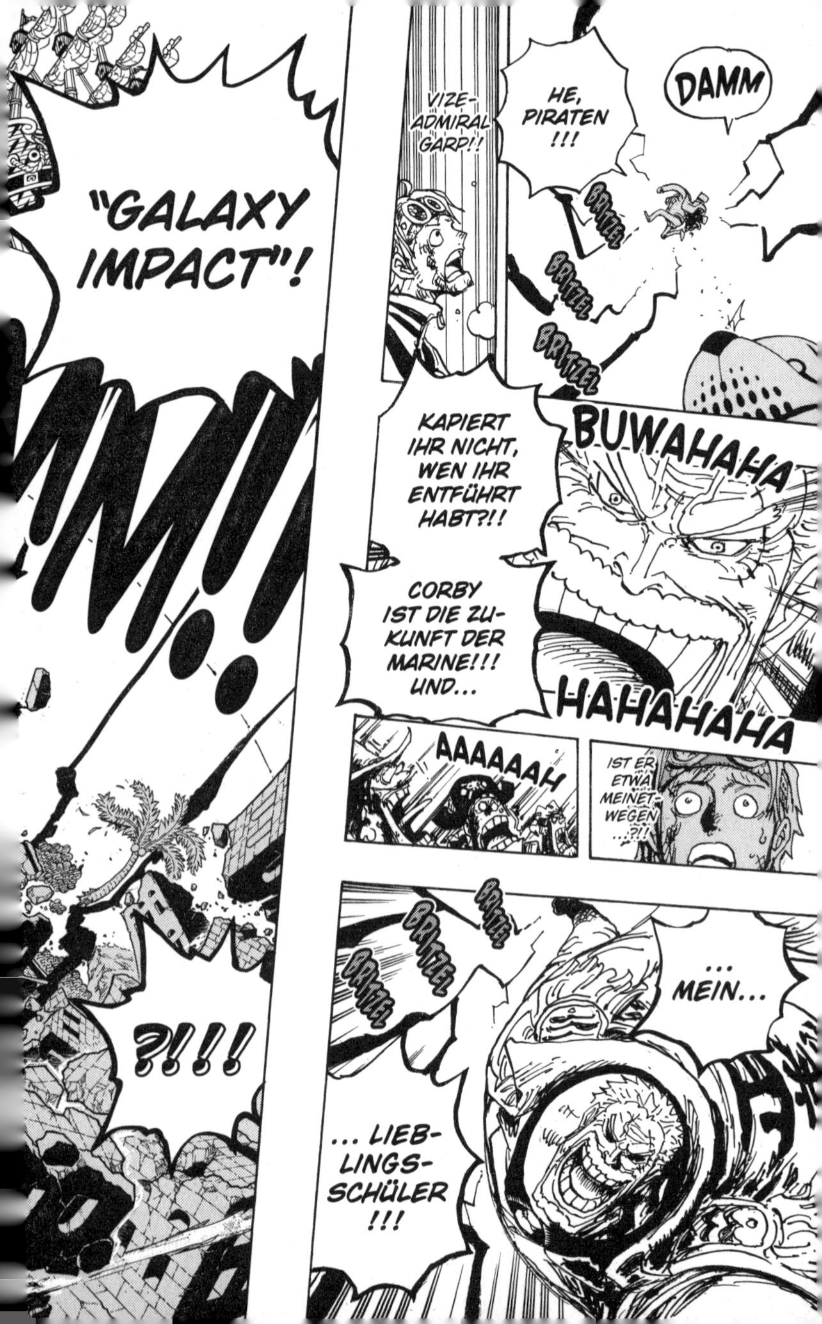
DAMM
HE, PIRATEN !!!
VIZE-ADMIRAL GARP!!
BRITZEL
BRITZEL
BRITZEL
"GALAXY IMPACT"!
BUWAHAHAHA
KAPIERT IHR NICHT, WEN IHR ENTFÜHRT HABT?!!
HAHAHAHAHA
CORBY IST DIE ZUKUNFT DER MARINE!!! UND...
IST ER ETWA MEINETWEGEN ...?!!
AAAAAAH
?!!!
BRITZEL
BRITZEL
BRITZEL
... MEIN...
... LIEBLINGSSCHÜLER !!!

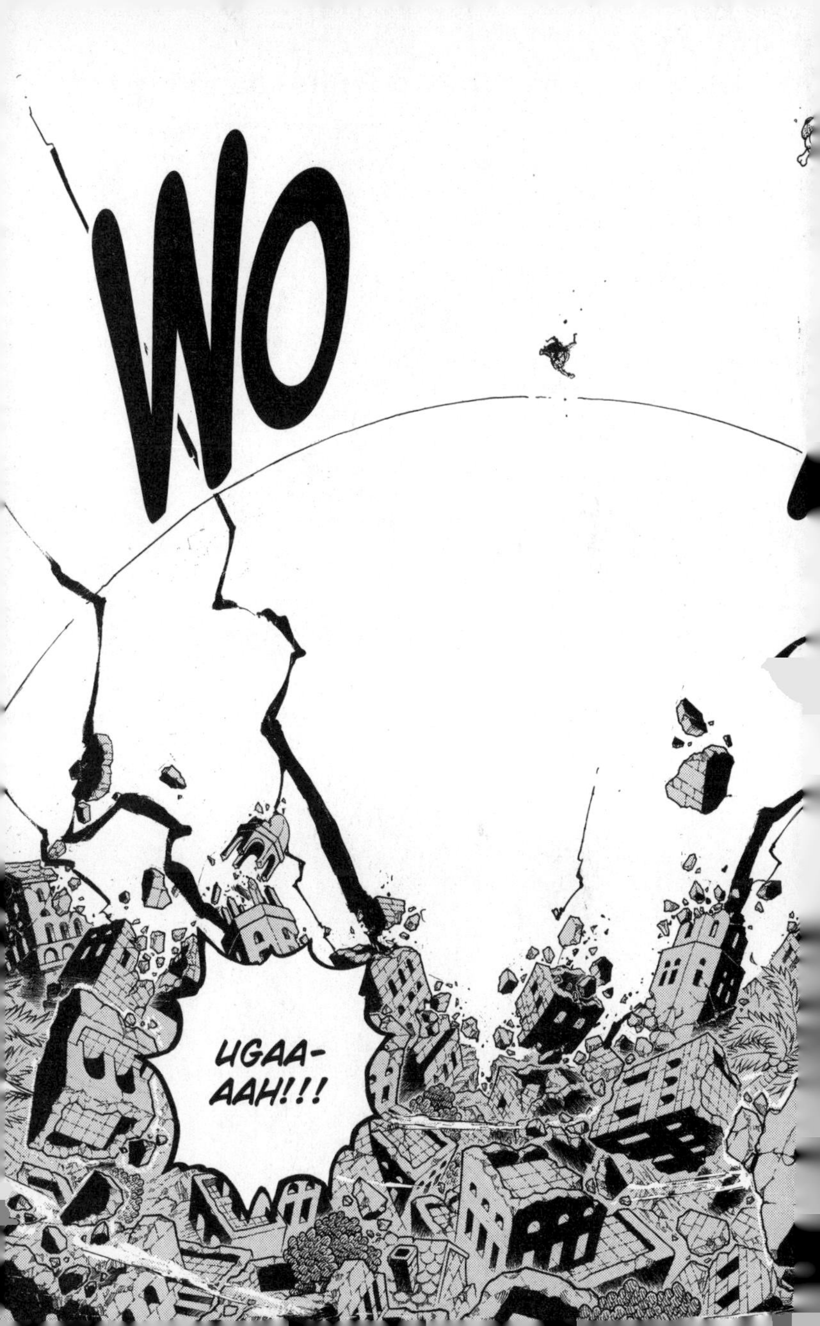
WO
UGAA-
AAH!!!

10. Schiffs der Blackbeard-Piratenbande

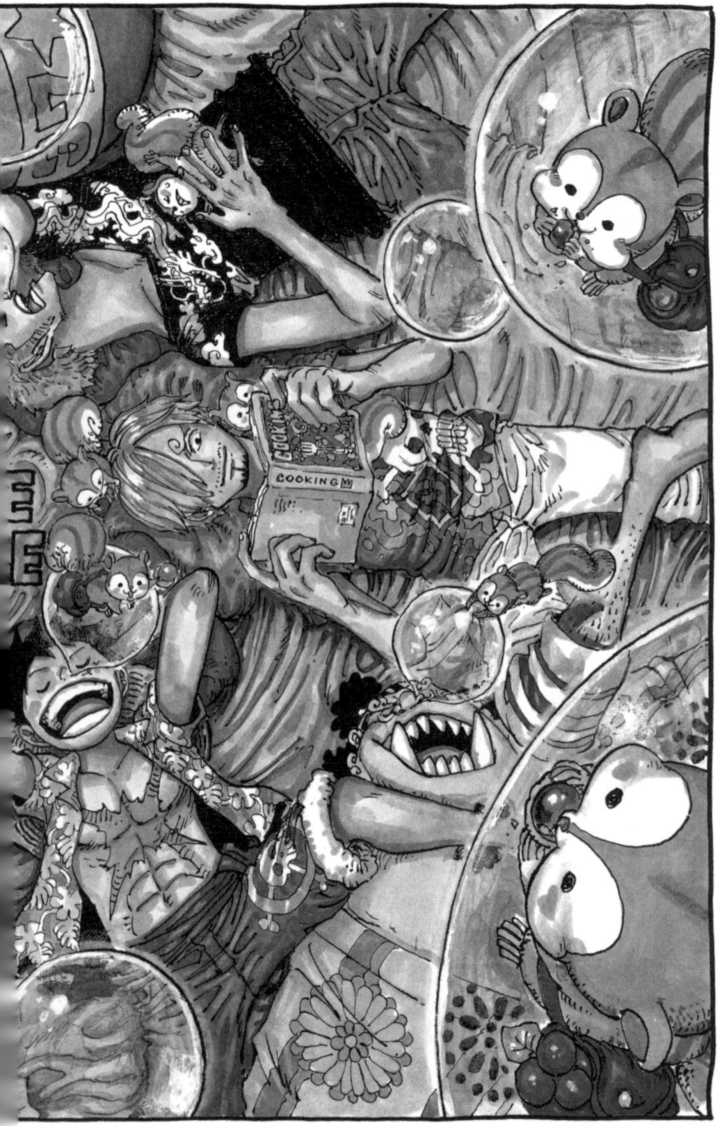

Kapitel 1081: Kuzan, Kapitän des

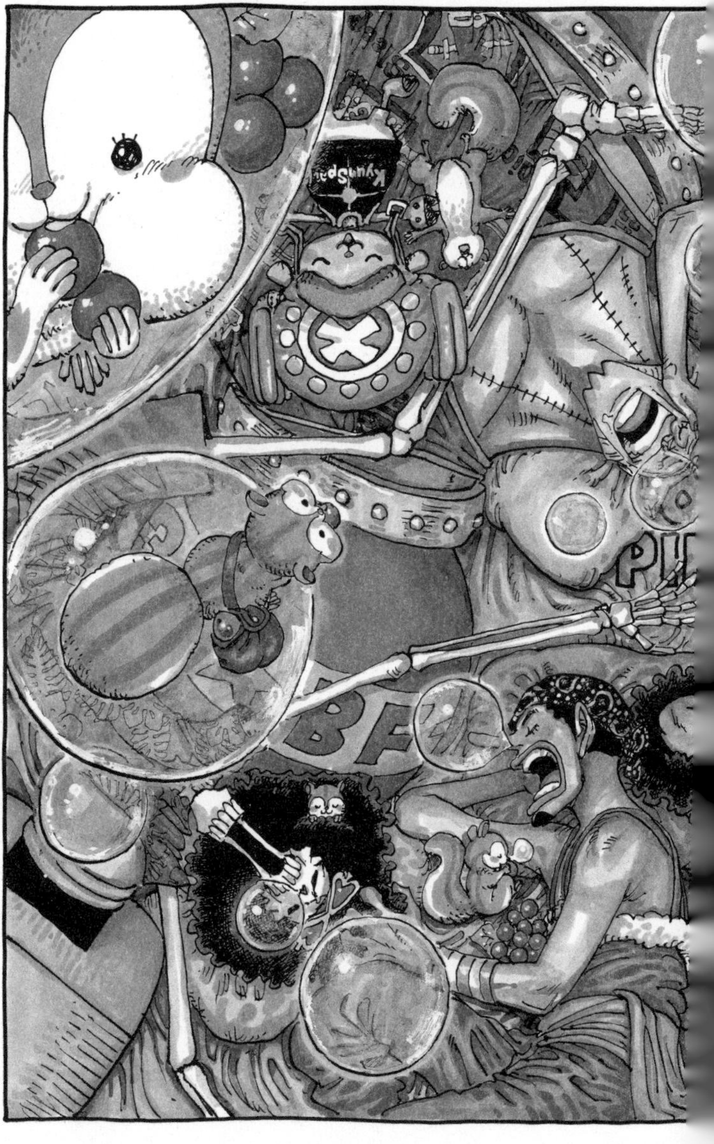

vol.107
ONE PIECE

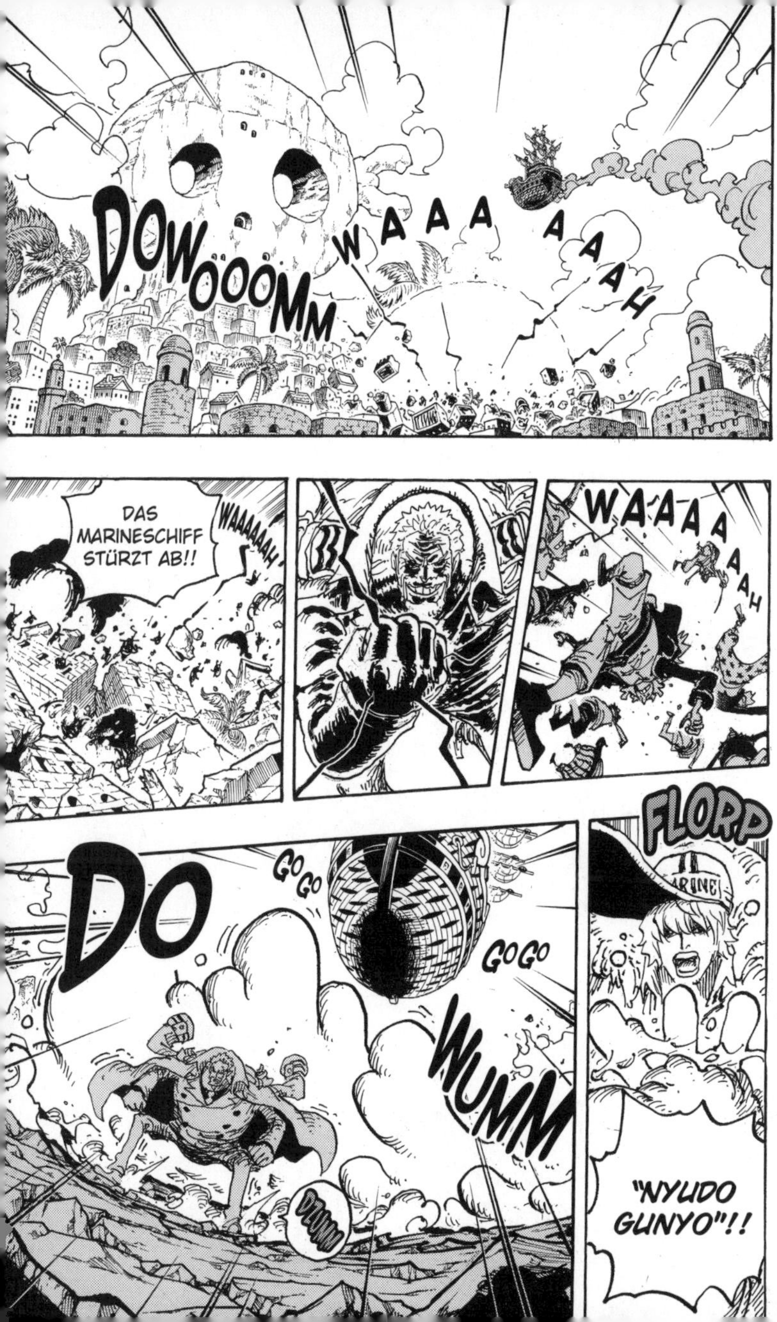
DOWÖÖOMM
WAAAAAAAH
DAS MARINESCHIFF STÜRZT AB!!
WAAAAAAH
WAAAAAAAH
FLORP
DO
GOGO
GOGO
WUMM
"NYUDO GUNYO"!!

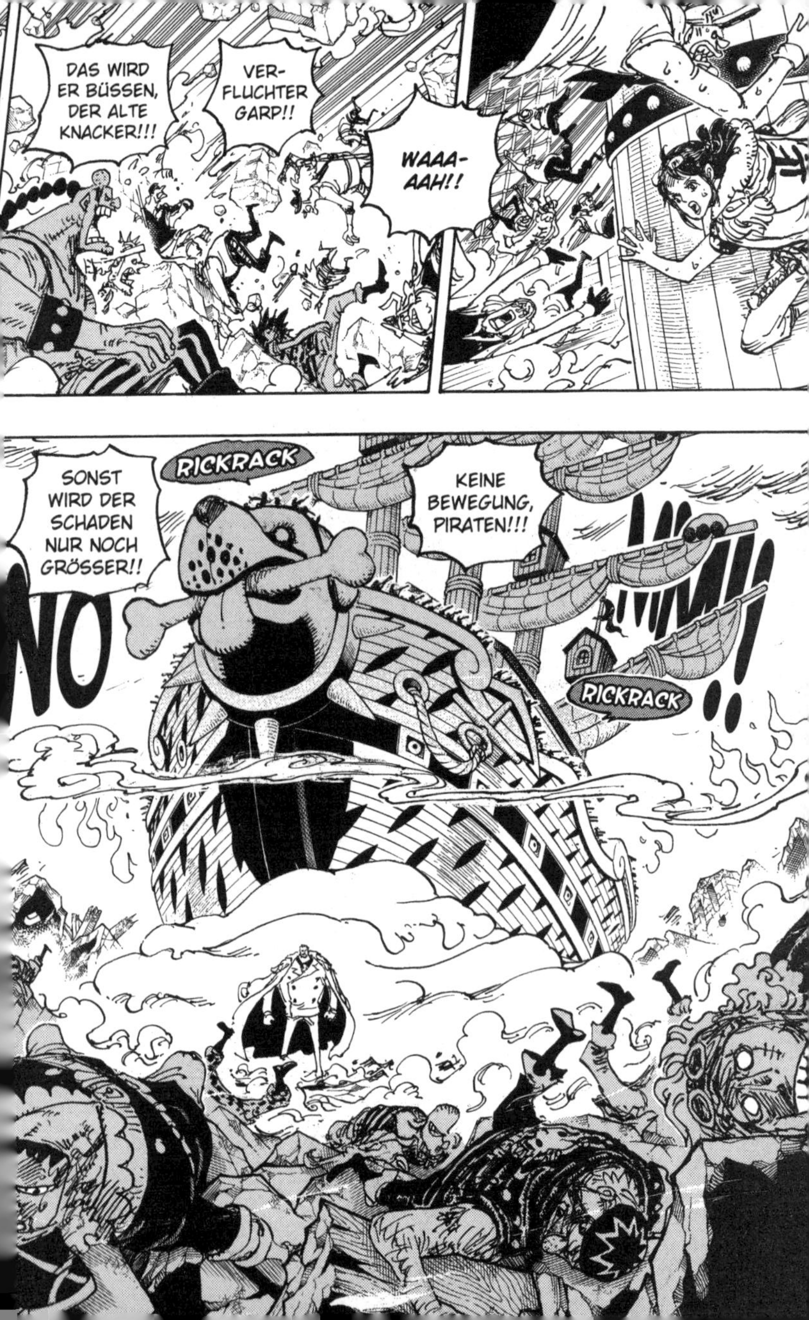

WAAA-AAH!!
VER-FLUCHTER GARP!!
DAS WIRD ER BÜSSEN, DER ALTE KNACKER!!!
KEINE BEWEGUNG, PIRATEN!!!
RICKRACK
RICKRACK
SONST WIRD DER SCHADEN NUR NOCH GRÖSSER!!

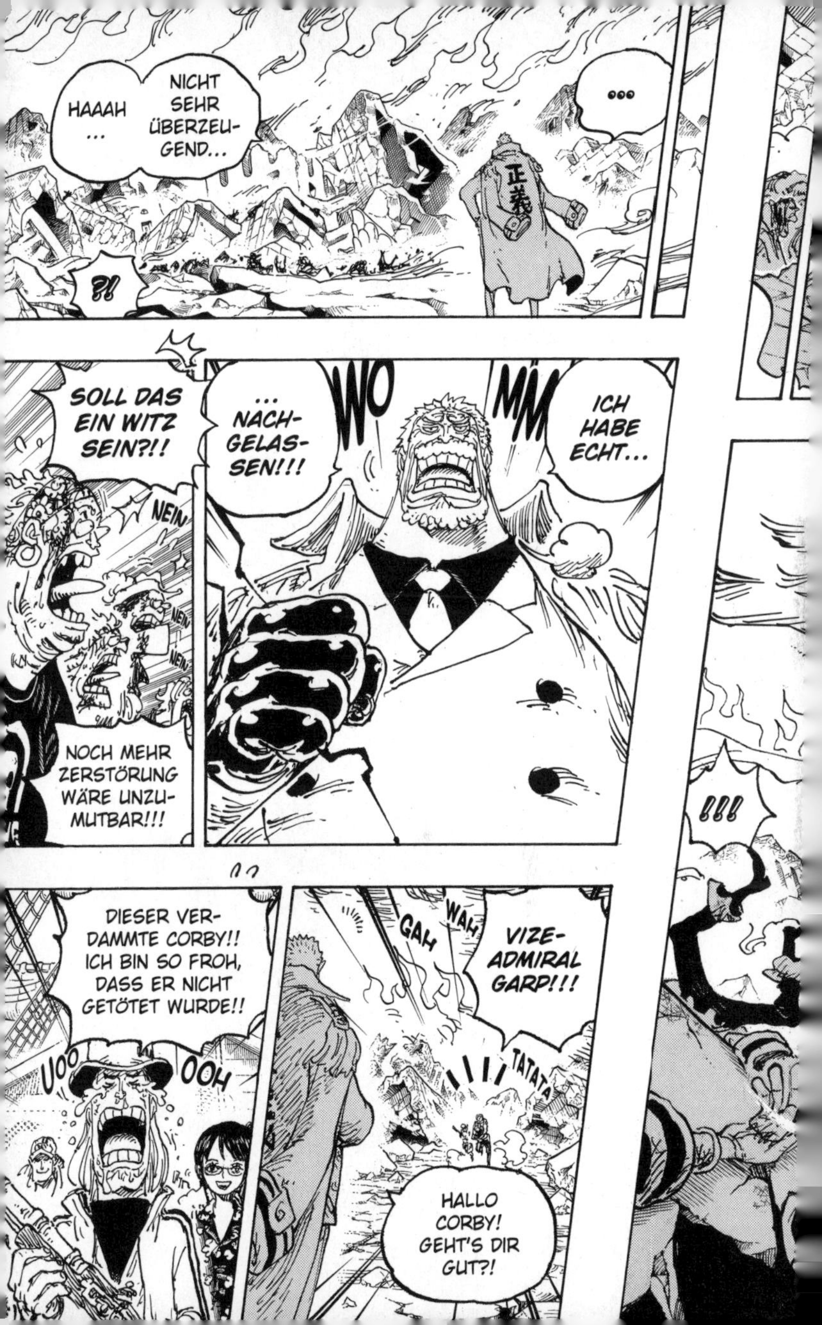
...
NICHT SEHR ÜBERZEUGEND...
HAAAH ...
?!
!!!
ICH HABE ECHT...
WOMM
... NACHGELASSEN!!!
SOLL DAS EIN WITZ SEIN?!!
NEIN
NEIN
NEIN
NOCH MEHR ZERSTÖRUNG WÄRE UNZUMUTBAR!!!
VIZEADMIRAL GARP!!!
WAH
GAH
TATATA
HALLO CORBY! GEHT'S DIR GUT?!
DIESER VERDAMMTE CORBY!! ICH BIN SO FROH, DASS ER NICHT GETÖTET WURDE!!
UOO
OOH

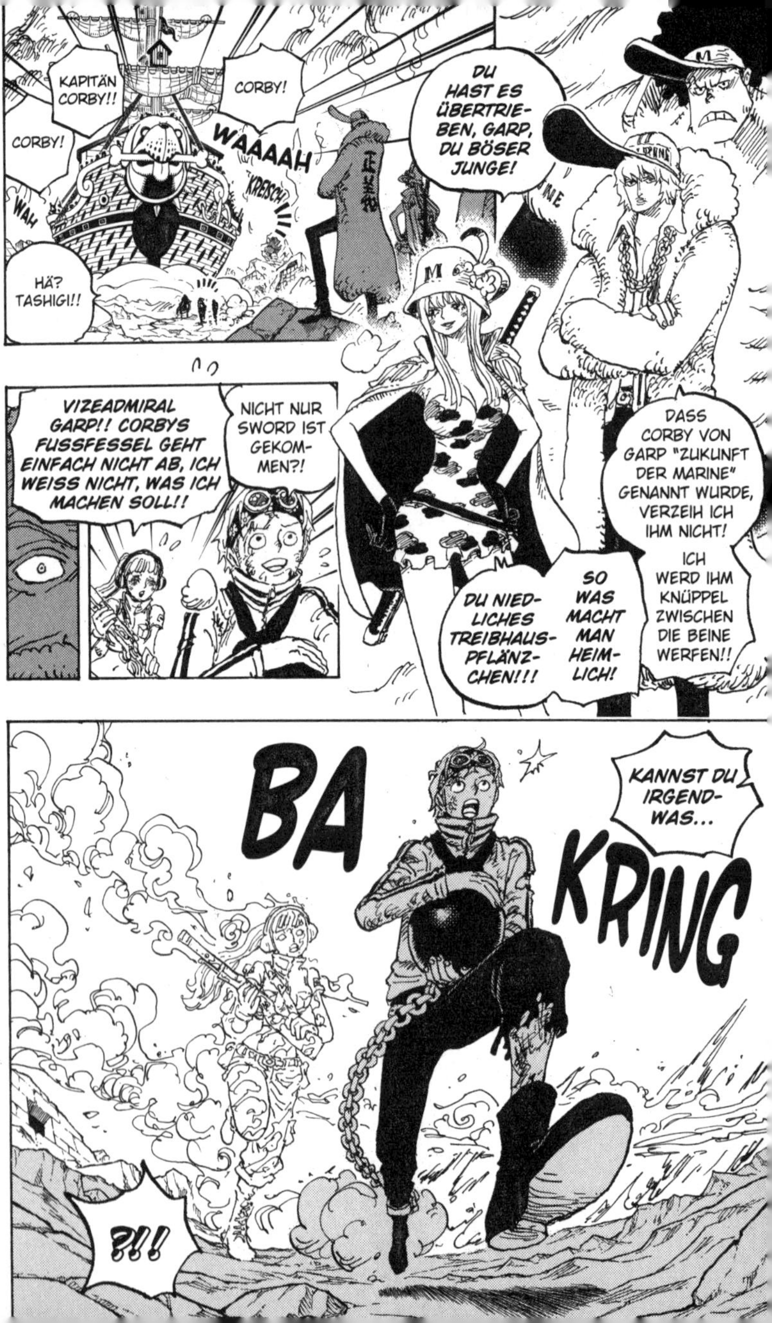
DU HAST ES ÜBERTRIEBEN, GARP, DU BÖSER JUNGE!
CORBY!
KAPITÄN CORBY!!
CORBY!
WAAAAH
KREISCH
WAH
HÄ? TASHIGI!!
DASS CORBY VON GARP "ZUKUNFT DER MARINE" GENANNT WURDE, VERZEIH ICH IHM NICHT!
ICH WERD IHM KNÜPPEL ZWISCHEN DIE BEINE WERFEN!!
SO WAS MACHT MAN HEIMLICH!
DU NIEDLICHES TREIBHAUSPFLÄNZCHEN!!!
NICHT NUR SWORD IST GEKOMMEN?!
VIZEADMIRAL GARP!! CORBYS FUSSFESSEL GEHT EINFACH NICHT AB, ICH WEISS NICHT, WAS ICH MACHEN SOLL!!
KANNST DU IRGENDWAS...
BA KRING
?!!

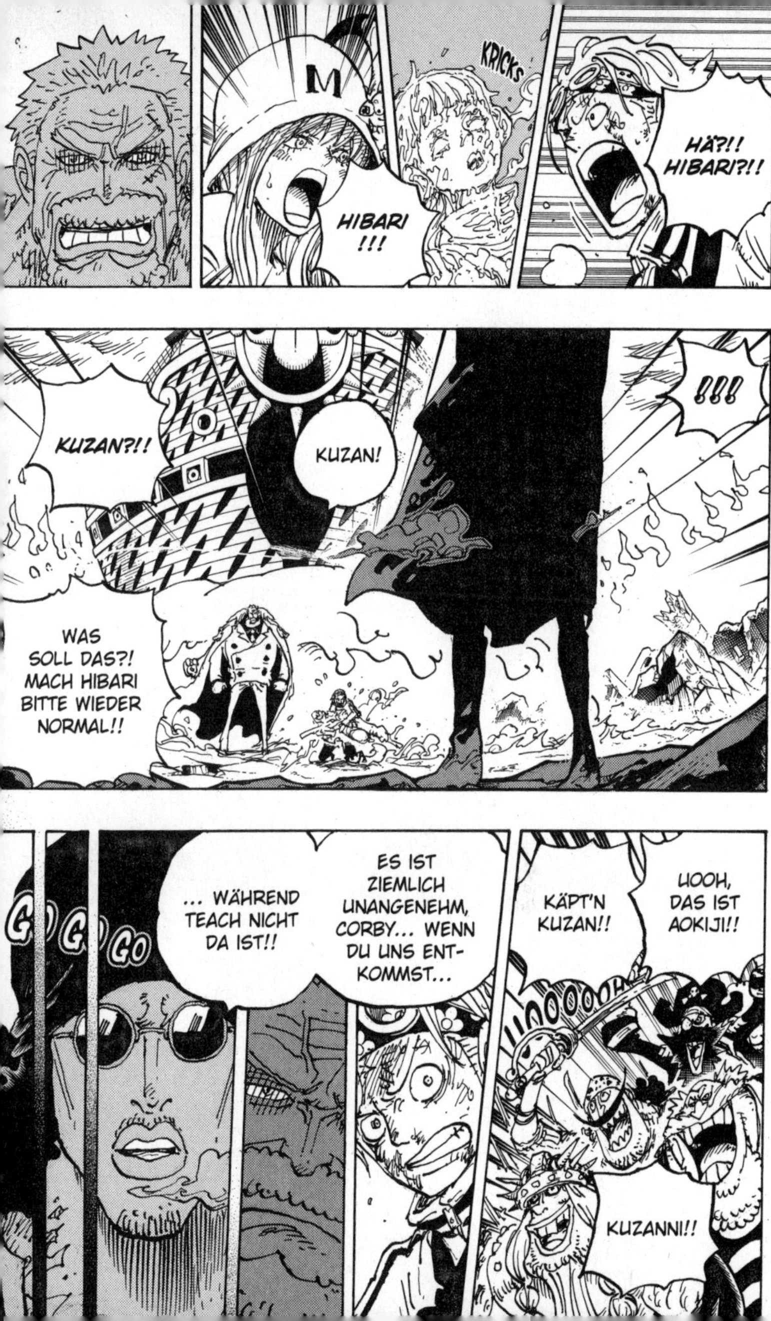
HÄ?!! HIBARI?!!
KRICKS
HIBARI !!!
!!!
KUZAN!
KUZAN?!!
WAS SOLL DAS?! MACH HIBARI BITTE WIEDER NORMAL!!
UOOH, DAS IST AOKIJI!!
KÄPT'N KUZAN!!
UOOOOOH
KUZANNI!!
ES IST ZIEMLICH UNANGENEHM, CORBY... WENN DU UNS ENT-KOMMST...
... WÄHREND TEACH NICHT DA IST!!
GO GO GO

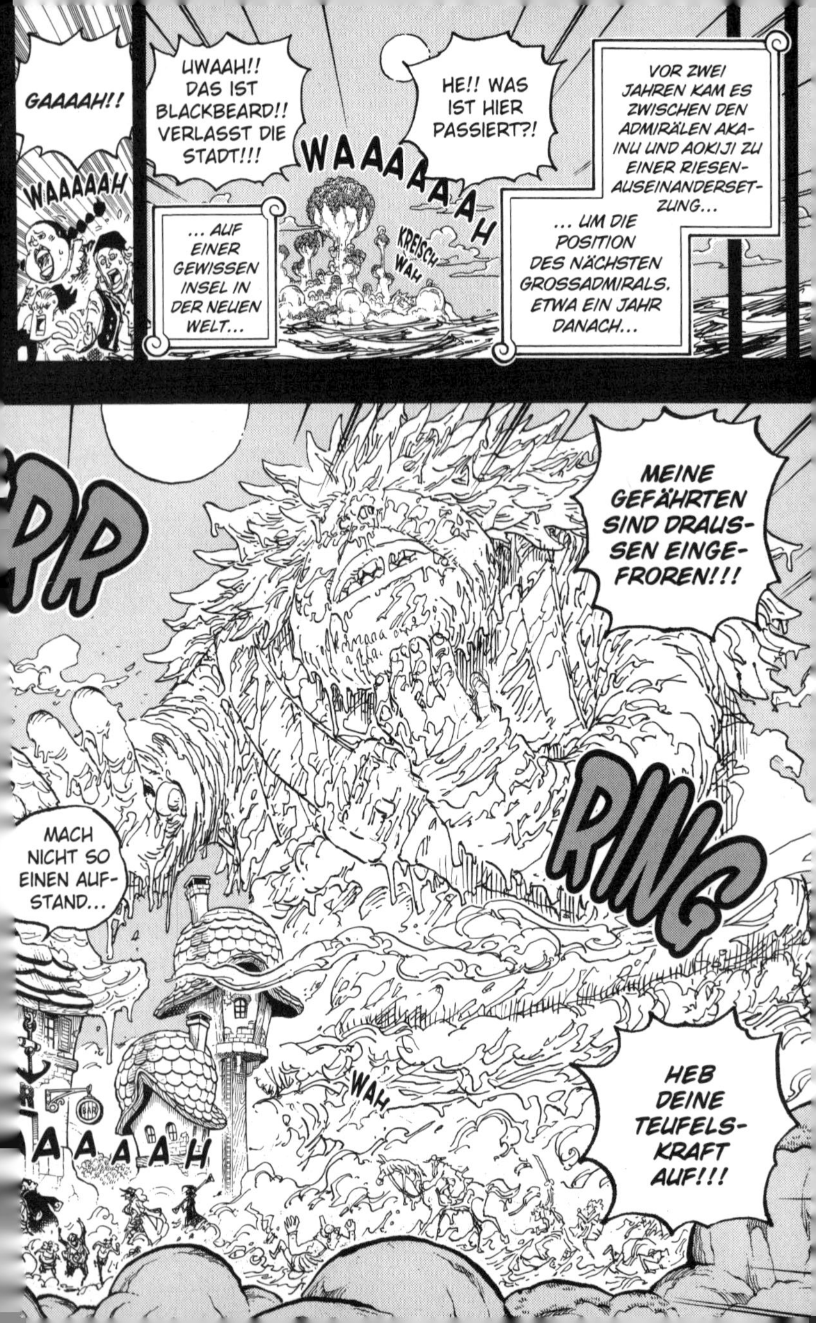
VOR ZWEI JAHREN KAM ES ZWISCHEN DEN ADMIRÄLEN AKAINU UND AOKIJI ZU EINER RIESEN-AUSEINANDERSETZUNG…
… UM DIE POSITION DES NÄCHSTEN GROSSADMIRALS. ETWA EIN JAHR DANACH…
HE!! WAS IST HIER PASSIERT?!
WAAAAAAAH
KREISCH
WAH
… AUF EINER GEWISSEN INSEL IN DER NEUEN WELT…
UWAAH!! DAS IST BLACKBEARD!! VERLASST DIE STADT!!!
WAAAAAH
GAAAAAH!!
MEINE GEFÄHRTEN SIND DRAUSSEN EINGEFROREN!!!
RING
PR
HEB DEINE TEUFELSKRAFT AUF!!!
MACH NICHT SO EINEN AUFSTAND…
WAH
AAAAH
BAR

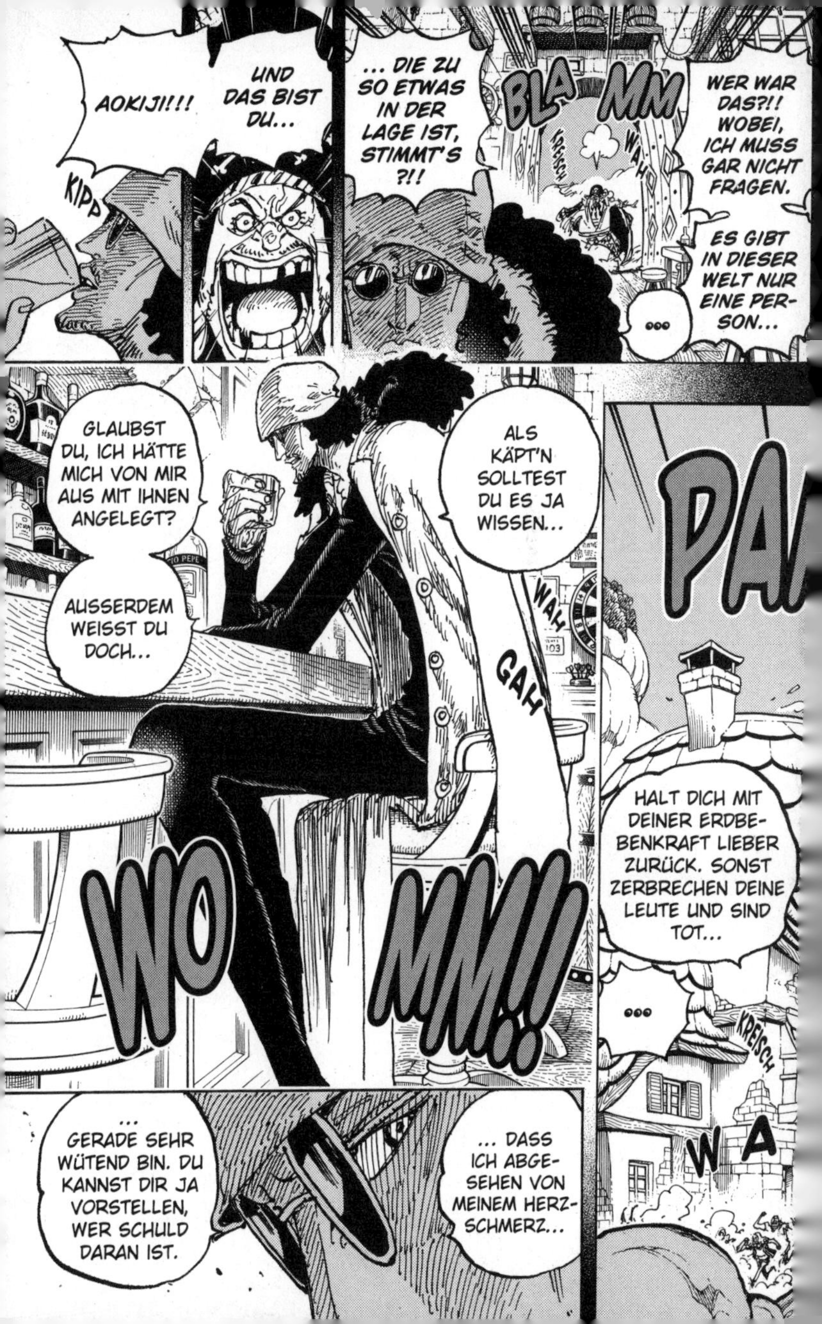
BLAMM
KREISCH
WAH
WER WAR DAS?!! WOBEI, ICH MUSS GAR NICHT FRAGEN.
ES GIBT IN DIESER WELT NUR EINE PERSON...
...
... DIE ZU SO ETWAS IN DER LAGE IST, STIMMT'S ?!!
UND DAS BIST DU...
AOKIJI!!!
KIPP
PA
HALT DICH MIT DEINER ERDBEBENKRAFT LIEBER ZURÜCK. SONST ZERBRECHEN DEINE LEUTE UND SIND TOT...
...
KREISCH
WA
ALS KÄPT'N SOLLTEST DU ES JA WISSEN...
GLAUBST DU, ICH HÄTTE MICH VON MIR AUS MIT IHNEN ANGELEGT?
AUSSERDEM WEISST DU DOCH...
WAH
GAH
WOMM!!
... DASS ICH ABGESEHEN VON MEINEM HERZSCHMERZ...
... GERADE SEHR WÜTEND BIN. DU KANNST DIR JA VORSTELLEN, WER SCHULD DARAN IST.

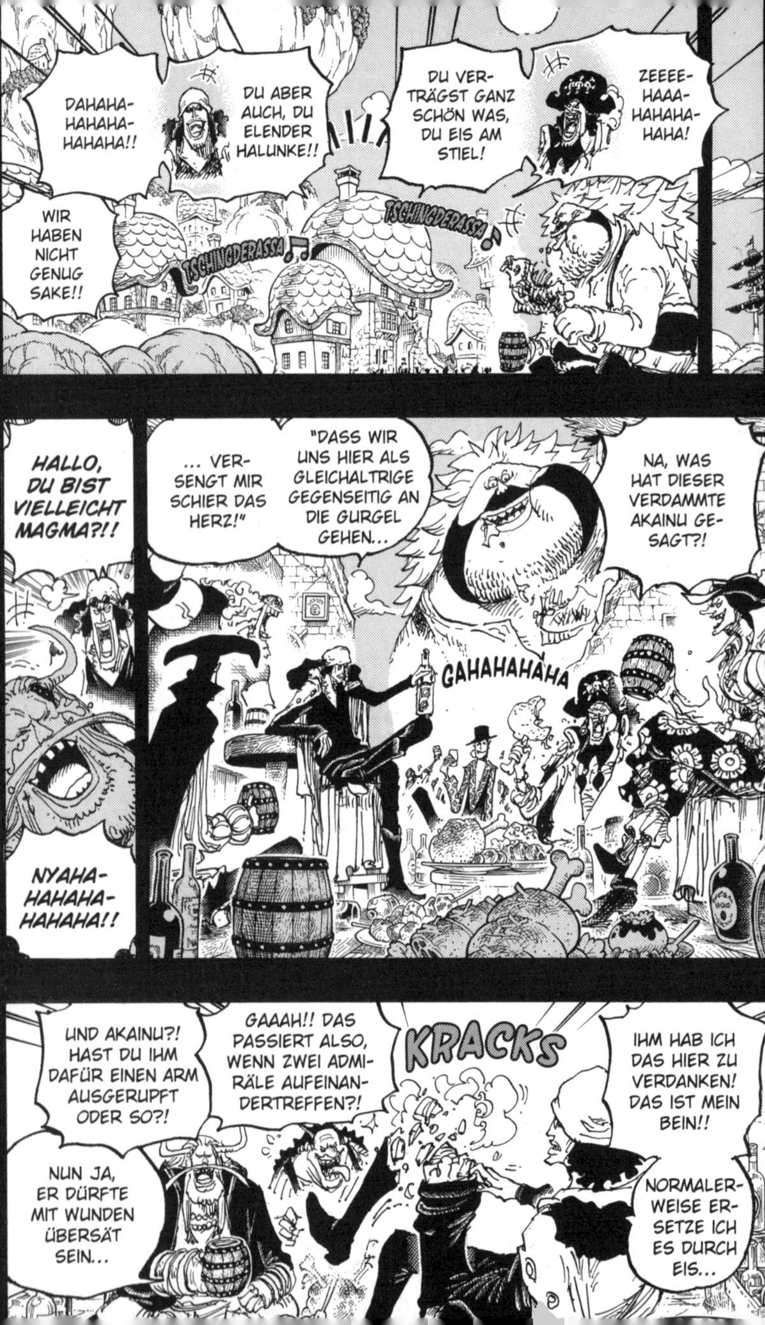
ZEEEE-HAAA-HAHAHA-HAHA!
DU VERTRÄGST GANZ SCHÖN WAS, DU EIS AM STIEL!
DU ABER AUCH, DU ELENDER HALUNKE!!
DAHAHA-HAHAHA-HAHAHA!!
TSCHINGDERASSA
TSCHINGDERASSA
WIR HABEN NICHT GENUG SAKE!!
NA, WAS HAT DIESER VERDAMMTE AKAINU GESAGT?!
GAHAHAHAHA
"DASS WIR UNS HIER ALS GLEICHALTRIGE GEGENSEITIG AN DIE GURGEL GEHEN...
... VERSENGT MIR SCHIER DAS HERZ!"
HALLO, DU BIST VIELLEICHT MAGMA?!!
NYAHA-HAHAHA-HAHAHA!!
IHM HAB ICH DAS HIER ZU VERDANKEN! DAS IST MEIN BEIN!!
NORMALERWEISE ERSETZE ICH ES DURCH EIS...
KRACKS
GAAAH!! DAS PASSIERT ALSO, WENN ZWEI ADMIRÄLE AUFEINANDERTREFFEN?!
UND AKAINU?! HAST DU IHM DAFÜR EINEN ARM AUSGERUPFT ODER SO?!
NUN JA, ER DÜRFTE MIT WUNDEN ÜBERSÄT SEIN...

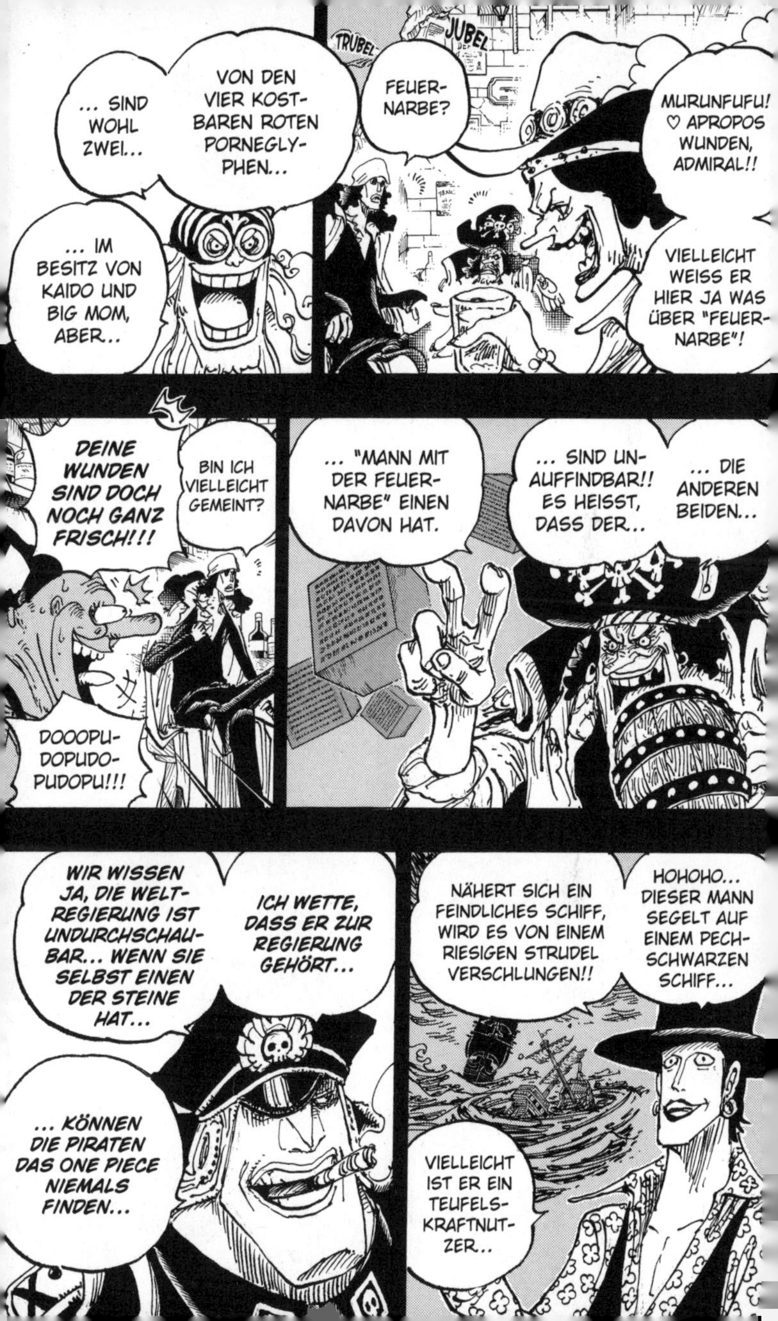
TRUBEL
JUBEL
MURUNFUFU! ♡ APROPOS WUNDEN, ADMIRAL!!
VIELLEICHT WEISS ER HIER JA WAS ÜBER "FEUERNARBE"!
FEUERNARBE?
VON DEN VIER KOSTBAREN ROTEN PORNEGLYPHEN...
... SIND WOHL ZWEI...
... IM BESITZ VON KAIDO UND BIG MOM, ABER...
... DIE ANDEREN BEIDEN...
... SIND UNAUFFINDBAR!! ES HEISST, DASS DER...
... "MANN MIT DER FEUERNARBE" EINEN DAVON HAT.
BIN ICH VIELLEICHT GEMEINT?
DEINE WUNDEN SIND DOCH NOCH GANZ FRISCH!!!
DOOOPUDOPUDOPUDOPU!!!
HOHOHO... DIESER MANN SEGELT AUF EINEM PECHSCHWARZEN SCHIFF...
NÄHERT SICH EIN FEINDLICHES SCHIFF, WIRD ES VON EINEM RIESIGEN STRUDEL VERSCHLUNGEN!!
VIELLEICHT IST ER EIN TEUFELSKRAFTNUTZER...
ICH WETTE, DASS ER ZUR REGIERUNG GEHÖRT...
WIR WISSEN JA, DIE WELTREGIERUNG IST UNDURCHSCHAUBAR... WENN SIE SELBST EINEN DER STEINE HAT...
... KÖNNEN DIE PIRATEN DAS ONE PIECE NIEMALS FINDEN...

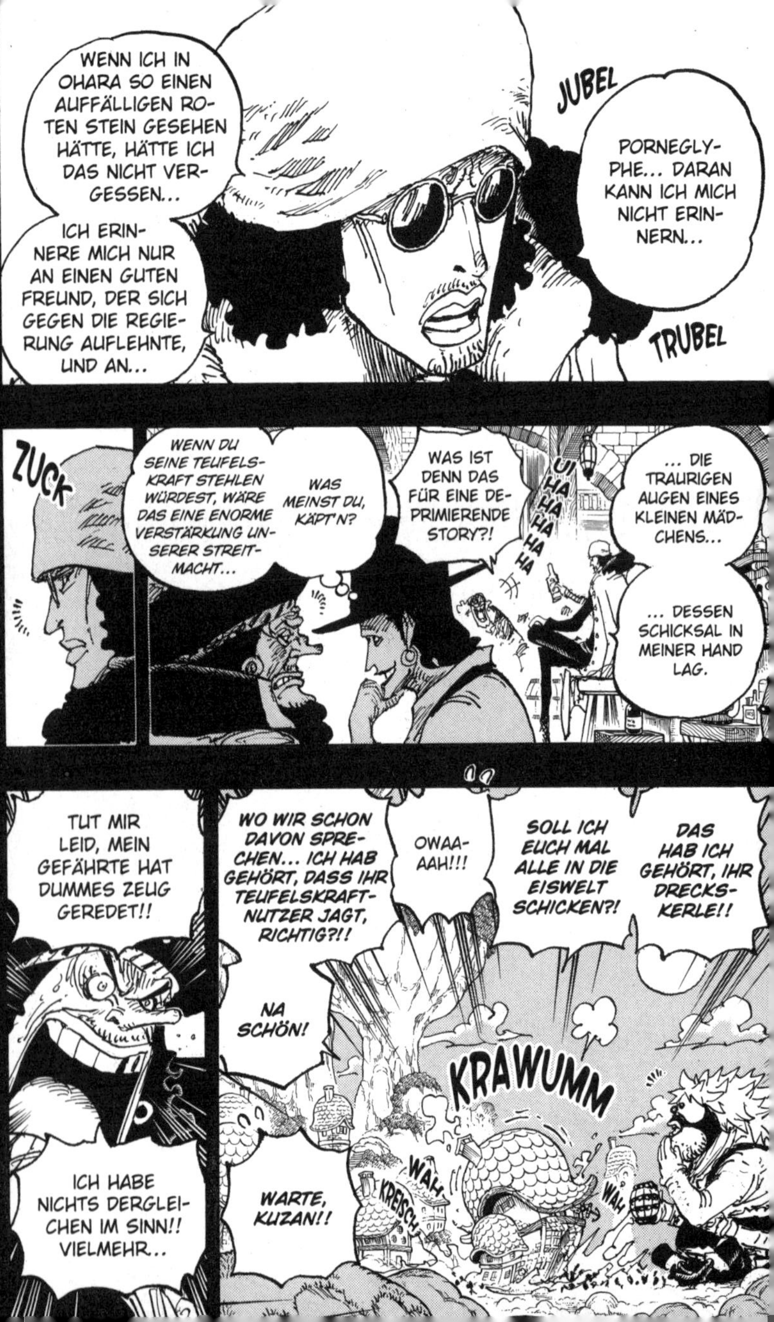
JUBEL
PORNEGLYPHE... DARAN KANN ICH MICH NICHT ERINNERN...
TRUBEL
WENN ICH IN OHARA SO EINEN AUFFÄLLIGEN ROTEN STEIN GESEHEN HÄTTE, HÄTTE ICH DAS NICHT VERGESSEN...
ICH ERINNERE MICH NUR AN EINEN GUTEN FREUND, DER SICH GEGEN DIE REGIERUNG AUFLEHNTE, UND AN...
... DIE TRAURIGEN AUGEN EINES KLEINEN MÄDCHENS...
... DESSEN SCHICKSAL IN MEINER HAND LAG.
WAS IST DENN DAS FÜR EINE DEPRIMIERENDE STORY?!
UI HA HA HA HA HA HA
WAS MEINST DU, KÄPT'N?
WENN DU SEINE TEUFELSKRAFT STEHLEN WÜRDEST, WÄRE DAS EINE ENORME VERSTÄRKUNG UNSERER STREITMACHT...
ZUCK
DAS HAB ICH GEHÖRT, IHR DRECKSKERLE!!
SOLL ICH EUCH MAL ALLE IN DIE EISWELT SCHICKEN?!
OWAAAAH!!!
WO WIR SCHON DAVON SPRECHEN... ICH HAB GEHÖRT, DASS IHR TEUFELSKRAFTNUTZER JAGT, RICHTIG?!!
KRAWUMM
WAH
KREISCH
WAH
NA SCHÖN!
WARTE, KUZAN!!
TUT MIR LEID, MEIN GEFÄHRTE HAT DUMMES ZEUG GEREDET!!
ICH HABE NICHTS DERGLEICHEN IM SINN!! VIELMEHR..

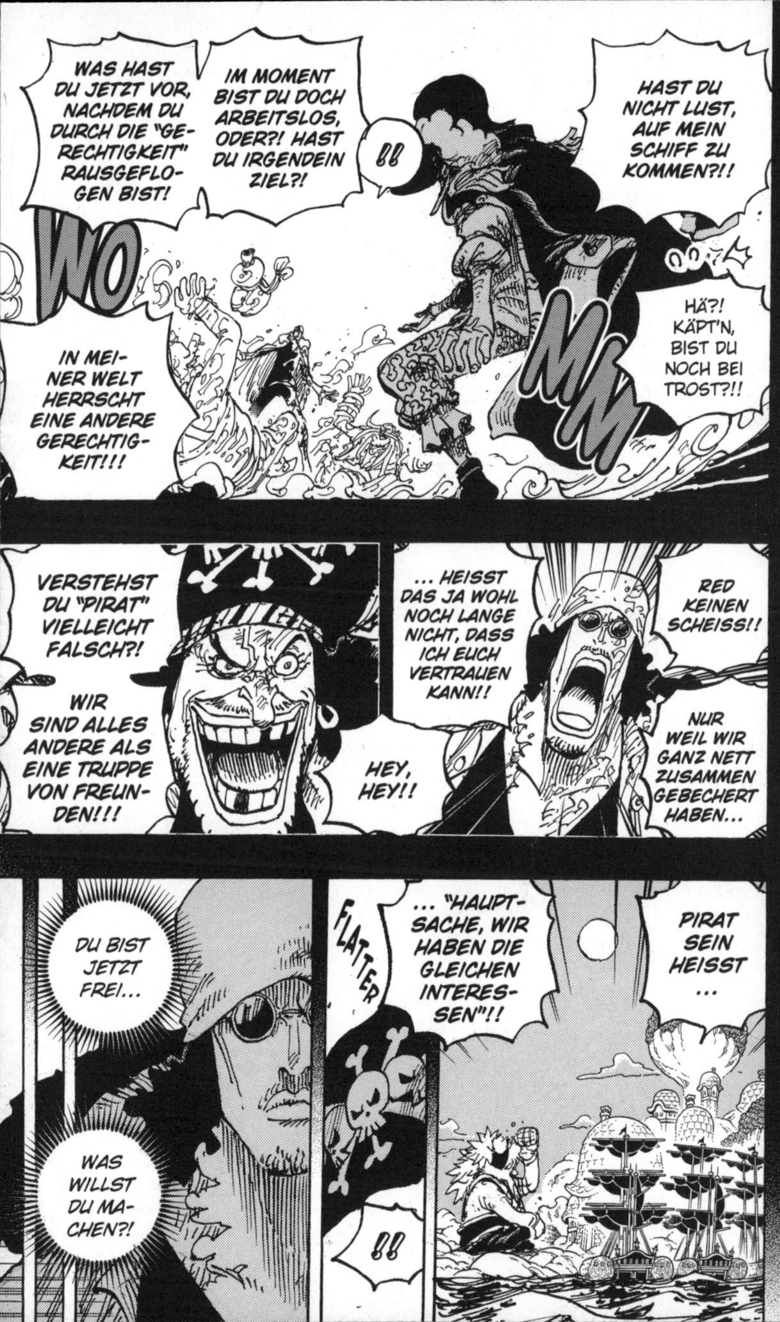
HAST DU NICHT LUST, AUF MEIN SCHIFF ZU KOMMEN?!!
!!
IM MOMENT BIST DU DOCH ARBEITSLOS, ODER?! HAST DU IRGENDEIN ZIEL?!
WAS HAST DU JETZT VOR, NACHDEM DU DURCH DIE "GERECHTIGKEIT" RAUSGEFLOGEN BIST!
HÄ?! KÄPT'N, BIST DU NOCH BEI TROST?!!
WO
MM
IN MEINER WELT HERRSCHT EINE ANDERE GERECHTIGKEIT!!!
RED KEINEN SCHEISS!!
NUR WEIL WIR GANZ NETT ZUSAMMEN GEBECHERT HABEN...
... HEISST DAS JA WOHL NOCH LANGE NICHT, DASS ICH EUCH VERTRAUEN KANN!!
HEY, HEY!!
VERSTEHST DU "PIRAT" VIELLEICHT FALSCH?!
WIR SIND ALLES ANDERE ALS EINE TRUPPE VON FREUNDEN!!!
PIRAT SEIN HEISST ...
... "HAUPTSACHE, WIR HABEN DIE GLEICHEN INTERESSEN"!!
FLATTER
!!
DU BIST JETZT FREI...
WAS WILLST DU MACHEN?!

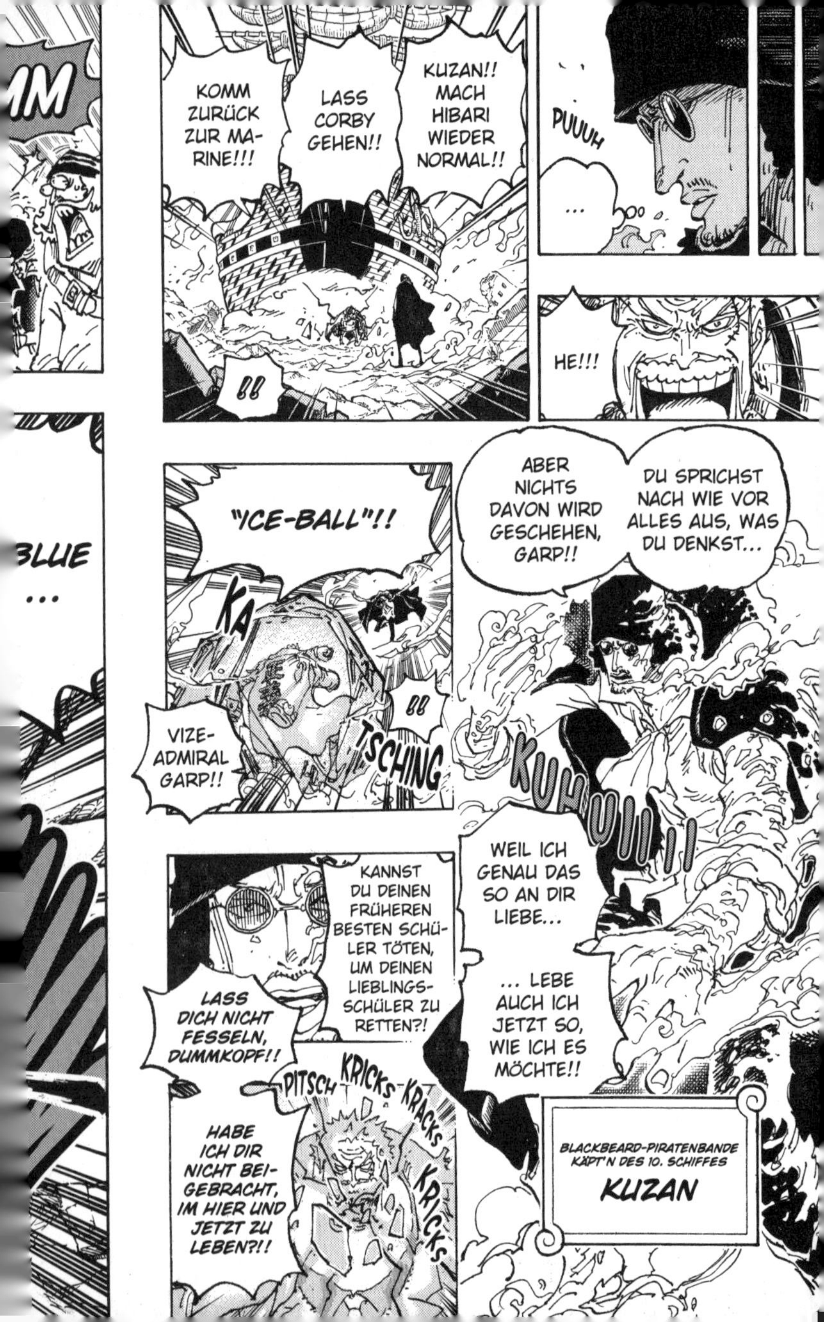

PUUUH
...
KUZAN!! MACH HIBARI WIEDER NORMAL!!
LASS CORBY GEHEN!!
KOMM ZURÜCK ZUR MARINE!!!
HE!!!
DU SPRICHST NACH WIE VOR ALLES AUS, WAS DU DENKST...
ABER NICHTS DAVON WIRD GESCHEHEN, GARP!!
WEIL ICH GENAU DAS SO AN DIR LIEBE...
... LEBE AUCH ICH JETZT SO, WIE ICH ES MÖCHTE!!
BLACKBEARD-PIRATENBANDE KÄPT'N DES 10. SCHIFFES
KUZAN
"ICE-BALL"!!
KA
TSCHING
VIZE-ADMIRAL GARP!!
KANNST DU DEINEN FRÜHEREN BESTEN SCHÜLER TÖTEN, UM DEINEN LIEBLINGS-SCHÜLER ZU RETTEN?!
LASS DICH NICHT FESSELN, DUMMKOPF!!
PITSCH
KRICKS-KRACKS
KRICKS
HABE ICH DIR NICHT BEIGEBRACHT, IM HIER UND JETZT ZU LEBEN?!!

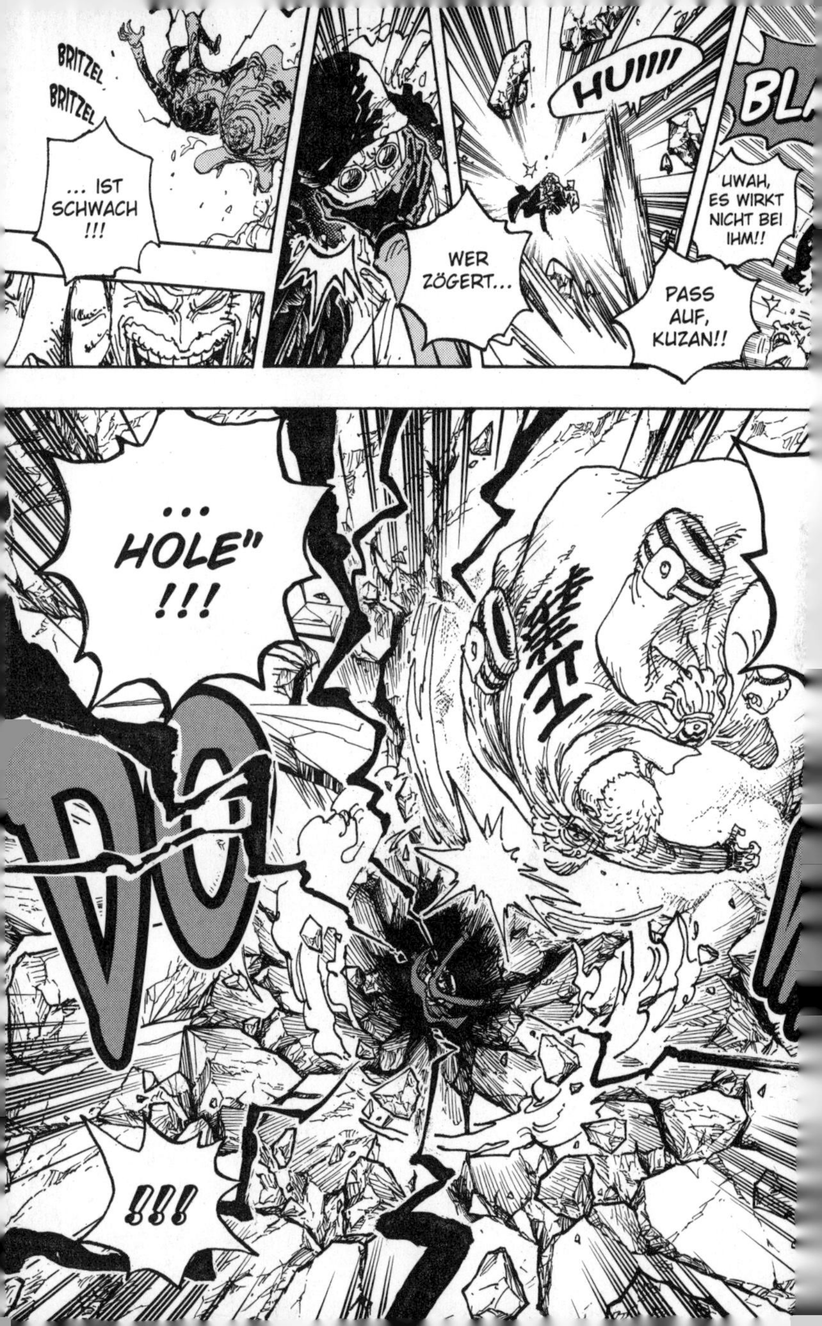
BLA
UWAH, ES WIRKT NICHT BEI IHM!!
PASS AUF, KUZAN!!
HUI!!!
WER ZÖGERT...
... IST SCHWACH!!!
BRITZEL
BRITZEL
... HÖLE" !!!
DO
!!!

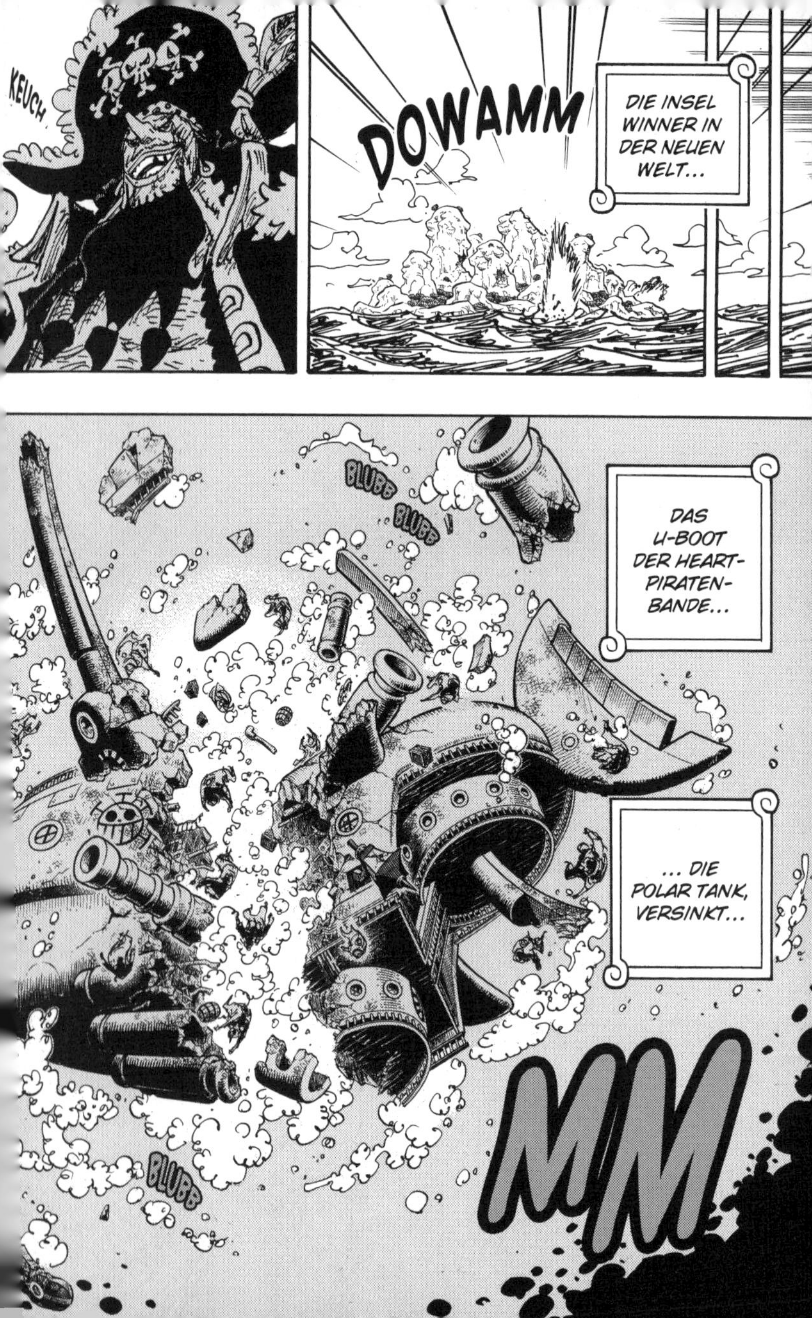
DIE INSEL WINNER IN DER NEUEN WELT...
DOWAMM
KEUCH
DAS U-BOOT DER HEART-PIRATEN-BANDE...
... DIE POLAR TANK, VERSINKT...
BLUBB
BLUBB
BLUBB
MM

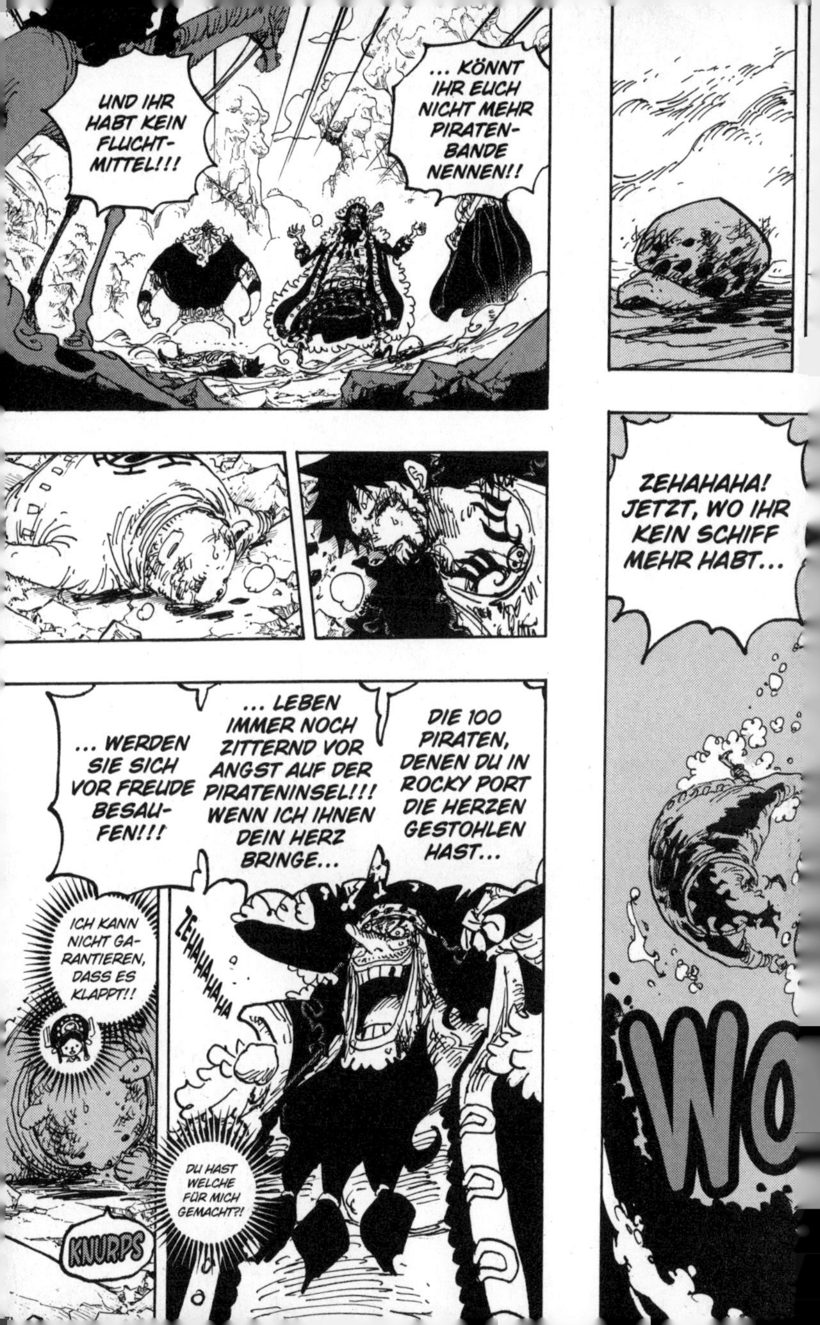
ZEHAHAHA! JETZT, WO IHR KEIN SCHIFF MEHR HABT...
WO
... KÖNNT IHR EUCH NICHT MEHR PIRATENBANDE NENNEN!!
UND IHR HABT KEIN FLUCHTMITTEL!!!
DIE 100 PIRATEN, DENEN DU IN ROCKY PORT DIE HERZEN GESTOHLEN HAST...
... LEBEN IMMER NOCH ZITTERND VOR ANGST AUF DER PIRATENINSEL!!! WENN ICH IHNEN DEIN HERZ BRINGE...
... WERDEN SIE SICH VOR FREUDE BESAUFEN!!!
ZEHAHAHAHA
DU HAST WELCHE FÜR MICH GEMACHT?!
ICH KANN NICHT GARANTIEREN, DASS ES KLAPPT!!
KNURPS

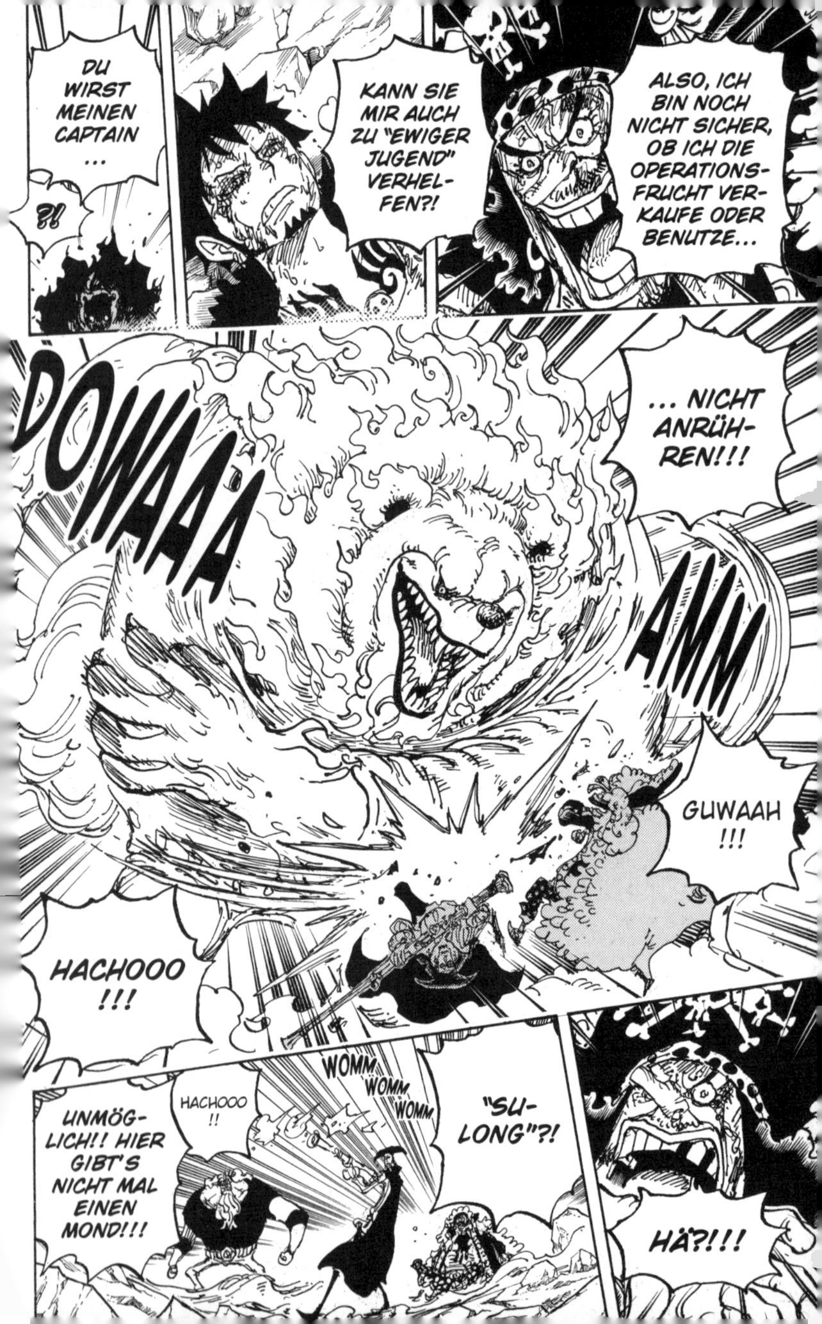
ALSO, ICH BIN NOCH NICHT SICHER, OB ICH DIE OPERATIONSFRUCHT VERKAUFE ODER BENUTZE…
KANN SIE MIR AUCH ZU "EWIGER JUGEND" VERHELFEN?!
DU WIRST MEINEN CAPTAIN …
?!
… NICHT ANRÜHREN!!!
DOWAAA
AMM
GUWAAH!!!
HACHOOO!!!
HÄ?!!!
"SU-LONG"?!
WOMM WOMM WOMM
HACHOOO!!
UNMÖGLICH!! HIER GIBT'S NICHT MAL EINEN MOND!!!

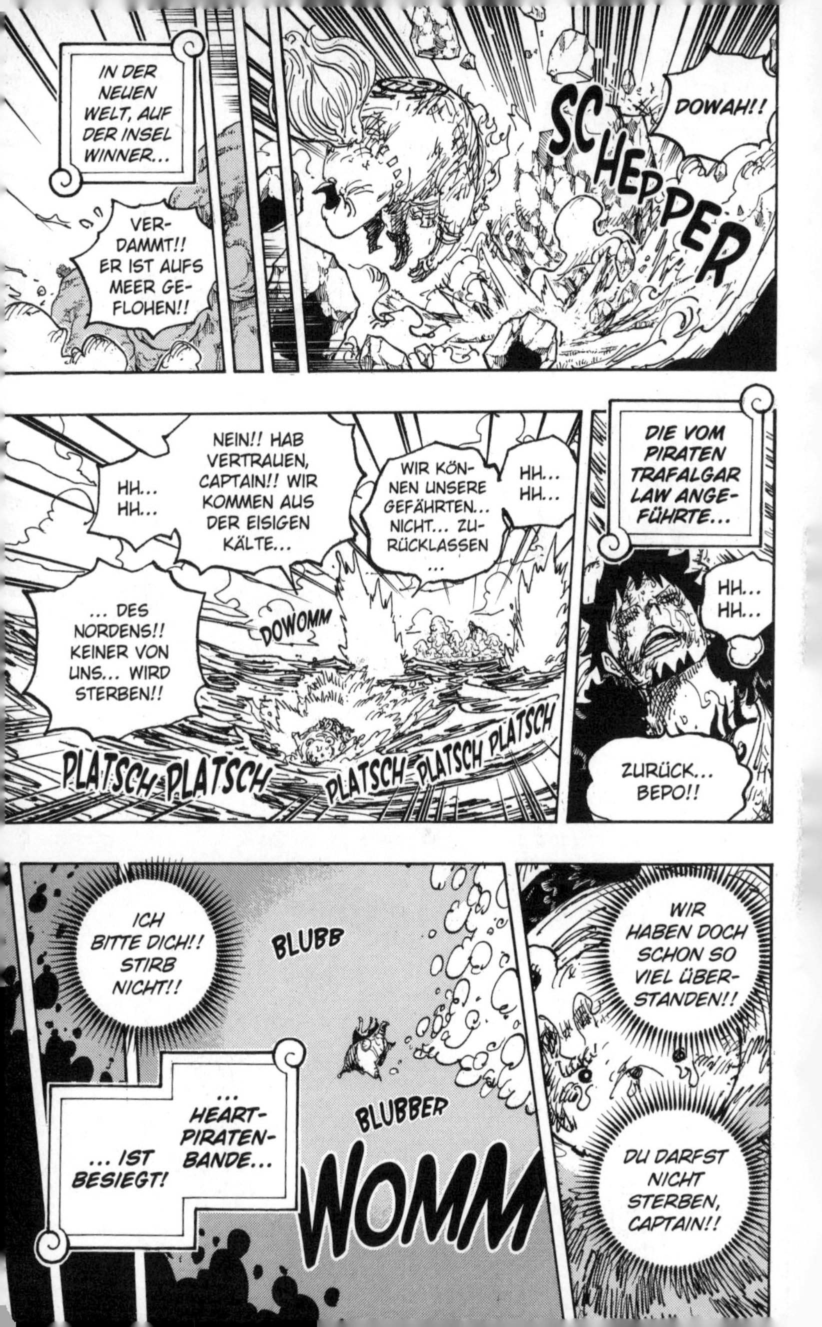
DOWAH!!
SCHEPPER
IN DER NEUEN WELT, AUF DER INSEL WINNER...
VERDAMMT!! ER IST AUFS MEER GEFLOHEN!!
DIE VOM PIRATEN TRAFALGAR LAW ANGEFÜHRTE...
HH... HH...
ZURÜCK... BEPO!!
HH... HH...
WIR KÖNNEN UNSERE GEFÄHRTEN... NICHT... ZURÜCKLASSEN...
NEIN!! HAB VERTRAUEN, CAPTAIN!! WIR KOMMEN AUS DER EISIGEN KÄLTE...
HH... HH...
... DES NORDENS!! KEINER VON UNS... WIRD STERBEN!!
DOWOMM
PLATSCH PLATSCH PLATSCH PLATSCH PLATSCH
WIR HABEN DOCH SCHON SO VIEL ÜBERSTANDEN!!
DU DARFST NICHT STERBEN, CAPTAIN!!
ICH BITTE DICH!! STIRB NICHT!!
BLUBB
BLUBBER
WOMM
... HEART-PIRATENBANDE...
... IST BESIEGT!

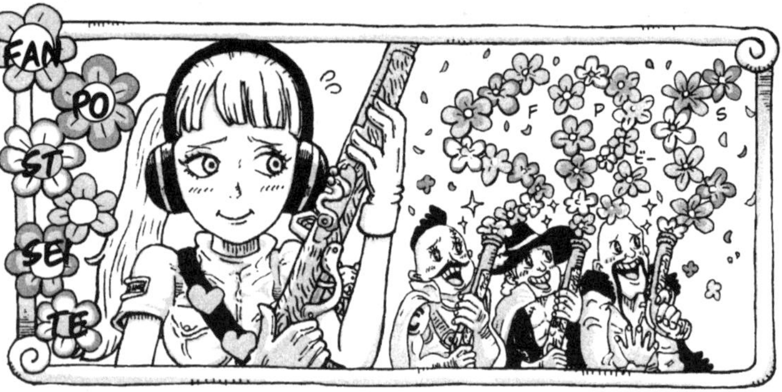

L: FRÜHER WAR ES CORBYS ZIEL, MARINEOFFIZIER ZU WERDEN, UND JETZT IST ER KAPITÄN! SEIN NÄCHSTES ZIEL IST "MARINEADMIRAL", ABER KANN ER DENN IN DER RANGFOLGE WEITER AUFSTEIGEN, JETZT WO ER BEI SWORD IST UND DAMIT SEIN RÜCKTRITTSGESUCH EINGEREICHT HAT?

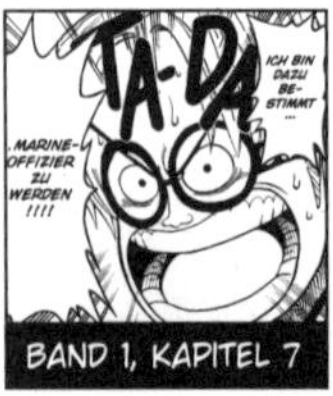

BAND 1, KAPITEL 7

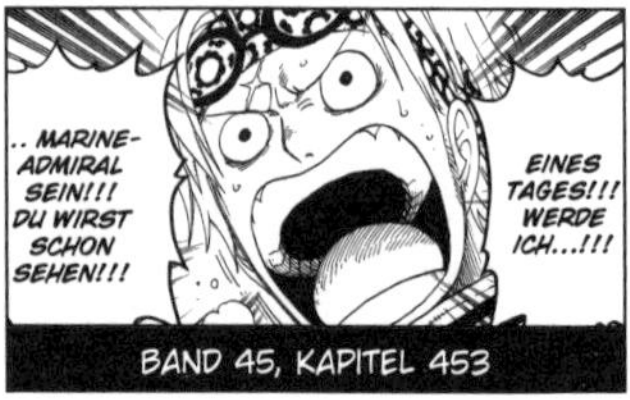

BAND 45, KAPITEL 453

PSEUDONYM: HI NO KUNI TOPPI

O: OKAY, DIE ERKLÄRUNG, WAS SWORD IST, WAR WOHL EIN BISSCHEN SCHWIERIG. IN KAPITEL 1080 SAGT AOKIJI, DASS MARINESOLDATEN, DIE IHR RÜCKTRITTSGESUCH EINGEREICHT HABEN, "JEDERZEIT ENTLASSEN WERDEN KÖNNEN". MIT ANDEREN WORTEN, IHR RÜCKTRITTSGESUCH LIEGT ZWAR VOR, SIE SIND ABER NOCH NICHT GEKÜNDIGT. SOLLTE EIN SWORD-MITGLIED UNBEDACHT HANDELN UND ALS GEISEL GENOMMEN WERDEN, KANN DIE MARINE DAS GESUCH AKZEPTIEREN UND DIE PERSON MIT DER BEGRÜNDUNG IM STICH LASSEN, DASS SIE JA GAR KEIN ANGEHÖRIGER DER MARINE SEI. DIE SWORD-MARINESOLDATEN SIND LEUTE, DIE NACH EIGENEM GUTDÜNKEN KÄMPFEN WOLLEN UND DIESE BEDINGUNG AKZEPTIEREN.

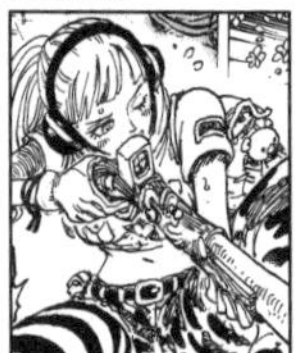

L: GUTEN TAG, ODA-CHI!!! VIELLEICHT IST ES DEN ANDEREN NICHT AUFGEFALLEN, ABER ICH BIN ERWACHSEN, DESHALB HABE ICH ES BEMERKT! HIBARI VON SWORD IST IN CORBY VERSCHOSSEN, ODER? ODER?

PSEUDONYM: FUSSKNÖCHEL-TARO

O: "VERSCHOSSEN", SAGT ER!! WAS FÜR EIN ALTMODISCHER AUSDRUCK! FUSSKNÖCHEL-TARO, 35 JAHRE! "VERSCHOSSEN" BEDEUTET "VERLIEBT", NICHT WAHR? ICH BIN ZU STUMPFSINNIG, DESHALB: KEINE AHNUNG.

L: HIBARI VON SWORD HAT AN IHREM RUCKSACK EINEN NIEDLICHEN STOFFBÄREN HÄNGEN, DARÜBER WÜSSTE ICH GERN GENAUERES!!

PSEUDONYM: NAOYAMA, HOBBY: STICKEN

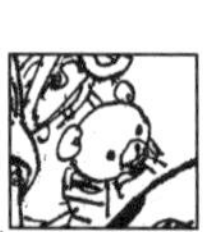

O: AH, ER IST DIR AUFGEFALLEN? DIESER BÄR IST HIBARIS TALISMAN UND BEGLEITET SIE SEIT IHRER KINDHEIT. EINMAL WURDE SIE IN EINEM KAMPF VON CORBY GERETTET, VERLOR DABEI ABER DEN BÄREN. AM NÄCHSTEN TAG VERLETZTE CORBY SICH SCHWER UND BEKAM EINEN ORDENTLICHEN ANSCHISS VON SEINEM VORGESETZTEN, DOCH IN SEINER HAND HIELT ER DEN BÄREN. ER WAR AUF DAS SCHLACHTFELD ZURÜCKGEKEHRT UND HATTE HIBARIS SCHATZ GESUCHT. HIBARI DANKTE IHM UNTER TRÄNEN UND TAUFTE DEN BÄREN HEIMLICH "CORBY". ICH BIN STUMPFSINNIG, DESHALB WEISS ICH NICHT, OB SIE "VERSCHOSSEN" IST.

1082. Kapitel:

Holen wir es uns!!

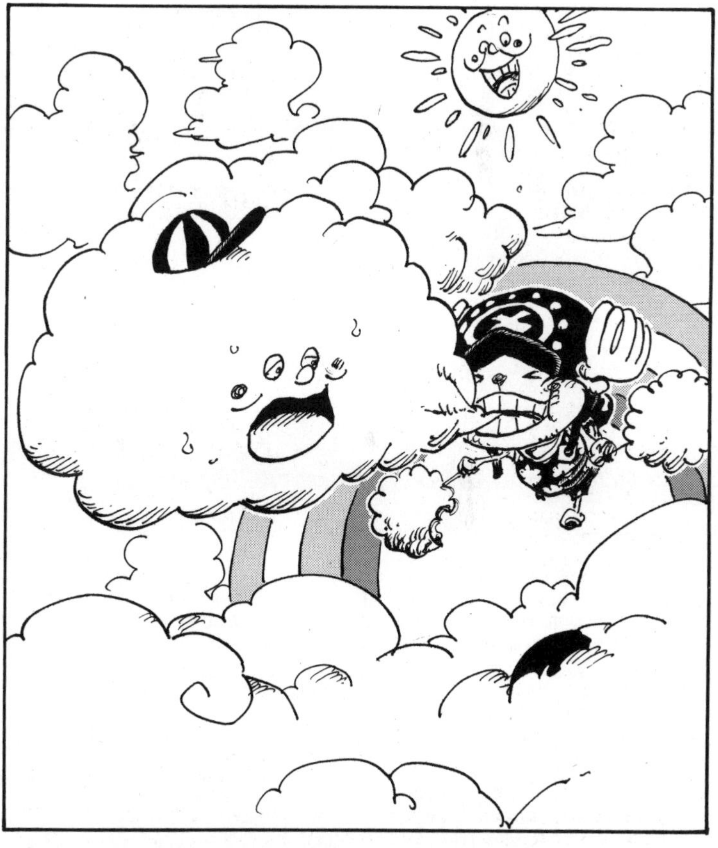

Wunsch-Titelbild „Chopper hält Zeus für Zuckerwatte und will ihn verspeisen“ Pseudonym: Kanon Kameda

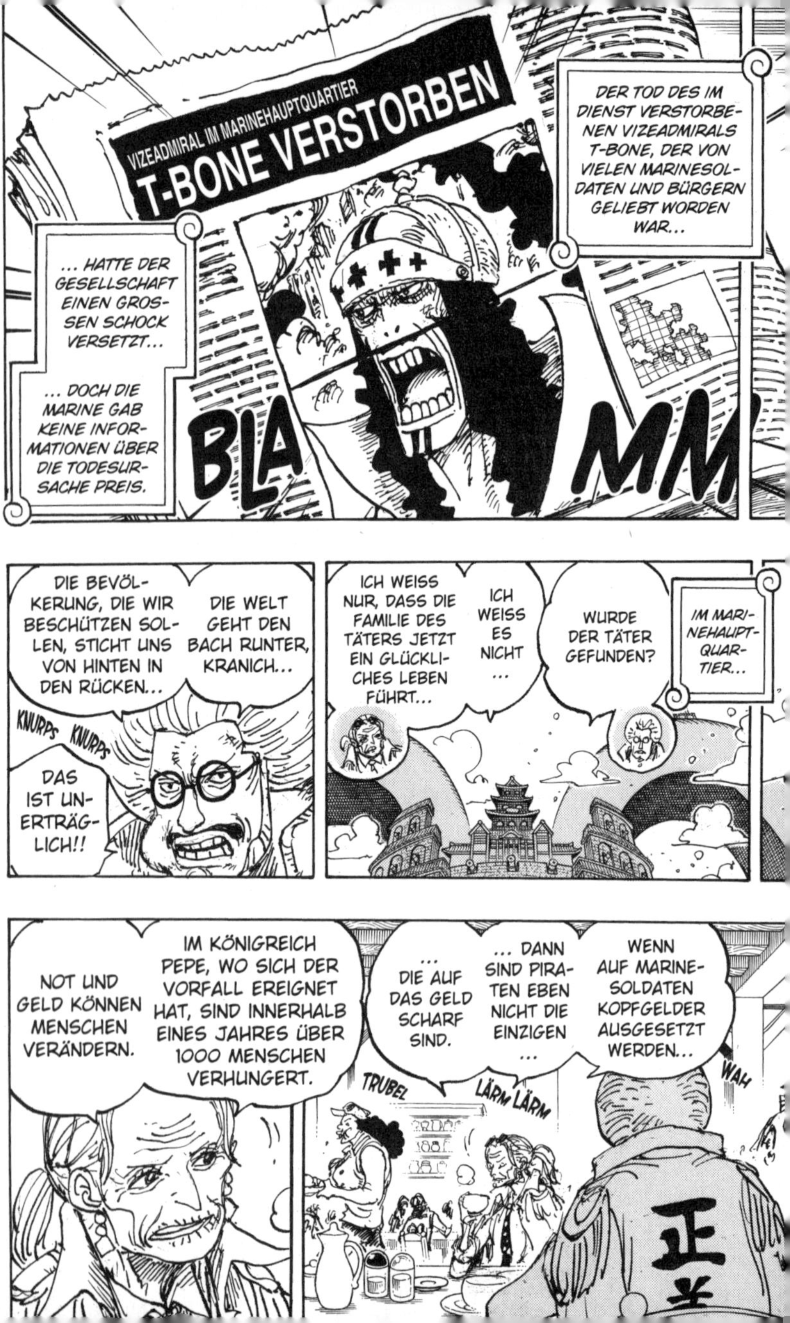
VIZEADMIRAL IM MARINEHAUPTQUARTIER
T-BONE VERSTORBEN
DER TOD DES IM DIENST VERSTORBENEN VIZEADMIRALS T-BONE, DER VON VIELEN MARINESOLDATEN UND BÜRGERN GELIEBT WORDEN WAR...
... HATTE DER GESELLSCHAFT EINEN GROSSEN SCHOCK VERSETZT...
... DOCH DIE MARINE GAB KEINE INFORMATIONEN ÜBER DIE TODESURSACHE PREIS.
BLAMM
IM MARINEHAUPTQUARTIER...
WURDE DER TÄTER GEFUNDEN?
ICH WEISS ES NICHT ...
ICH WEISS NUR, DASS DIE FAMILIE DES TÄTERS JETZT EIN GLÜCKLICHES LEBEN FÜHRT...
DIE WELT GEHT DEN BACH RUNTER, KRANICH...
DIE BEVÖLKERUNG, DIE WIR BESCHÜTZEN SOLLEN, STICHT UNS VON HINTEN IN DEN RÜCKEN...
KNURPS KNURPS
DAS IST UNERTRÄGLICH!!
WENN AUF MARINESOLDATEN KOPFGELDER AUSGESETZT WERDEN...
... DANN SIND PIRATEN EBEN NICHT DIE EINZIGEN ...
... DIE AUF DAS GELD SCHARF SIND.
WAH
LÄRM LÄRM
TRUBEL
IM KÖNIGREICH PEPE, WO SICH DER VORFALL EREIGNET HAT, SIND INNERHALB EINES JAHRES ÜBER 1000 MENSCHEN VERHUNGERT.
NOT UND GELD KÖNNEN MENSCHEN VERÄNDERN.

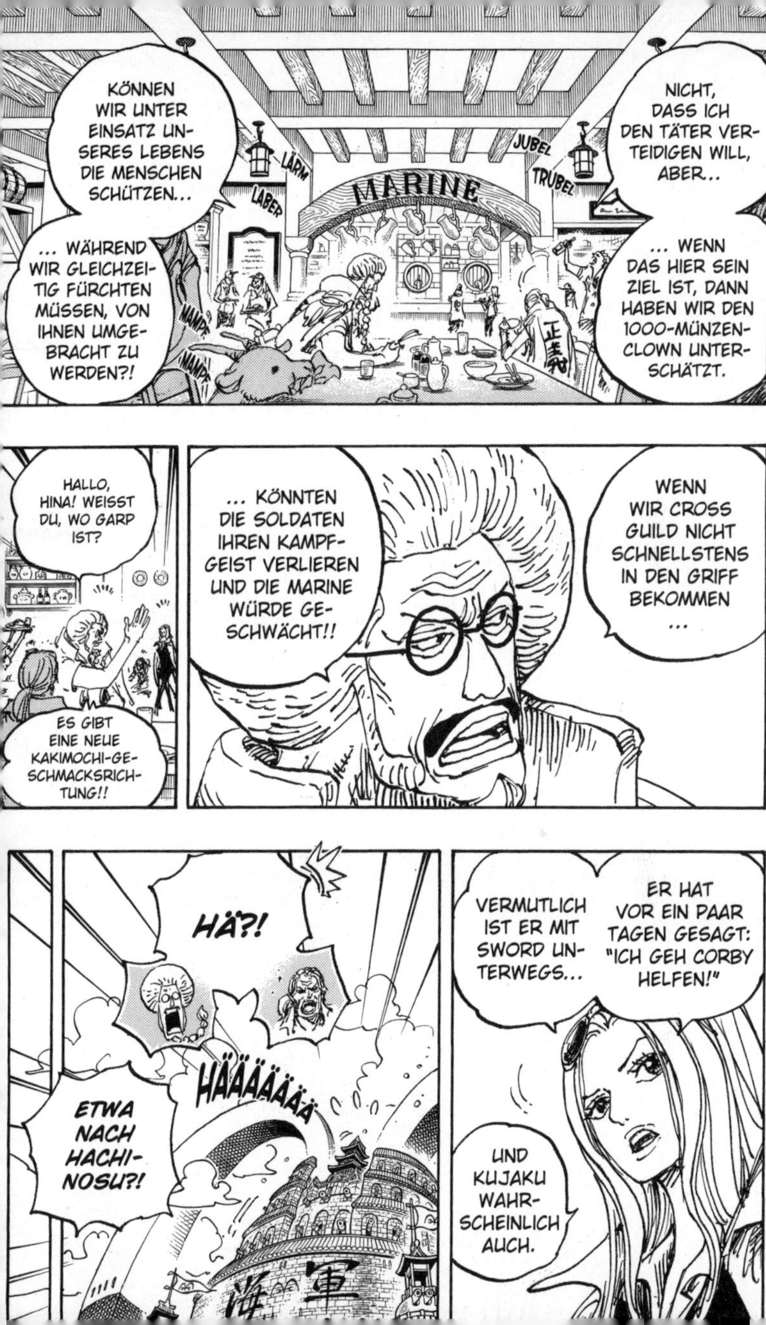
NICHT, DASS ICH DEN TÄTER VERTEIDIGEN WILL, ABER…
… WENN DAS HIER SEIN ZIEL IST, DANN HABEN WIR DEN 1000-MÜNZEN-CLOWN UNTERSCHÄTZT.
JUBEL
TRUBEL
MARINE
LÄRM
LABER
KÖNNEN WIR UNTER EINSATZ UNSERES LEBENS DIE MENSCHEN SCHÜTZEN…
… WÄHREND WIR GLEICHZEITIG FÜRCHTEN MÜSSEN, VON IHNEN UMGEBRACHT ZU WERDEN?!
MAMPF
MAMPF
WENN WIR CROSS GUILD NICHT SCHNELLSTENS IN DEN GRIFF BEKOMMEN …
… KÖNNTEN DIE SOLDATEN IHREN KAMPFGEIST VERLIEREN UND DIE MARINE WÜRDE GESCHWÄCHT!!
HALLO, HINA! WEISST DU, WO GARP IST?
ES GIBT EINE NEUE KAKIMOCHI-GESCHMACKSRICHTUNG!!
ER HAT VOR EIN PAAR TAGEN GESAGT: "ICH GEH CORBY HELFEN!"
VERMUTLICH IST ER MIT SWORD UNTERWEGS…
UND KUJAKU WAHRSCHEINLICH AUCH.
HÄ?!
HÄÄÄÄÄÄÄ
ETWA NACH HACHINOSU?!
海軍

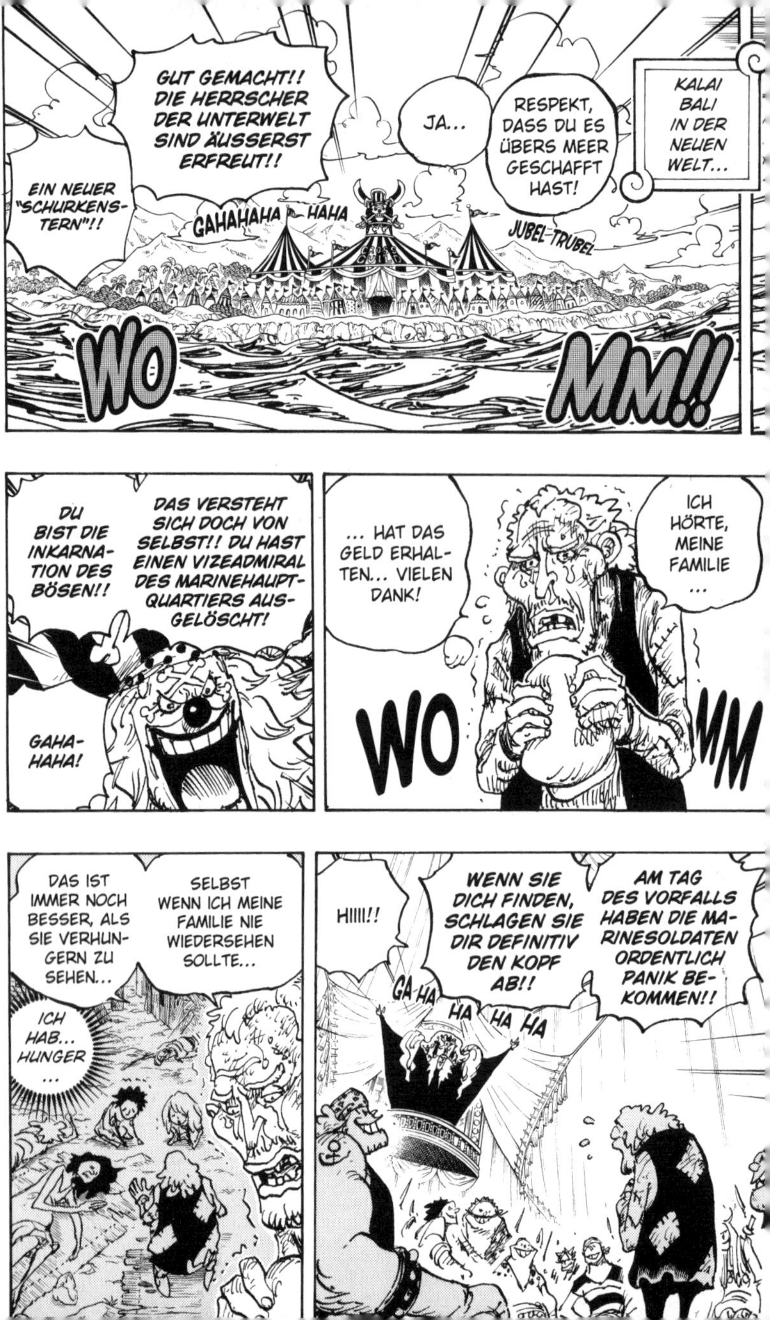
KALAI BALI IN DER NEUEN WELT…
RESPEKT, DASS DU ES ÜBERS MEER GESCHAFFT HAST!
JA…
GUT GEMACHT!! DIE HERRSCHER DER UNTERWELT SIND ÄUSSERST ERFREUT!!
EIN NEUER "SCHURKENSTERN"!!
GAHAHAHA HAHA
JUBEL-TRUBEL
WO MM!!
ICH HÖRTE, MEINE FAMILIE …
… HAT DAS GELD ERHALTEN… VIELEN DANK!
WO MM
DAS VERSTEHT SICH DOCH VON SELBST!! DU HAST EINEN VIZEADMIRAL DES MARINEHAUPTQUARTIERS AUSGELÖSCHT!
DU BIST DIE INKARNATION DES BÖSEN!!
GAHAHAHA!
AM TAG DES VORFALLS HABEN DIE MARINESOLDATEN ORDENTLICH PANIK BEKOMMEN!!
WENN SIE DICH FINDEN, SCHLAGEN SIE DIR DEFINITIV DEN KOPF AB!!
HIIII!!
GA HA HA HA HA HA
SELBST WENN ICH MEINE FAMILIE NIE WIEDERSEHEN SOLLTE…
DAS IST IMMER NOCH BESSER, ALS SIE VERHUNGERN ZU SEHEN…
ICH HAB… HUNGER …

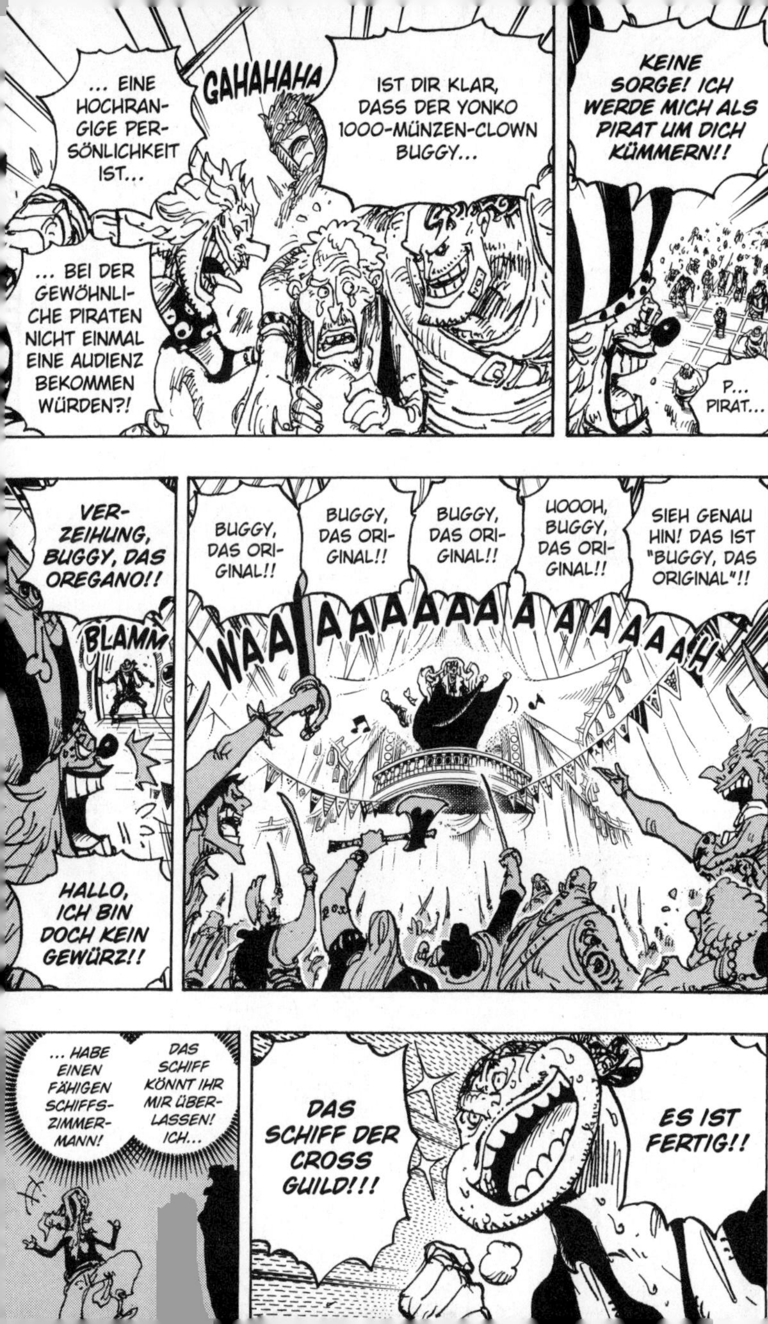
IST DIR KLAR, DASS DER YONKO 1000-MÜNZEN-CLOWN BUGGY...
GAHAHAHA
... EINE HOCHRANGIGE PERSÖNLICHKEIT IST...
... BEI DER GEWÖHNLICHE PIRATEN NICHT EINMAL EINE AUDIENZ BEKOMMEN WÜRDEN?!
KEINE SORGE! ICH WERDE MICH ALS PIRAT UM DICH KÜMMERN!!
P... PIRAT...
SIEH GENAU HIN! DAS IST "BUGGY, DAS ORIGINAL"!!
UOOOH, BUGGY, DAS ORIGINAL!!
BUGGY, DAS ORIGINAL!!
BUGGY, DAS ORIGINAL!!
BUGGY, DAS ORIGINAL!!
WAAAAAAAAAAAAAAAH
VERZEIHUNG, BUGGY, DAS OREGANO!!
BLAMM
HALLO, ICH BIN DOCH KEIN GEWÜRZ!!
ES IST FERTIG!!
DAS SCHIFF DER CROSS GUILD!!!
DAS SCHIFF KÖNNT IHR MIR ÜBERLASSEN! ICH...
... HABE EINEN FÄHIGEN SCHIFFSZIMMERMANN!

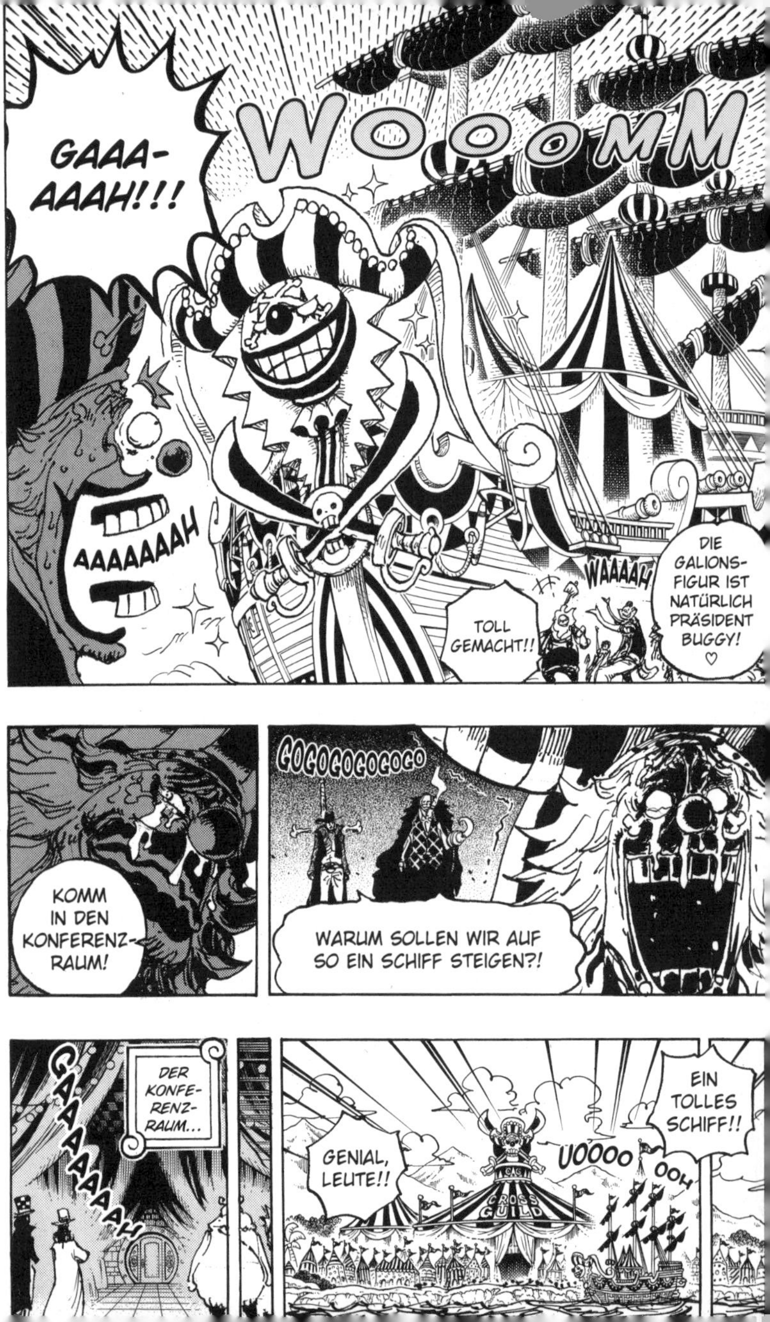
WOOOMM
DIE GALIONS-FIGUR IST NATÜRLICH PRÄSIDENT BUGGY! ♡
TOLL GEMACHT!!
WAAAAH
GAAAA-AAAH!!!
AAAAAAAH
GOGOGOGOGOGO
WARUM SOLLEN WIR AUF SO EIN SCHIFF STEIGEN?!
KOMM IN DEN KONFERENZ-RAUM!
EIN TOLLES SCHIFF!!
UOOOO OOH
GENIAL, LEUTE!!
CROSS GUILD
DER KONFE-RENZ-RAUM...
GAAAAAAAH

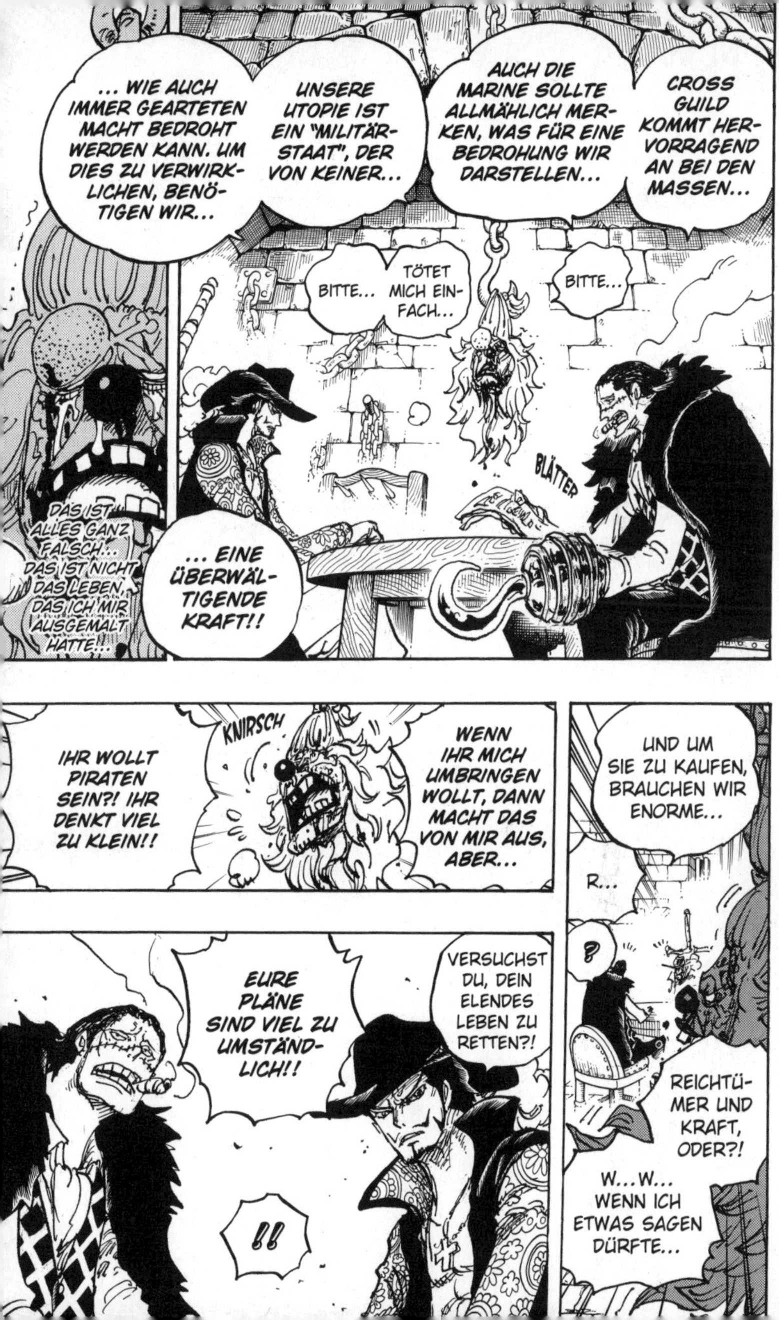
CROSS GUILD KOMMT HERVORRAGEND AN BEI DEN MASSEN…
AUCH DIE MARINE SOLLTE ALLMÄHLICH MERKEN, WAS FÜR EINE BEDROHUNG WIR DARSTELLEN…
UNSERE UTOPIE IST EIN "MILITÄRSTAAT", DER VON KEINER…
… WIE AUCH IMMER GEARTETEN MACHT BEDROHT WERDEN KANN. UM DIES ZU VERWIRKLICHEN, BENÖTIGEN WIR…
BITTE…
TÖTET MICH EINFACH…
BITTE…
BLÄTTER
… EINE ÜBERWÄLTIGENDE KRAFT!!
DAS IST ALLES GANZ FALSCH… DAS IST NICHT DAS LEBEN, DAS ICH MIR AUSGEMALT HATTE…
UND UM SIE ZU KAUFEN, BRAUCHEN WIR ENORME…
R…
?
REICHTÜMER UND KRAFT, ODER?!
W… W… WENN ICH ETWAS SAGEN DÜRFTE…
WENN IHR MICH UMBRINGEN WOLLT, DANN MACHT DAS VON MIR AUS, ABER…
KNIRSCH
IHR WOLLT PIRATEN SEIN?! IHR DENKT VIEL ZU KLEIN!!
VERSUCHST DU, DEIN ELENDES LEBEN ZU RETTEN?!
EURE PLÄNE SIND VIEL ZU UMSTÄNDLICH!!
!!

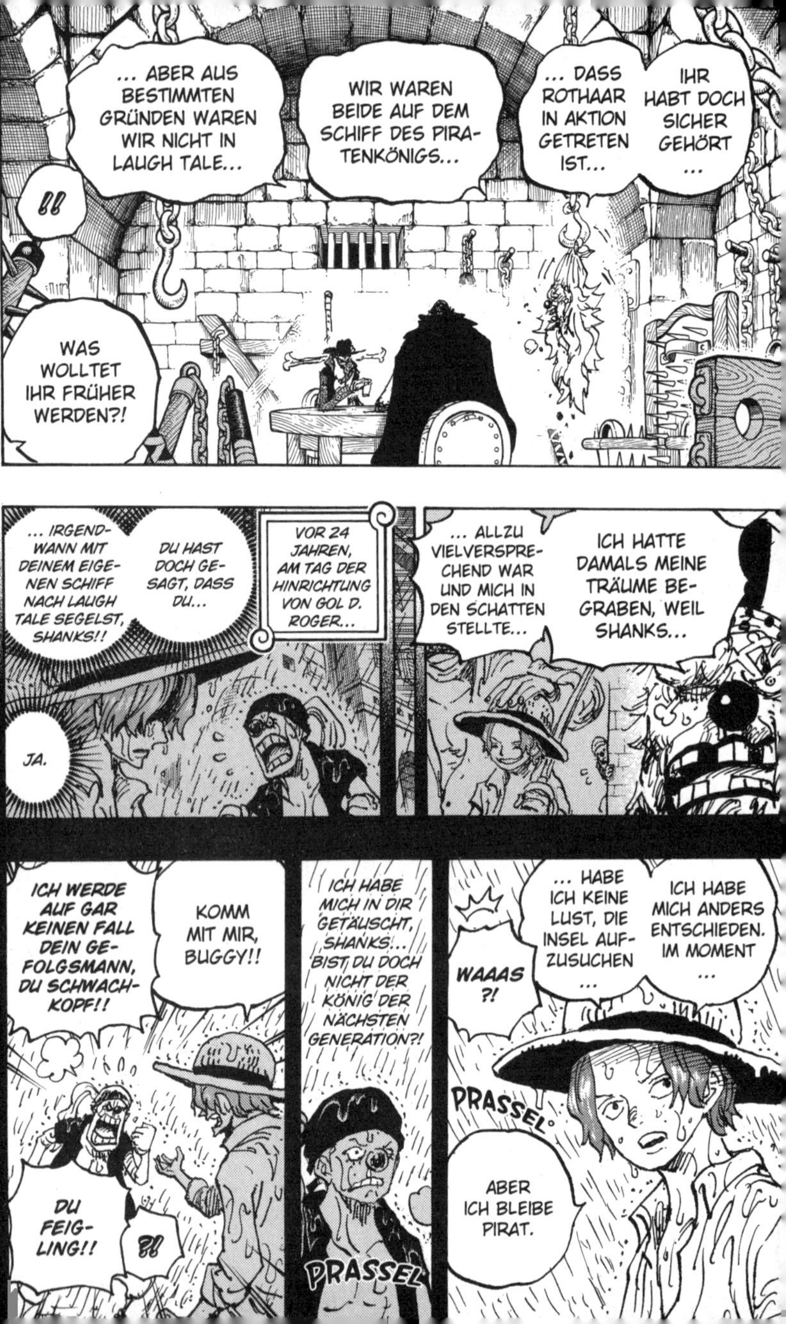

IHR HABT DOCH SICHER GEHÖRT ...
... DASS ROTHAAR IN AKTION GETRETEN IST...
WIR WAREN BEIDE AUF DEM SCHIFF DES PIRATENKÖNIGS...
... ABER AUS BESTIMMTEN GRÜNDEN WAREN WIR NICHT IN LAUGH TALE...
!!
WAS WOLLTET IHR FRÜHER WERDEN?!
ICH HATTE DAMALS MEINE TRÄUME BEGRABEN, WEIL SHANKS...
... ALLZU VIELVERSPRECHEND WAR UND MICH IN DEN SCHATTEN STELLTE...
VOR 24 JAHREN, AM TAG DER HINRICHTUNG VON GOL D. ROGER...
DU HAST DOCH GESAGT, DASS DU...
... IRGENDWANN MIT DEINEM EIGENEN SCHIFF NACH LAUGH TALE SEGELST, SHANKS!!
JA.
ICH HABE MICH ANDERS ENTSCHIEDEN. IM MOMENT ...
... HABE ICH KEINE LUST, DIE INSEL AUFZUSUCHEN ...
WAAAS ?!
PRASSEL
ABER ICH BLEIBE PIRAT.
ICH HABE MICH IN DIR GETÄUSCHT, SHANKS... BIST DU DOCH NICHT DER KÖNIG DER NÄCHSTEN GENERATION?!
PRASSEL
KOMM MIT MIR, BUGGY!!
ICH WERDE AUF GAR KEINEN FALL DEIN GEFOLGSMANN, DU SCHWACHKOPF!!
DU FEIGLING!!
?!

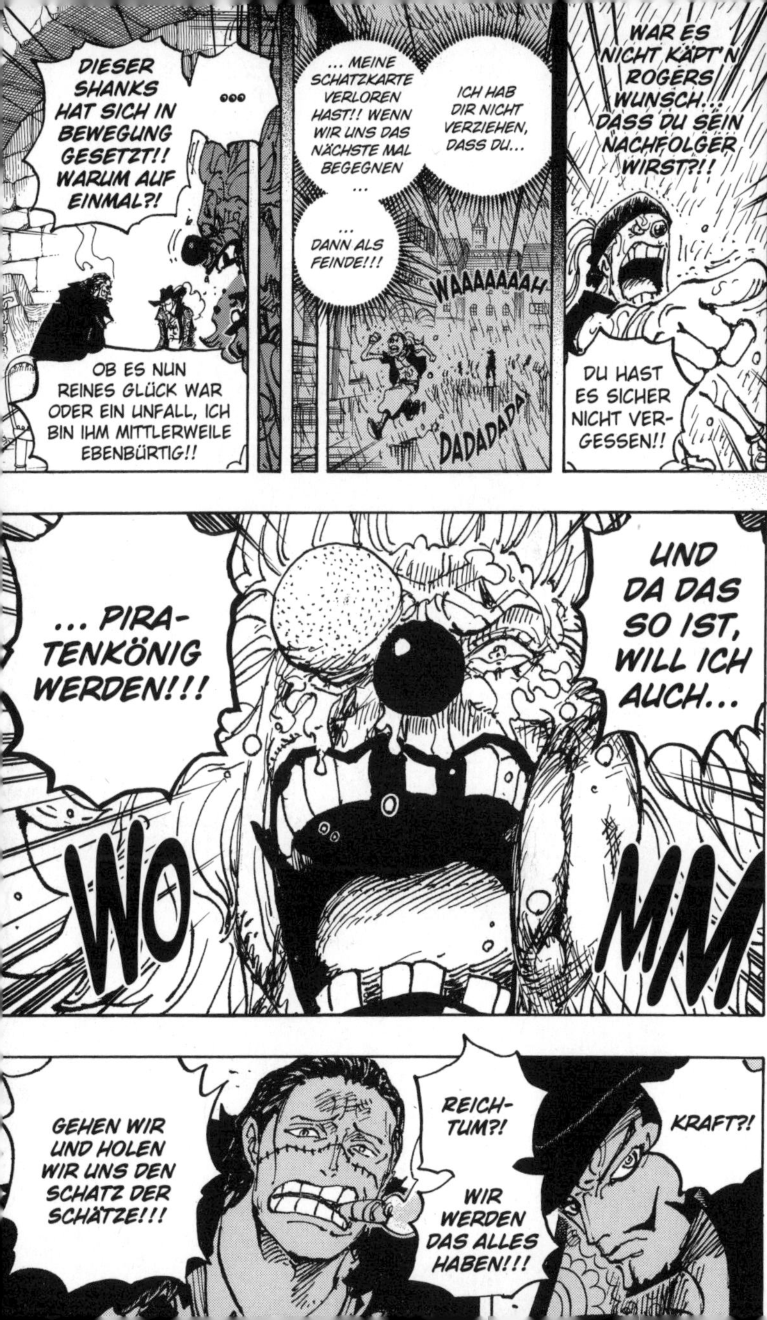
WAR ES NICHT KÄPT'N ROGERS WUNSCH... DASS DU SEIN NACHFOLGER WIRST?!!
DU HAST ES SICHER NICHT VERGESSEN!!
ICH HAB DIR NICHT VERZIEHEN, DASS DU...
... MEINE SCHATZKARTE VERLOREN HAST!! WENN WIR UNS DAS NÄCHSTE MAL BEGEGNEN ...
... DANN ALS FEINDE!!!
WAAAAAAAH
DADADADA
DIESER SHANKS HAT SICH IN BEWEGUNG GESETZT!! WARUM AUF EINMAL?!
...
OB ES NUN REINES GLÜCK WAR ODER EIN UNFALL, ICH BIN IHM MITTLERWEILE EBENBÜRTIG!!
UND DA DAS SO IST, WILL ICH AUCH...
... PIRATENKÖNIG WERDEN!!!
WOMM
KRAFT?!
REICHTUM?!
WIR WERDEN DAS ALLES HABEN!!!
GEHEN WIR UND HOLEN WIR UNS DEN SCHATZ DER SCHÄTZE!!!

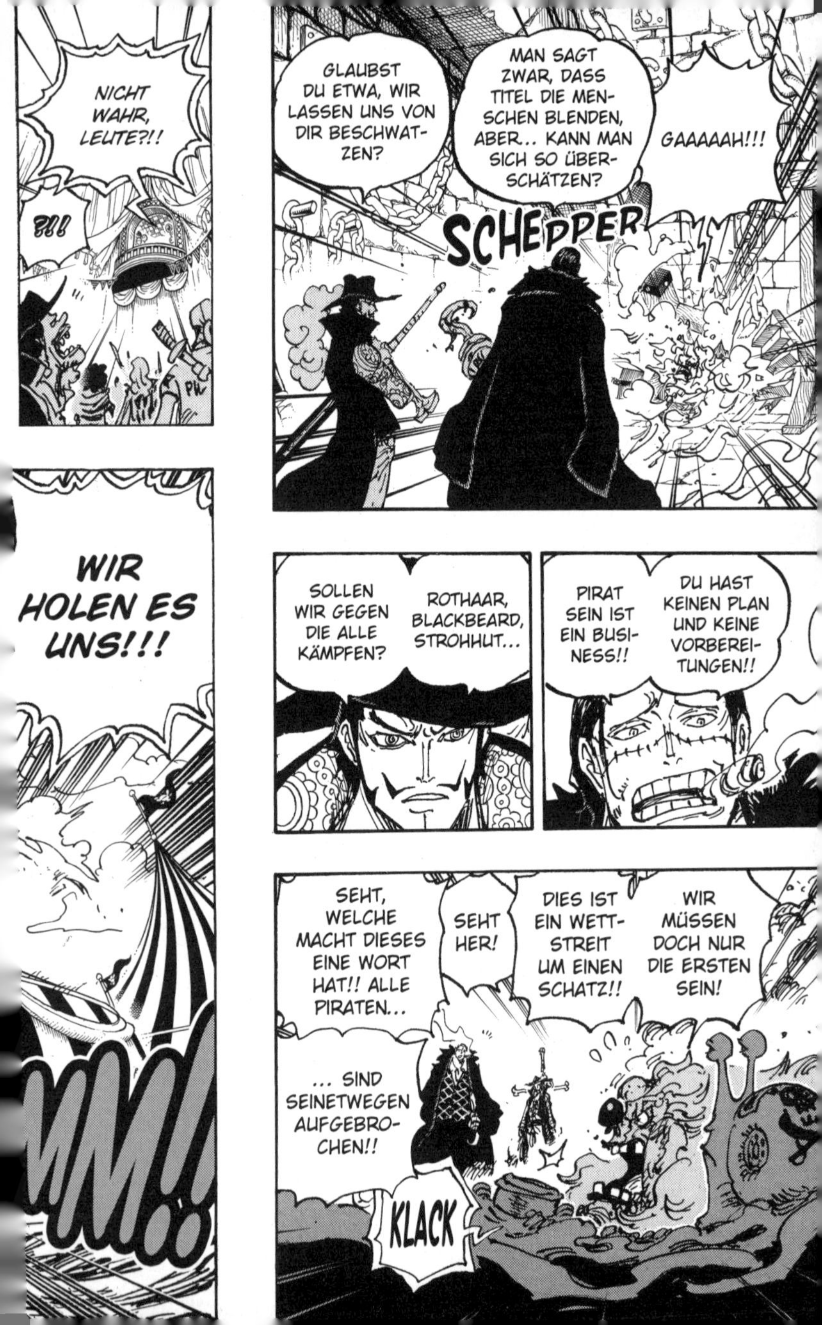
GAAAAAH!!!
MAN SAGT ZWAR, DASS TITEL DIE MEN-SCHEN BLENDEN, ABER… KANN MAN SICH SO ÜBER-SCHÄTZEN?
GLAUBST DU ETWA, WIR LASSEN UNS VON DIR BESCHWAT-ZEN?
SCHEPPER
NICHT WAHR, LEUTE?!!
?!!
DU HAST KEINEN PLAN UND KEINE VORBEREI-TUNGEN!!
PIRAT SEIN IST EIN BUSI-NESS!!
ROTHAAR, BLACKBEARD, STROHHUT…
SOLLEN WIR GEGEN DIE ALLE KÄMPFEN?
WIR MÜSSEN DOCH NUR DIE ERSTEN SEIN!
DIES IST EIN WETT-STREIT UM EINEN SCHATZ!!
SEHT HER!
SEHT, WELCHE MACHT DIESES EINE WORT HAT!! ALLE PIRATEN…
… SIND SEINETWEGEN AUFGEBRO-CHEN!!
KLACK
WIR HOLEN ES UNS!!!

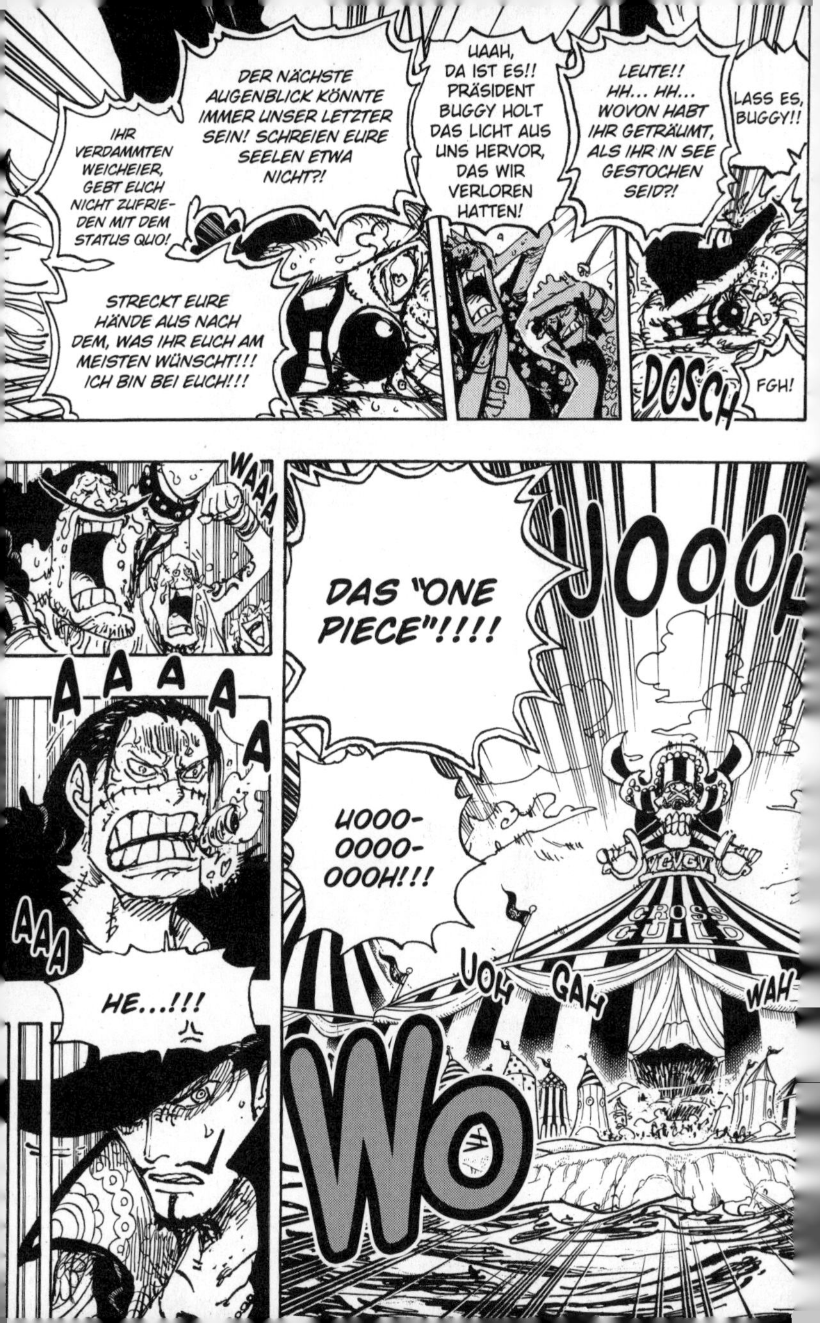

LASS ES, BUGGY!!
DOSCH
FGH!
LEUTE!! HH... HH... WOVON HABT IHR GETRÄUMT, ALS IHR IN SEE GESTOCHEN SEID?!
UAAH, DA IST ES!! PRÄSIDENT BUGGY HOLT DAS LICHT AUS UNS HERVOR, DAS WIR VERLOREN HATTEN!
DER NÄCHSTE AUGENBLICK KÖNNTE IMMER UNSER LETZTER SEIN! SCHREIEN EURE SEELEN ETWA NICHT?!
IHR VERDAMMTEN WEICHEIER, GEBT EUCH NICHT ZUFRIEDEN MIT DEM STATUS QUO!
STRECKT EURE HÄNDE AUS NACH DEM, WAS IHR EUCH AM MEISTEN WÜNSCHT!!! ICH BIN BEI EUCH!!!
DAS "ONE PIECE"!!!!
UOOO-OOOO-OOOH!!!
UOOO
UOH
GAH
WAH
WO
CROSS GUILD
WAAAA
AAAAAA
AAA
HE...!!!

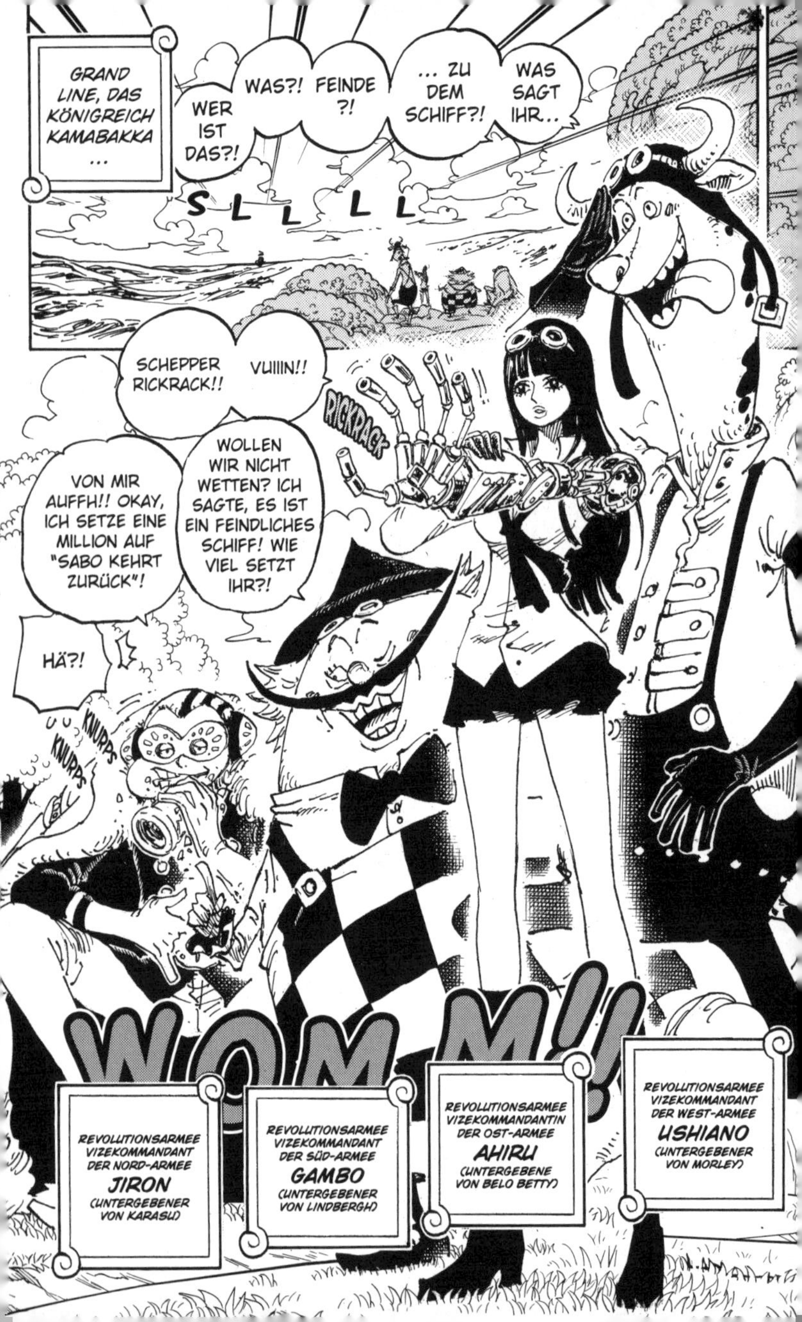

GRAND LINE, DAS KÖNIGREICH KAMABAKKA …
WER IST DAS?!
WAS?! FEINDE ?!
… ZU DEM SCHIFF?!
WAS SAGT IHR…
SLLLL
SCHEPPER RICKRACK!!
VUIIIN!!
RICKRACK
VON MIR AUFFH!! OKAY, ICH SETZE EINE MILLION AUF "SABO KEHRT ZURÜCK"!
WOLLEN WIR NICHT WETTEN? ICH SAGTE, ES IST EIN FEINDLICHES SCHIFF! WIE VIEL SETZT IHR?!
HÄ?!
KNURPS KNURPS
WOMM!!
REVOLUTIONSARMEE VIZEKOMMANDANT DER NORD-ARMEE JIRON (UNTERGEBENER VON KARASU)
REVOLUTIONSARMEE VIZEKOMMANDANT DER SÜD-ARMEE GAMBO (UNTERGEBENER VON LINDBERGH)
REVOLUTIONSARMEE VIZEKOMMANDANTIN DER OST-ARMEE AHIRU (UNTERGEBENE VON BELO BETTY)
REVOLUTIONSARMEE VIZEKOMMANDANT DER WEST-ARMEE USHIANO (UNTERGEBENER VON MORLEY)

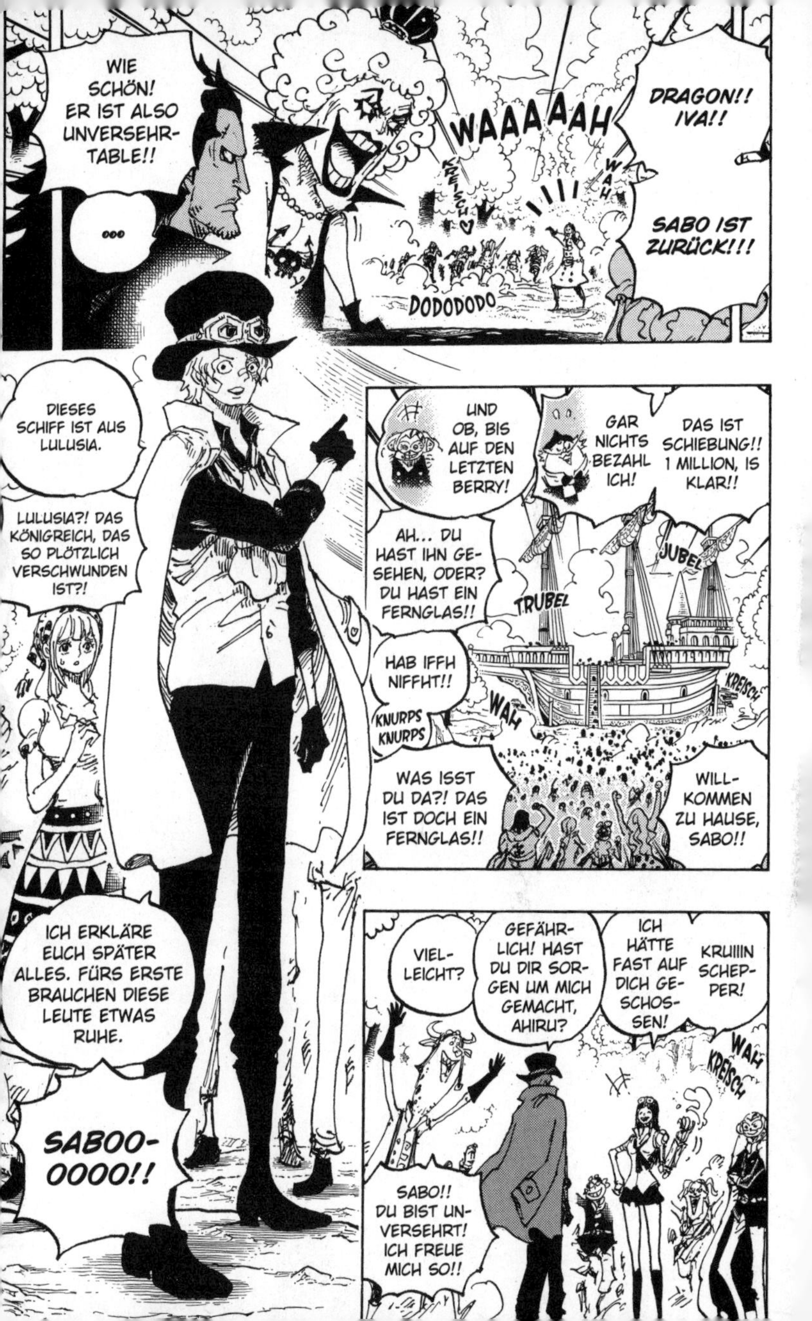
DRAGON!! IVA!!
SABO IST ZURÜCK!!!
WAAAAAH
WAH
KREISCH ♡
DODODODO
WIE SCHÖN! ER IST ALSO UNVERSEHRTABLE!!
...
DAS IST SCHIEBUNG!! 1 MILLION, IS KLAR!!
GAR NICHTS BEZAHL ICH!
UND OB, BIS AUF DEN LETZTEN BERRY!
AH... DU HAST IHN GESEHEN, ODER? DU HAST EIN FERNGLAS!!
JUBEL
TRUBEL
HAB IFFH NIFFHT!!
KNURPS KNURPS
WAH
KREISCH
WILLKOMMEN ZU HAUSE, SABO!!
WAS ISST DU DA?! DAS IST DOCH EIN FERNGLAS!!
KRUIIIN SCHEPPER!
ICH HÄTTE FAST AUF DICH GESCHOSSEN!
GEFÄHRLICH! HAST DU DIR SORGEN UM MICH GEMACHT, AHIRU?
VIELLEICHT?
WAH
KREISCH
SABO!! DU BIST UNVERSEHRT! ICH FREUE MICH SO!!
DIESES SCHIFF IST AUS LULUSIA.
LULUSIA?! DAS KÖNIGREICH, DAS SO PLÖTZLICH VERSCHWUNDEN IST?!
ICH ERKLÄRE EUCH SPÄTER ALLES. FÜRS ERSTE BRAUCHEN DIESE LEUTE ETWAS RUHE.
SABOO-OOOO!!

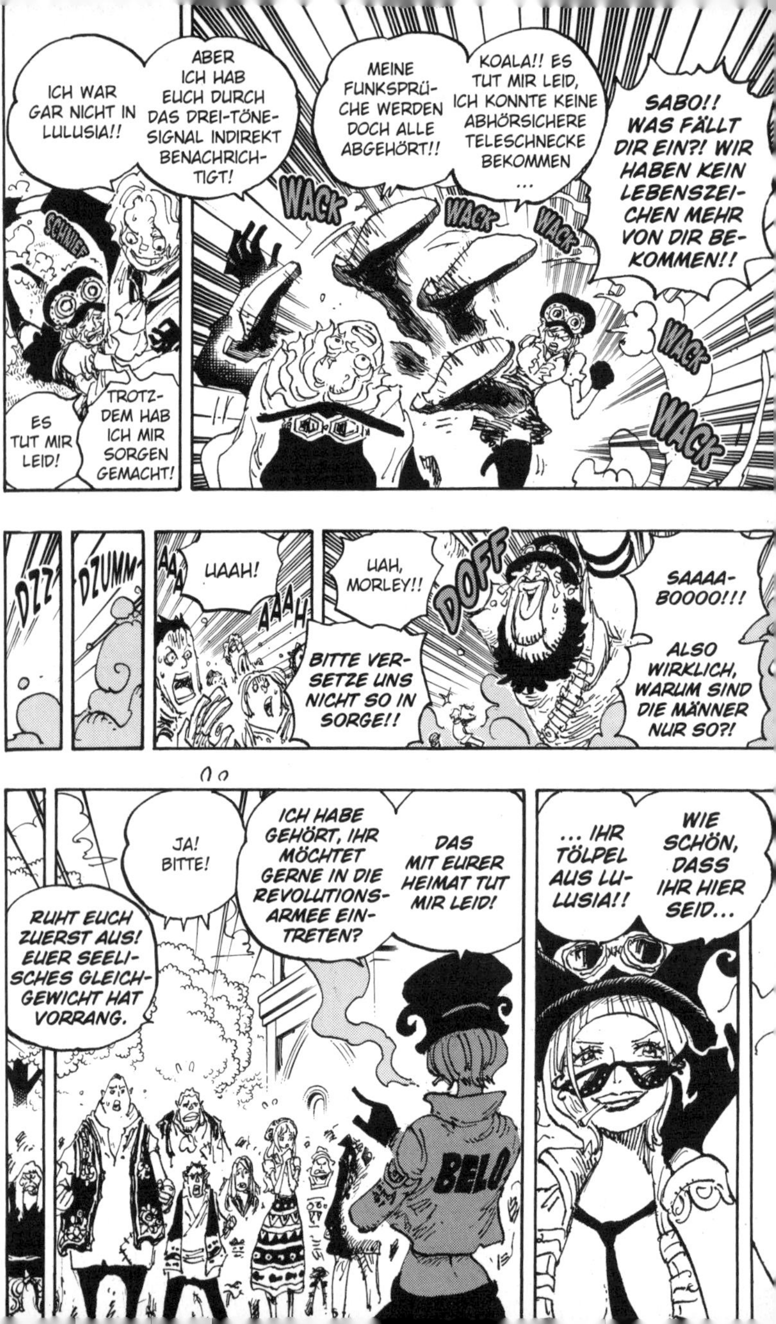
SABO!! WAS FÄLLT DIR EIN?! WIR HABEN KEIN LEBENSZEICHEN MEHR VON DIR BEKOMMEN!!
KOALA!! ES TUT MIR LEID, ICH KONNTE KEINE ABHÖRSICHERE TELESCHNECKE BEKOMMEN …
MEINE FUNKSPRÜCHE WERDEN DOCH ALLE ABGEHÖRT!!
WACK
WACK
WACK
WACK
WACK
ABER ICH HAB EUCH DURCH DAS DREI-TÖNE-SIGNAL INDIREKT BENACHRICHTIGT!
ICH WAR GAR NICHT IN LULUSIA!!
SCHNIEF
TROTZDEM HAB ICH MIR SORGEN GEMACHT!
ES TUT MIR LEID!
SAAAA-BOOOO!!!
ALSO WIRKLICH, WARUM SIND DIE MÄNNER NUR SO?!
DOFF
UAH, MORLEY!!
BITTE VERSETZE UNS NICHT SO IN SORGE!!
UAAH!
AAAH
AAA
DZUMM
DZZ
WIE SCHÖN, DASS IHR HIER SEID…
… IHR TÖLPEL AUS LULUSIA!!
DAS MIT EURER HEIMAT TUT MIR LEID!
ICH HABE GEHÖRT, IHR MÖCHTET GERNE IN DIE REVOLUTIONSARMEE EINTRETEN?
JA! BITTE!
RUHT EUCH ZUERST AUS! EUER SEELISCHES GLEICHGEWICHT HAT VORRANG.
BELO

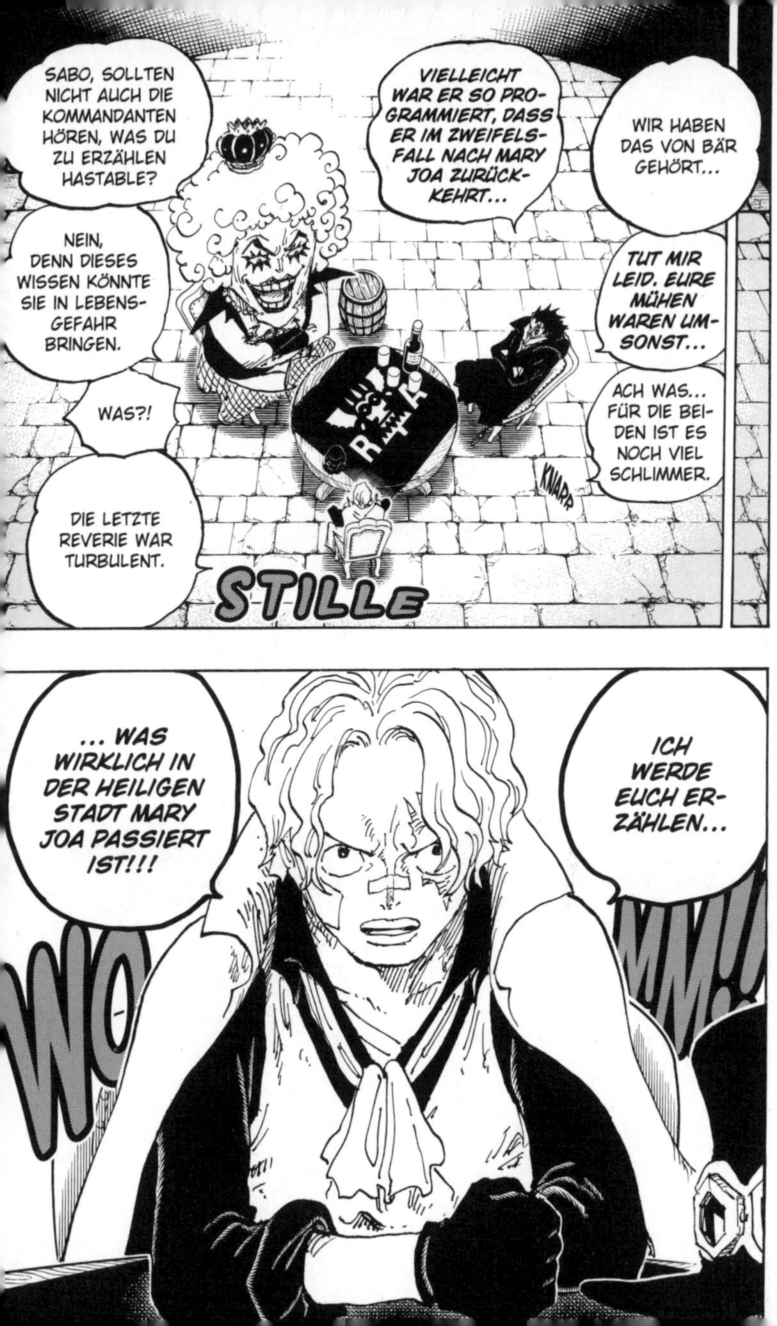
WIR HABEN DAS VON BÄR GEHÖRT…
VIELLEICHT WAR ER SO PROGRAMMIERT, DASS ER IM ZWEIFELSFALL NACH MARY JOA ZURÜCKKEHRT…
SABO, SOLLTEN NICHT AUCH DIE KOMMANDANTEN HÖREN, WAS DU ZU ERZÄHLEN HASTABLE?
NEIN, DENN DIESES WISSEN KÖNNTE SIE IN LEBENSGEFAHR BRINGEN.
TUT MIR LEID. EURE MÜHEN WAREN UMSONST…
ACH WAS… FÜR DIE BEIDEN IST ES NOCH VIEL SCHLIMMER.
WAS?!
KNARR
DIE LETZTE REVERIE WAR TURBULENT.
STILLE
ICH WERDE EUCH ERZÄHLEN…
… WAS WIRKLICH IN DER HEILIGEN STADT MARY JOA PASSIERT IST!!!

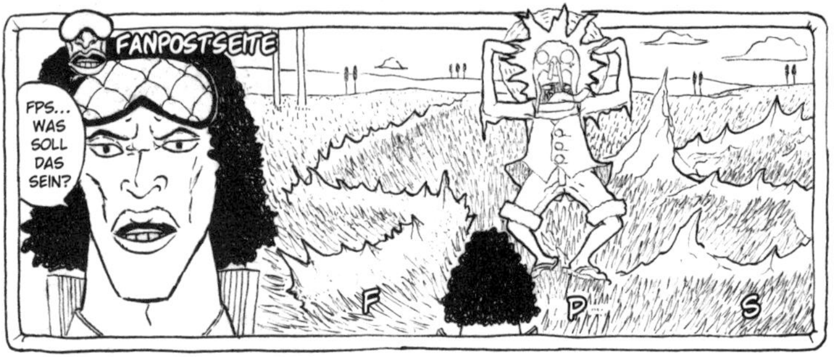

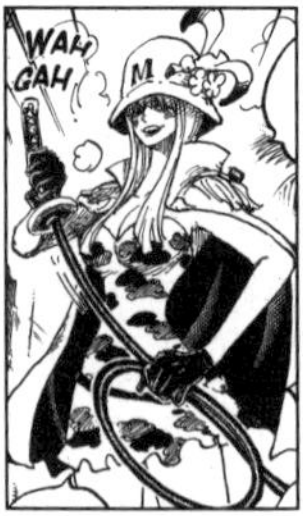

L: EIN WORT ZU ODA-SENSEI. WIESO HABEN SIE EINEN CHARAKTER WIE KUJAKU ERSCHAFFEN?! DAS WIRD DOCH NUR WIEDER PERVERSE WIE DIESEN SANADA ANLOCKEN!! DABEI MAG ICH EINE GESITTETE FPS!!
PSEUDONYM: GUMMIFEUERFRUCHT

O: KUJAKU LOCKT KEINE PERVERSEN AN, KEINE SORGE! ICH HABE KEINE POSTKARTE VON SANADA ENTDECKT! DER FRIEDE IST EINGEKEHRT IN DER FPS!! SCHLUCHZ

L: BITTE VERRATEN SIE MIR DEN NAMEN VON KUJAKUS PEITSCHE.
PSEUDONYM: KEI

O: HMMHMM, WARTE MAL KURZ, DA GAB ES DOCH NOCH EINE FRAGE ZUR PEITSCHE...

L: ICH FRAGE MICH, AUS WELCHEM MATERIAL KUJAKUS GELIEBTE PEITSCHE BESTEHT. ***WENN MÖGLICH, WÜRDE ICH MICH AUCH GERNE VON IHR DRESSIEREN LASSEN.***
PSEUDONYM: OP-KONTEMPLATIONSKLUB

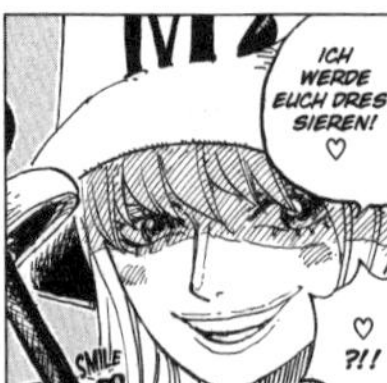

L: GUTEN TAG ODA-CHI!! ES RIECHT GANZ DANACH, ALS HÄTTE KONTERADMIRALIN KUJAKU VON DER PEITSCHENFRUCHT GEGESSEN UND HÄTTE DADURCH EINEN ECHTEN KILLERBODY BEKOMMEN. ***ICH MÖCHTE BITTE AUCH DRESSIERT WERDEN.***
PSEUDONYM: TOMAN

O: ***ÄHM, SEID IHR BESCHEUERT?!*** OBWOHL SANADA NICHT DA IST, HABEN SICH WIRKLICH LAUTER PERVERSE VERSAMMELT, DIE GERNE AUSGEPEITSCHT WERDEN WOLLEN!! PASST MAL AUF, JUNGS, SO EINE PEITSCHE IST ECHT GEFÄHRLICH!! INSBESONDERE KUJAKUS PEITSCHE "BEETHOVEN", DIE STAHL ENTHÄLT UND SOGAR STEIN UND SO WEITER ZERTEILEN KANN. ACH, LASST EUCH EINFACH DRESSIEREN, IHR WEIRDOS!!

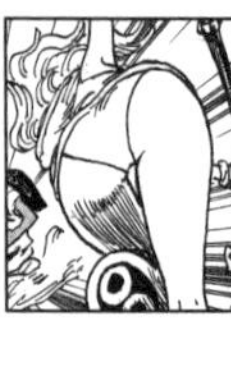

L: SIE SAGTEN, DASS SIE SICH DAMIT BESCHÄFTIGT HABEN, WIE MAN SEXY POS ZEICHNET, ABER DABEI GEHT ES NUR UM WEIBLICHE POS, NICHT WAHR? WAS BITTE IST MIT DENEN DER MÄNNLICHEN CHARAKTERE?! ***HALLO?!***
PSEUDONYM: BITTE ZEICHNE LAW BEIM DUSCHEN

O: ***MAN SETZT MICH UNTER DRUCK, MÄNNLICHE POS ZU ZEICHNEN!!***

L: FÜR SO WAS IST DIE FPS DA.
PSEUDONYM: YUTAN

O: ***IST SIE NICHT!!!***

1083. Kapitel:
Die Wahrheit jenes Tages

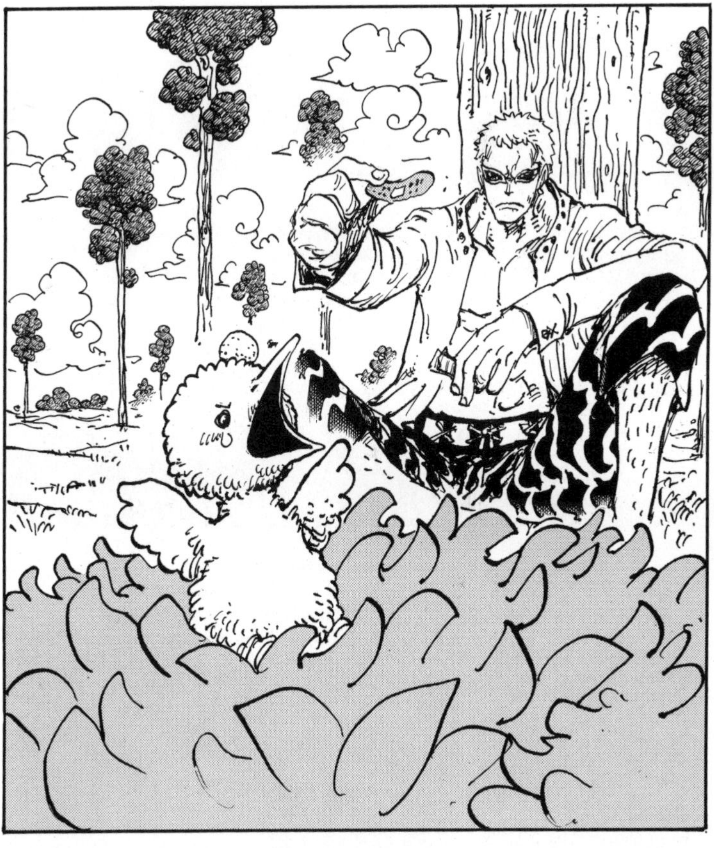

Wunsch-Titelbild „De Flamingo gibt einem aus dem Nest gefallenen Vogeljungen seinen Umhang als Nestersatz“ Pseudonym: Mikuro

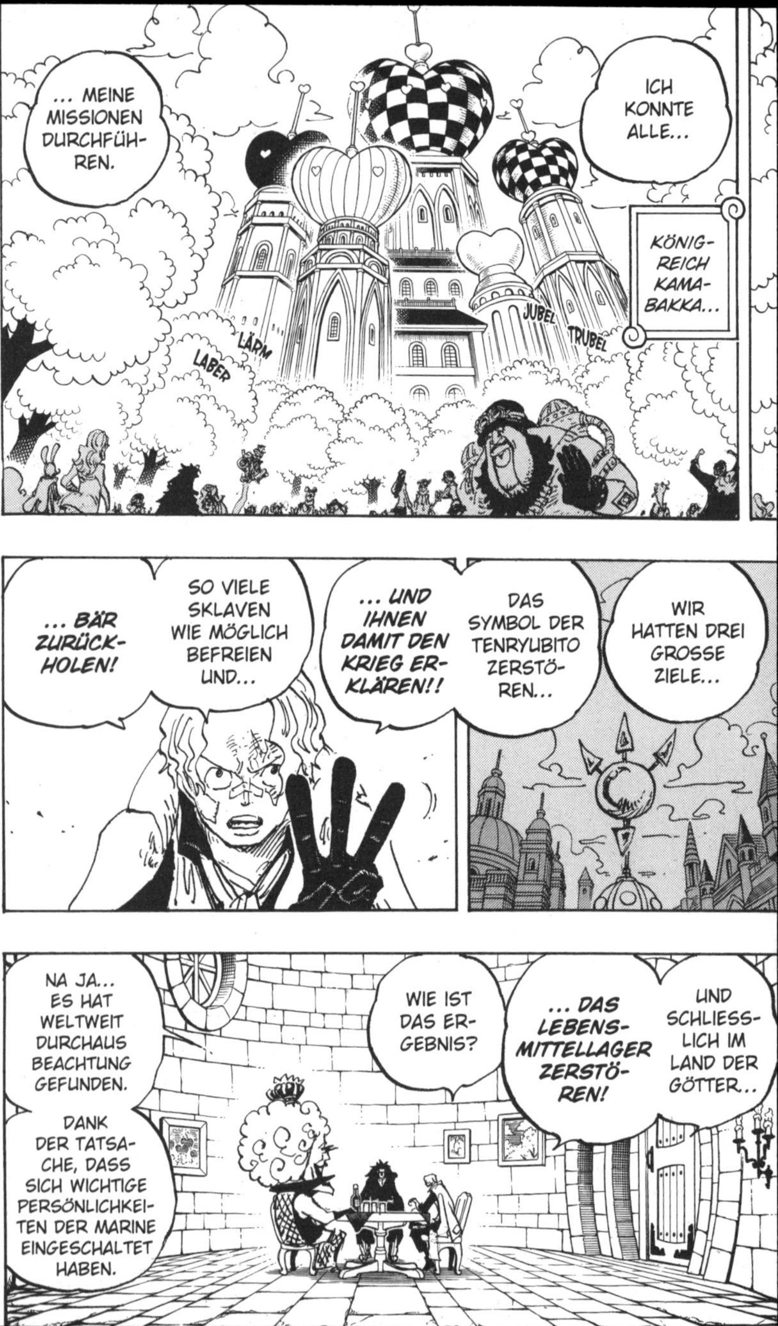
ICH KONNTE ALLE...
KÖNIGREICH KAMABAKKA...
... MEINE MISSIONEN DURCHFÜHREN.
JUBEL
TRUBEL
LÄRM
LABER
WIR HATTEN DREI GROSSE ZIELE...
DAS SYMBOL DER TENRYUBITO ZERSTÖREN...
... UND IHNEN DAMIT DEN KRIEG ERKLÄREN!!
SO VIELE SKLAVEN WIE MÖGLICH BEFREIEN UND...
... BÄR ZURÜCKHOLEN!
UND SCHLIESSLICH IM LAND DER GÖTTER...
... DAS LEBENSMITTELLAGER ZERSTÖREN!
WIE IST DAS ERGEBNIS?
NA JA... ES HAT WELTWEIT DURCHAUS BEACHTUNG GEFUNDEN.
DANK DER TATSACHE, DASS SICH WICHTIGE PERSÖNLICHKEITEN DER MARINE EINGESCHALTET HABEN.

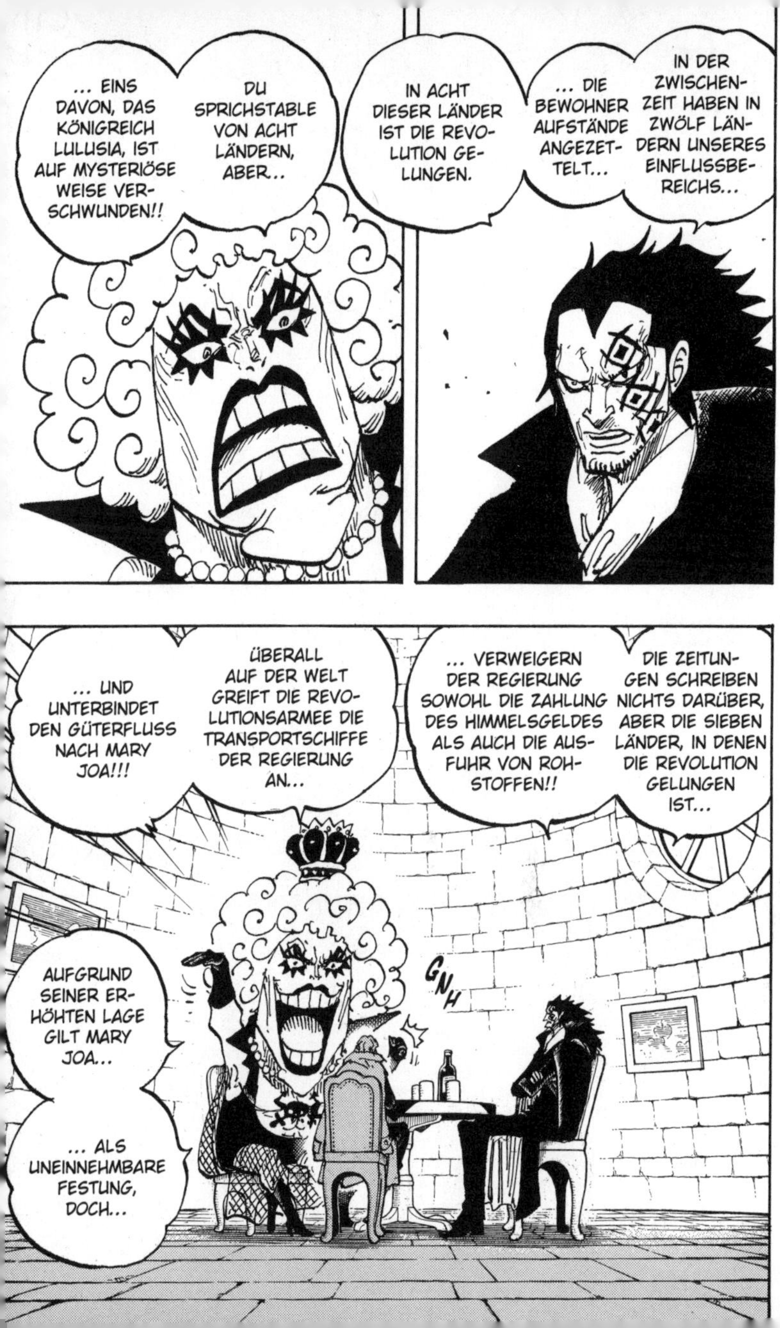
IN DER ZWISCHENZEIT HABEN IN ZWÖLF LÄNDERN UNSERES EINFLUSSBEREICHS...
... DIE BEWOHNER AUFSTÄNDE ANGEZETTELT...
IN ACHT DIESER LÄNDER IST DIE REVOLUTION GELUNGEN.
DU SPRICHSTABLE VON ACHT LÄNDERN, ABER...
... EINS DAVON, DAS KÖNIGREICH LULUSIA, IST AUF MYSTERIÖSE WEISE VERSCHWUNDEN!!
DIE ZEITUNGEN SCHREIBEN NICHTS DARÜBER, ABER DIE SIEBEN LÄNDER, IN DENEN DIE REVOLUTION GELUNGEN IST...
... VERWEIGERN DER REGIERUNG SOWOHL DIE ZAHLUNG DES HIMMELSGELDES ALS AUCH DIE AUSFUHR VON ROHSTOFFEN!!
ÜBERALL AUF DER WELT GREIFT DIE REVOLUTIONSARMEE DIE TRANSPORTSCHIFFE DER REGIERUNG AN...
... UND UNTERBINDET DEN GÜTERFLUSS NACH MARY JOA!!!
GNH
AUFGRUND SEINER ERHÖHTEN LAGE GILT MARY JOA...
... ALS UNEINNEHMBARE FESTUNG, DOCH...

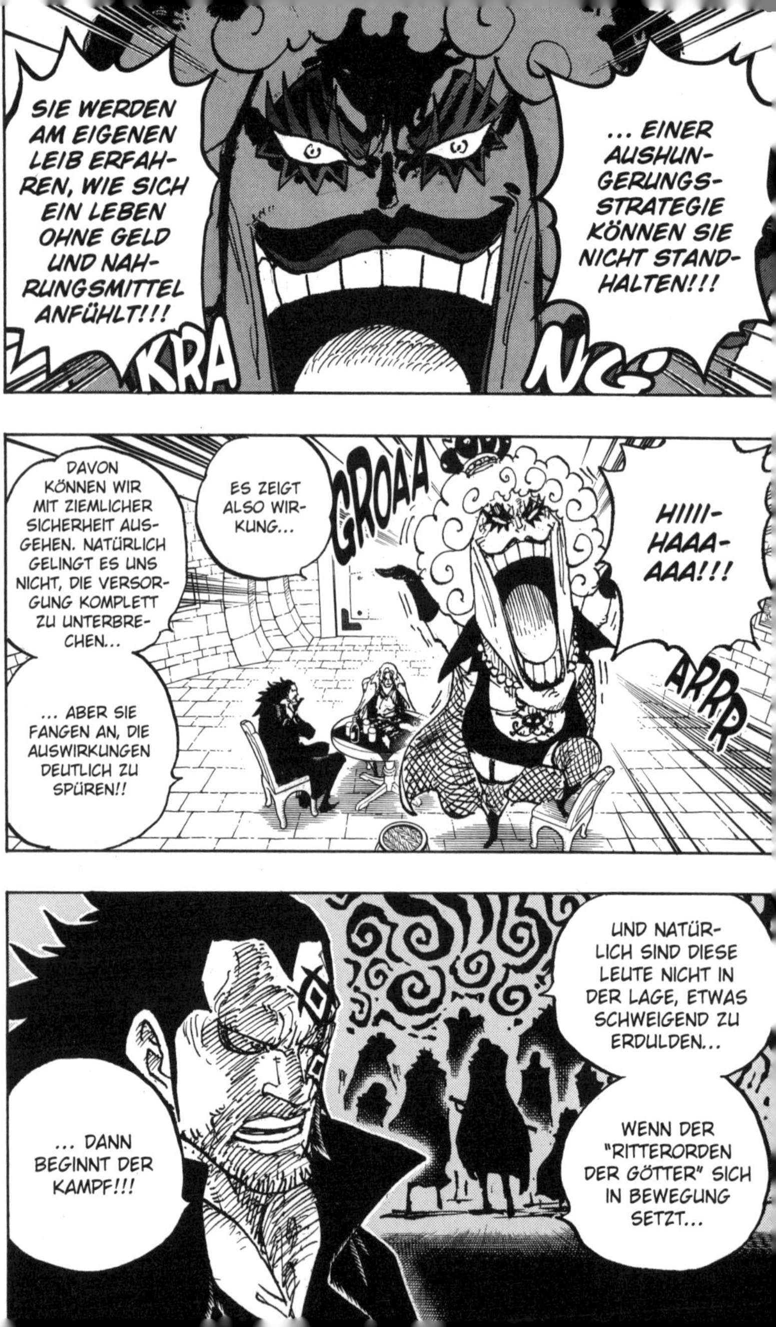
SIE WERDEN AM EIGENEN LEIB ERFAHREN, WIE SICH EIN LEBEN OHNE GELD UND NAHRUNGSMITTEL ANFÜHLT!!!
... EINER AUSHUNGERUNGSSTRATEGIE KÖNNEN SIE NICHT STANDHALTEN!!!
KRA
NG
ES ZEIGT ALSO WIRKUNG...
DAVON KÖNNEN WIR MIT ZIEMLICHER SICHERHEIT AUSGEHEN. NATÜRLICH GELINGT ES UNS NICHT, DIE VERSORGUNG KOMPLETT ZU UNTERBRECHEN...
... ABER SIE FANGEN AN, DIE AUSWIRKUNGEN DEUTLICH ZU SPÜREN!!
GROAA
HIIII-HAAA-AAA!!!
ARRR
UND NATÜRLICH SIND DIESE LEUTE NICHT IN DER LAGE, ETWAS SCHWEIGEND ZU ERDULDEN...
WENN DER "RITTERORDEN DER GÖTTER" SICH IN BEWEGUNG SETZT...
... DANN BEGINNT DER KAMPF!!!

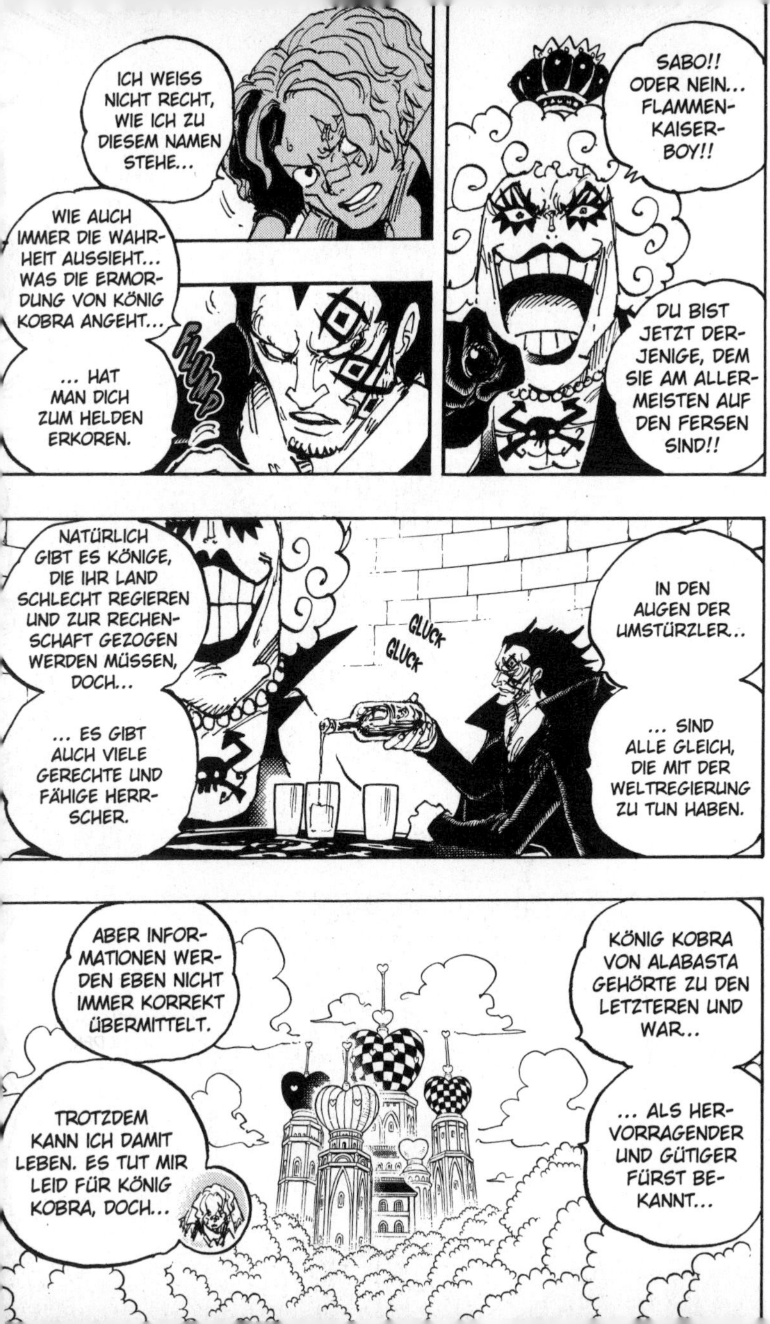
SABO!! ODER NEIN... FLAMMEN-KAISER-BOY!!
DU BIST JETZT DER-JENIGE, DEM SIE AM ALLER-MEISTEN AUF DEN FERSEN SIND!!
ICH WEISS NICHT RECHT, WIE ICH ZU DIESEM NAMEN STEHE...
WIE AUCH IMMER DIE WAHR-HEIT AUSSIEHT... WAS DIE ERMOR-DUNG VON KÖNIG KOBRA ANGEHT...
... HAT MAN DICH ZUM HELDEN ERKOREN.
FLUMP
IN DEN AUGEN DER UMSTÜRZLER...
... SIND ALLE GLEICH, DIE MIT DER WELTREGIERUNG ZU TUN HABEN.
GLUCK GLUCK
NATÜRLICH GIBT ES KÖNIGE, DIE IHR LAND SCHLECHT REGIEREN UND ZUR RECHEN-SCHAFT GEZOGEN WERDEN MÜSSEN, DOCH...
... ES GIBT AUCH VIELE GERECHTE UND FÄHIGE HERR-SCHER.
KÖNIG KOBRA VON ALABASTA GEHÖRTE ZU DEN LETZTEREN UND WAR...
... ALS HER-VORRAGENDER UND GÜTIGER FÜRST BE-KANNT...
ABER INFOR-MATIONEN WER-DEN EBEN NICHT IMMER KORREKT ÜBERMITTELT.
TROTZDEM KANN ICH DAMIT LEBEN. ES TUT MIR LEID FÜR KÖNIG KOBRA, DOCH...

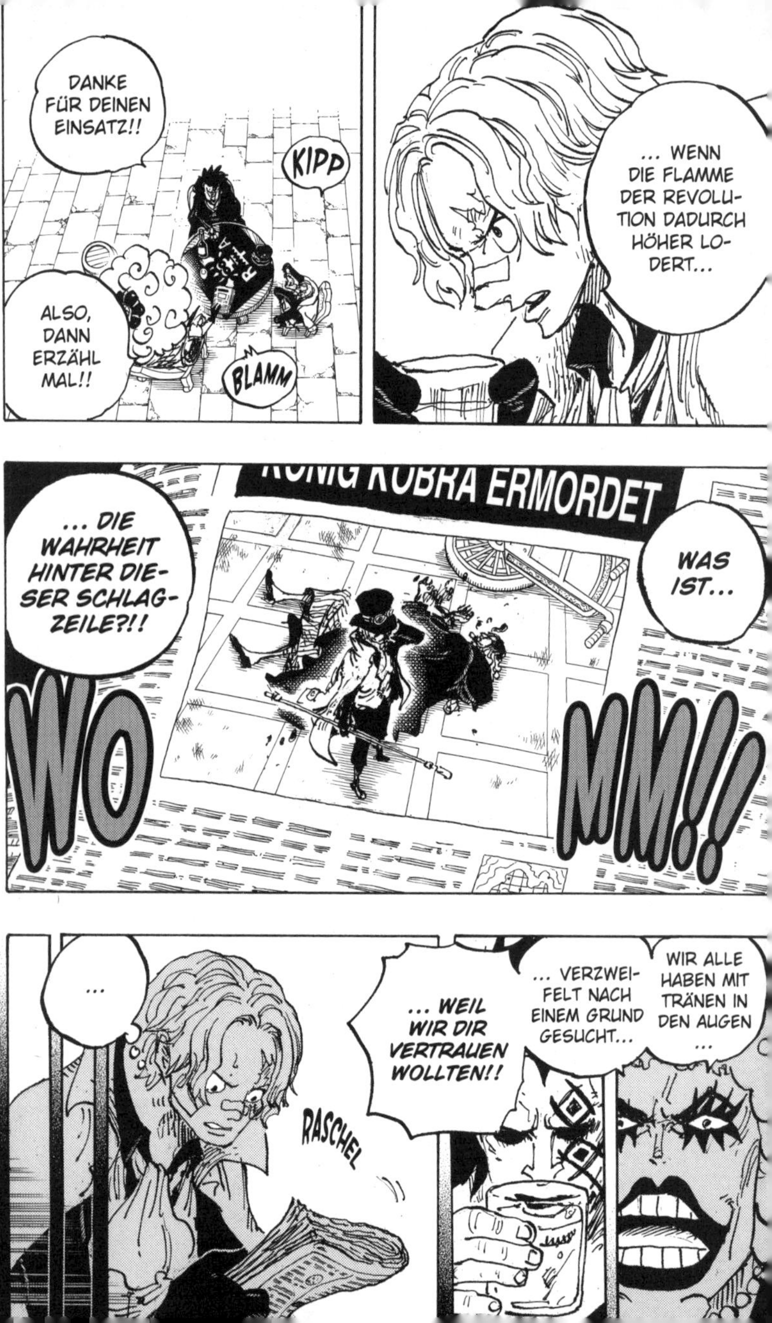
… WENN DIE FLAMME DER REVOLUTION DADURCH HÖHER LODERT…
DANKE FÜR DEINEN EINSATZ!!
KIPP
ALSO, DANN ERZÄHL MAL!!
BLAMM
WAS IST…
… DIE WAHRHEIT HINTER DIESER SCHLAGZEILE?!!
KÖNIG KOBRA ERMORDET
WOMM!!
WIR ALLE HABEN MIT TRÄNEN IN DEN AUGEN …
… VERZWEIFELT NACH EINEM GRUND GESUCHT…
… WEIL WIR DIR VERTRAUEN WOLLTEN!!
RASCHEL
…

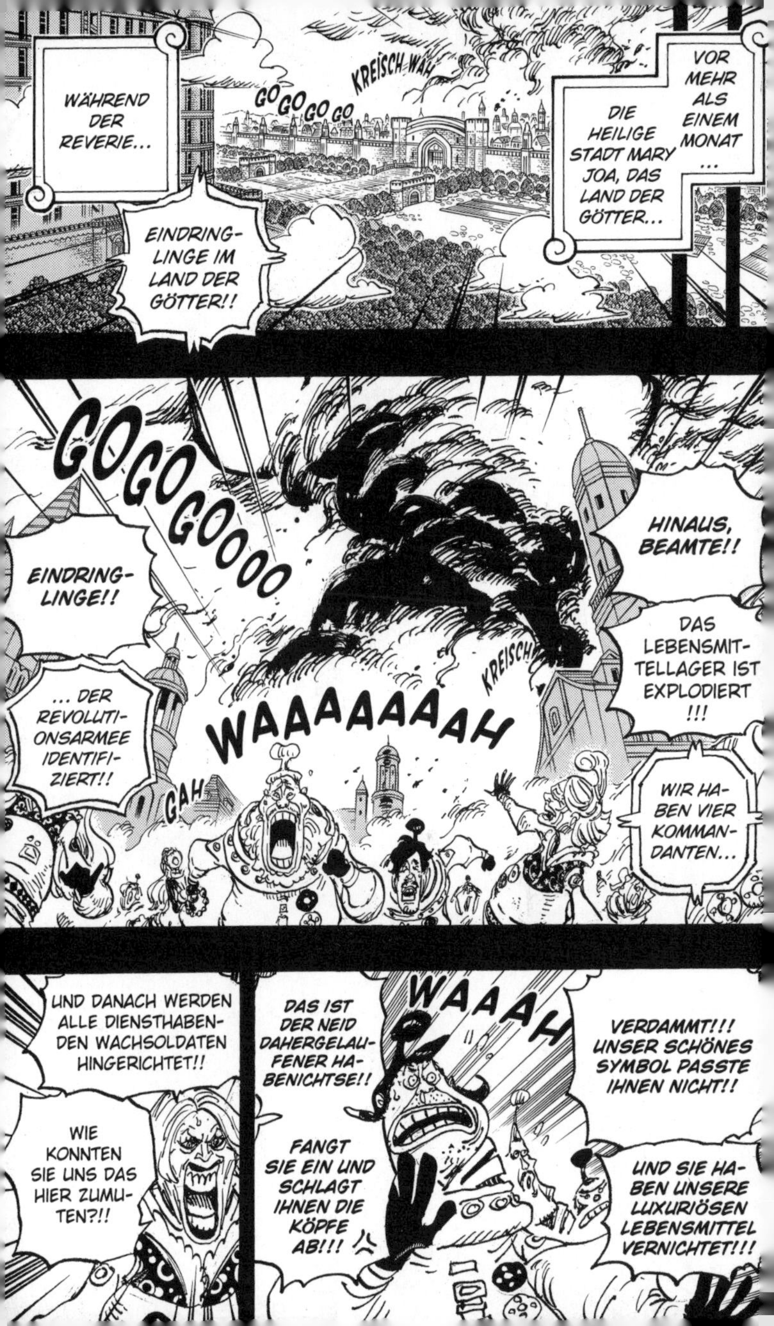
VOR MEHR ALS EINEM MONAT ...
DIE HEILIGE STADT MARY JOA, DAS LAND DER GÖTTER...
WÄHREND DER REVERIE...
KREISCH WAH
GO GO GO GO
EINDRING-LINGE IM LAND DER GÖTTER!!
HINAUS, BEAMTE!!
DAS LEBENSMIT-TELLAGER IST EXPLODIERT !!!
WIR HA-BEN VIER KOMMAN-DANTEN...
GOGOGOOOO
EINDRING-LINGE!!
... DER REVOLUTI-ONSARMEE IDENTIFI-ZIERT!!
KREISCH
WAAAAAAAH
GAH
VERDAMMT!!! UNSER SCHÖNES SYMBOL PASSTE IHNEN NICHT!!
UND SIE HA-BEN UNSERE LUXURIÖSEN LEBENSMITTEL VERNICHTET!!!
WAAAH
DAS IST DER NEID DAHERGELAU-FENER HA-BENICHTSE!!
FANGT SIE EIN UND SCHLAGT IHNEN DIE KÖPFE AB!!!
UND DANACH WERDEN ALLE DIENSTHABEN-DEN WACHSOLDATEN HINGERICHTET!!
WIE KONNTEN SIE UNS DAS HIER ZUMU-TEN?!!

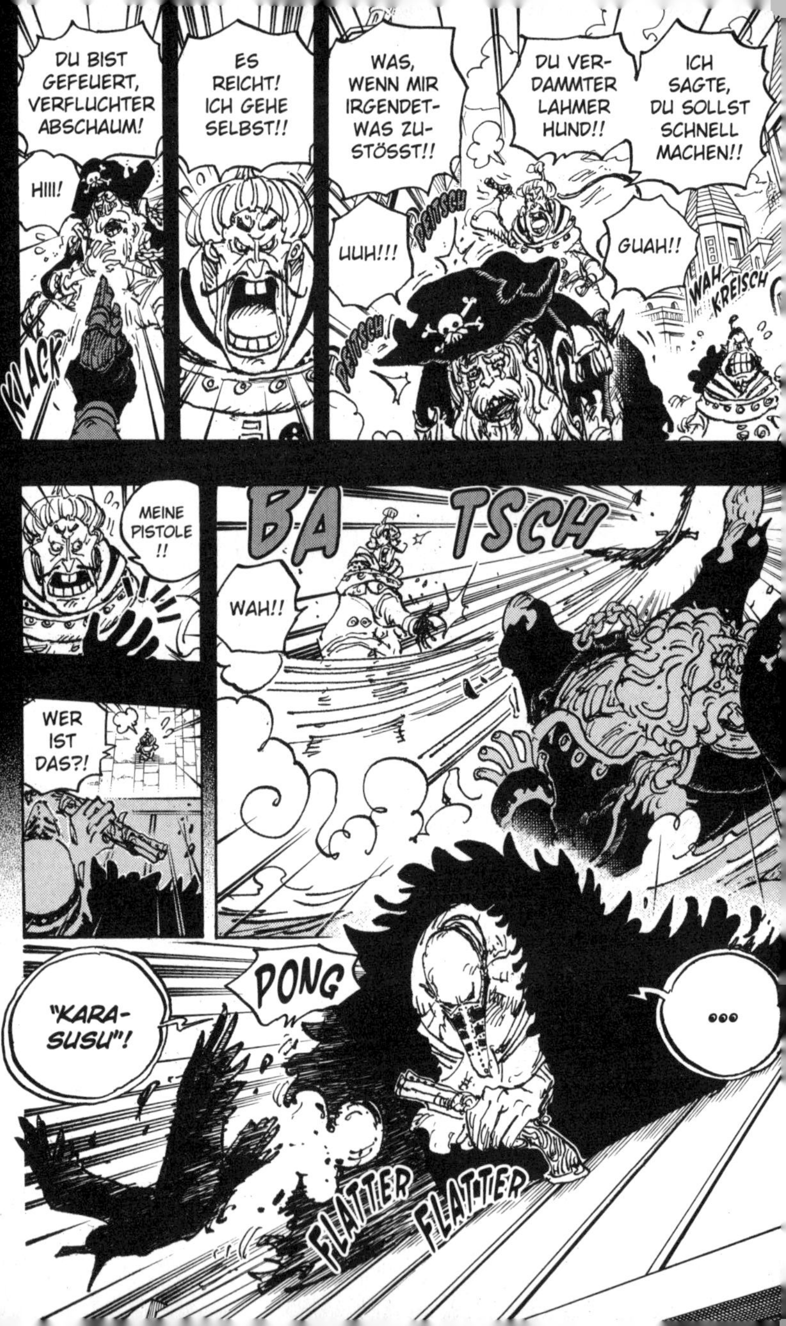

ICH SAGTE, DU SOLLST SCHNELL MACHEN!!
GUAH!!
WAH
KREISCH
DU VERDAMMTER LAHMER HUND!!
PEITSCH
UUH!!!
PEITSCH
WAS, WENN MIR IRGENDETWAS ZUSTÖSST!!
ES REICHT! ICH GEHE SELBST!!
DU BIST GEFEUERT, VERFLUCHTER ABSCHAUM!
HIII!
KLACK
BA TSCH
WAH!!
MEINE PISTOLE !!
WER IST DAS?!
...
PONG
"KARA-SUSU"!
FLATTER
FLATTER

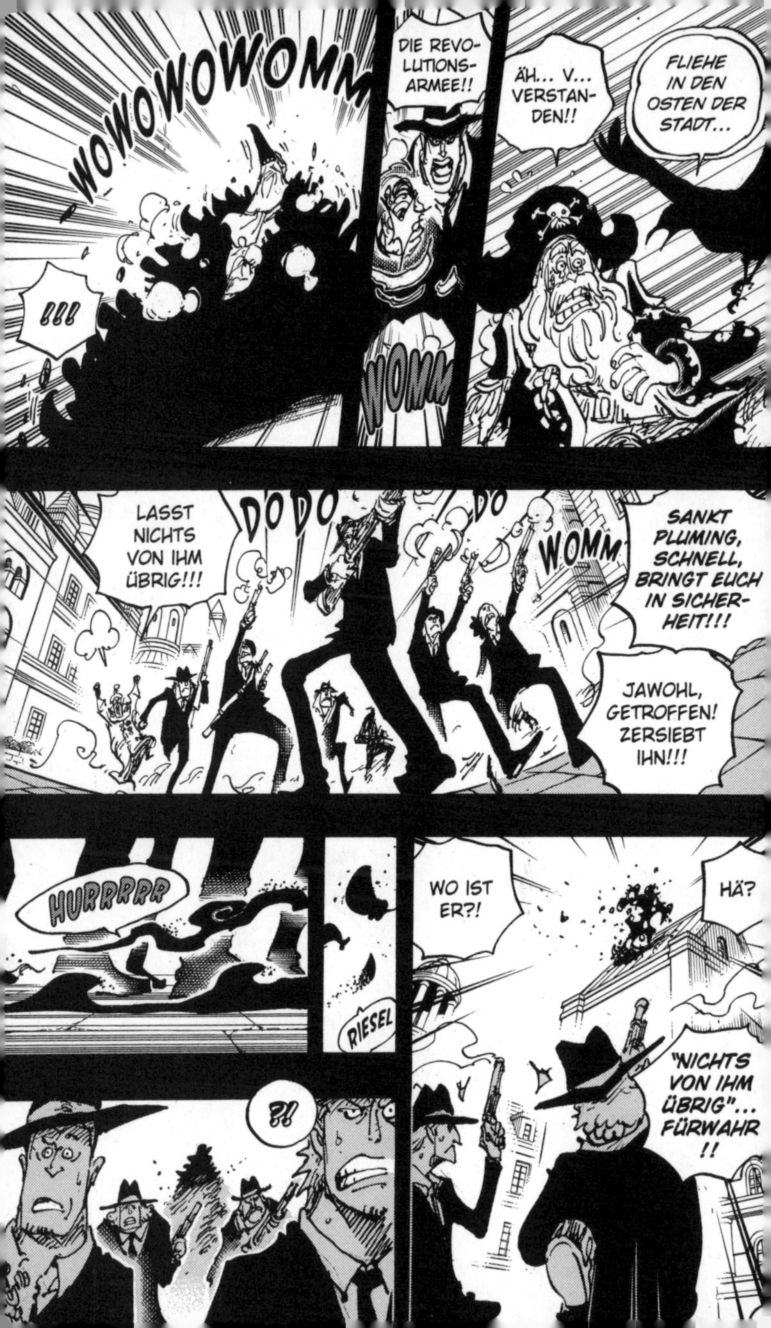
FLIEHE IN DEN OSTEN DER STADT...
ÄH... V... VERSTANDEN!!
DIE REVOLUTIONSARMEE!!
WOMM
WOWOWOWOWOMM
!!!
SANKT PLUMING, SCHNELL, BRINGT EUCH IN SICHERHEIT!!!
JAWOHL, GETROFFEN! ZERSIEBT IHN!!!
WOMM
DO
DODO
LASST NICHTS VON IHM ÜBRIG!!!
HÄ?
WO IST ER?!
"NICHTS VON IHM ÜBRIG"... FÜRWAHR!!
RIESEL
HURRRRR
?!

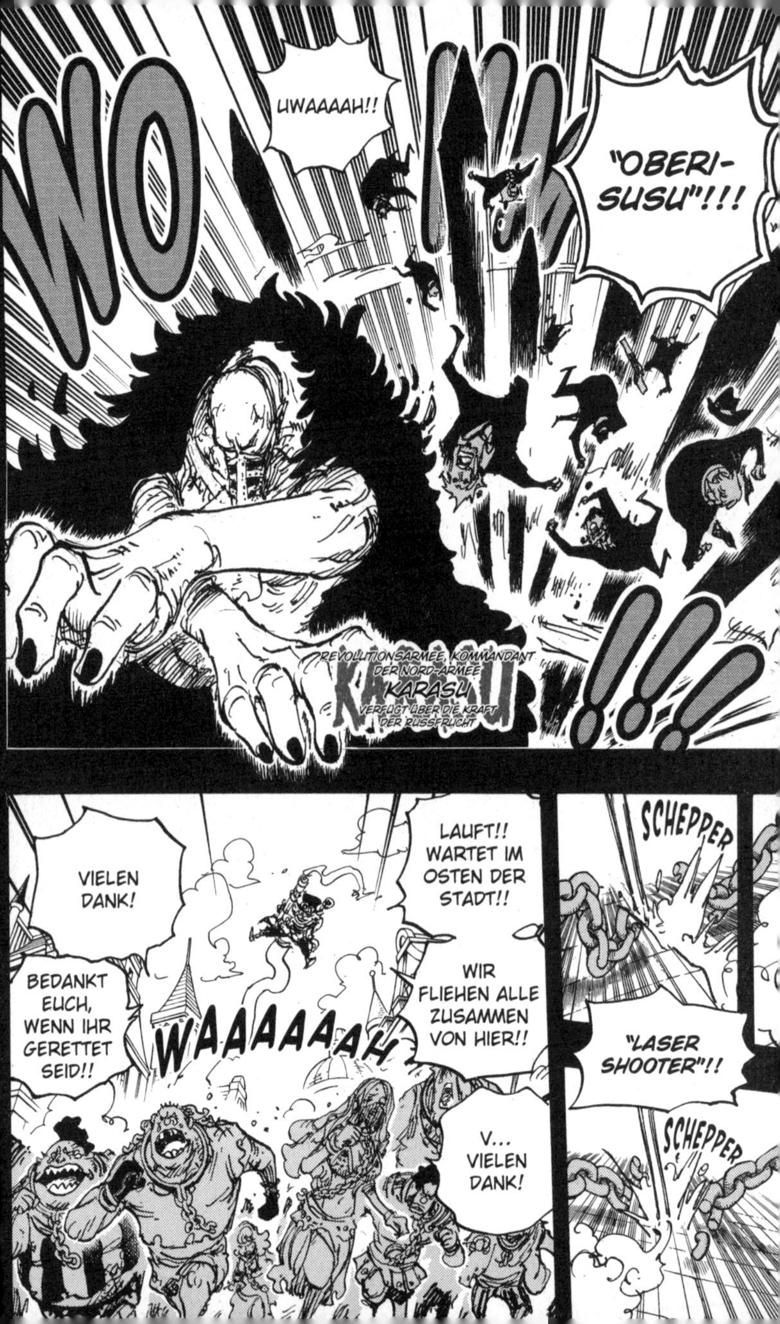
"OBERI-SUSU"!!!
UWAAAAH!!
WO
REVOLUTIONSARMEE, KOMMANDANT DER NORD-ARMEE
KARASU
VERFÜGT ÜBER DIE KRAFT DER RUSSFRUCHT
SCHEPPER
"LASER SHOOTER"!!
SCHEPPER
LAUFT!! WARTET IM OSTEN DER STADT!!
VIELEN DANK!
WIR FLIEHEN ALLE ZUSAMMEN VON HIER!!
BEDANKT EUCH, WENN IHR GERETTET SEID!!
WAAAAAAAH
V... VIELEN DANK!

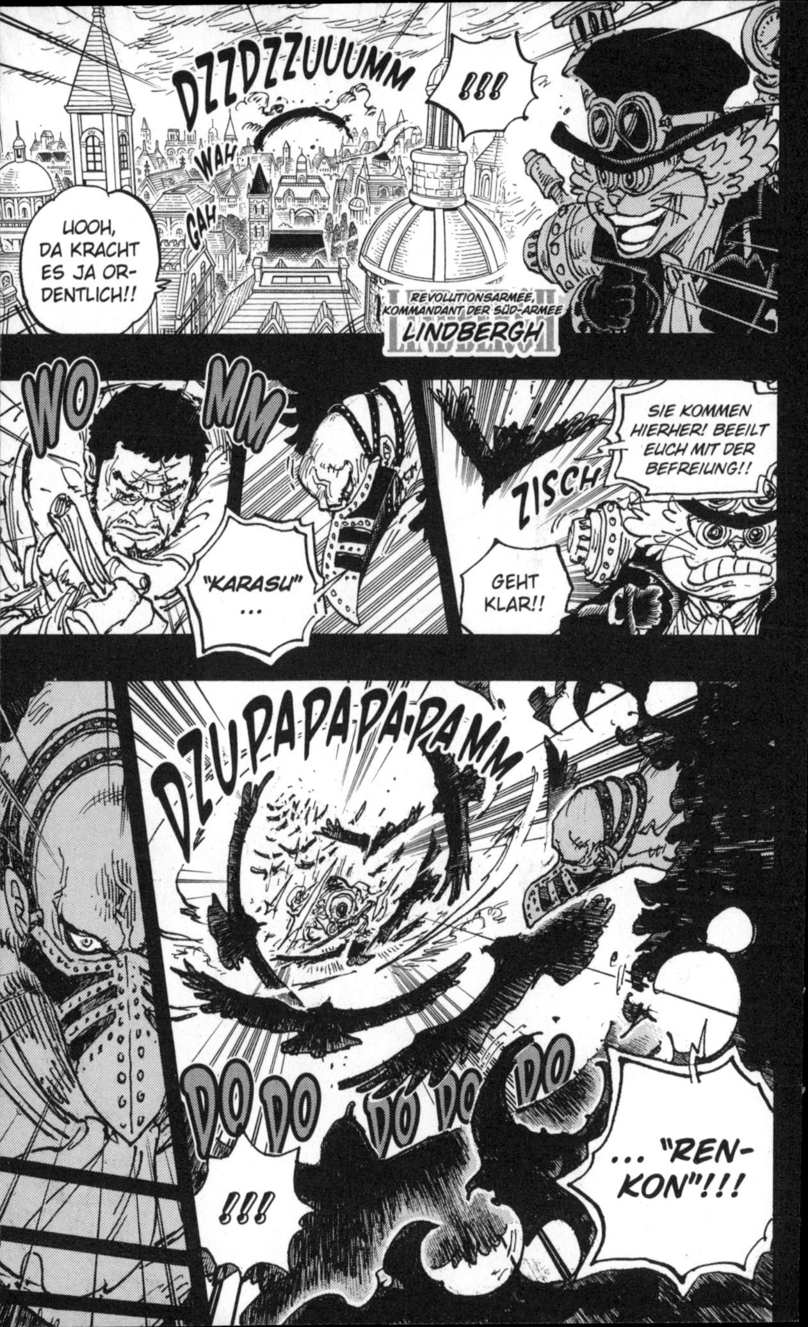

!!!
DZZZDZZUUUMM
WAH
GAH
UOOH, DA KRACHT ES JA ORDENTLICH!!
REVOLUTIONSARMEE, KOMMANDANT DER SÜD-ARMEE
LINDBERGH
SIE KOMMEN HIERHER! BEEILT EUCH MIT DER BEFREIUNG!!
ZISCH
GEHT KLAR!!
WO
MM
"KARASU" ...
DZU PA PA PA PA PAMM
... "REN-KON"!!!
DO DO DO DO DO
!!!

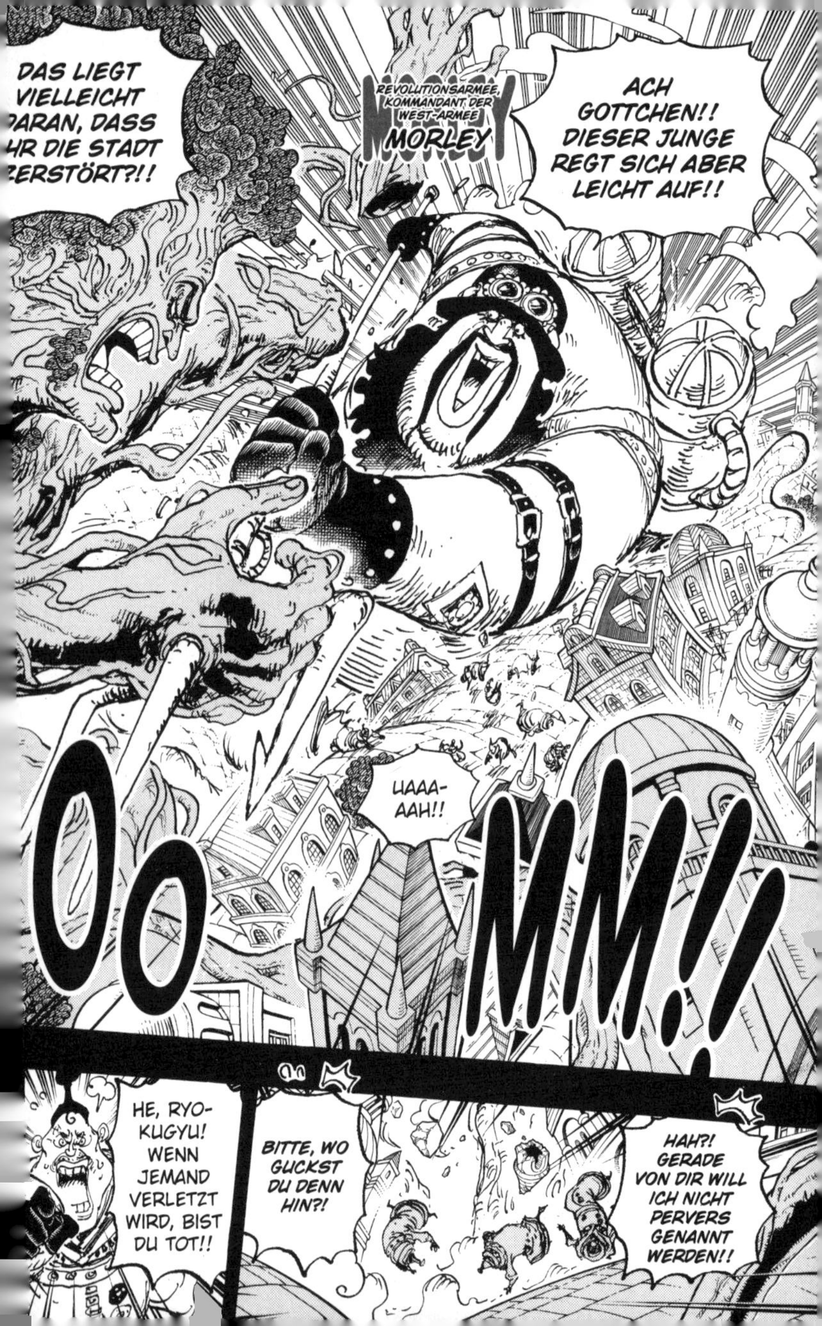
ACH GOTTCHEN!! DIESER JUNGE REGT SICH ABER LEICHT AUF!!
REVOLUTIONSARMEE, KOMMANDANT DER WEST-ARMEE
MORLEY
DAS LIEGT VIELLEICHT DARAN, DASS IHR DIE STADT ZERSTÖRT?!!
UAAA-AAH!!
OOMM!!
HAH?! GERADE VON DIR WILL ICH NICHT PERVERS GENANNT WERDEN!!
BITTE, WO GUCKST DU DENN HIN?!
HE, RYO-KUGYU! WENN JEMAND VERLETZT WIRD, BIST DU TOT!!

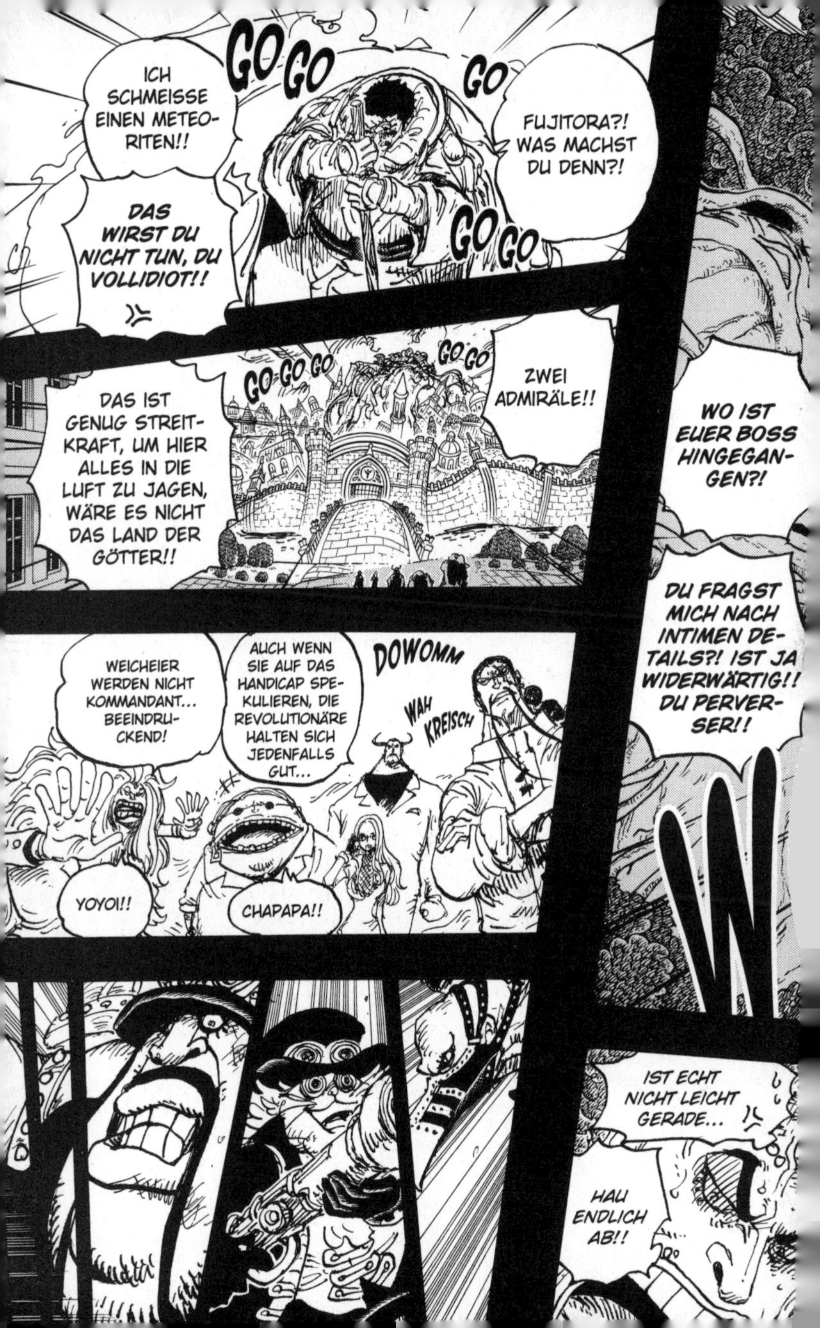
GO GO
GO
FUJITORA?! WAS MACHST DU DENN?!
ICH SCHMEISSE EINEN METEORITEN!!
GO GO
DAS WIRST DU NICHT TUN, DU VOLLIDIOT!!
WO IST EUER BOSS HINGEGANGEN?!
DU FRAGST MICH NACH INTIMEN DETAILS?! IST JA WIDERWÄRTIG!! DU PERVERSER!!
GO GO
GO GO GO
ZWEI ADMIRÄLE!!
DAS IST GENUG STREITKRAFT, UM HIER ALLES IN DIE LUFT ZU JAGEN, WÄRE ES NICHT DAS LAND DER GÖTTER!!
DOWOMM
WAH KREISCH
AUCH WENN SIE AUF DAS HANDICAP SPEKULIEREN, DIE REVOLUTIONÄRE HALTEN SICH JEDENFALLS GUT...
WEICHEIER WERDEN NICHT KOMMANDANT... BEEINDRUCKEND!
CHAPAPA!!
YOYOI!!
IST ECHT NICHT LEICHT GERADE...
HAU ENDLICH AB!!

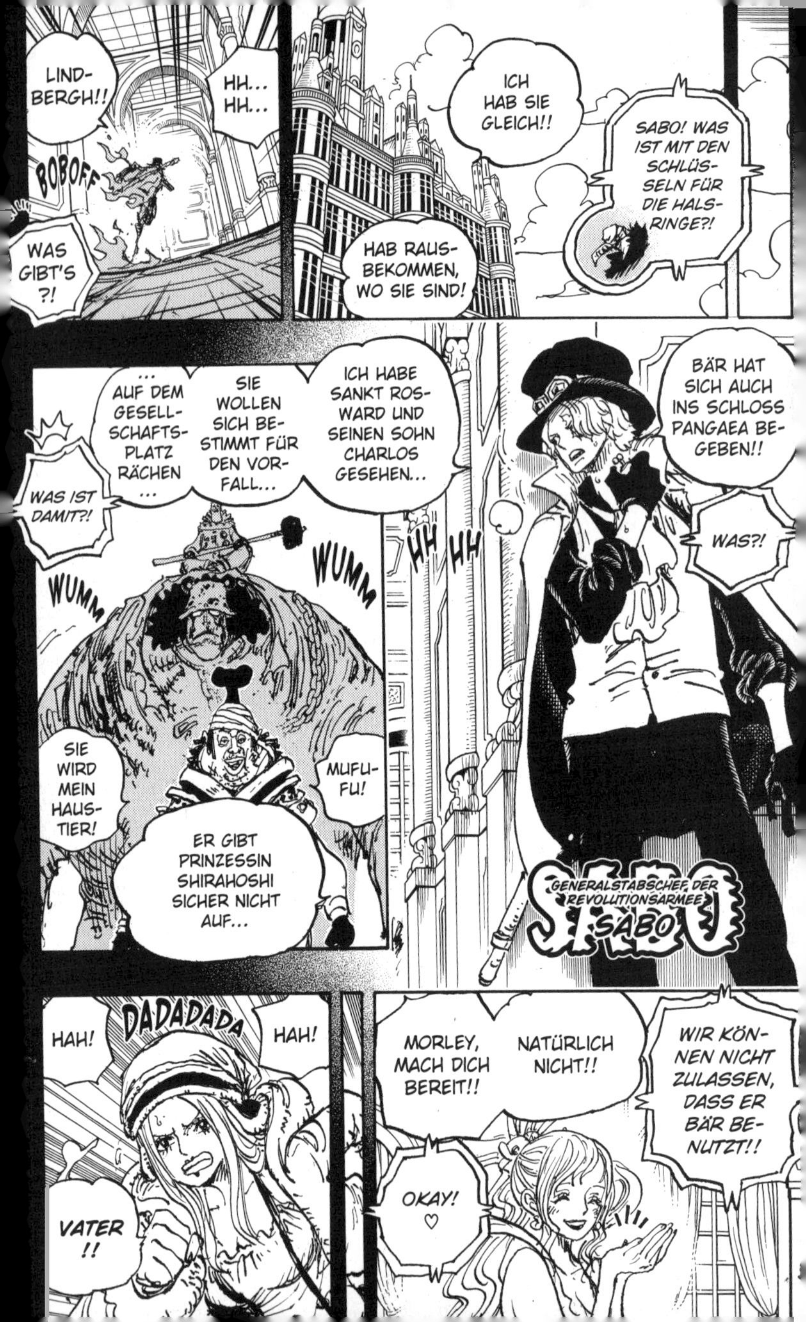
ICH HAB SIE GLEICH!!
SABO! WAS IST MIT DEN SCHLÜSSELN FÜR DIE HALSRINGE?!
HAB RAUSBEKOMMEN, WO SIE SIND!
LINDBERGH!!
HH... HH...
BOBOFF
WAS GIBT'S ?!
BÄR HAT SICH AUCH INS SCHLOSS PANGAEA BEGEBEN!!
WAS?!
HH HH
GENERALSTABSCHEF DER REVOLUTIONSARMEE
SABO
ICH HABE SANKT ROSWARD UND SEINEN SOHN CHARLOS GESEHEN...
SIE WOLLEN SICH BESTIMMT FÜR DEN VORFALL...
... AUF DEM GESELLSCHAFTSPLATZ RÄCHEN ...
WAS IST DAMIT?!
WUMM
WUMM
MUFUFU!
SIE WIRD MEIN HAUSTIER!
ER GIBT PRINZESSIN SHIRAHOSHI SICHER NICHT AUF...
WIR KÖNNEN NICHT ZULASSEN, DASS ER BÄR BENUTZT!!
NATÜRLICH NICHT!!
MORLEY, MACH DICH BEREIT!!
OKAY! ♡
HAH!
DADADADA
HAH!
VATER!!

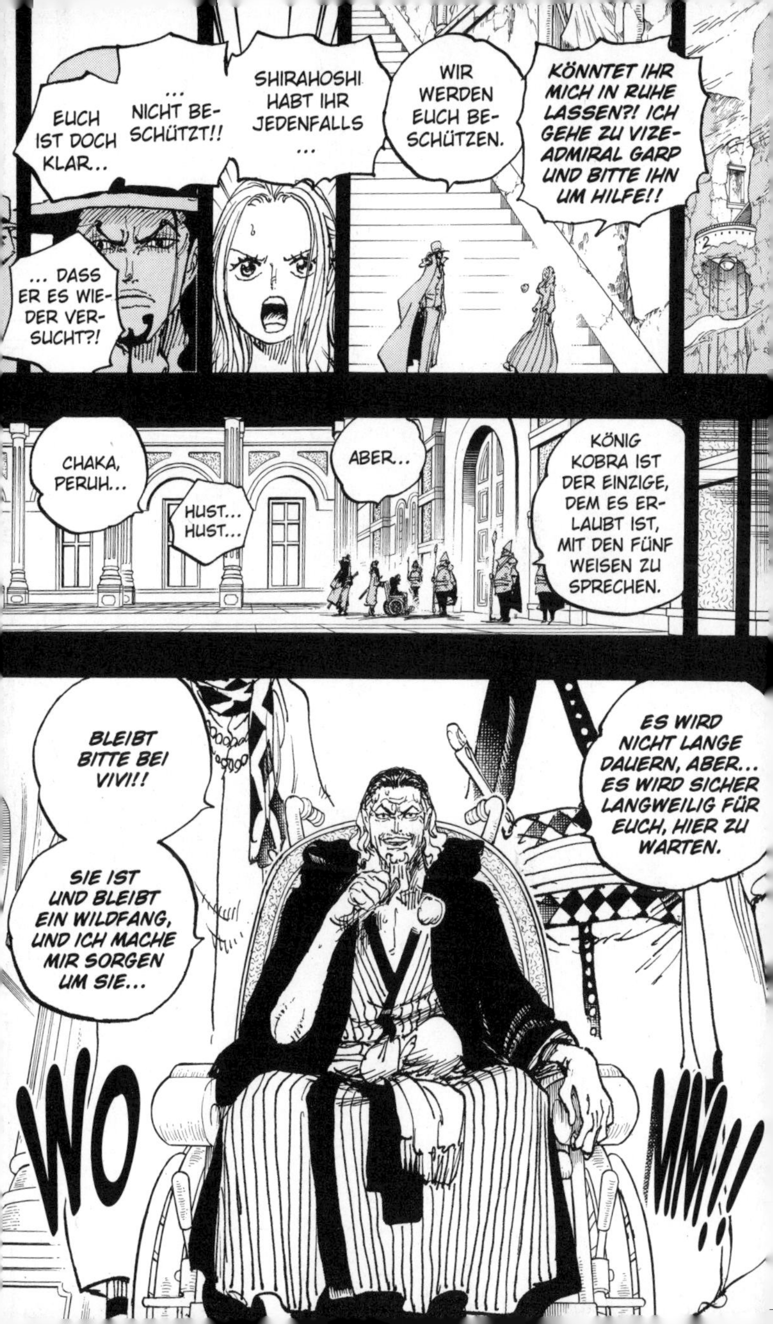
KÖNNTET IHR MICH IN RUHE LASSEN?! ICH GEHE ZU VIZE-ADMIRAL GARP UND BITTE IHN UM HILFE!!
WIR WERDEN EUCH BESCHÜTZEN.
SHIRAHOSHI HABT IHR JEDENFALLS ...
... NICHT BESCHÜTZT!!
EUCH IST DOCH KLAR...
... DASS ER ES WIEDER VERSUCHT?!
KÖNIG KOBRA IST DER EINZIGE, DEM ES ERLAUBT IST, MIT DEN FÜNF WEISEN ZU SPRECHEN.
ABER...
HUST... HUST...
CHAKA, PERUH...
ES WIRD NICHT LANGE DAUERN, ABER... ES WIRD SICHER LANGWEILIG FÜR EUCH, HIER ZU WARTEN.
BLEIBT BITTE BEI VIVI!!
SIE IST UND BLEIBT EIN WILDFANG, UND ICH MACHE MIR SORGEN UM SIE...
WO
MM!!

Der Tenryubito-Mordanschlag

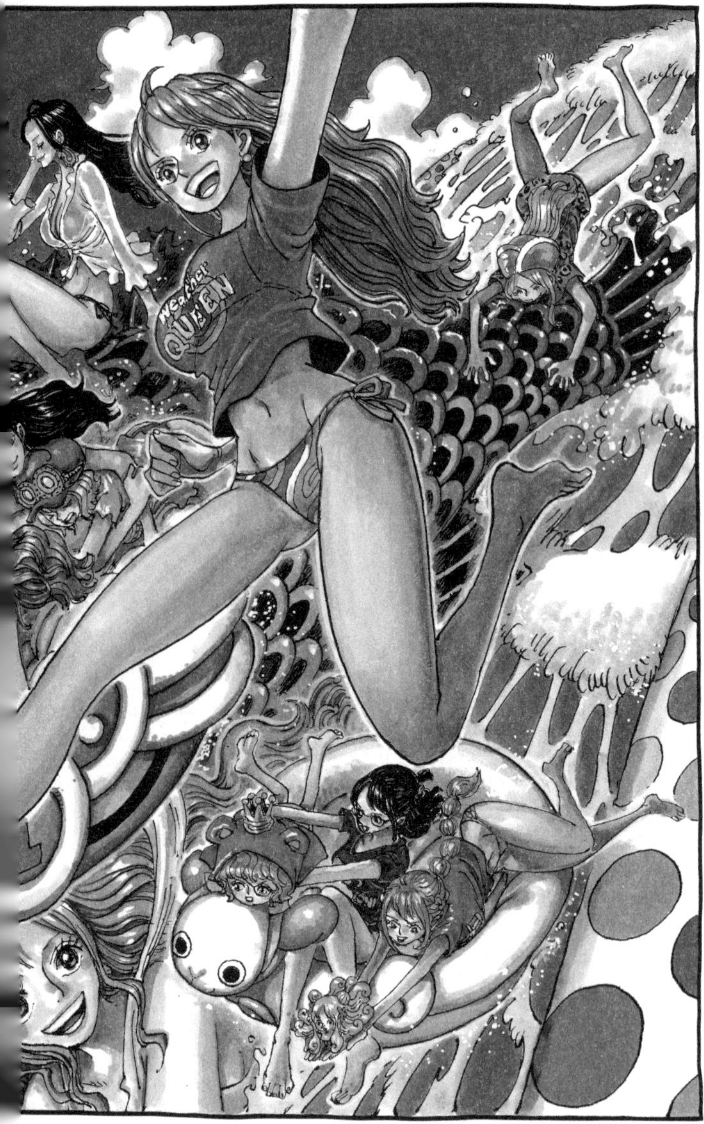

Kapitel 1084:

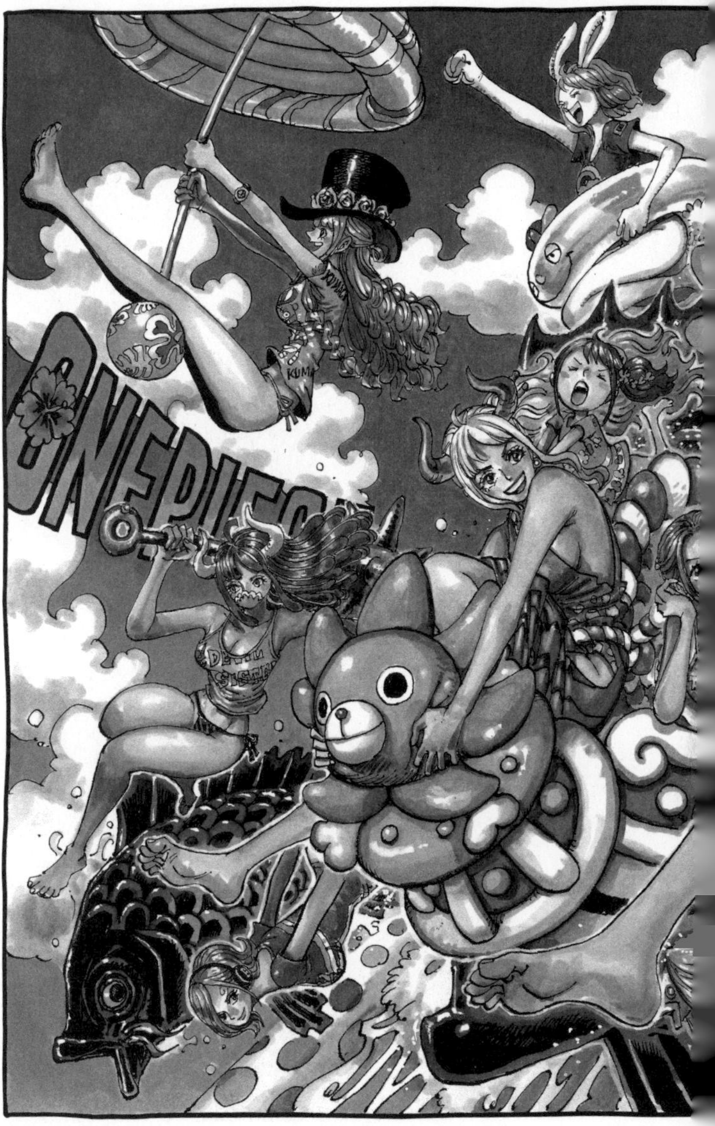

vol.107
ONE PIECE

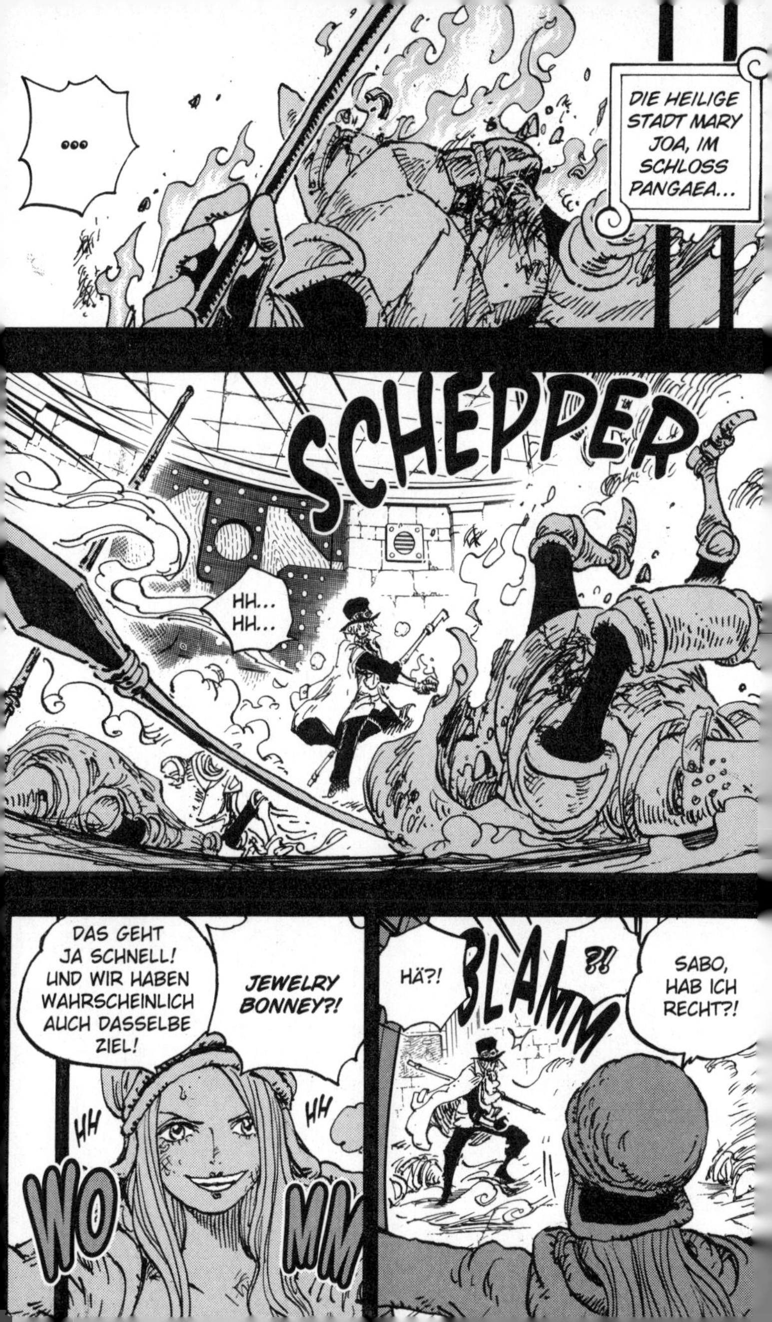

DIE HEILIGE STADT MARY JOA, IM SCHLOSS PANGAEA...
...
SCHEPPER
HH... HH...
SABO, HAB ICH RECHT?!
BLAMM
?!
HÄ?!
JEWELRY BONNEY?!
DAS GEHT JA SCHNELL! UND WIR HABEN WAHRSCHEINLICH AUCH DASSELBE ZIEL!
HH
HH
WOMM

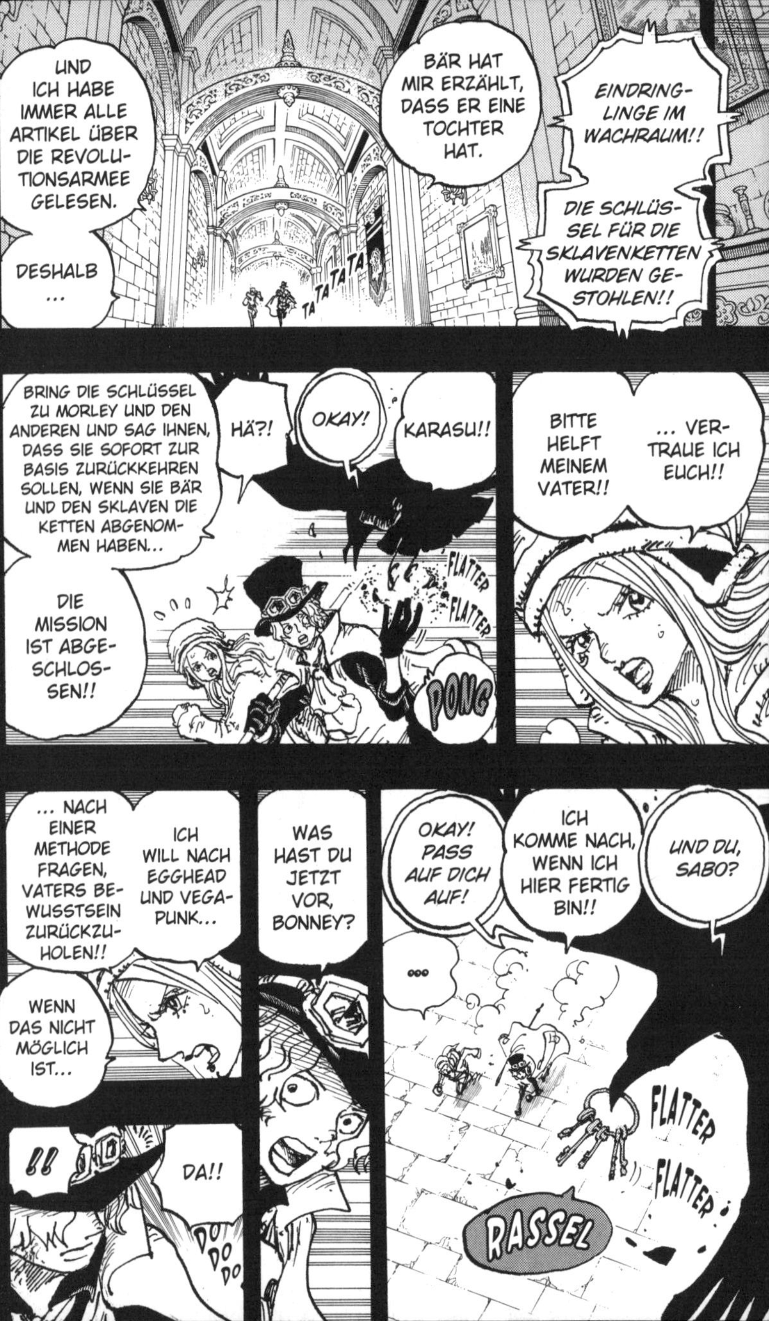

EINDRINGLINGE IM WACHRAUM!!
DIE SCHLÜSSEL FÜR DIE SKLAVENKETTEN WURDEN GESTOHLEN!!
BÄR HAT MIR ERZÄHLT, DASS ER EINE TOCHTER HAT.
UND ICH HABE IMMER ALLE ARTIKEL ÜBER DIE REVOLUTIONSARMEE GELESEN.
DESHALB …
TA TA TA TA TA
… VERTRAUE ICH EUCH!!
BITTE HELFT MEINEM VATER!!
KARASU!!
OKAY!
HÄ?!
BRING DIE SCHLÜSSEL ZU MORLEY UND DEN ANDEREN UND SAG IHNEN, DASS SIE SOFORT ZUR BASIS ZURÜCKKEHREN SOLLEN, WENN SIE BÄR UND DEN SKLAVEN DIE KETTEN ABGENOMMEN HABEN…
DIE MISSION IST ABGESCHLOSSEN!!
FLATTER
FLATTER
PONG
UND DU, SABO?
ICH KOMME NACH, WENN ICH HIER FERTIG BIN!!
OKAY! PASS AUF DICH AUF!
…
FLATTER
FLATTER
RASSEL
WAS HAST DU JETZT VOR, BONNEY?
ICH WILL NACH EGGHEAD UND VEGAPUNK…
… NACH EINER METHODE FRAGEN, VATERS BEWUSSTSEIN ZURÜCKZUHOLEN!!
WENN DAS NICHT MÖGLICH IST…
DA!!
!!
DO DO DO

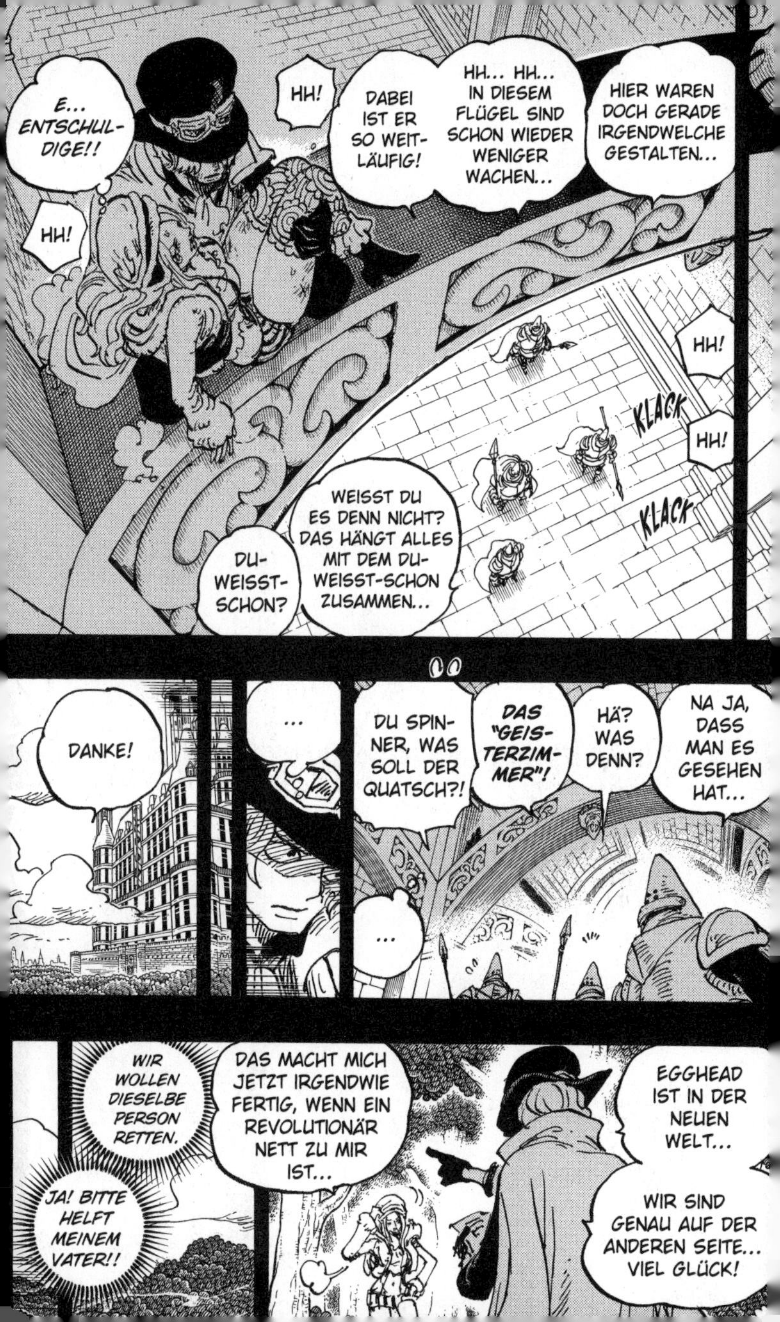
HIER WAREN DOCH GERADE IRGENDWELCHE GESTALTEN...
HH... HH... IN DIESEM FLÜGEL SIND SCHON WIEDER WENIGER WACHEN...
DABEI IST ER SO WEITLÄUFIG!
HH!
E... ENTSCHULDIGE!!
HH!
HH!
KLACK
HH!
KLACK
WEISST DU ES DENN NICHT? DAS HÄNGT ALLES MIT DEM DU-WEISST-SCHON ZUSAMMEN...
DU-WEISST-SCHON?
NA JA, DASS MAN ES GESEHEN HAT...
HÄ? WAS DENN?
DAS "GEISTERZIMMER"!
DU SPINNER, WAS SOLL DER QUATSCH?!
...
...
DANKE!
EGGHEAD IST IN DER NEUEN WELT...
WIR SIND GENAU AUF DER ANDEREN SEITE... VIEL GLÜCK!
DAS MACHT MICH JETZT IRGENDWIE FERTIG, WENN EIN REVOLUTIONÄR NETT ZU MIR IST...
WIR WOLLEN DIESELBE PERSON RETTEN.
JA! BITTE HELFT MEINEM VATER!!

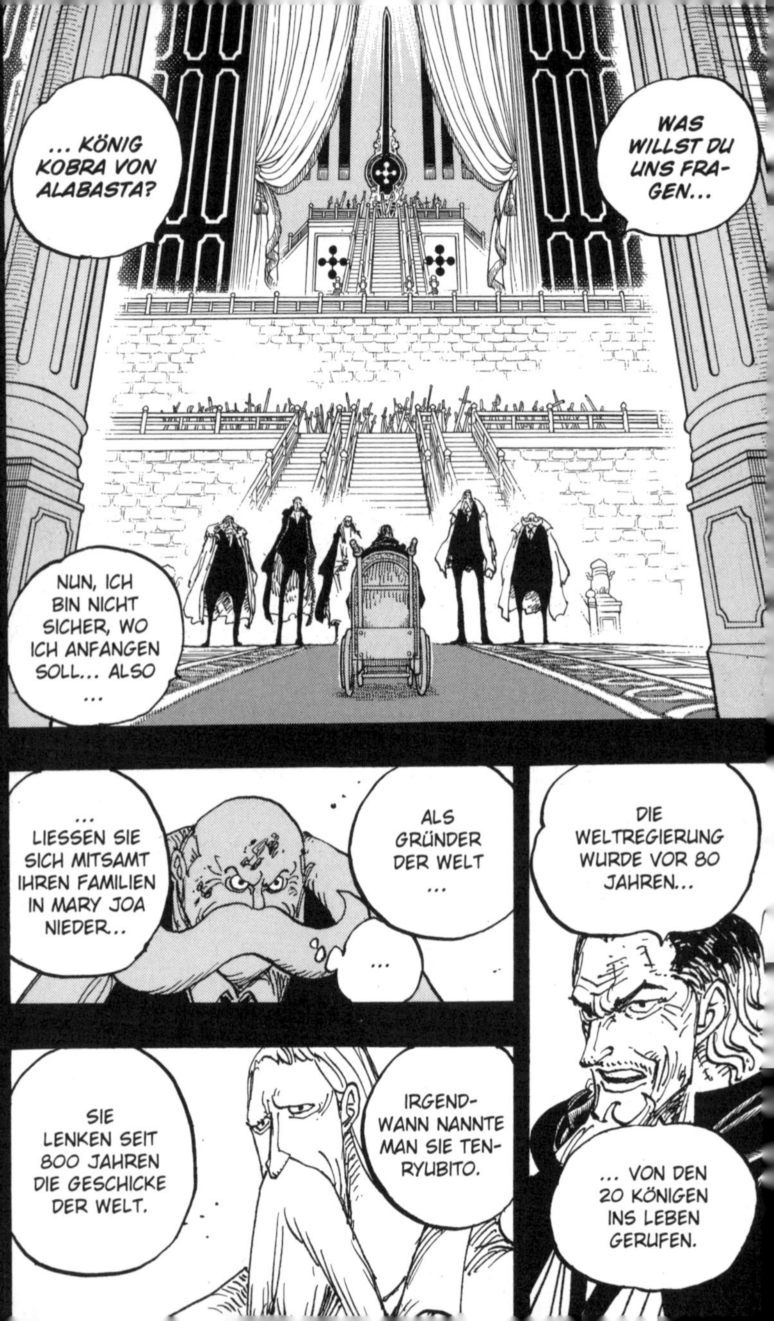
WAS WILLST DU UNS FRAGEN...
... KÖNIG KOBRA VON ALABASTA?
NUN, ICH BIN NICHT SICHER, WO ICH ANFANGEN SOLL... ALSO ...
DIE WELTREGIERUNG WURDE VOR 80 JAHREN...
... VON DEN 20 KÖNIGEN INS LEBEN GERUFEN.
ALS GRÜNDER DER WELT ...
...
... LIESSEN SIE SICH MITSAMT IHREN FAMILIEN IN MARY JOA NIEDER...
IRGENDWANN NANNTE MAN SIE TENRYUBITO.
SIE LENKEN SEIT 800 JAHREN DIE GESCHICKE DER WELT.

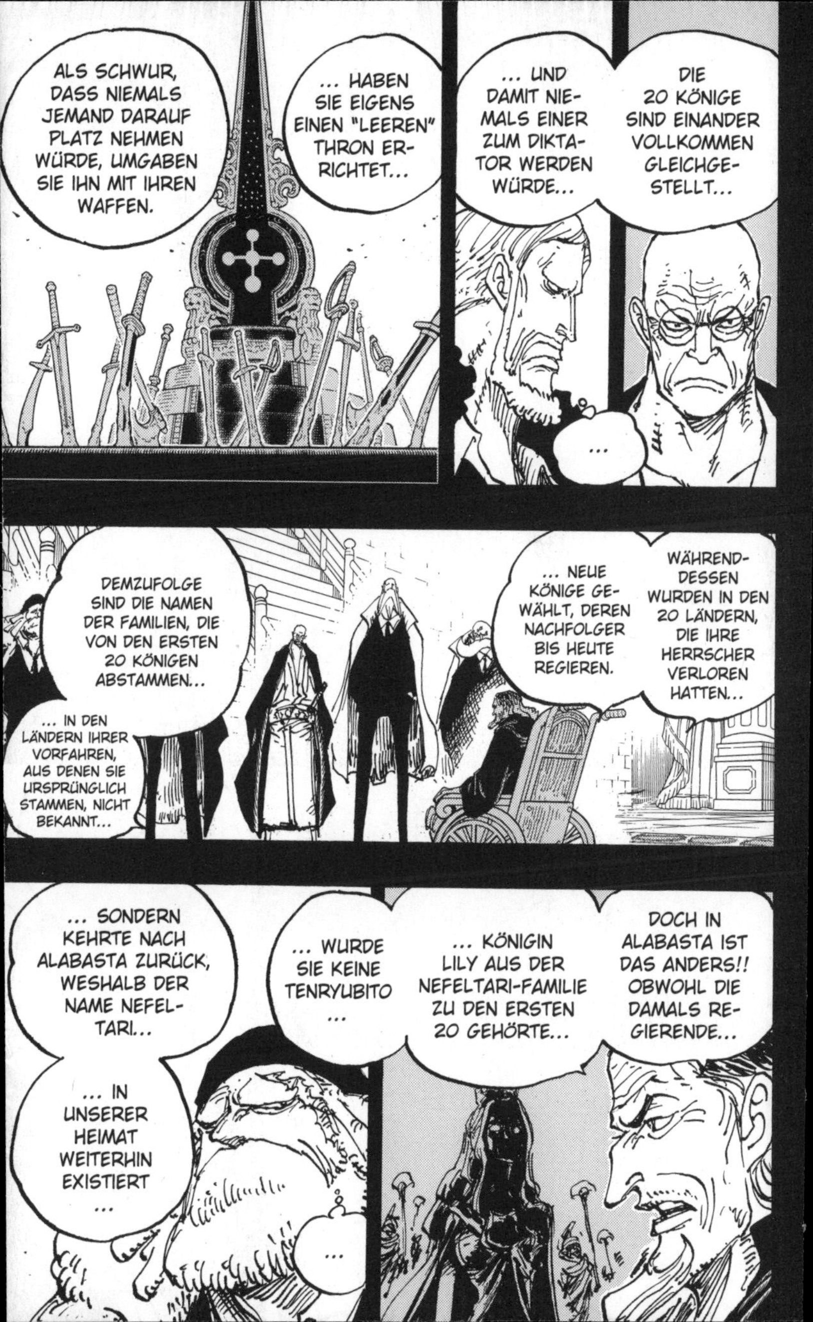
DIE 20 KÖNIGE SIND EINANDER VOLLKOMMEN GLEICHGESTELLT...
... UND DAMIT NIEMALS EINER ZUM DIKTATOR WERDEN WÜRDE...
...
... HABEN SIE EIGENS EINEN "LEEREN" THRON ERRICHTET...
ALS SCHWUR, DASS NIEMALS JEMAND DARAUF PLATZ NEHMEN WÜRDE, UMGABEN SIE IHN MIT IHREN WAFFEN.
WÄHRENDDESSEN WURDEN IN DEN 20 LÄNDERN, DIE IHRE HERRSCHER VERLOREN HATTEN...
... NEUE KÖNIGE GEWÄHLT, DEREN NACHFOLGER BIS HEUTE REGIEREN.
DEMZUFOLGE SIND DIE NAMEN DER FAMILIEN, DIE VON DEN ERSTEN 20 KÖNIGEN ABSTAMMEN...
... IN DEN LÄNDERN IHRER VORFAHREN, AUS DENEN SIE URSPRÜNGLICH STAMMEN, NICHT BEKANNT...
DOCH IN ALABASTA IST DAS ANDERS!! OBWOHL DIE DAMALS REGIERENDE...
... KÖNIGIN LILY AUS DER NEFELTARI-FAMILIE ZU DEN ERSTEN 20 GEHÖRTE...
... WURDE SIE KEINE TENRYUBITO ...
... SONDERN KEHRTE NACH ALABASTA ZURÜCK, WESHALB DER NAME NEFELTARI...
... IN UNSERER HEIMAT WEITERHIN EXISTIERT ...
...

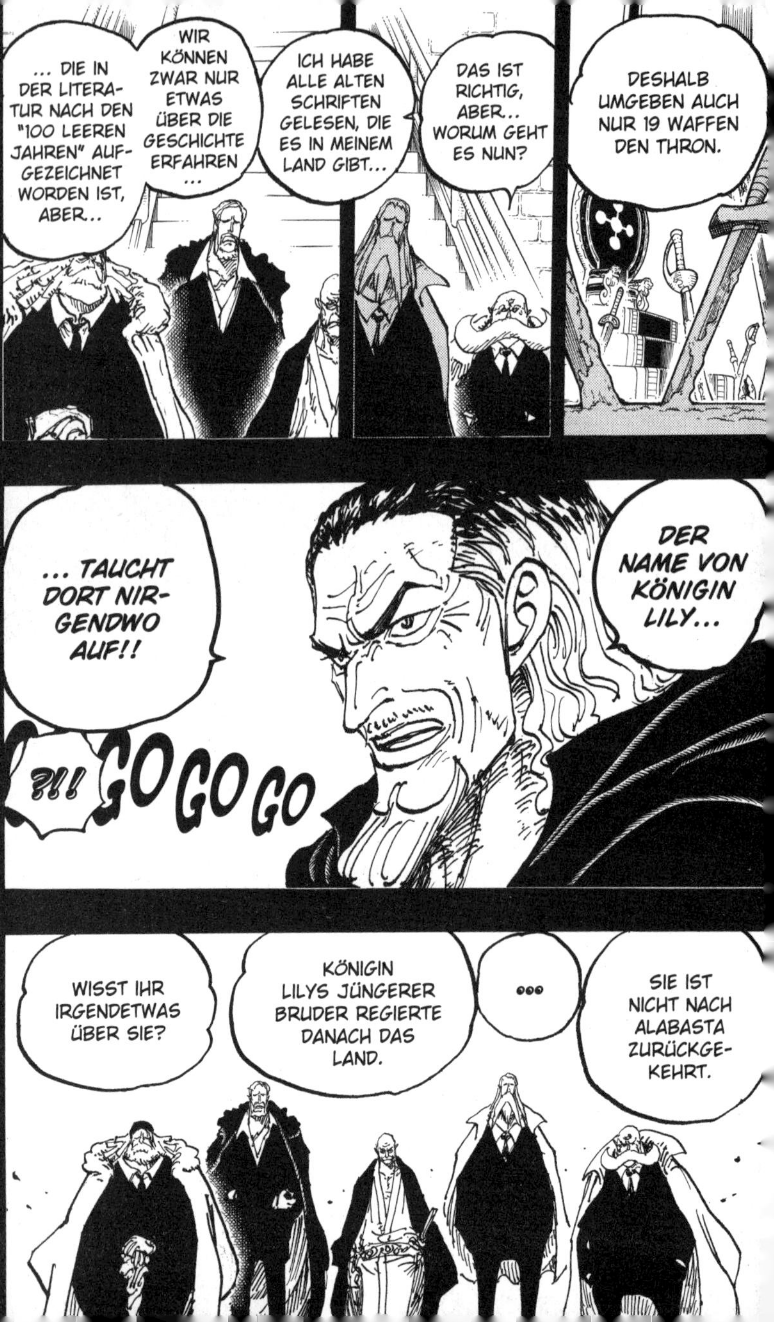
DESHALB UMGEBEN AUCH NUR 19 WAFFEN DEN THRON.
DAS IST RICHTIG, ABER... WORUM GEHT ES NUN?
ICH HABE ALLE ALTEN SCHRIFTEN GELESEN, DIE ES IN MEINEM LAND GIBT...
WIR KÖNNEN ZWAR NUR ETWAS ÜBER DIE GESCHICHTE ERFAHREN ...
... DIE IN DER LITERATUR NACH DEN "100 LEEREN JAHREN" AUFGEZEICHNET WORDEN IST, ABER...
DER NAME VON KÖNIGIN LILY...
... TAUCHT DORT NIRGENDWO AUF!!
?!!
GO GO GO GO
SIE IST NICHT NACH ALABASTA ZURÜCKGEKEHRT.
...
KÖNIGIN LILYS JÜNGERER BRUDER REGIERTE DANACH DAS LAND.
WISST IHR IRGENDETWAS ÜBER SIE?

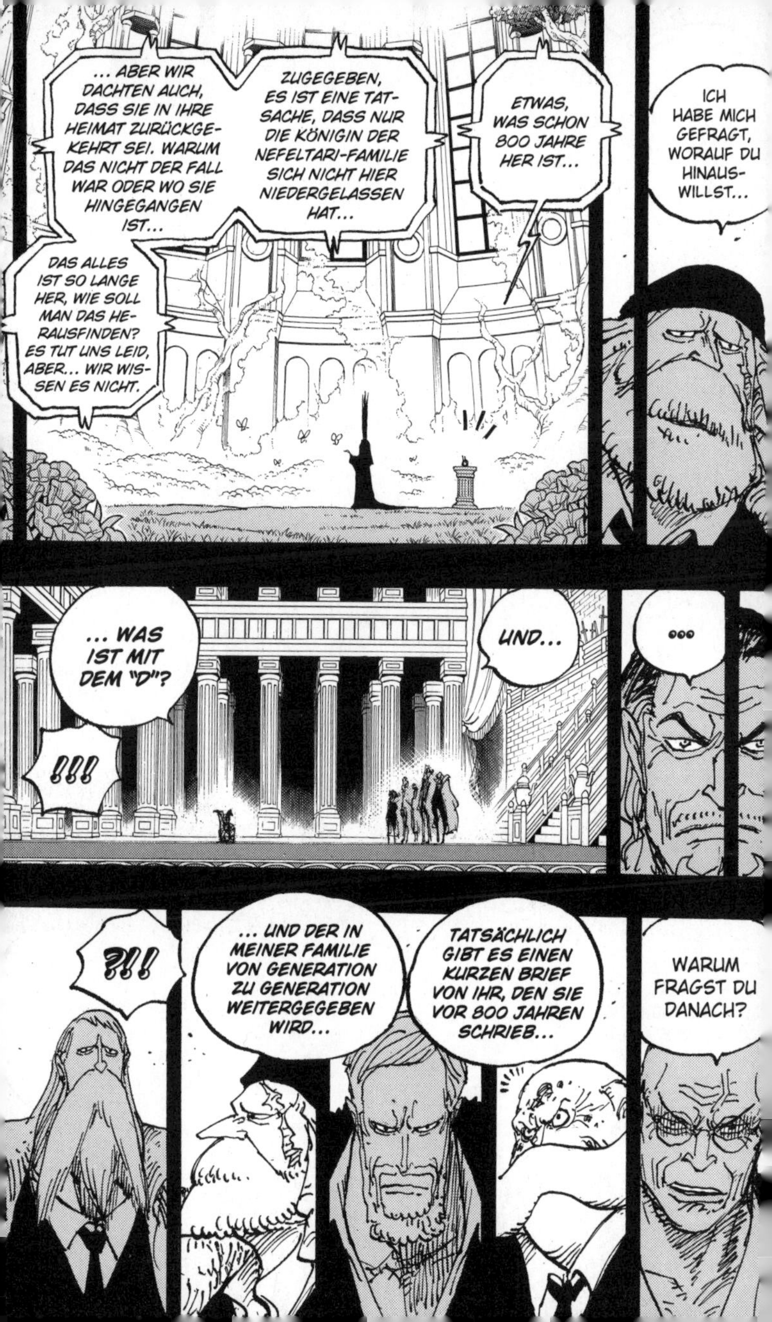
ICH HABE MICH GEFRAGT, WORAUF DU HINAUSWILLST...
ETWAS, WAS SCHON 800 JAHRE HER IST...
ZUGEGEBEN, ES IST EINE TATSACHE, DASS NUR DIE KÖNIGIN DER NEFELTARI-FAMILIE SICH NICHT HIER NIEDERGELASSEN HAT...
... ABER WIR DACHTEN AUCH, DASS SIE IN IHRE HEIMAT ZURÜCKGEKEHRT SEI. WARUM DAS NICHT DER FALL WAR ODER WO SIE HINGEGANGEN IST...
DAS ALLES IST SO LANGE HER, WIE SOLL MAN DAS HERAUSFINDEN? ES TUT UNS LEID, ABER... WIR WISSEN ES NICHT.
...
UND...
... WAS IST MIT DEM "D"?
!!!
WARUM FRAGST DU DANACH?
TATSÄCHLICH GIBT ES EINEN KURZEN BRIEF VON IHR, DEN SIE VOR 800 JAHREN SCHRIEB...
... UND DER IN MEINER FAMILIE VON GENERATION ZU GENERATION WEITERGEGEBEN WIRD...
?!!

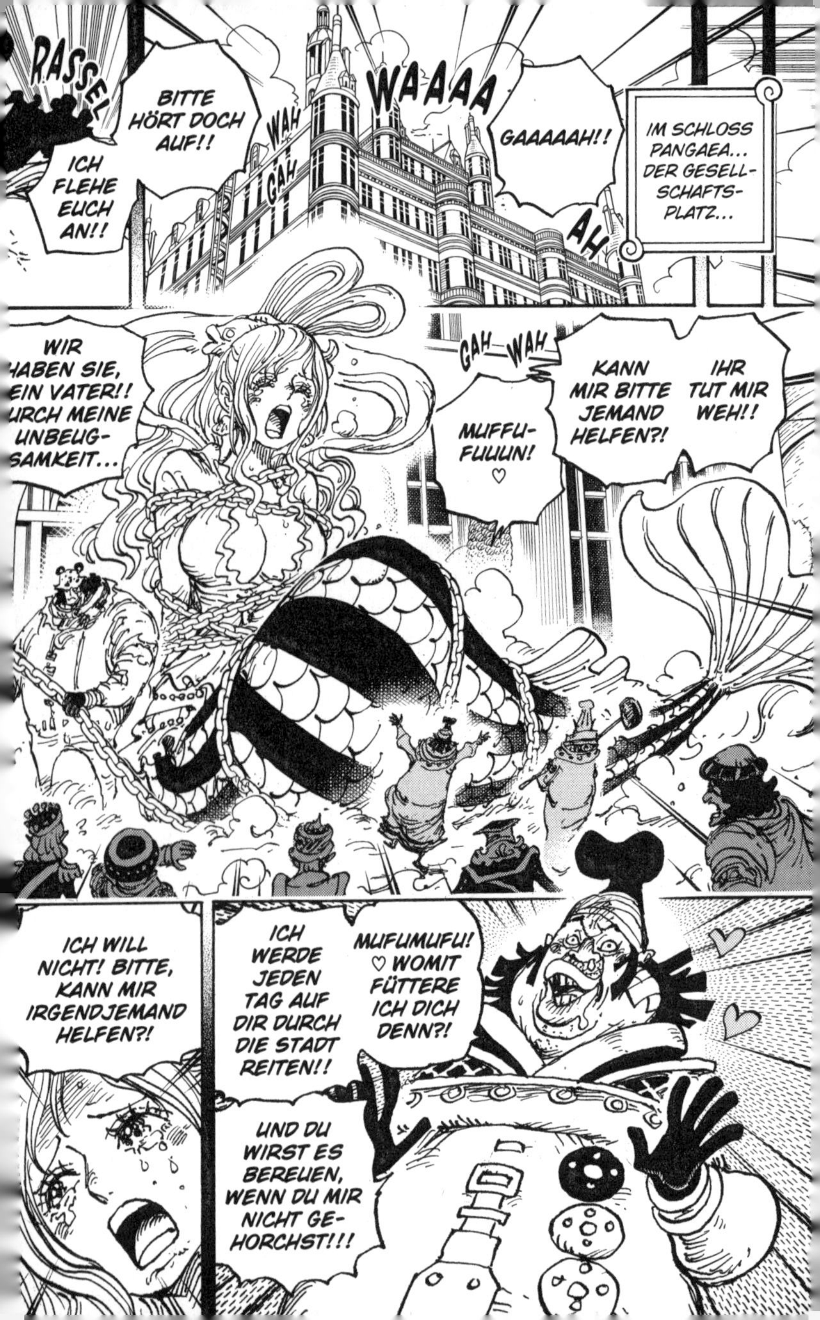
IM SCHLOSS PANGAEA... DER GESELLSCHAFTSPLATZ...
GAAAAAH!!
WAAAA
AH
WAH
GAH
BITTE HÖRT DOCH AUF!!
ICH FLEHE EUCH AN!!
RASSEL
IHR TUT MIR WEH!!
KANN MIR BITTE JEMAND HELFEN?!
GAH WAH
MUFFU-FUUUN! ♡
WIR HABEN SIE, MEIN VATER!! DURCH MEINE UNBEUGSAMKEIT...
MUFUMUFU! ♡ WOMIT FÜTTERE ICH DICH DENN?!
ICH WERDE JEDEN TAG AUF DIR DURCH DIE STADT REITEN!!
UND DU WIRST ES BEREUEN, WENN DU MIR NICHT GEHORCHST!!!
ICH WILL NICHT! BITTE, KANN MIR IRGENDJEMAND HELFEN?!

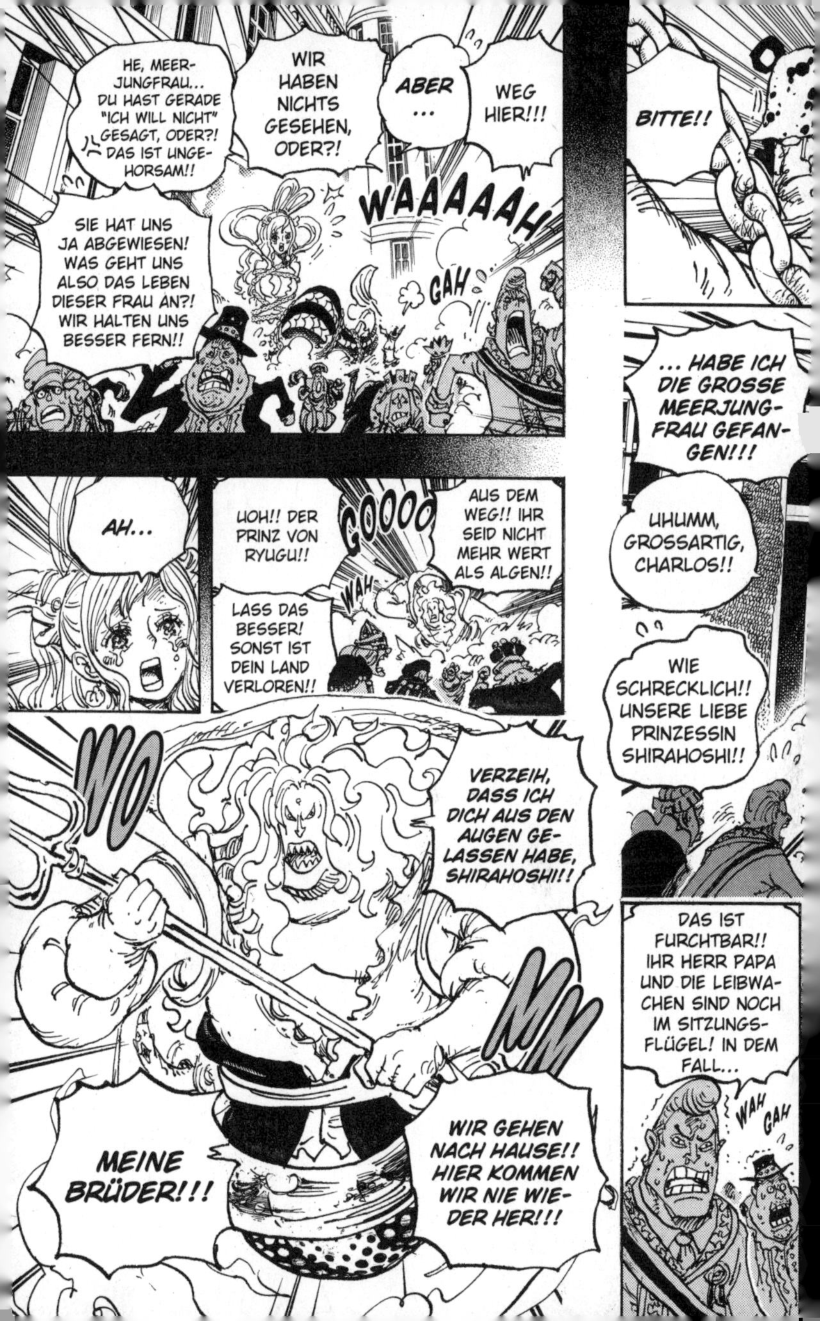

BITTE!!
... HABE ICH DIE GROSSE MEERJUNGFRAU GEFANGEN!!!
UHUMM, GROSSARTIG, CHARLOS!!
WIE SCHRECKLICH!! UNSERE LIEBE PRINZESSIN SHIRAHOSHI!!
DAS IST FURCHTBAR!! IHR HERR PAPA UND DIE LEIBWACHEN SIND NOCH IM SITZUNGSFLÜGEL! IN DEM FALL...
WAH
GAH
WEG HIER!!!
ABER ...
WIR HABEN NICHTS GESEHEN, ODER?!
HE, MEERJUNGFRAU... DU HAST GERADE "ICH WILL NICHT" GESAGT, ODER?! DAS IST UNGEHORSAM!!
SIE HAT UNS JA ABGEWIESEN! WAS GEHT UNS ALSO DAS LEBEN DIESER FRAU AN?! WIR HALTEN UNS BESSER FERN!!
WAAAAAH
GAH
AUS DEM WEG!! IHR SEID NICHT MEHR WERT ALS ALGEN!!
UOH!! DER PRINZ VON RYUGU!!
GOOOO
WAH
LASS DAS BESSER! SONST IST DEIN LAND VERLOREN!!
AH...
VERZEIH, DASS ICH DICH AUS DEN AUGEN GELASSEN HABE, SHIRAHOSHI!!
WO
MN
WIR GEHEN NACH HAUSE!! HIER KOMMEN WIR NIE WIEDER HER!!!
MEINE BRÜDER!!!

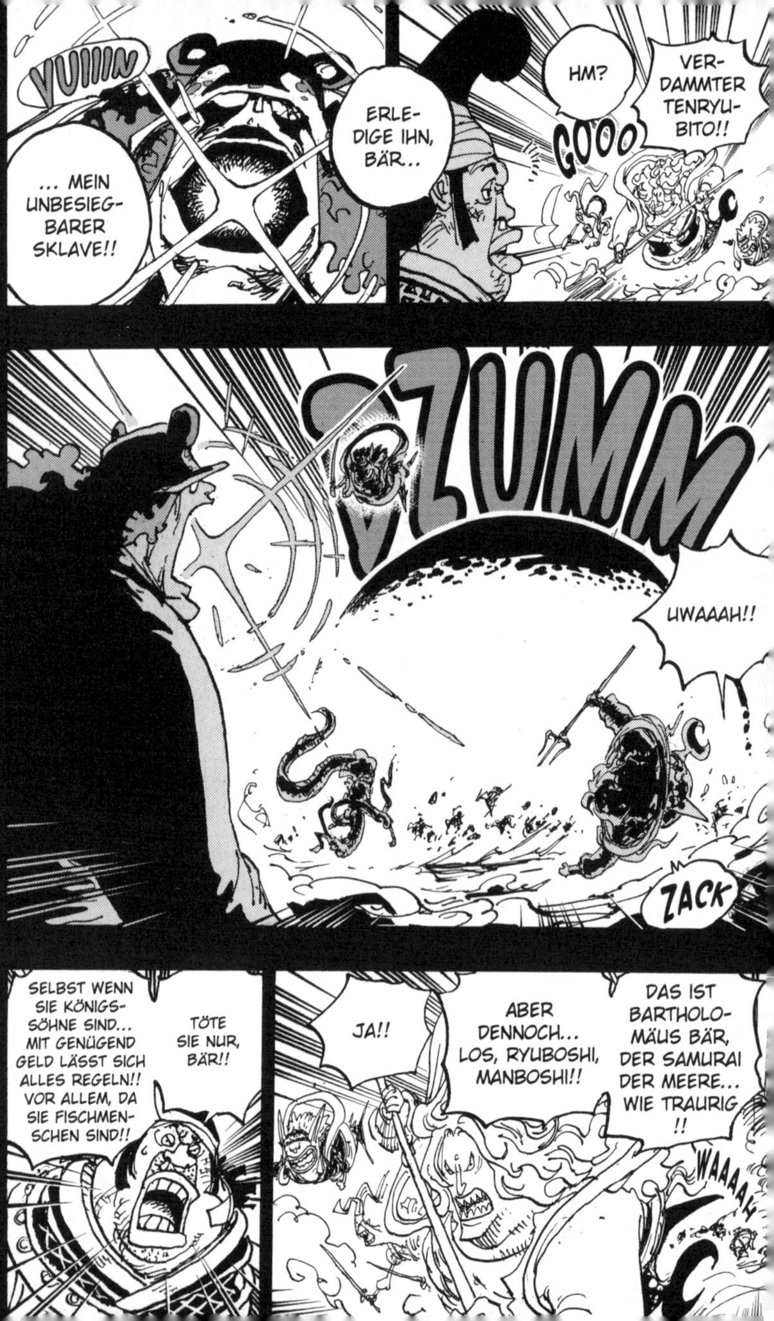
VER-
DAMMTER
TENRYU-
BITO!!
GOOO
HM?
ERLE-
DIGE IHN,
BÄR...
... MEIN
UNBESIEG-
BARER
SKLAVE!!
VUIIIN
ZUMM
UWAAAH!!
ZACK
DAS IST
BARTHOLO-
MÄUS BÄR,
DER SAMURAI
DER MEERE...
WIE TRAURIG
!!
WAAAAH
ABER
DENNOCH...
LOS, RYUBOSHI,
MANBOSHI!!
JA!!
TÖTE
SIE NUR,
BÄR!!
SELBST WENN
SIE KÖNIGS-
SÖHNE SIND...
MIT GENÜGEND
GELD LÄSST SICH
ALLES REGELN!!
VOR ALLEM, DA
SIE FISCHMEN-
SCHEN SIND!!

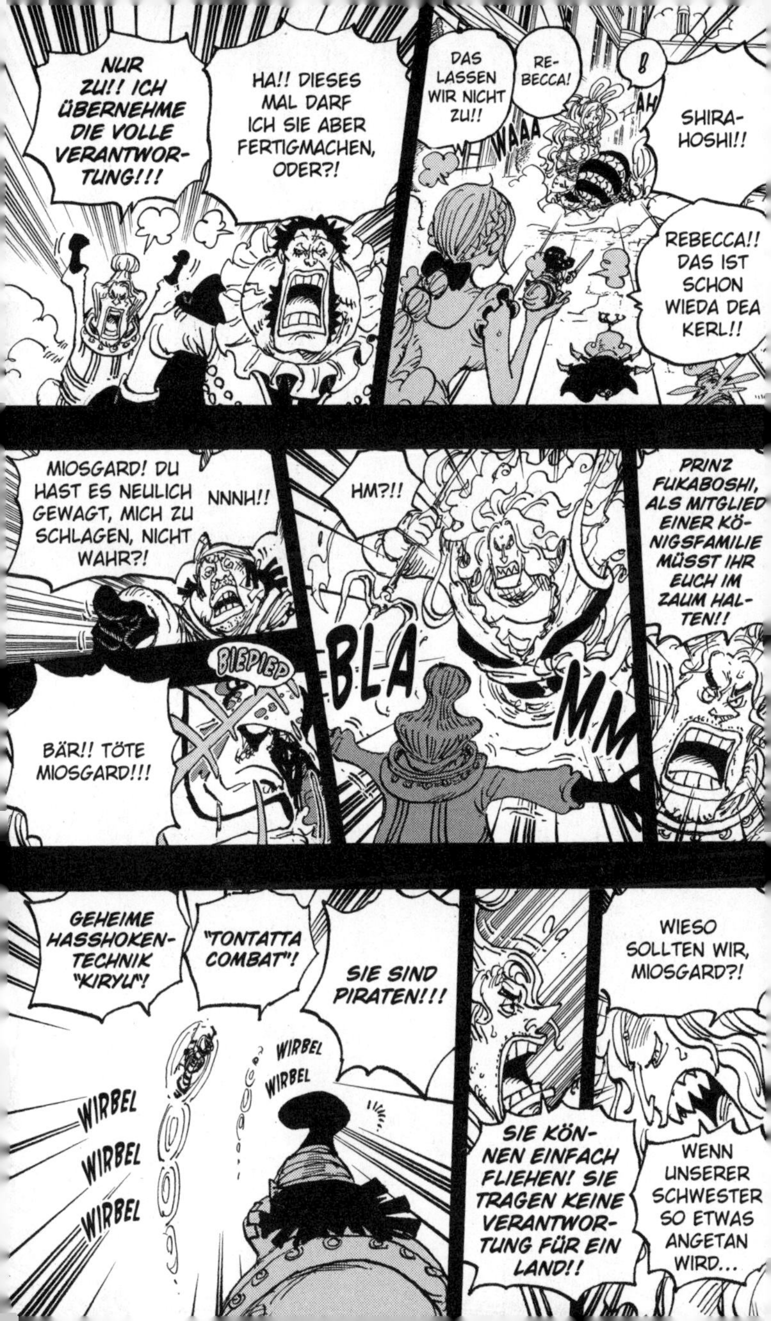

!
SHIRA-HOSHI!!
AH
RE-BECCA!
DAS LASSEN WIR NICHT ZU!!
WAAA
REBECCA!! DAS IST SCHON WIEDA DEA KERL!!
HA!! DIESES MAL DARF ICH SIE ABER FERTIGMACHEN, ODER?!
NUR ZU!! ICH ÜBERNEHME DIE VOLLE VERANTWORTUNG!!!
PRINZ FUKABOSHI, ALS MITGLIED EINER KÖNIGSFAMILIE MÜSST IHR EUCH IM ZAUM HALTEN!!
HM?!!
BLAMM
MIOSGARD! DU HAST ES NEULICH GEWAGT, MICH ZU SCHLAGEN, NICHT WAHR?!
NNNH!!
BIEPIEP
BÄR!! TÖTE MIOSGARD!!!
WIESO SOLLTEN WIR, MIOSGARD?!
WENN UNSERER SCHWESTER SO ETWAS ANGETAN WIRD...
SIE KÖNNEN EINFACH FLIEHEN! SIE TRAGEN KEINE VERANTWORTUNG FÜR EIN LAND!!
SIE SIND PIRATEN!!!
WIRBEL WIRBEL
"TONTATTA COMBAT"!
GEHEIME HASSHOKEN-TECHNIK "KIRYU"!
WIRBEL WIRBEL WIRBEL

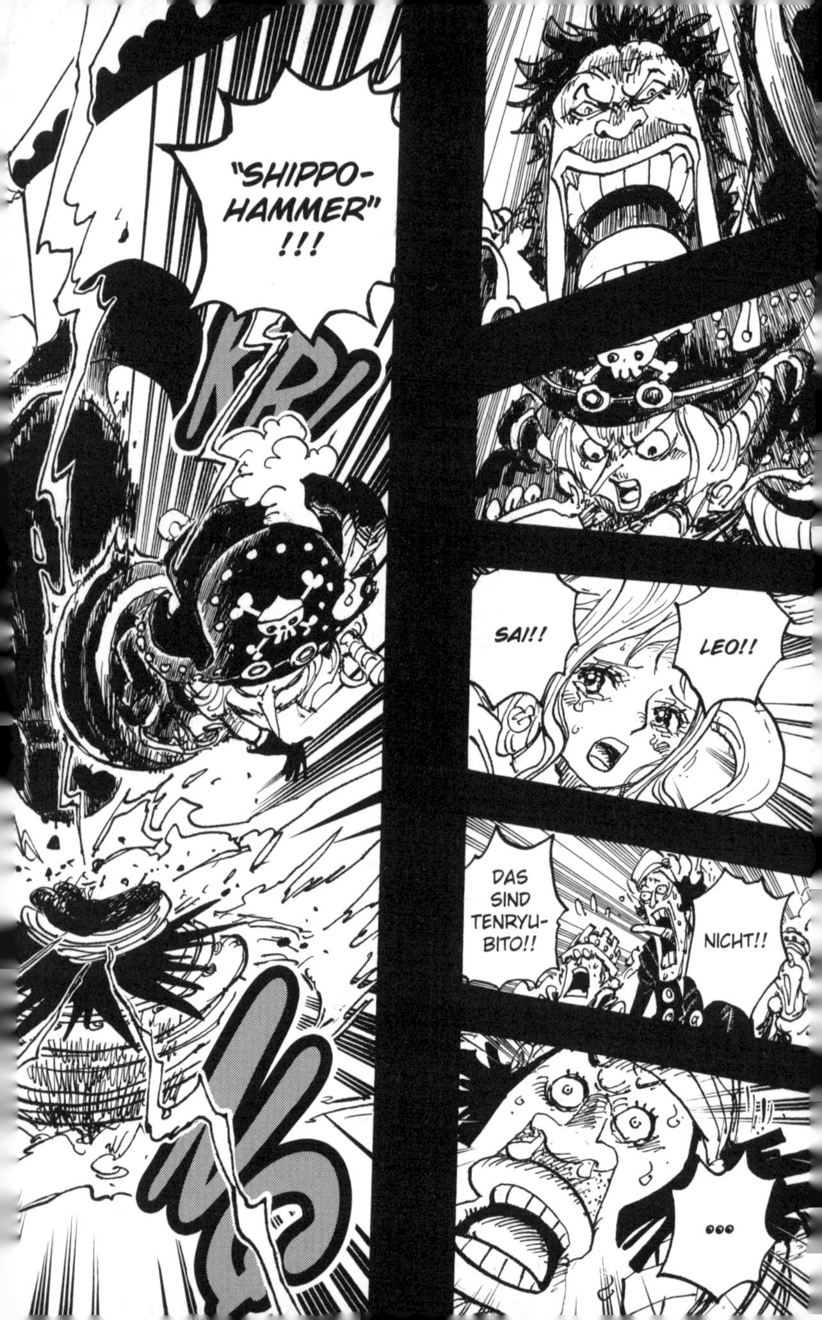
LEO!!
SAI!!
NICHT!!
DAS SIND TENRYUBITO!!
...
"SHIPPO-HAMMER"!!!

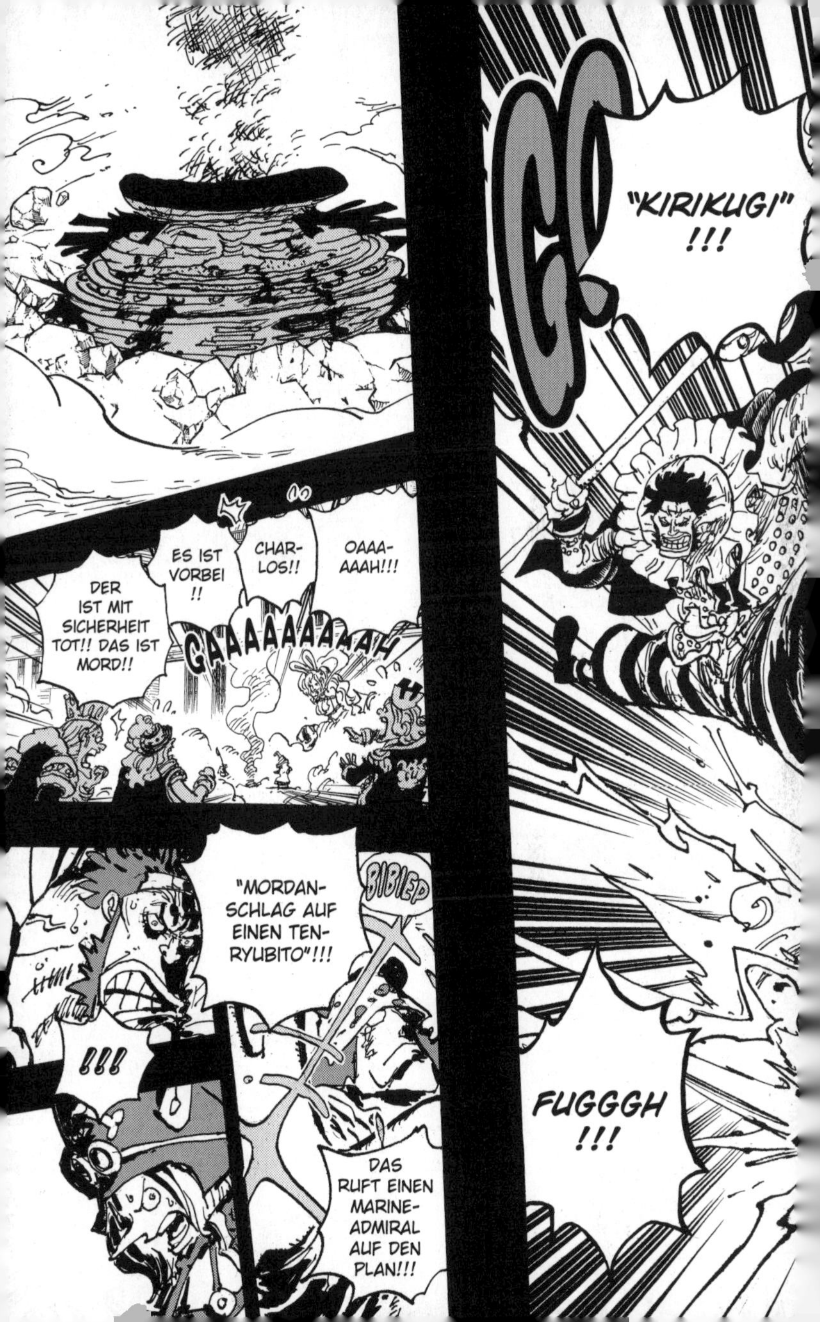

"KIRIKUGI" !!!
FUGGGH !!!
OAAA-AAAH!!!
CHAR-LOS!!
ES IST VORBEI !!
DER IST MIT SICHERHEIT TOT!! DAS IST MORD!!
GAAAAAAAAAH
BIBIEP
"MORDANSCHLAG AUF EINEN TENRYUBITO"!!!
!!!
DAS RUFT EINEN MARINE-ADMIRAL AUF DEN PLAN!!!

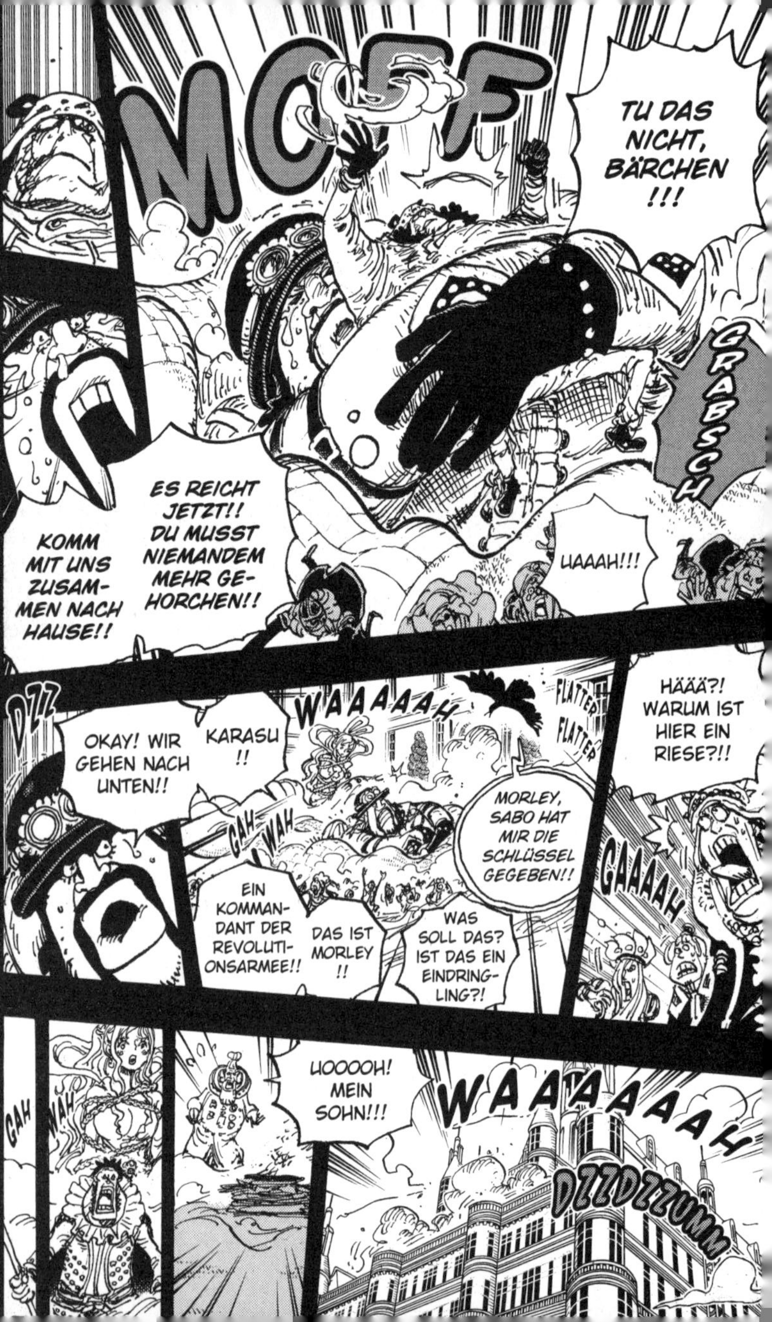
TU DAS NICHT, BÄRCHEN!!!
MOFF
GRABSCH
UAAAH!!!
ES REICHT JETZT!! DU MUSST NIEMANDEM MEHR GEHORCHEN!!
KOMM MIT UNS ZUSAMMEN NACH HAUSE!!
HÄÄÄ?! WARUM IST HIER EIN RIESE?!!
GAAAAH
FLATTER FLATTER
WAAAAAH
MORLEY, SABO HAT MIR DIE SCHLÜSSEL GEGEBEN!!
WAS SOLL DAS? IST DAS EIN EINDRINGLING?!
DAS IST MORLEY!!
EIN KOMMANDANT DER REVOLUTIONSARMEE!!
GAH WAH
KARASU!!
OKAY! WIR GEHEN NACH UNTEN!!
DZZZ
WAAAAAAAAH
DZZDZZUMM
UOOOOH! MEIN SOHN!!!
GAH WAH

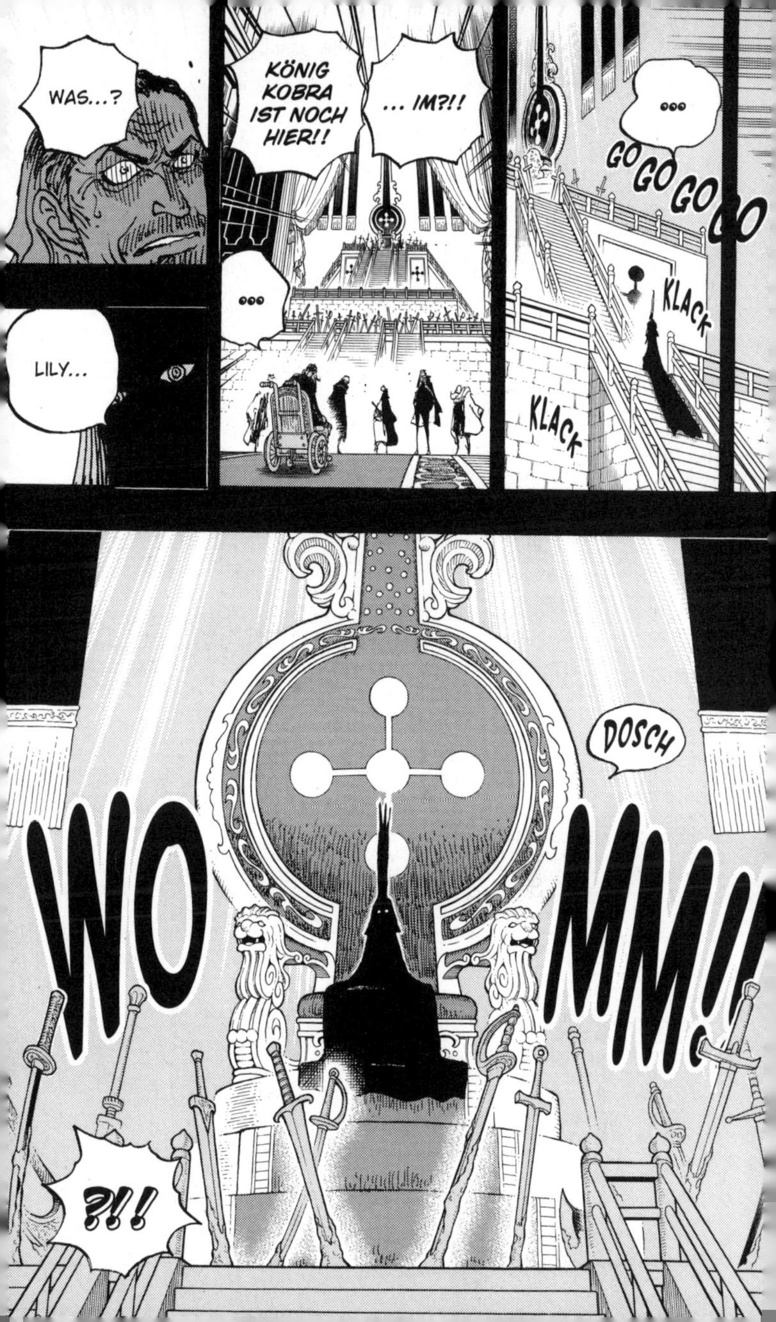
...
GO GO GO GO
KLACK
KLACK
... IM?!!
KÖNIG KOBRA IST NOCH HIER!!
...
WAS...?
LILY...
DOSCH
WOMM!!
?!!

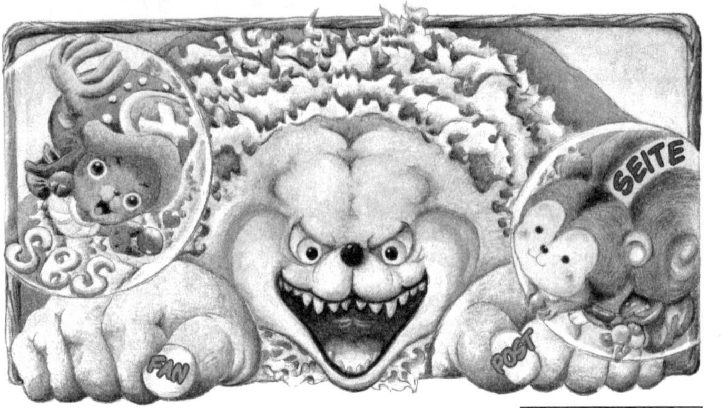

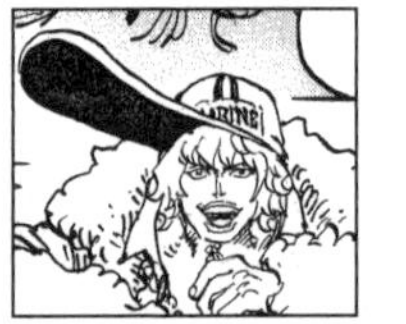

L: WARUM IST DER SCHIRM VON KONTERADMIRAL PRINCE GRUS' CAP SO LANG?
PSEUDONYM: PORALIS

O: WIR GEHEN ZURÜCK IN GRUS KINDHEIT. GRUS WAR EIN DÜSTERES KIND, DAS BEIM LAUFEN IMMER AUF DEN BODEN SAH. DESHALB STIESS ER OFT GEGEN DINGE: MAUERN, KÜHE, MENSCHEN, PIRATEN. ALS ER EINMAL GEGEN EINEN PIRATEN STIESS, WURDE IHM ÜBEL MITGESPIELT, WESHALB IHN SEINE MUTTER EINE CAP MIT EINEM SEHR LANGEN SCHIRM AUFSETZEN LIESS, UM FRONTALE KOLLISIONEN ZU VERMEIDEN. DARUM IST DER SCHIRM SO LANG!!

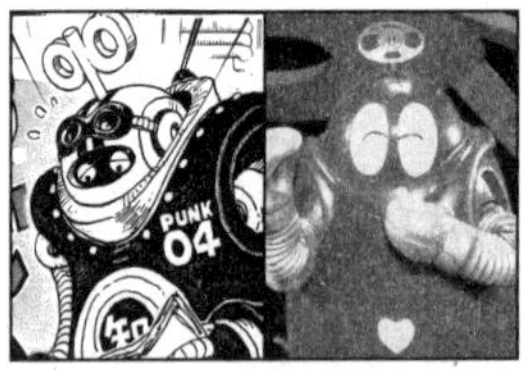

© ISHINOMORI PRO - TOEI

L: GUTEN TAG, ODA-SENSEI. BEIM ANBLICK VON DR. VEGAPUNK "WEISHEIT" (PYTHAGORAS), DER IN KAPITEL 1065 AUFTAUCHT, HABE ICH GEDACHT, DASS ER EXAKT SO AUSSIEHT WIE "ROBOCON" AUS DER SHOWA-SUPERHERO-SERIE "GANBARE!! ROBOCON". LIEGE ICH RICHTIG MIT DER ANNAHME, DASS ER ALS VORBILD GEDIENT HAT?
PSEUDONYM: TAKUMI

O: OH JA, DAS STIMMT!! RESPEKT, DASS DU IHN KENNST! DA ICH DAMALS IM KINDERGARTEN WAR, HANDELT ES SICH UM EINE TV-SERIE, DIE VOR ÜBER 40 JAHREN LIEF, HAHA. ICH HABE MICH MIT DEM GEDANKEN "SO MUSS EIN ROBOTER AUSSEHEN!" DARAN ERINNERT UND IHN EINFACH MAL GEZEICHNET. ÜBRIGENS HATTE ROBOCON EINEN ERZFEIND NAMENS "BARABARAMAN (DISASSEMBLY MAN)"*. ICH FAND ES IMMER SCHRECKLICH, WENN ER AUFTAUCHTE, UM ROBOCON AUSEINANDERZUNEHMEN! UND WENN ICH JETZT SO DRÜBER NACHDENKE, KANN ICH MICH DES EINDRUCKS NICHT ERWEHREN, DASS ES EINE VERBINDUNG ZU BUGGYS NERVIGER HARTNÄCKIGKEIT GIBT.

* CHARAKTER AUS DER SUPERHELDEN-SERIE "ROBOT 8-CHAN"

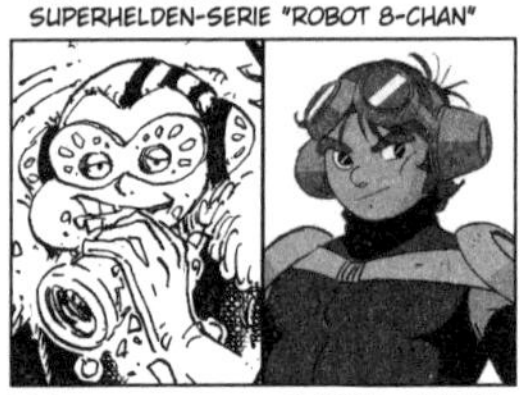

© SOTSU - SUNRISE

L: STAMMT DER NAME DES VIZEKOMMANDANTEN DER NORD-ARMEE DER REVOLUTIONÄRE "JIRON" MÖGLICHERWEISE VON "JIRON AMOS", DEM HELDEN AUS "COMBAT MECHA XABUNGLE"?
PSEUDONYM: TOKOMON

O: WIE BITTE?! WIESO KENNST DU JIRON? BIST DU EIN ALTER MANN? ICH GLAUBE, AUCH DIESER ANIME IST ÜBER 40 JAHRE ALT. ICH HABE MICH DARAN ERINNERT, DASS ER EIN RUNDES GESICHT HAT. ICH KANN SOGAR DEN SONG SINGEN... DAS GEDÄCHTNIS DER KINDHEIT IST UNGLAUBLICH, NICHT WAHR?

1085. Kapitel:
Nefeltari Kobra stirbt

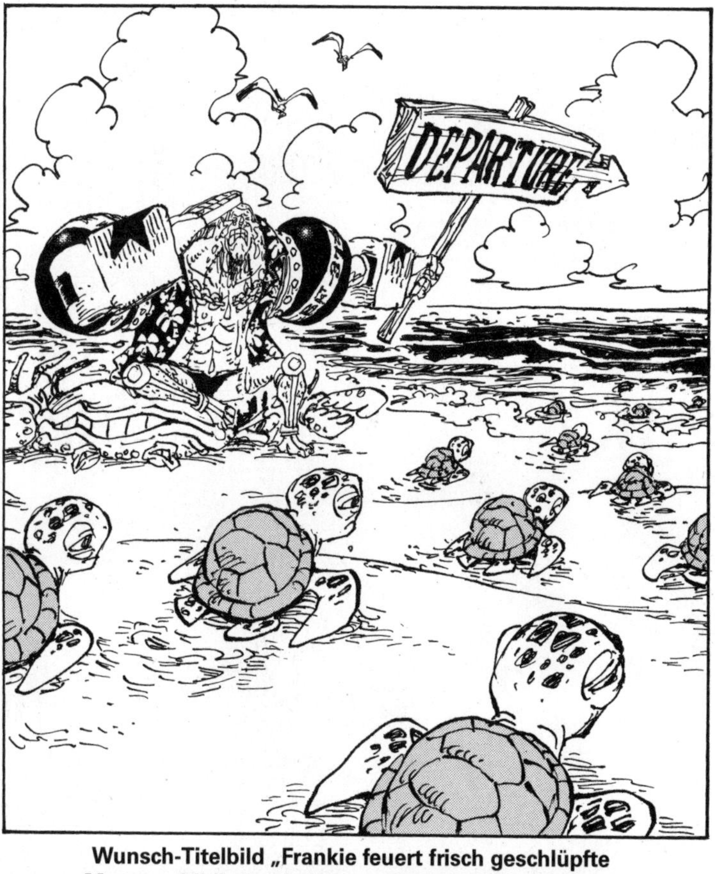

Wunsch-Titelbild „Frankie feuert frisch geschlüpfte Meeresschildkrötenbabys an, die zum Meer wollen"
Pseudonym: Apfelberg

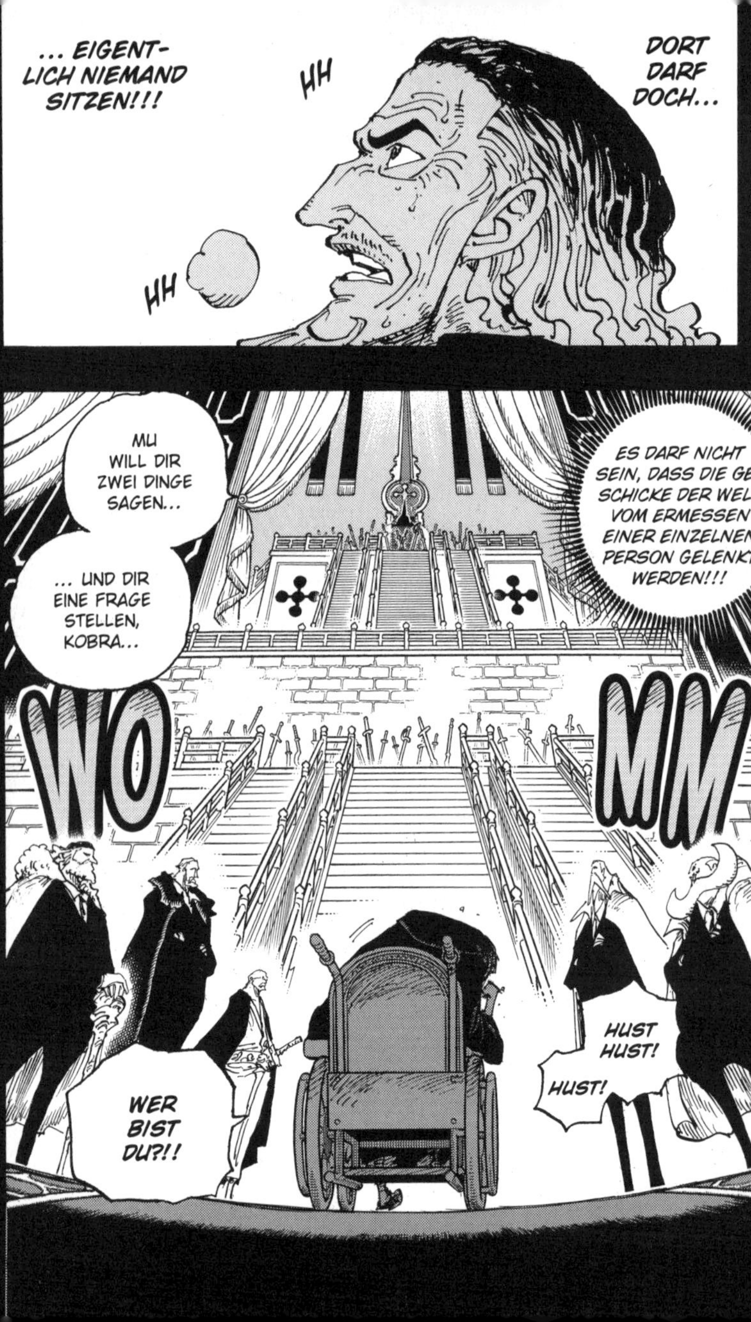

DORT DARF DOCH...
... EIGENT-LICH NIEMAND SITZEN!!!
HH
HH
ES DARF NICHT SEIN, DASS DIE GE-SCHICKE DER WELT VOM ERMESSEN EINER EINZELNEN PERSON GELENKT WERDEN!!!
MU WILL DIR ZWEI DINGE SAGEN...
... UND DIR EINE FRAGE STELLEN, KOBRA...
WO MM
HUST HUST!
HUST!
WER BIST DU?!!

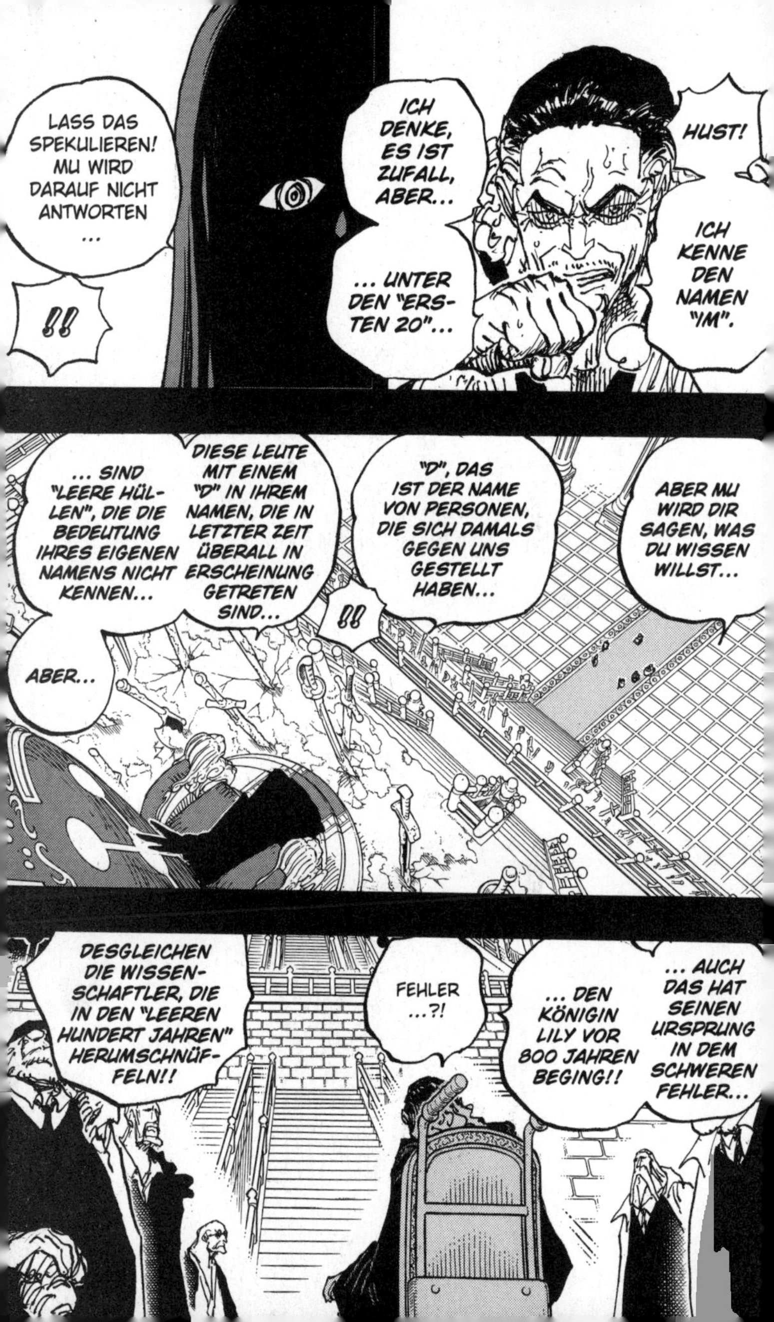
HUST!
ICH KENNE DEN NAMEN "IM".
ICH DENKE, ES IST ZUFALL, ABER...
... UNTER DEN "ERSTEN 20"...
LASS DAS SPEKULIEREN! MU WIRD DARAUF NICHT ANTWORTEN ...
!!
ABER MU WIRD DIR SAGEN, WAS DU WISSEN WILLST...
"D", DAS IST DER NAME VON PERSONEN, DIE SICH DAMALS GEGEN UNS GESTELLT HABEN...
!!
DIESE LEUTE MIT EINEM "D" IN IHREM NAMEN, DIE IN LETZTER ZEIT ÜBERALL IN ERSCHEINUNG GETRETEN SIND...
... SIND "LEERE HÜLLEN", DIE DIE BEDEUTUNG IHRES EIGENEN NAMENS NICHT KENNEN...
ABER...
... AUCH DAS HAT SEINEN URSPRUNG IN DEM SCHWEREN FEHLER...
... DEN KÖNIGIN LILY VOR 800 JAHREN BEGING!!
FEHLER ...?!
DESGLEICHEN DIE WISSENSCHAFTLER, DIE IN DEN "LEEREN HUNDERT JAHREN" HERUMSCHNÜFFELN!!

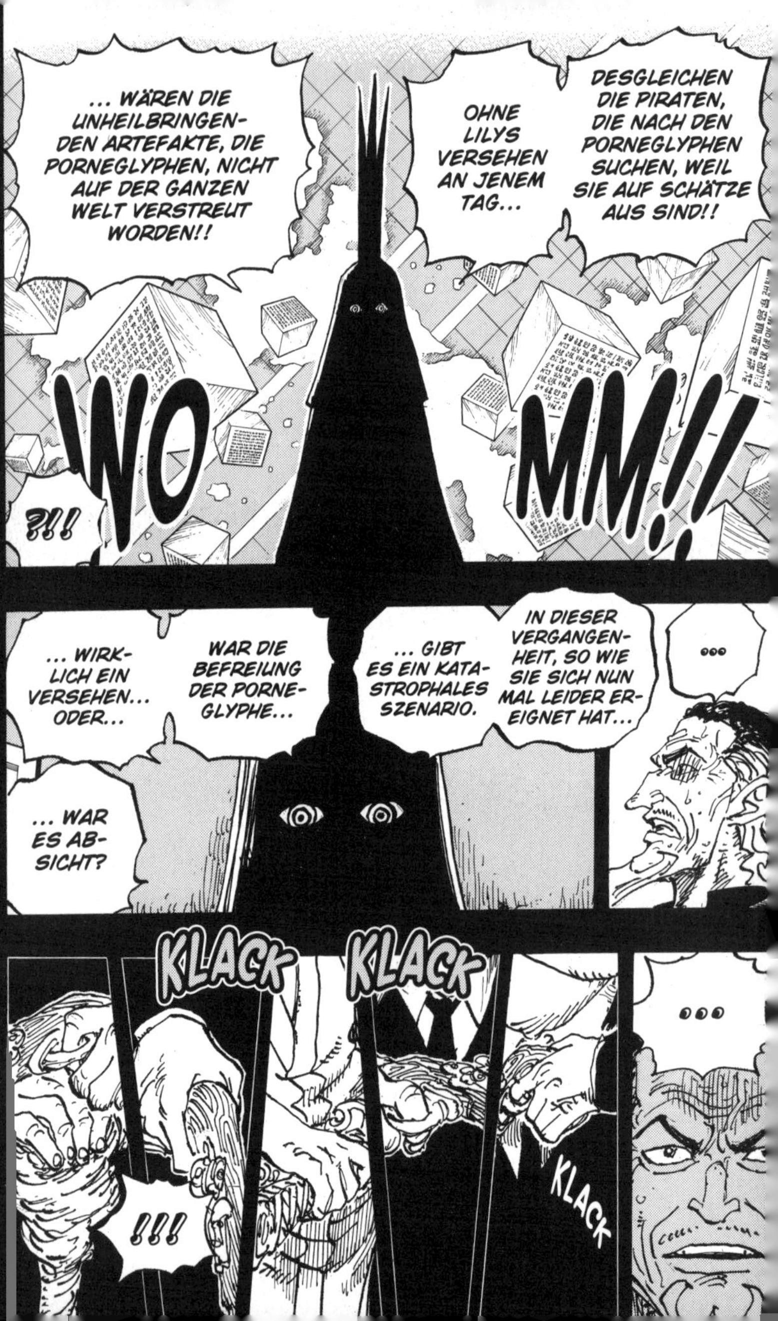

DESGLEICHEN DIE PIRATEN, DIE NACH DEN PORNEGLYPHEN SUCHEN, WEIL SIE AUF SCHÄTZE AUS SIND!!
OHNE LILYS VERSEHEN AN JENEM TAG...
... WÄREN DIE UNHEILBRINGENDEN ARTEFAKTE, DIE PORNEGLYPHEN, NICHT AUF DER GANZEN WELT VERSTREUT WORDEN!!
WO
MM!!
?!!
...
IN DIESER VERGANGENHEIT, SO WIE SIE SICH NUN MAL LEIDER EREIGNET HAT...
... GIBT ES EIN KATASTROPHALES SZENARIO.
WAR DIE BEFREIUNG DER PORNEGLYPHE...
... WIRKLICH EIN VERSEHEN... ODER...
... WAR ES ABSICHT?
KLACK
KLACK
...
KLACK
!!!

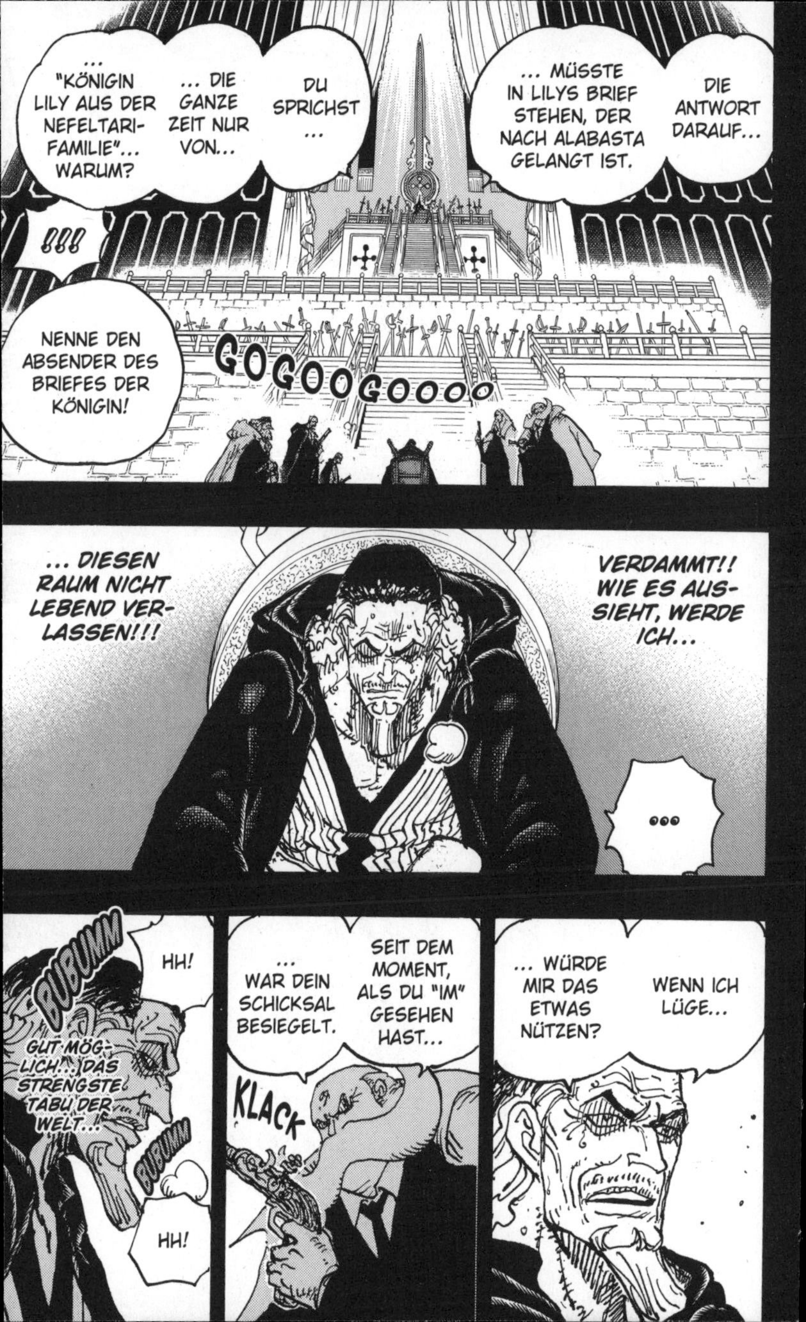
DIE ANTWORT DARAUF...
... MÜSSTE IN LILYS BRIEF STEHEN, DER NACH ALABASTA GELANGT IST.
DU SPRICHST ...
... DIE GANZE ZEIT NUR VON...
... "KÖNIGIN LILY AUS DER NEFELTARI-FAMILIE"... WARUM?
!!!
NENNE DEN ABSENDER DES BRIEFES DER KÖNIGIN!
GOGOOGOOOO
VERDAMMT!! WIE ES AUSSIEHT, WERDE ICH...
... DIESEN RAUM NICHT LEBEND VERLASSEN!!!
...
WENN ICH LÜGE...
... WÜRDE MIR DAS ETWAS NÜTZEN?
SEIT DEM MOMENT, ALS DU "IM" GESEHEN HAST...
... WAR DEIN SCHICKSAL BESIEGELT.
KLACK
HH!
BUBUMM
GUT MÖGLICH... DAS STRENGSTE TABU DER WELT...!
BUBUMM
HH!

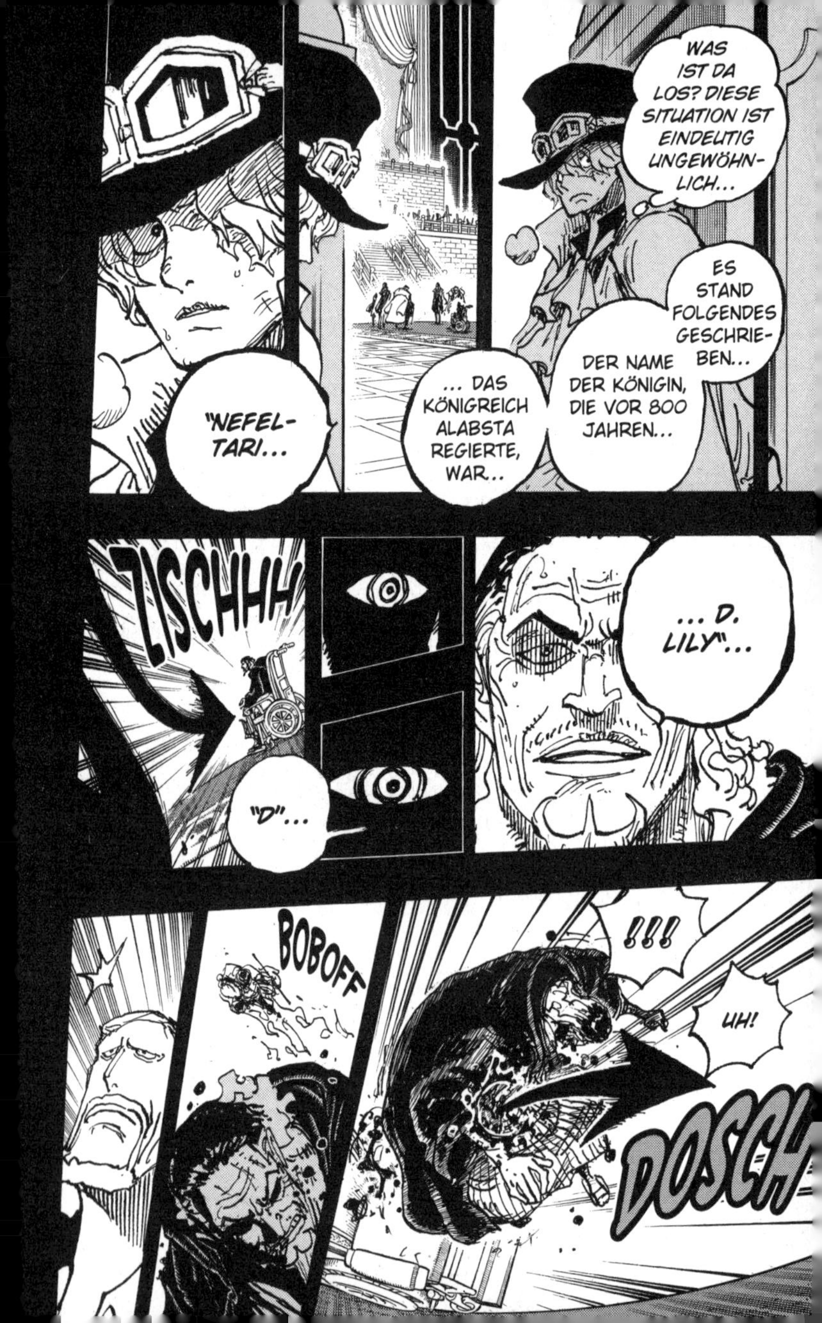
WAS IST DA LOS? DIESE SITUATION IST EINDEUTIG UNGEWÖHN-LICH...
ES STAND FOLGENDES GESCHRIE-BEN...
DER NAME DER KÖNIGIN, DIE VOR 800 JAHREN...
... DAS KÖNIGREICH ALABSTA REGIERTE, WAR...
"NEFEL-TARI...
... D. LILY"...
"D"...
ZISCHHH
UH!
!!!
DOSCH
BOBOFF

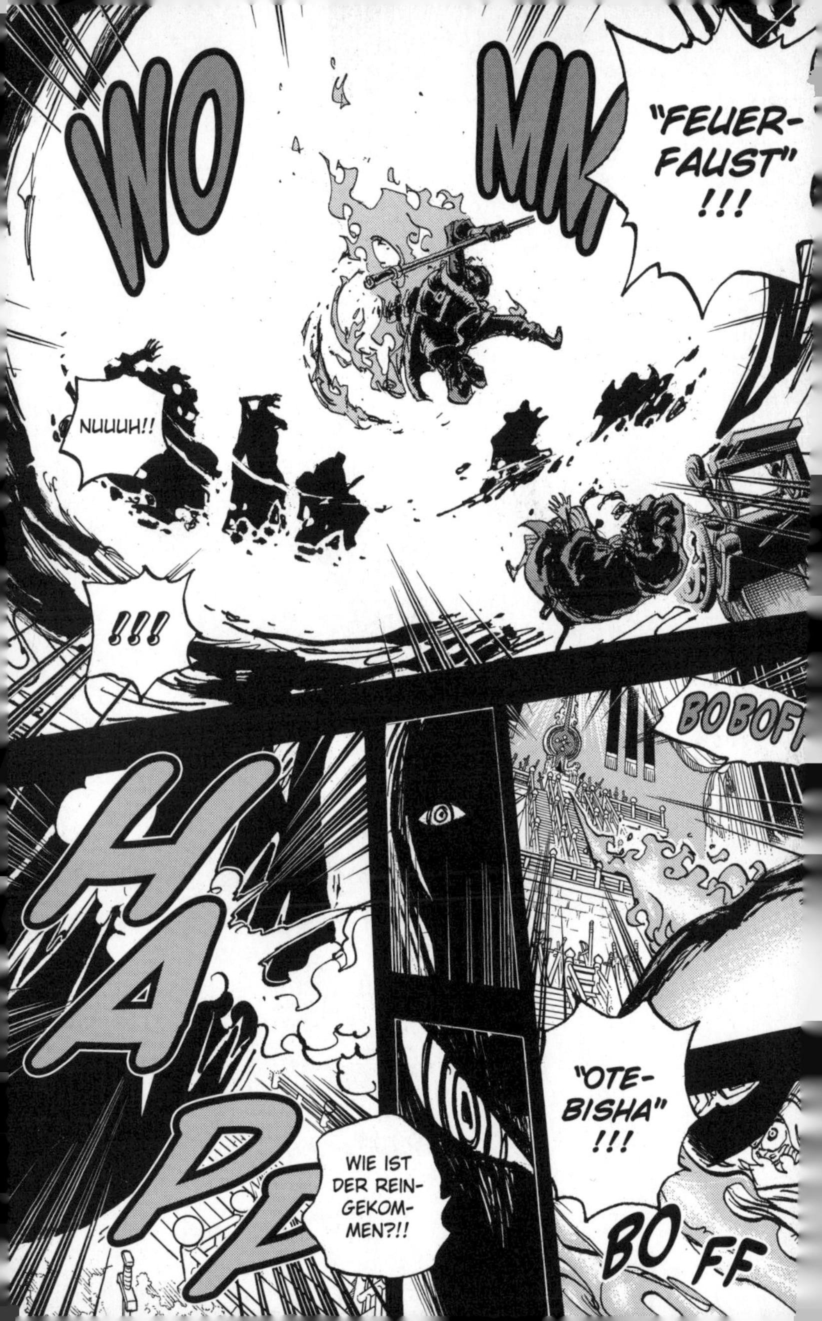

"FEUER-
FAUST"
!!!
WO MM
NUUUH!!
!!!
BOBOFF
"OTE-
BISHA"
!!!
BOFF
WIE IST
DER REIN-
GEKOM-
MEN?!!
HAP

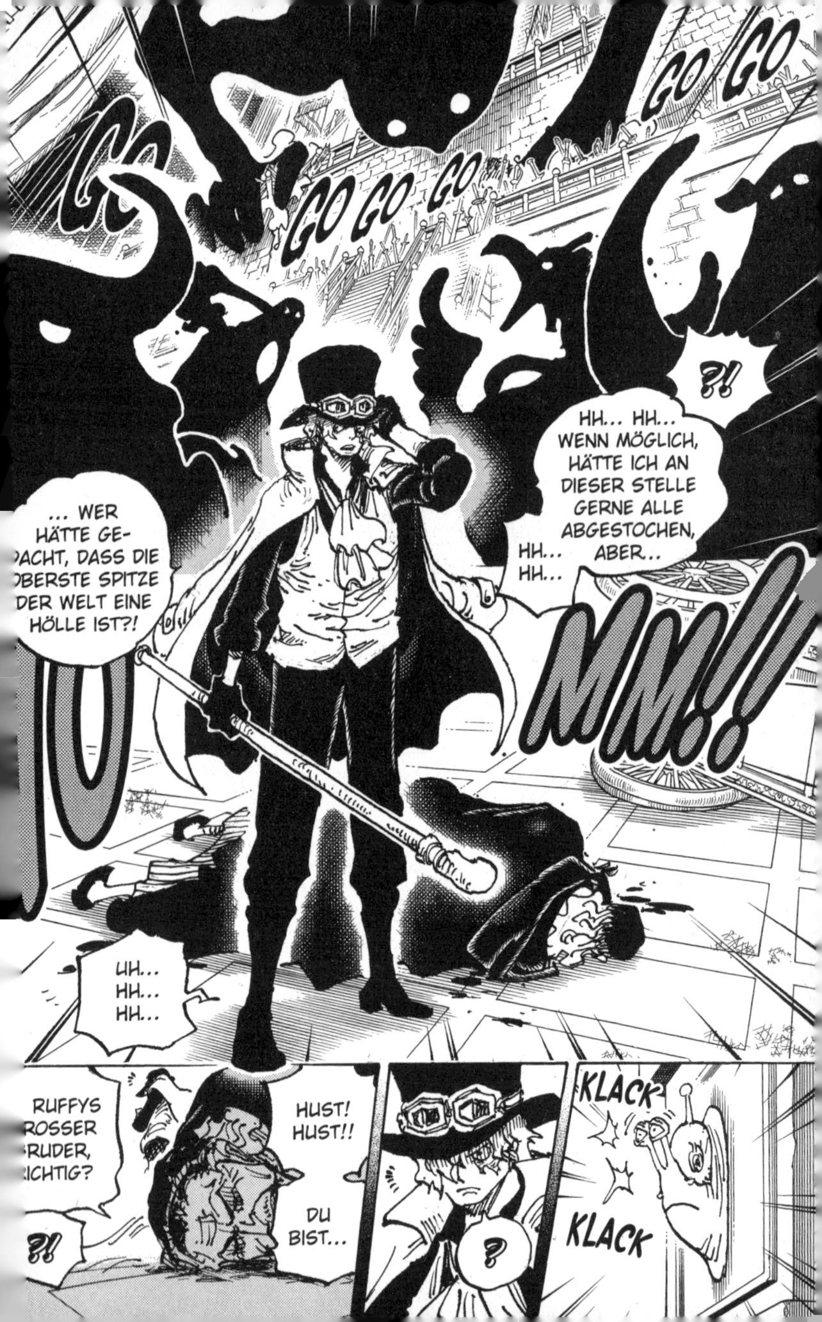
GO GO
GO GO GO
GO
?!
HH… HH… WENN MÖGLICH, HÄTTE ICH AN DIESER STELLE GERNE ALLE ABGESTOCHEN, ABER…
HH… HH…
… WER HÄTTE GE- DACHT, DASS DIE OBERSTE SPITZE DER WELT EINE HÖLLE IST?!
MM!!
UH… HH… HH…
KLACK
KLACK
?
HUST! HUST!!
DU BIST…
RUFFYS GROSSER BRUDER, RICHTIG?
?!

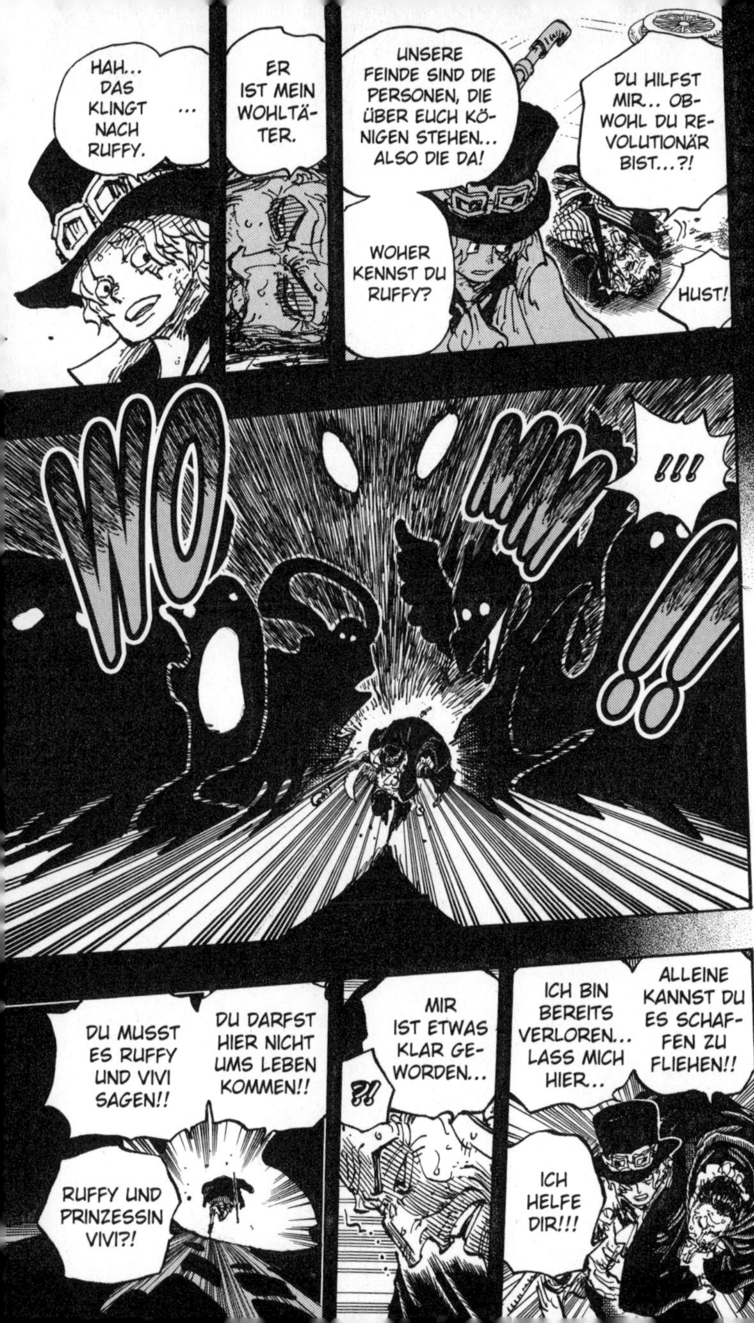
DU HILFST MIR… OB-WOHL DU RE-VOLUTIONÄR BIST…?!
HUST!
UNSERE FEINDE SIND DIE PERSONEN, DIE ÜBER EUCH KÖ-NIGEN STEHEN… ALSO DIE DA!
WOHER KENNST DU RUFFY?
ER IST MEIN WOHLTÄ-TER.
…
HAH… DAS KLINGT NACH RUFFY.
WOMM!!
!!!
ALLEINE KANNST DU ES SCHAF-FEN ZU FLIEHEN!!
ICH BIN BEREITS VERLOREN… LASS MICH HIER…
ICH HELFE DIR!!!
MIR IST ETWAS KLAR GE-WORDEN…
?!
DU DARFST HIER NICHT UMS LEBEN KOMMEN!!
DU MUSST ES RUFFY UND VIVI SAGEN!!
RUFFY UND PRINZESSIN VIVI?!

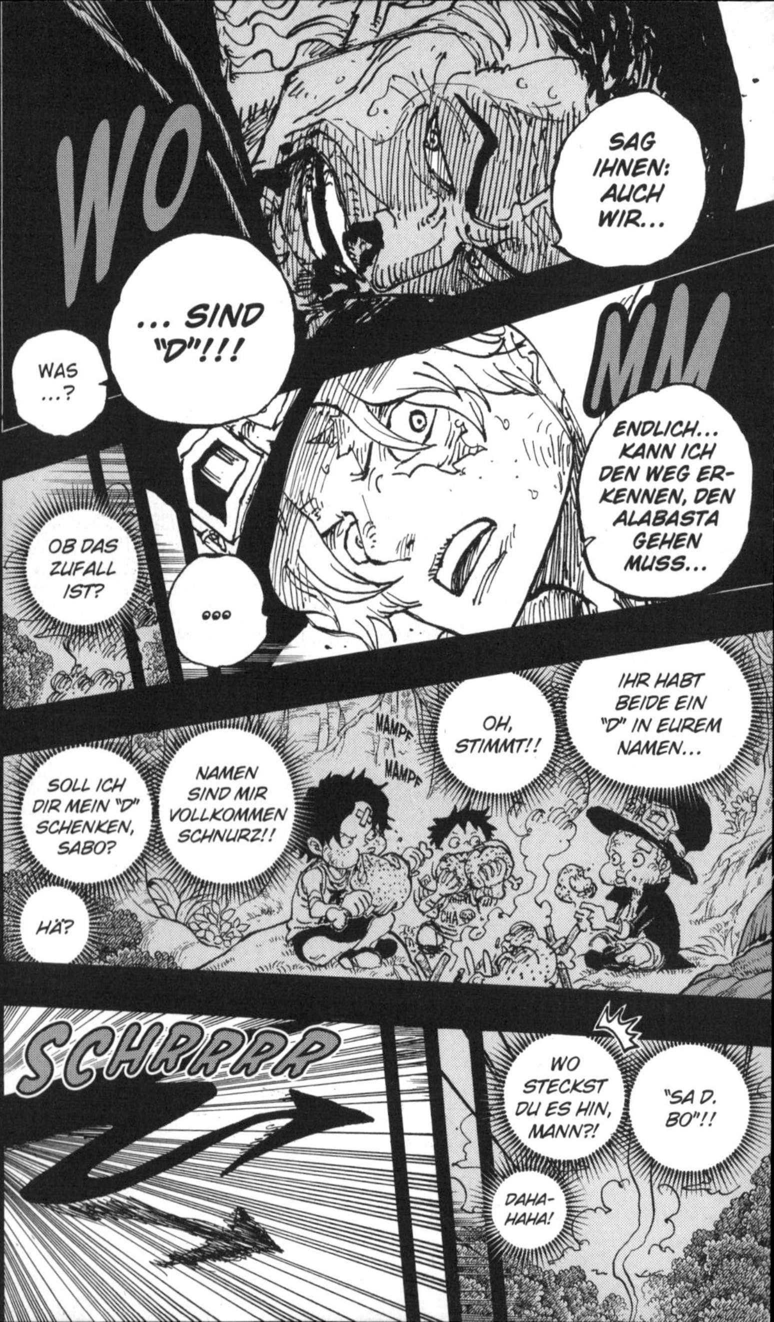
SAG IHNEN: AUCH WIR...
WO
... SIND "D"!!!
MM
WAS ...?
ENDLICH... KANN ICH DEN WEG ER-KENNEN, DEN ALABASTA GEHEN MUSS...
...
OB DAS ZUFALL IST?
IHR HABT BEIDE EIN "D" IN EUREM NAMEN...
OH, STIMMT!!
MAMPF
MAMPF
NAMEN SIND MIR VOLLKOMMEN SCHNURZ!!
SOLL ICH DIR MEIN "D" SCHENKEN, SABO?
HÄ?
CHA
"SA D. BO"!!
WO STECKST DU ES HIN, MANN?!
DAHA-HAHA!
SCHRRRR

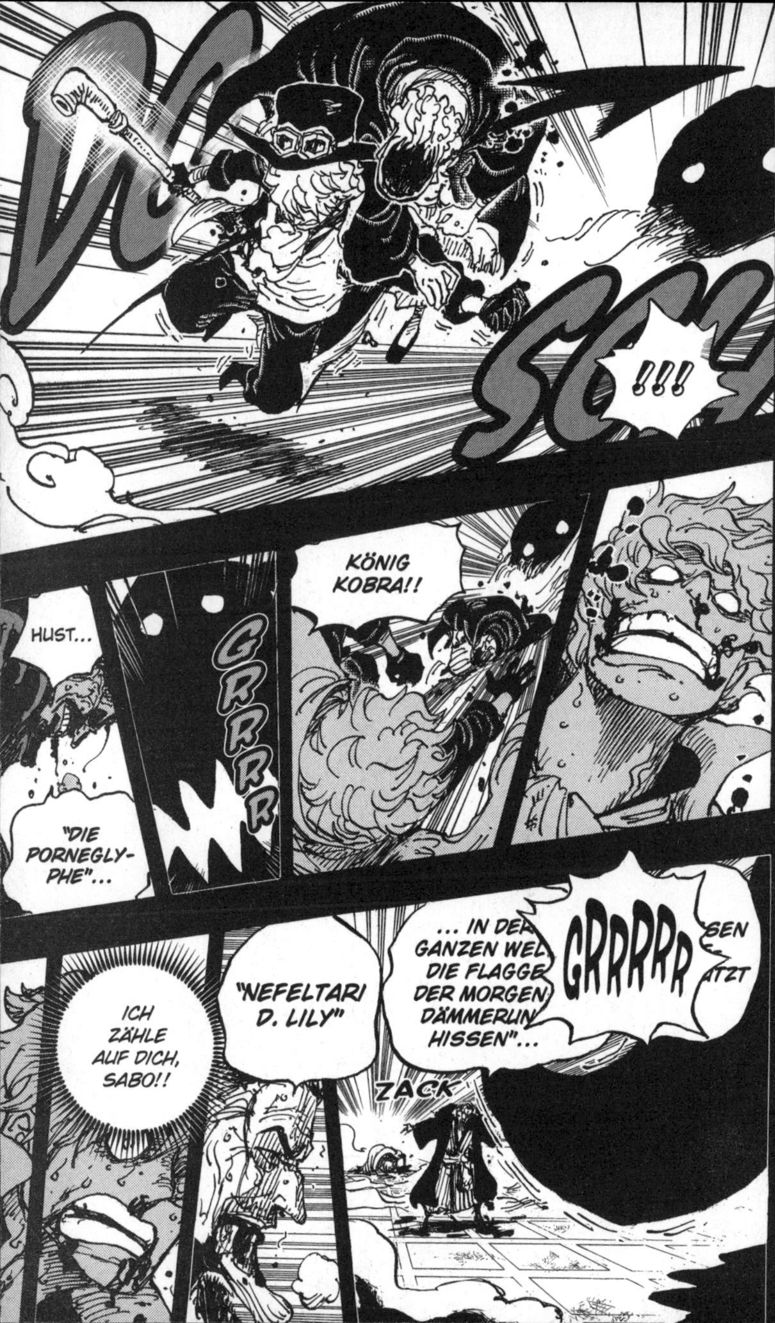

!!!
KÖNIG KOBRA!!
GRRRR
HUST...
"DIE PORNEGLYPHE"...
SEN
ATZT
GRRRRR
... IN DER GANZEN WEL DIE FLAGGE DER MORGEN DÄMMERUN HISSEN"...
"NEFELTARI D. LILY"
ICH ZÄHLE AUF DICH, SABO!!
ZACK

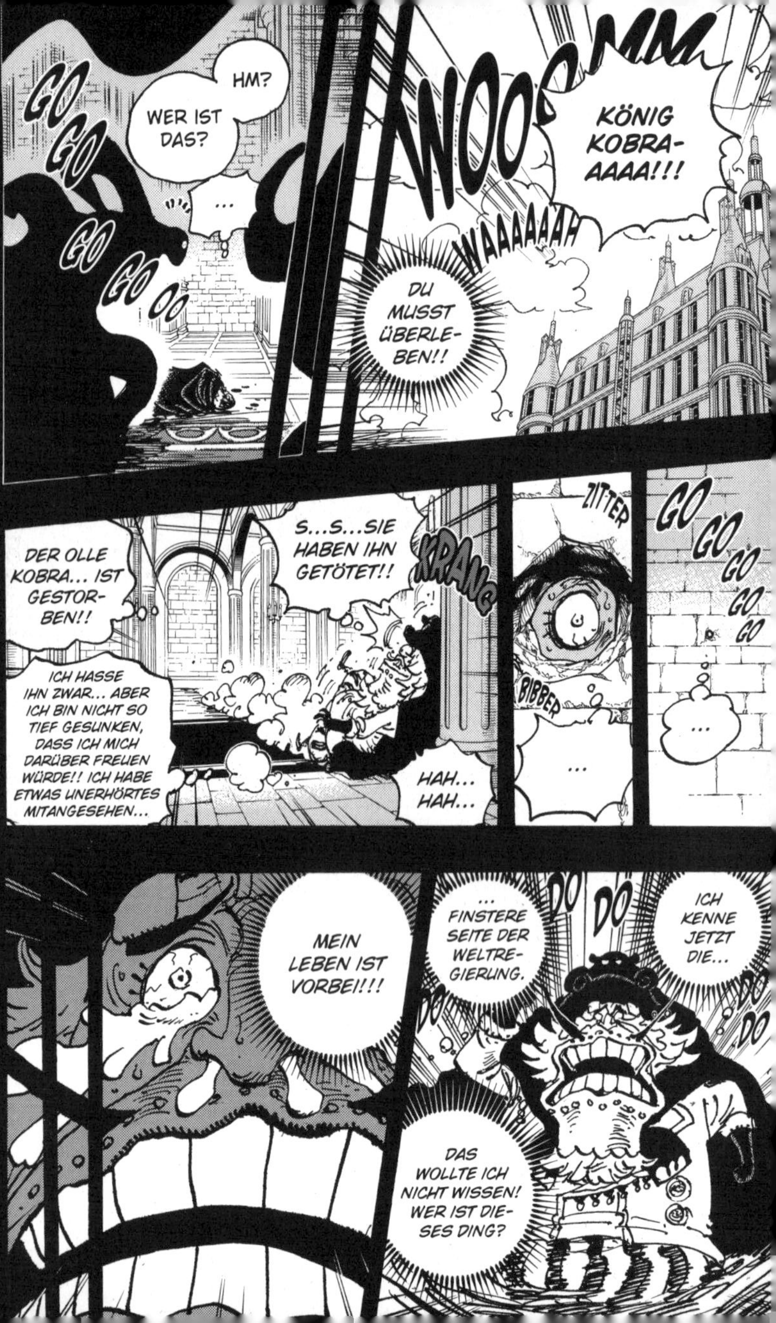
WOOOOMMM
KÖNIG KOBRA-AAAA!!!
WAAAAAAH
DU MUSST ÜBERLE-BEN!!
HM?
WER IST DAS?
...
GO GO GO GO
GO GO GO GO GO
ZITTER
BIBBER
...
...
S...S...SIE HABEN IHN GETÖTET!!
KRANG
DER OLLE KOBRA... IST GESTOR-BEN!!
ICH HASSE IHN ZWAR... ABER ICH BIN NICHT SO TIEF GESUNKEN, DASS ICH MICH DARÜBER FREUEN WÜRDE!! ICH HABE ETWAS UNERHÖRTES MITANGESEHEN...
HAH... HAH...
DO DO DO DO DO
ICH KENNE JETZT DIE...
... FINSTERE SEITE DER WELTRE-GIERUNG.
DAS WOLLTE ICH NICHT WISSEN! WER IST DIE-SES DING?
MEIN LEBEN IST VORBEI!!!

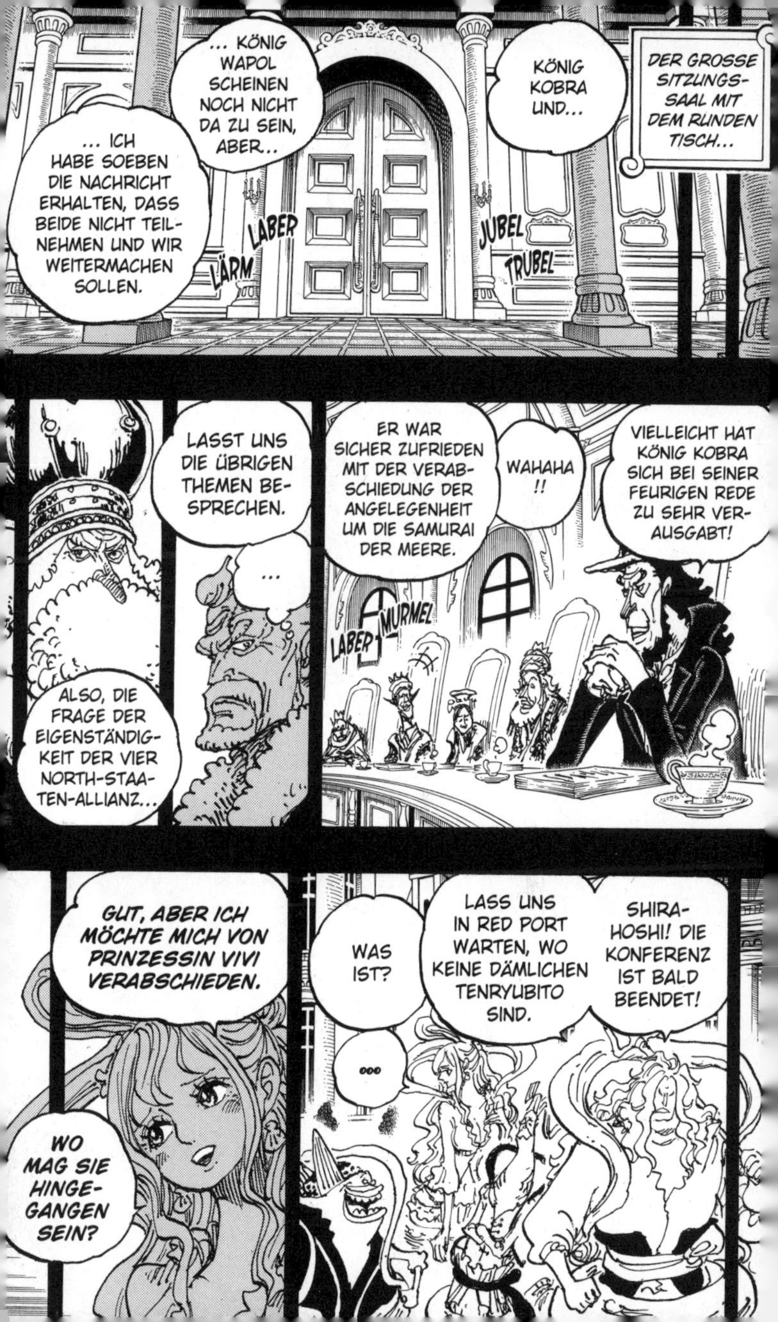
DER GROSSE SITZUNGSSAAL MIT DEM RUNDEN TISCH…
KÖNIG KOBRA UND…
… KÖNIG WAPOL SCHEINEN NOCH NICHT DA ZU SEIN, ABER…
… ICH HABE SOEBEN DIE NACHRICHT ERHALTEN, DASS BEIDE NICHT TEILNEHMEN UND WIR WEITERMACHEN SOLLEN.
JUBEL
TRUBEL
LABER
LÄRM
VIELLEICHT HAT KÖNIG KOBRA SICH BEI SEINER FEURIGEN REDE ZU SEHR VERAUSGABT!
WAHAHA !!
ER WAR SICHER ZUFRIEDEN MIT DER VERABSCHIEDUNG DER ANGELEGENHEIT UM DIE SAMURAI DER MEERE.
MURMEL
LABER
LASST UNS DIE ÜBRIGEN THEMEN BESPRECHEN.
…
ALSO, DIE FRAGE DER EIGENSTÄNDIGKEIT DER VIER NORTH-STAATEN-ALLIANZ…
SHIRAHOSHI! DIE KONFERENZ IST BALD BEENDET!
LASS UNS IN RED PORT WARTEN, WO KEINE DÄMLICHEN TENRYUBITO SIND.
WAS IST?
…
GUT, ABER ICH MÖCHTE MICH VON PRINZESSIN VIVI VERABSCHIEDEN.
WO MAG SIE HINGEGANGEN SEIN?

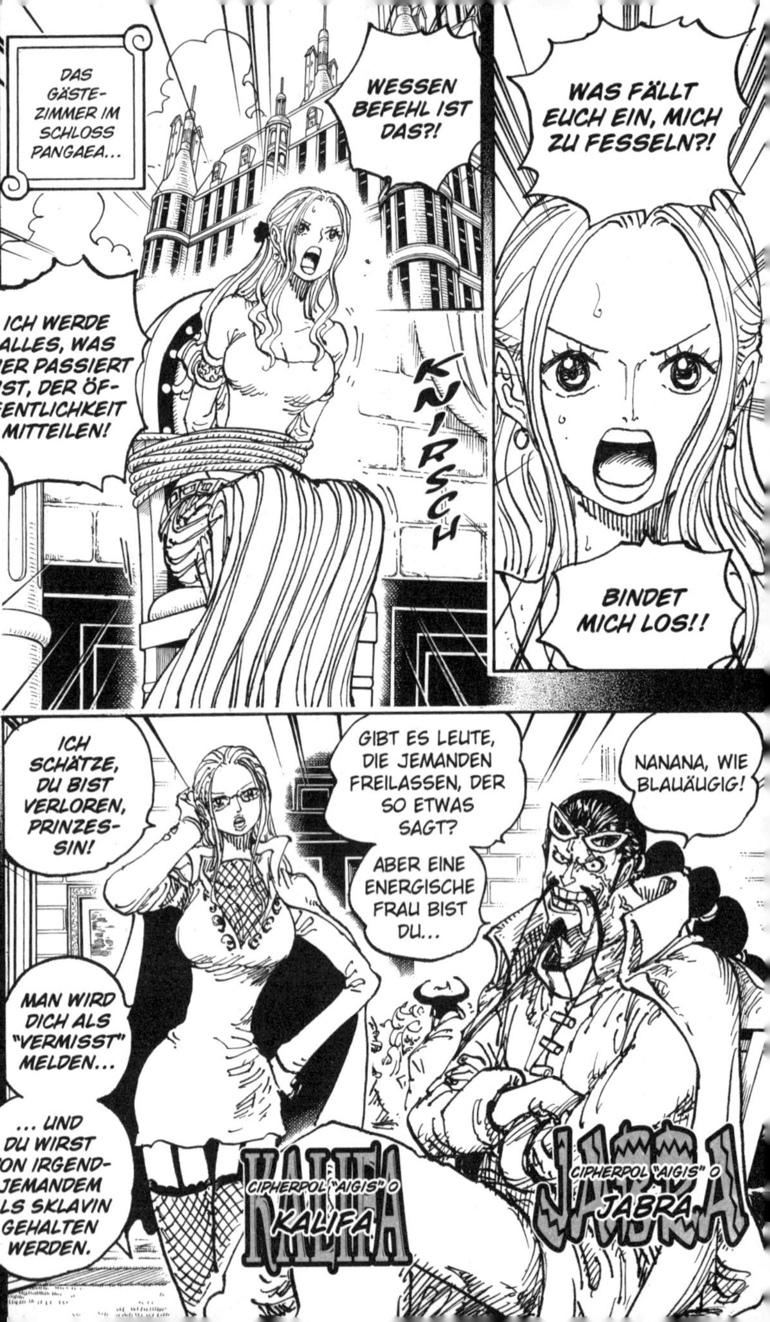

WAS FÄLLT EUCH EIN, MICH ZU FESSELN?!
BINDET MICH LOS!!
WESSEN BEFEHL IST DAS?!
DAS GÄSTEZIMMER IM SCHLOSS PANGAEA...
KNIRSCH
ICH WERDE ALLES, WAS HIER PASSIERT IST, DER ÖFFENTLICHKEIT MITTEILEN!
NANANA, WIE BLAUÄUGIG!
GIBT ES LEUTE, DIE JEMANDEN FREILASSEN, DER SO ETWAS SAGT?
ABER EINE ENERGISCHE FRAU BIST DU...
ICH SCHÄTZE, DU BIST VERLOREN, PRINZESSIN!
MAN WIRD DICH ALS "VERMISST" MELDEN...
... UND DU WIRST VON IRGENDJEMANDEM ALS SKLAVIN GEHALTEN WERDEN.
CIPHERPOL "AIGIS" 0
JABRA
CIPHERPOL "AIGIS" 0
KALIFA

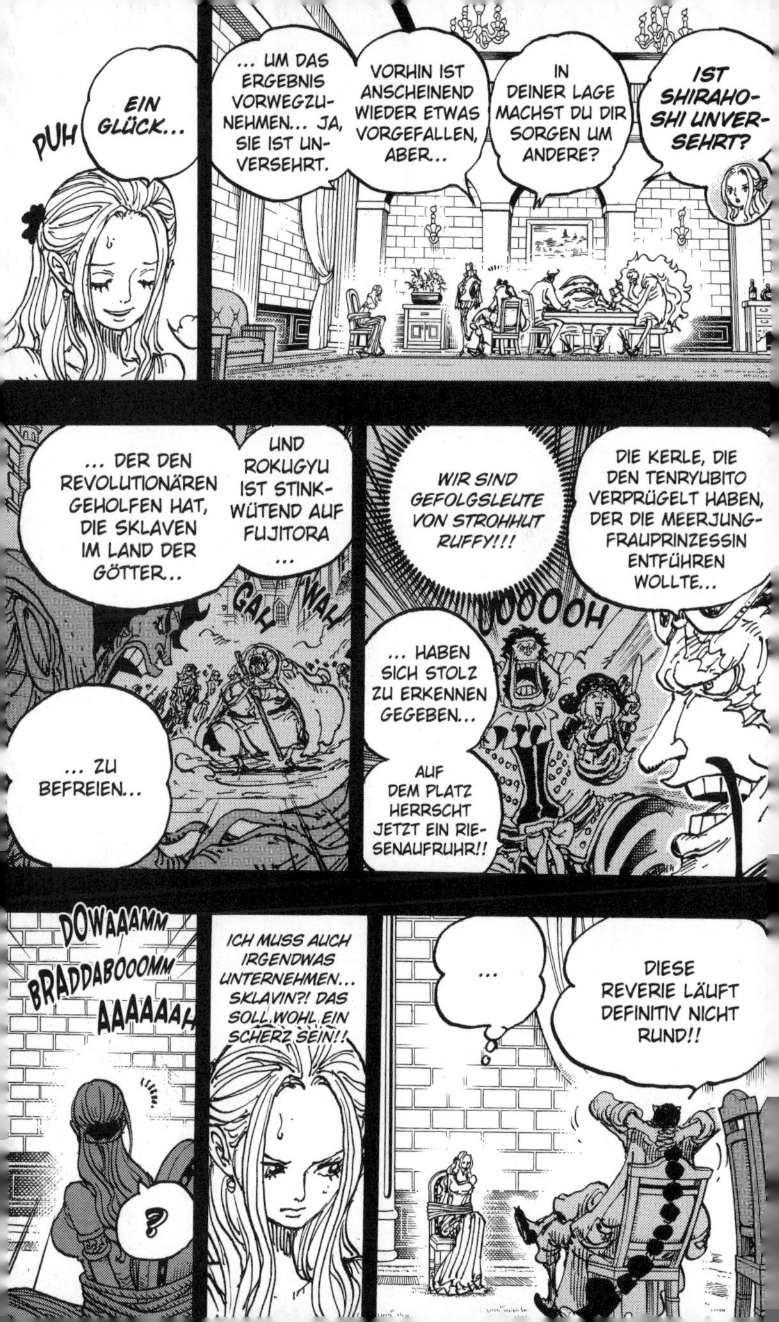
IST SHIRAHOSHI UNVERSEHRT?
IN DEINER LAGE MACHST DU DIR SORGEN UM ANDERE?
VORHIN IST ANSCHEINEND WIEDER ETWAS VORGEFALLEN, ABER...
... UM DAS ERGEBNIS VORWEGZUNEHMEN... JA, SIE IST UNVERSEHRT.
PUH
EIN GLÜCK...
DIE KERLE, DIE DEN TENRYUBITO VERPRÜGELT HABEN, DER DIE MEERJUNGFRAUPRINZESSIN ENTFÜHREN WOLLTE...
WIR SIND GEFOLGSLEUTE VON STROHHUT RUFFY!!!
UOOOOH
... HABEN SICH STOLZ ZU ERKENNEN GEGEBEN...
AUF DEM PLATZ HERRSCHT JETZT EIN RIESENAUFRUHR!!
UND ROKUGYU IST STINKWÜTEND AUF FUJITORA...
... DER DEN REVOLUTIONÄREN GEHOLFEN HAT, DIE SKLAVEN IM LAND DER GÖTTER...
GAH
WAH
... ZU BEFREIEN...
DIESE REVERIE LÄUFT DEFINITIV NICHT RUND!!
...
ICH MUSS AUCH IRGENDWAS UNTERNEHMEN... SKLAVIN?! DAS SOLL WOHL EIN SCHERZ SEIN!!
DOWAAAMM
BRADDABOOOMM
AAAAAAH
?

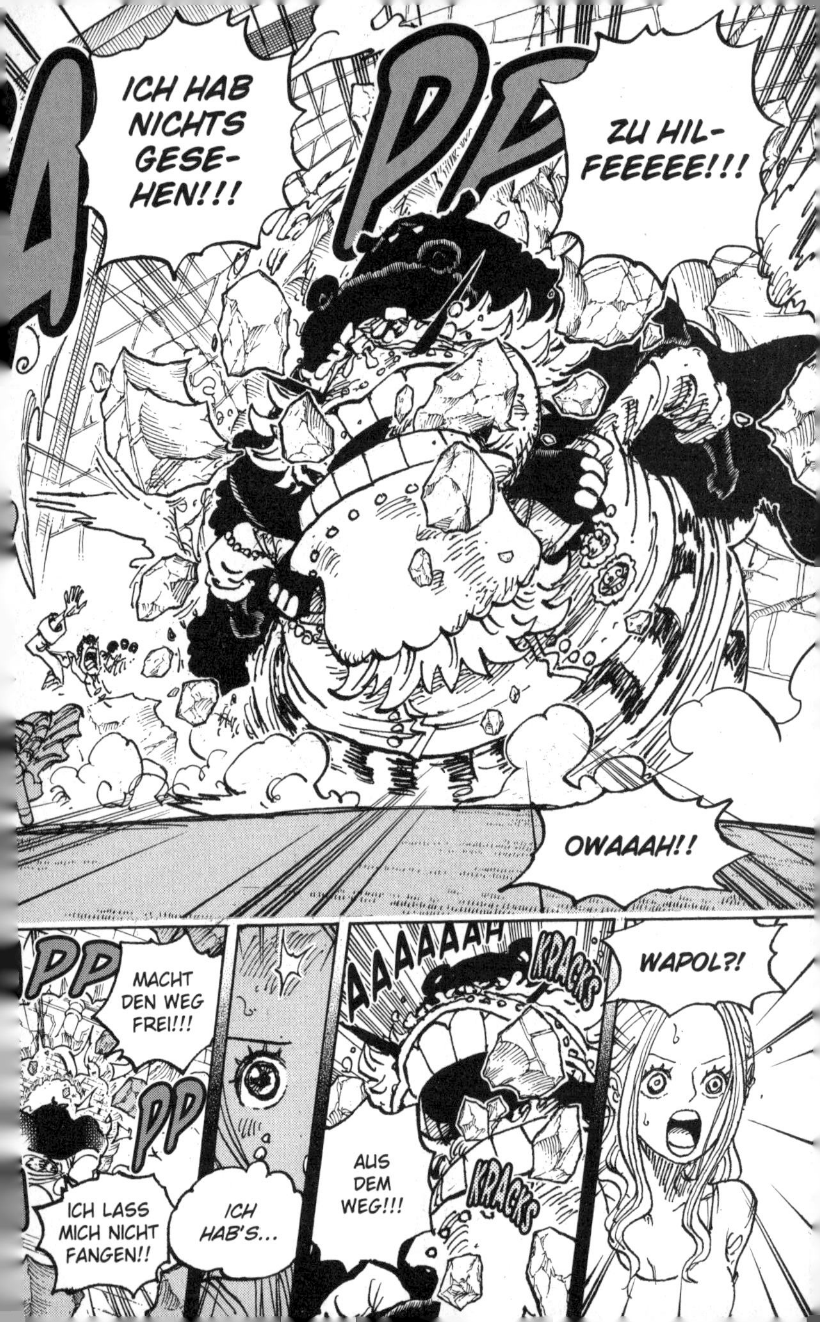
ZU HIL-
FEEEEEE!!!
ICH HAB NICHTS GESE-
HEN!!!
OWAAAH!!
WAPOL?!
AAAAAAH
KRACKS
AUS DEM WEG!!!
KRACKS
ICH HAB'S...
PP
MACHT DEN WEG FREI!!!
PP
ICH LASS MICH NICHT FANGEN!!

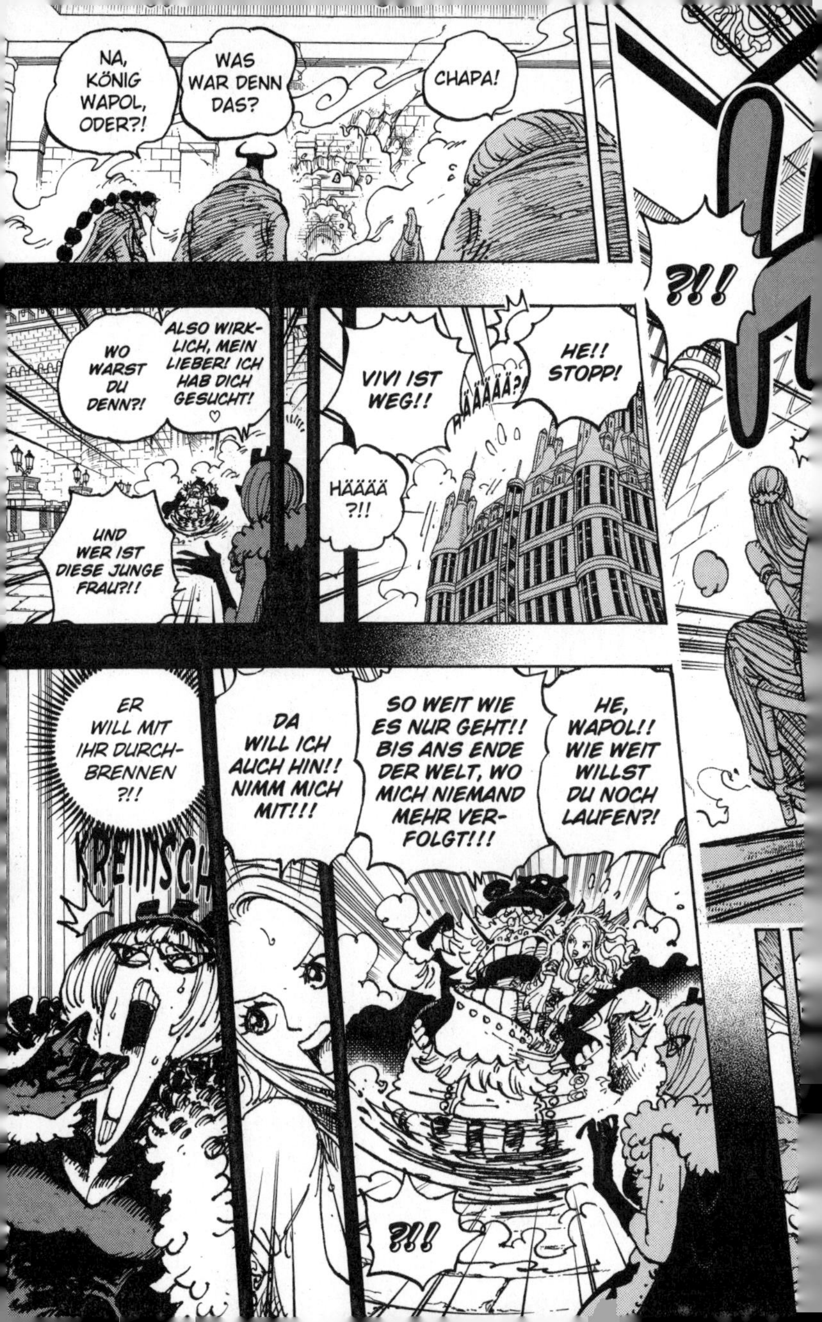
CHAPA!
WAS WAR DENN DAS?
NA, KÖNIG WAPOL, ODER?!
?!!
HE!! STOPP!
HÄÄÄÄÄ?!
VIVI IST WEG!!
HÄÄÄÄ ?!!
ALSO WIRKLICH, MEIN LIEBER! ICH HAB DICH GESUCHT! ♡
WO WARST DU DENN?!
UND WER IST DIESE JUNGE FRAU?!!
HE, WAPOL!! WIE WEIT WILLST DU NOCH LAUFEN?!
SO WEIT WIE ES NUR GEHT!! BIS ANS ENDE DER WELT, WO MICH NIEMAND MEHR VERFOLGT!!!
DA WILL ICH AUCH HIN!! NIMM MICH MIT!!!
ER WILL MIT IHR DURCHBRENNEN ?!!
KREIIISCH
?!!

Kapitel 1086: Die fünf Weisen

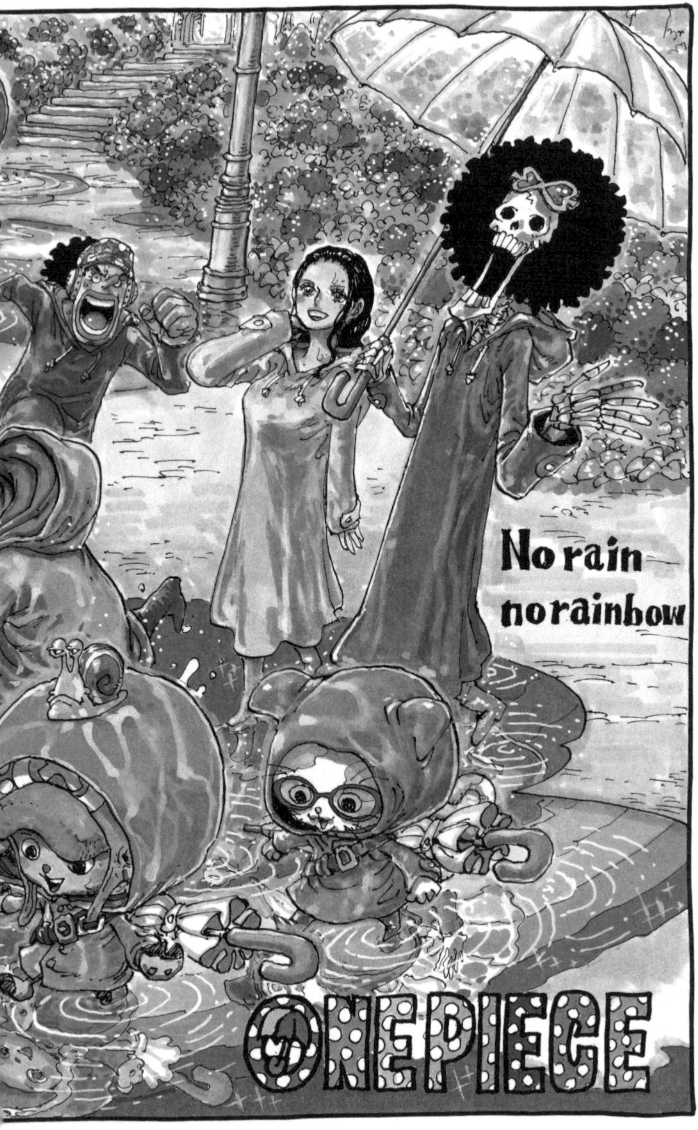

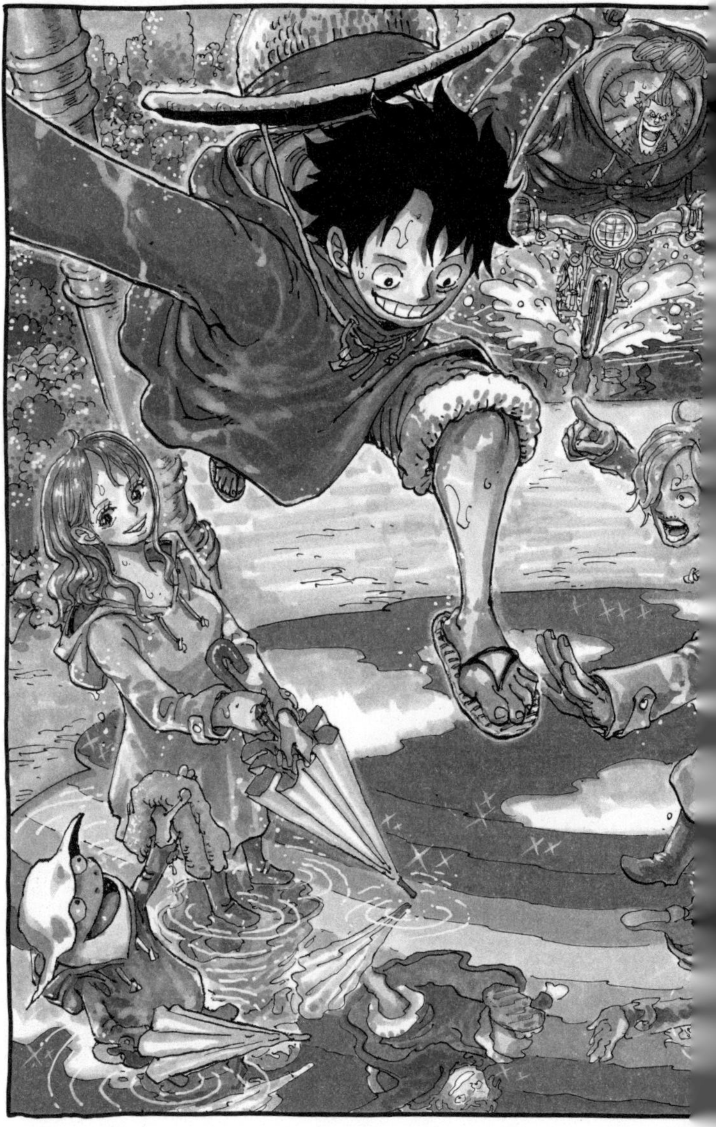

vol. 107

ONE PIECE

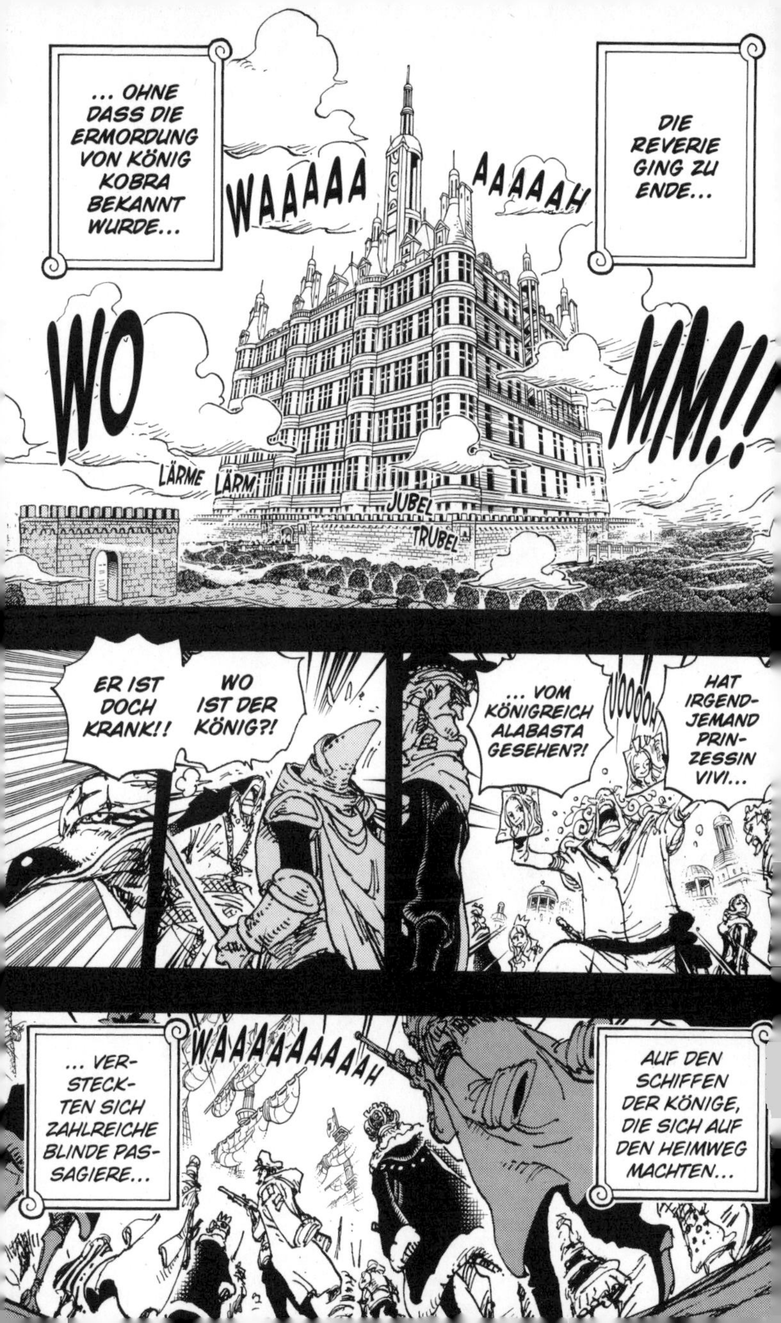
DIE REVERIE GING ZU ENDE…
… OHNE DASS DIE ERMORDUNG VON KÖNIG KOBRA BEKANNT WURDE…
WAAAAA AAAAAH
WO MM!!
LÄRME LÄRM
JUBEL TRUBEL
HAT IRGENDJEMAND PRINZESSIN VIVI…
… VOM KÖNIGREICH ALABASTA GESEHEN?!
UOOOOH
WO IST DER KÖNIG?!
ER IST DOCH KRANK!!
AUF DEN SCHIFFEN DER KÖNIGE, DIE SICH AUF DEN HEIMWEG MACHTEN…
… VERSTECKTEN SICH ZAHLREICHE BLINDE PASSAGIERE…
WAAAAAAAAAAH

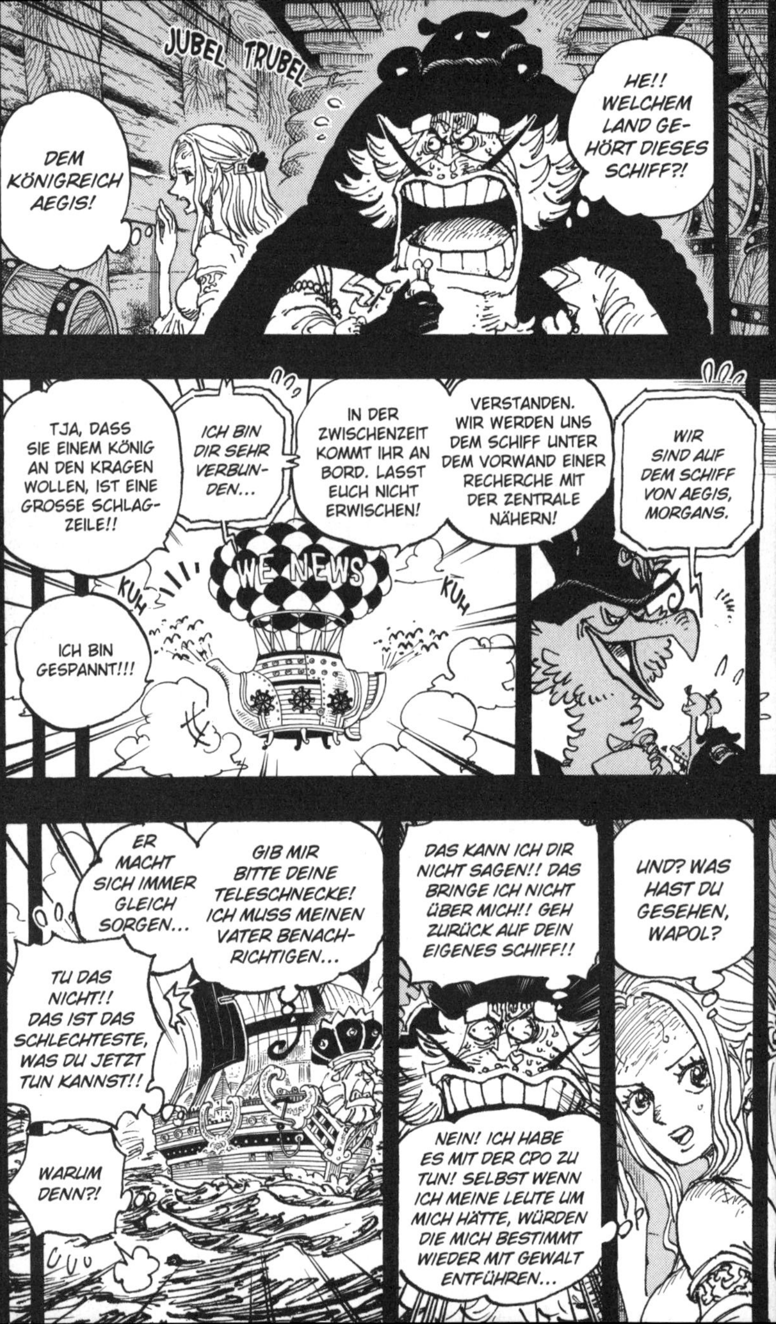
HE!! WELCHEM LAND GEHÖRT DIESES SCHIFF?!
JUBEL TRUBEL
DEM KÖNIGREICH AEGIS!
WIR SIND AUF DEM SCHIFF VON AEGIS, MORGANS.
VERSTANDEN. WIR WERDEN UNS DEM SCHIFF UNTER DEM VORWAND EINER RECHERCHE MIT DER ZENTRALE NÄHERN!
IN DER ZWISCHENZEIT KOMMT IHR AN BORD. LASST EUCH NICHT ERWISCHEN!
ICH BIN DIR SEHR VERBUNDEN…
TJA, DASS SIE EINEM KÖNIG AN DEN KRAGEN WOLLEN, IST EINE GROSSE SCHLAGZEILE!!
WE NEWS
KUH
KUH
ICH BIN GESPANNT!!!
UND? WAS HAST DU GESEHEN, WAPOL?
DAS KANN ICH DIR NICHT SAGEN!! DAS BRINGE ICH NICHT ÜBER MICH!! GEH ZURÜCK AUF DEIN EIGENES SCHIFF!!
NEIN! ICH HABE ES MIT DER CPO ZU TUN! SELBST WENN ICH MEINE LEUTE UM MICH HÄTTE, WÜRDEN DIE MICH BESTIMMT WIEDER MIT GEWALT ENTFÜHREN…
GIB MIR BITTE DEINE TELESCHNECKE! ICH MUSS MEINEN VATER BENACHRICHTIGEN…
ER MACHT SICH IMMER GLEICH SORGEN…
TU DAS NICHT!! DAS IST DAS SCHLECHTESTE, WAS DU JETZT TUN KANNST!!
WARUM DENN?!

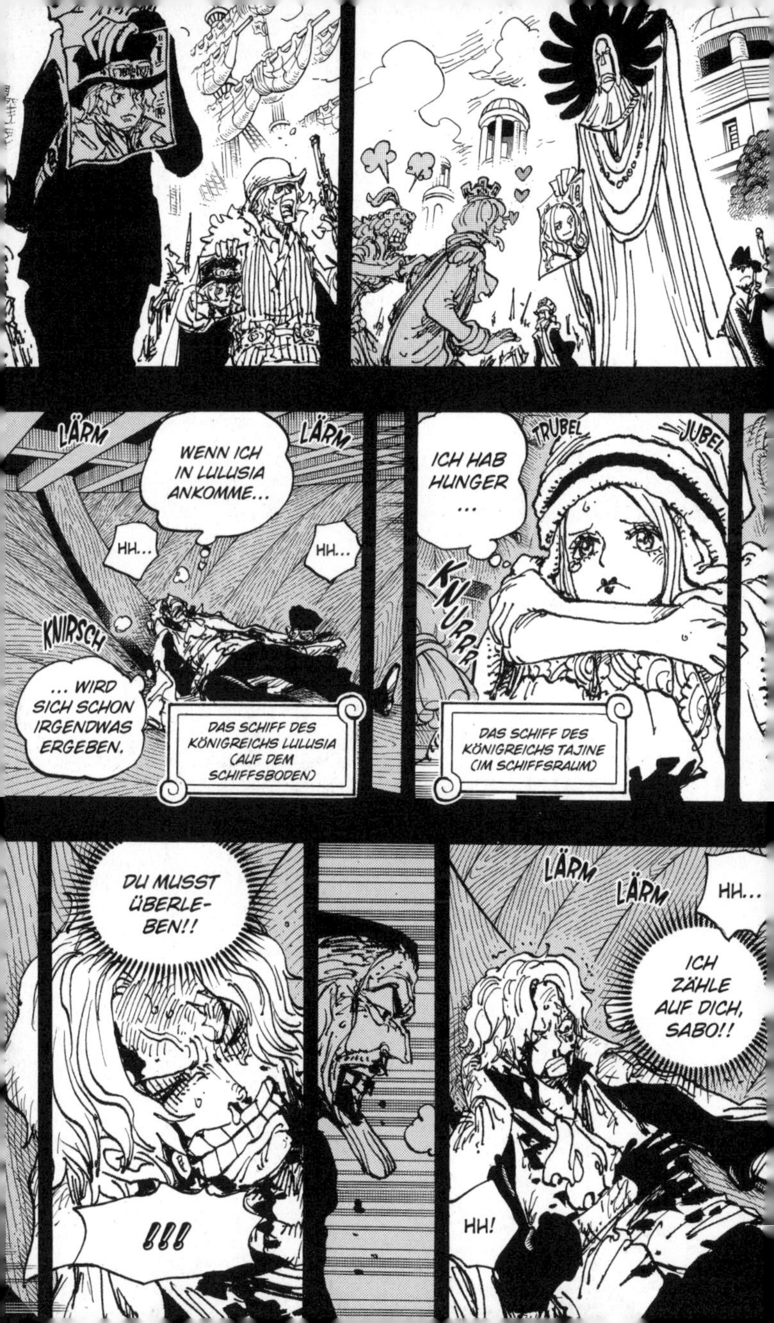
TRUBEL
JUBEL
ICH HAB HUNGER ...
KNURRR
DAS SCHIFF DES KÖNIGREICHS TAJINE (IM SCHIFFSRAUM)
LÄRM
LÄRM
WENN ICH IN LULUSIA ANKOMME...
HH...
HH...
KNIRSCH
... WIRD SICH SCHON IRGENDWAS ERGEBEN.
DAS SCHIFF DES KÖNIGREICHS LULUSIA (AUF DEM SCHIFFSBODEN)
LÄRM
LÄRM
HH...
ICH ZÄHLE AUF DICH, SABO!!
HH!
DU MUSST ÜBERLE-BEN!!
!!!

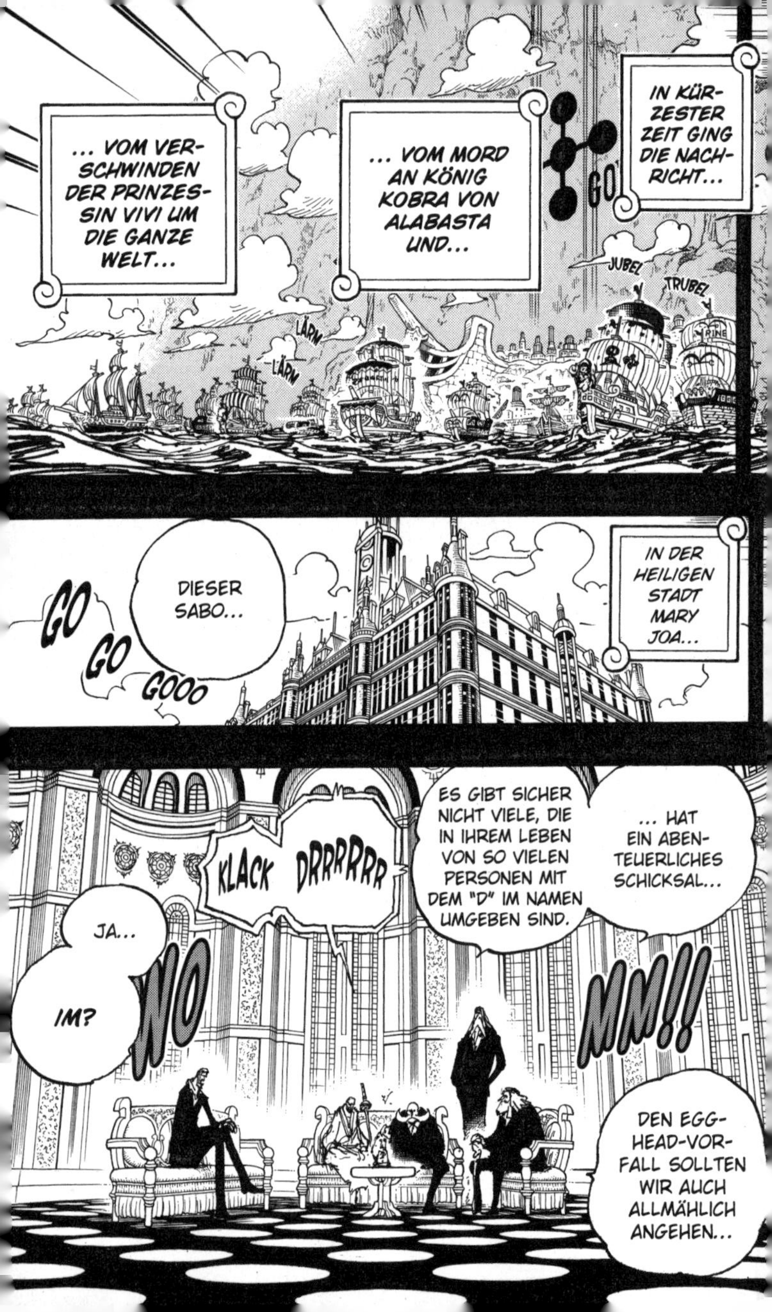
IN KÜRZESTER ZEIT GING DIE NACHRICHT...
GO
... VOM MORD AN KÖNIG KOBRA VON ALABASTA UND...
... VOM VERSCHWINDEN DER PRINZESSIN VIVI UM DIE GANZE WELT...
JUBEL
TRUBEL
LÄRM
LÄRM
IN DER HEILIGEN STADT MARY JOA...
DIESER SABO...
GO
GO
GOOO
... HAT EIN ABENTEUERLICHES SCHICKSAL...
ES GIBT SICHER NICHT VIELE, DIE IN IHREM LEBEN VON SO VIELEN PERSONEN MIT DEM "D" IM NAMEN UMGEBEN SIND.
KLACK
DRRRRRR
JA...
IM?
WO
MM!!
DEN EGGHEAD-VORFALL SOLLTEN WIR AUCH ALLMÄHLICH ANGEHEN...

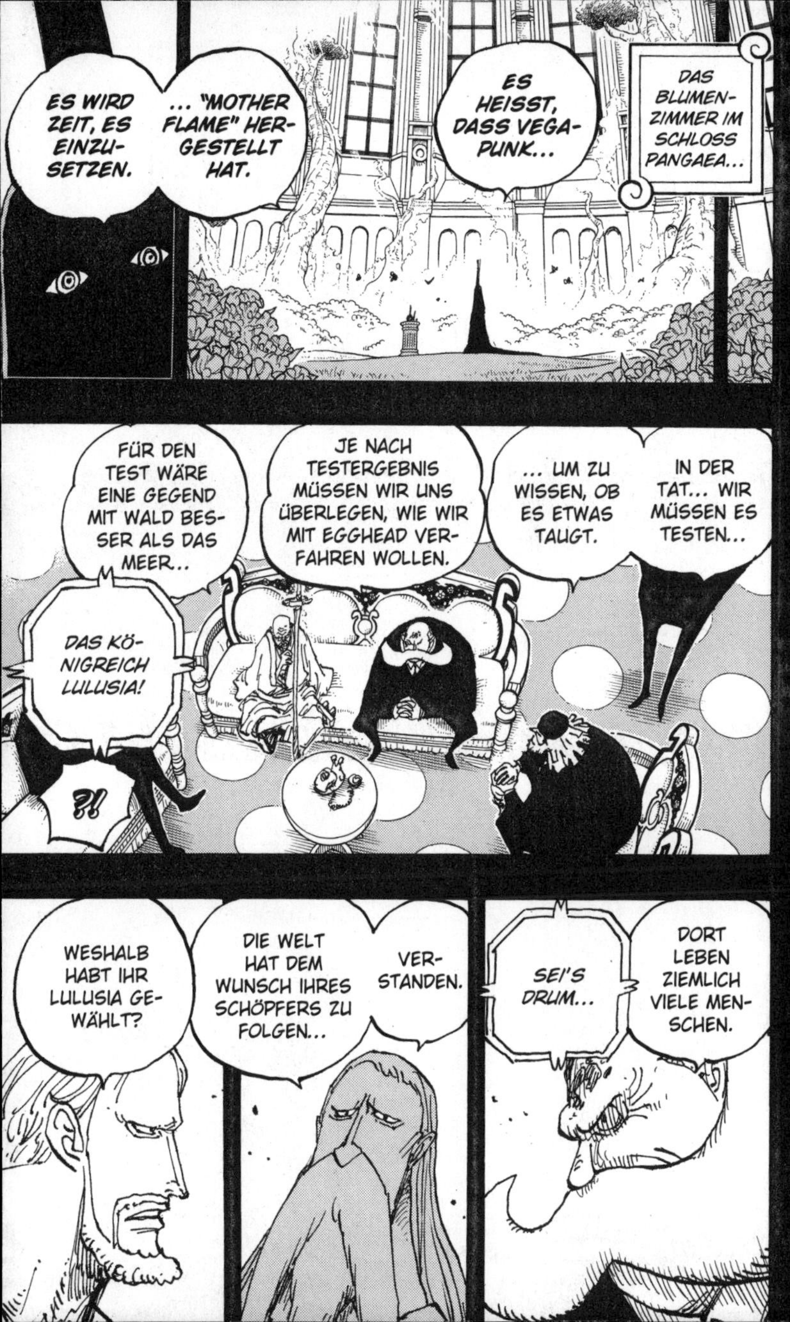
DAS BLUMENZIMMER IM SCHLOSS PANGAEA...
ES HEISST, DASS VEGAPUNK...
... "MOTHER FLAME" HERGESTELLT HAT.
ES WIRD ZEIT, ES EINZUSETZEN.
IN DER TAT... WIR MÜSSEN ES TESTEN...
... UM ZU WISSEN, OB ES ETWAS TAUGT.
JE NACH TESTERGEBNIS MÜSSEN WIR UNS ÜBERLEGEN, WIE WIR MIT EGGHEAD VERFAHREN WOLLEN.
FÜR DEN TEST WÄRE EINE GEGEND MIT WALD BESSER ALS DAS MEER...
DAS KÖNIGREICH LULUSIA!
?!
DORT LEBEN ZIEMLICH VIELE MENSCHEN.
SEI'S DRUM...
VERSTANDEN.
DIE WELT HAT DEM WUNSCH IHRES SCHÖPFERS ZU FOLGEN...
WESHALB HABT IHR LULUSIA GEWÄHLT?

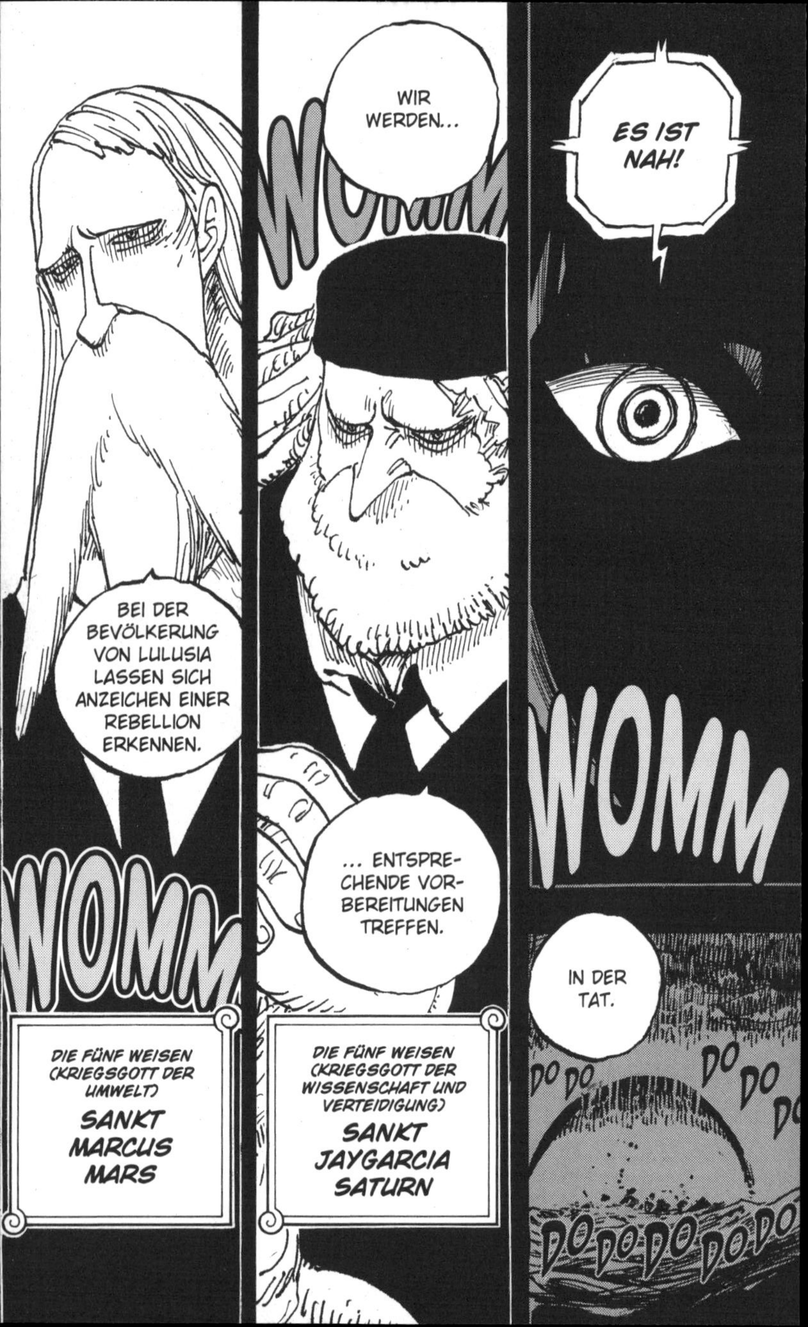
ES IST NAH!
WOMM
IN DER TAT.
DO DO DO DO DO DO DO DO DO DO DO
WIR WERDEN...
WOMM
... ENTSPRECHENDE VORBEREITUNGEN TREFFEN.
DIE FÜNF WEISEN (KRIEGSGOTT DER WISSENSCHAFT UND VERTEIDIGUNG)
SANKT JAYGARCIA SATURN
BEI DER BEVÖLKERUNG VON LULUSIA LASSEN SICH ANZEICHEN EINER REBELLION ERKENNEN.
WOMM
DIE FÜNF WEISEN (KRIEGSGOTT DER UMWELT)
SANKT MARCUS MARS

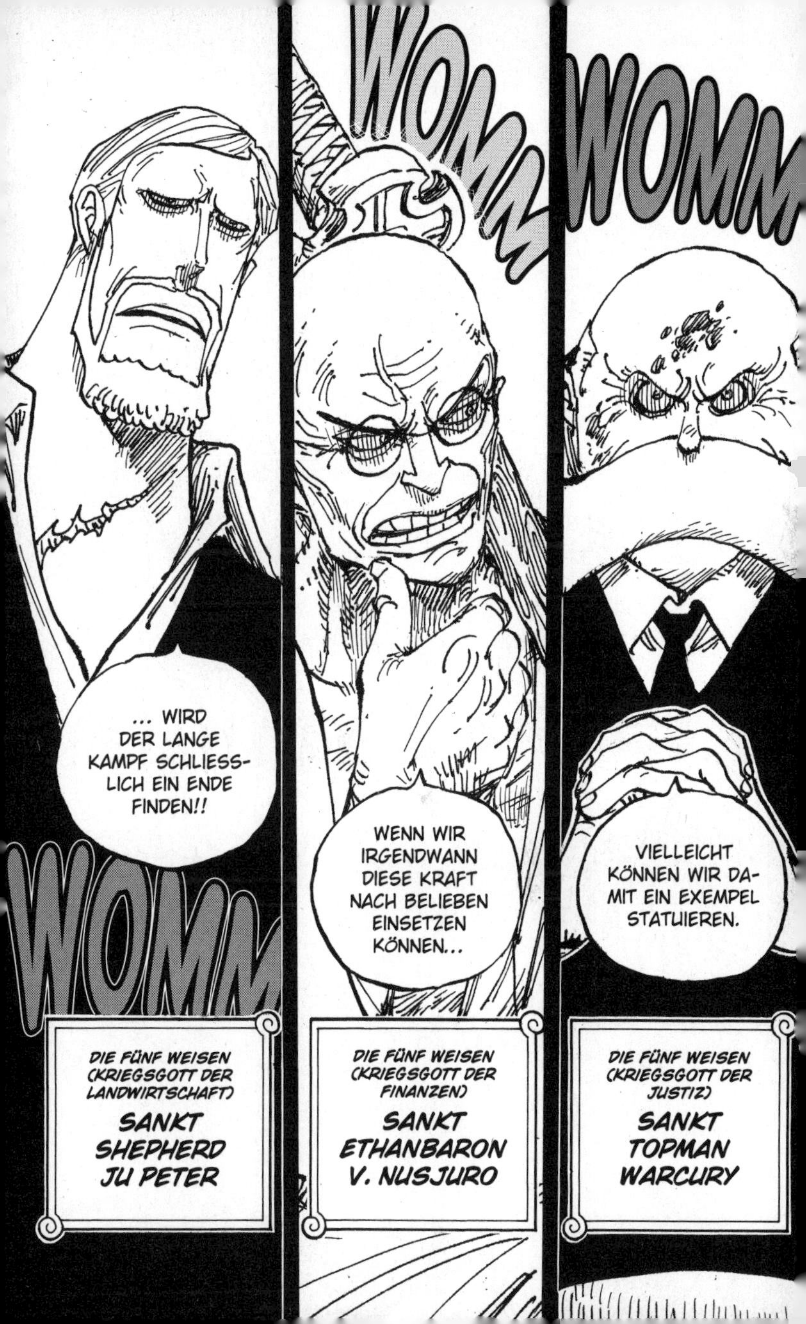
WOMM
DIE FÜNF WEISEN (KRIEGSGOTT DER JUSTIZ)
SANKT TOPMAN WARCURY
VIELLEICHT KÖNNEN WIR DAMIT EIN EXEMPEL STATUIEREN.
WOMM
DIE FÜNF WEISEN (KRIEGSGOTT DER FINANZEN)
SANKT ETHANBARON V. NUSJURO
WENN WIR IRGENDWANN DIESE KRAFT NACH BELIEBEN EINSETZEN KÖNNEN...
WOMM
DIE FÜNF WEISEN (KRIEGSGOTT DER LANDWIRTSCHAFT)
SANKT SHEPHERD JU PETER
... WIRD DER LANGE KAMPF SCHLIESSLICH EIN ENDE FINDEN!!

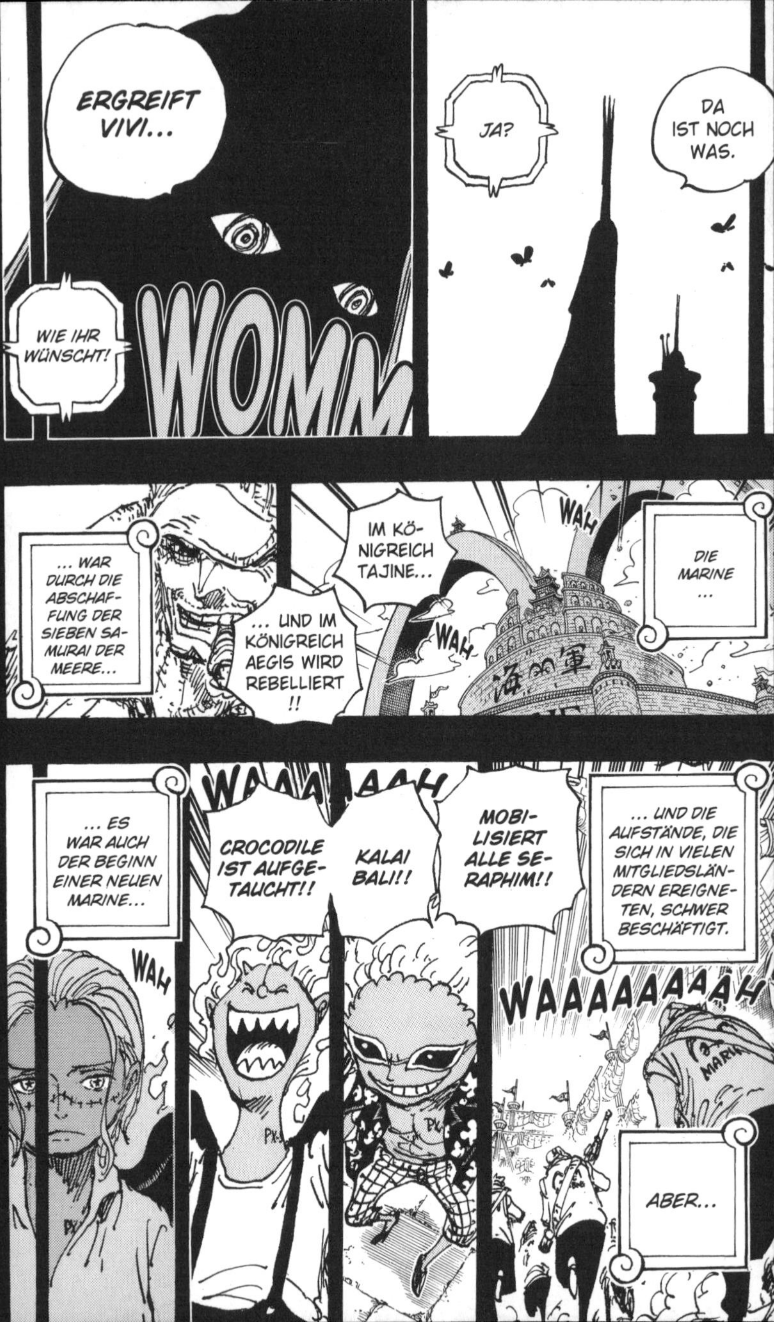
DA IST NOCH WAS.
JA?
ERGREIFT VIVI...
WIE IHR WÜNSCHT!
WOMM
DIE MARINE ...
WAH
WAH
IM KÖNIGREICH TAJINE...
... UND IM KÖNIGREICH AEGIS WIRD REBELLIERT!!
... WAR DURCH DIE ABSCHAFFUNG DER SIEBEN SAMURAI DER MEERE...
... UND DIE AUFSTÄNDE, DIE SICH IN VIELEN MITGLIEDSLÄNDERN EREIGNETEN, SCHWER BESCHÄFTIGT.
WAAAAAAAAH
ABER...
MOBILISIERT ALLE SERAPHIM!!
KALAI BALI!!
CROCODILE IST AUFGETAUCHT!!
WAAAAAAAH
... ES WAR AUCH DER BEGINN EINER NEUEN MARINE...
WAH

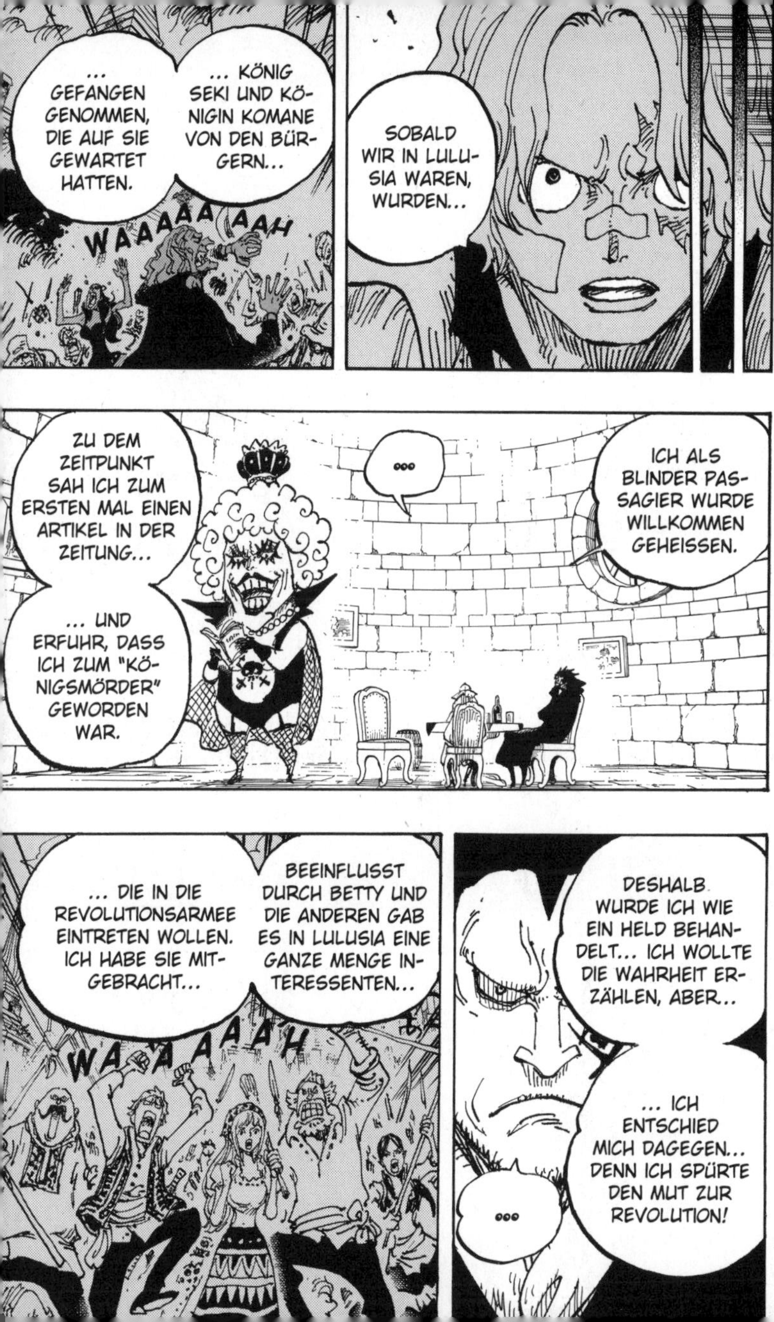
SOBALD WIR IN LULUSIA WAREN, WURDEN...
... KÖNIG SEKI UND KÖNIGIN KOMANE VON DEN BÜRGERN...
... GEFANGEN GENOMMEN, DIE AUF SIE GEWARTET HATTEN.
WAAAAAAAH
ICH ALS BLINDER PASSAGIER WURDE WILLKOMMEN GEHEISSEN.
...
ZU DEM ZEITPUNKT SAH ICH ZUM ERSTEN MAL EINEN ARTIKEL IN DER ZEITUNG...
... UND ERFUHR, DASS ICH ZUM "KÖNIGSMÖRDER" GEWORDEN WAR.
DESHALB WURDE ICH WIE EIN HELD BEHANDELT... ICH WOLLTE DIE WAHRHEIT ERZÄHLEN, ABER...
... ICH ENTSCHIED MICH DAGEGEN... DENN ICH SPÜRTE DEN MUT ZUR REVOLUTION!
...
BEEINFLUSST DURCH BETTY UND DIE ANDEREN GAB ES IN LULUSIA EINE GANZE MENGE INTERESSENTEN...
... DIE IN DIE REVOLUTIONSARMEE EINTRETEN WOLLEN. ICH HABE SIE MITGEBRACHT...
WAAAAAAAH

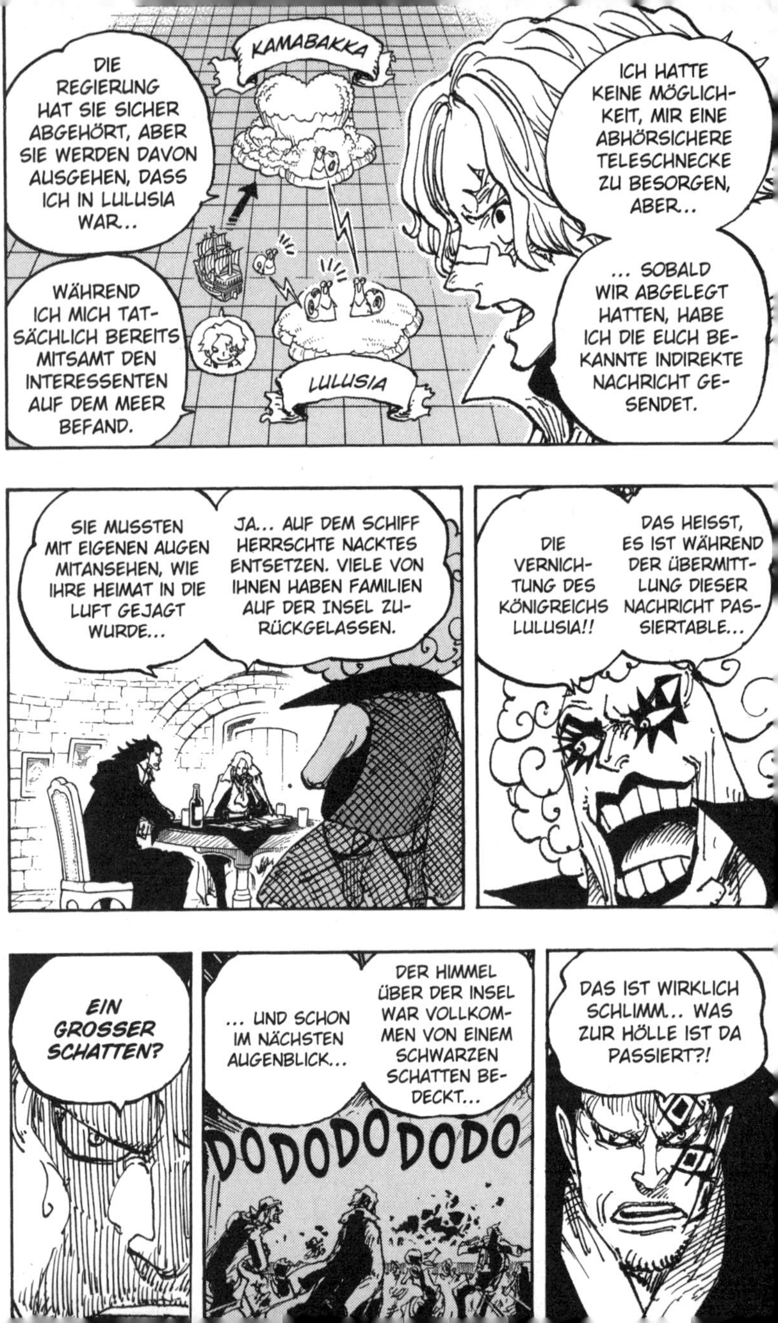
KAMABAKKA
LULUSIA
ICH HATTE KEINE MÖGLICHKEIT, MIR EINE ABHÖRSICHERE TELESCHNECKE ZU BESORGEN, ABER...
... SOBALD WIR ABGELEGT HATTEN, HABE ICH DIE EUCH BEKANNTE INDIREKTE NACHRICHT GESENDET.
DIE REGIERUNG HAT SIE SICHER ABGEHÖRT, ABER SIE WERDEN DAVON AUSGEHEN, DASS ICH IN LULUSIA WAR...
WÄHREND ICH MICH TATSÄCHLICH BEREITS MITSAMT DEN INTERESSENTEN AUF DEM MEER BEFAND.
DAS HEISST, ES IST WÄHREND DER ÜBERMITTLUNG DIESER NACHRICHT PASSIERTABLE...
DIE VERNICHTUNG DES KÖNIGREICHS LULUSIA!!
JA... AUF DEM SCHIFF HERRSCHTE NACKTES ENTSETZEN. VIELE VON IHNEN HABEN FAMILIEN AUF DER INSEL ZURÜCKGELASSEN.
SIE MUSSTEN MIT EIGENEN AUGEN MITANSEHEN, WIE IHRE HEIMAT IN DIE LUFT GEJAGT WURDE...
DAS IST WIRKLICH SCHLIMM... WAS ZUR HÖLLE IST DA PASSIERT?!
DER HIMMEL ÜBER DER INSEL WAR VOLLKOMMEN VON EINEM SCHWARZEN SCHATTEN BEDECKT...
... UND SCHON IM NÄCHSTEN AUGENBLICK...
DODODODODO
EIN GROSSER SCHATTEN?

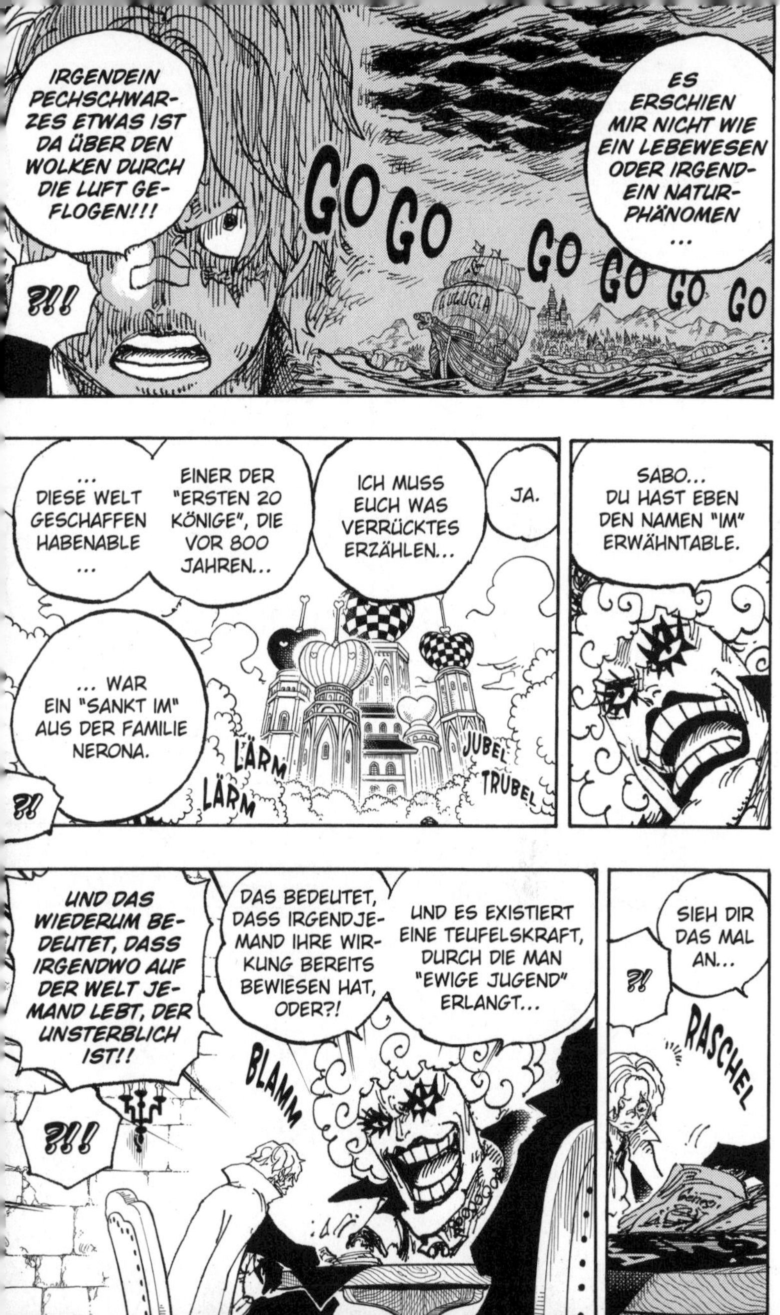
ES ERSCHIEN MIR NICHT WIE EIN LEBEWESEN ODER IRGENDEIN NATURPHÄNOMEN …
IRGENDEIN PECHSCHWARZES ETWAS IST DA ÜBER DEN WOLKEN DURCH DIE LUFT GEFLOGEN!!!
GO GO GO GO GO GO GO
?!!
SABO… DU HAST EBEN DEN NAMEN "IM" ERWÄHNTABLE.
JA.
ICH MUSS EUCH WAS VERRÜCKTES ERZÄHLEN…
EINER DER "ERSTEN 20 KÖNIGE", DIE VOR 800 JAHREN…
… DIESE WELT GESCHAFFEN HABENABLE …
… WAR EIN "SANKT IM" AUS DER FAMILIE NERONA.
?!
JUBEL TRUBEL
LÄRM LÄRM
SIEH DIR DAS MAL AN…
?!
RASCHEL
UND ES EXISTIERT EINE TEUFELSKRAFT, DURCH DIE MAN "EWIGE JUGEND" ERLANGT…
DAS BEDEUTET, DASS IRGENDJEMAND IHRE WIRKUNG BEREITS BEWIESEN HAT, ODER?!
UND DAS WIEDERUM BEDEUTET, DASS IRGENDWO AUF DER WELT JEMAND LEBT, DER UNSTERBLICH IST!!
?!!
BLAMM

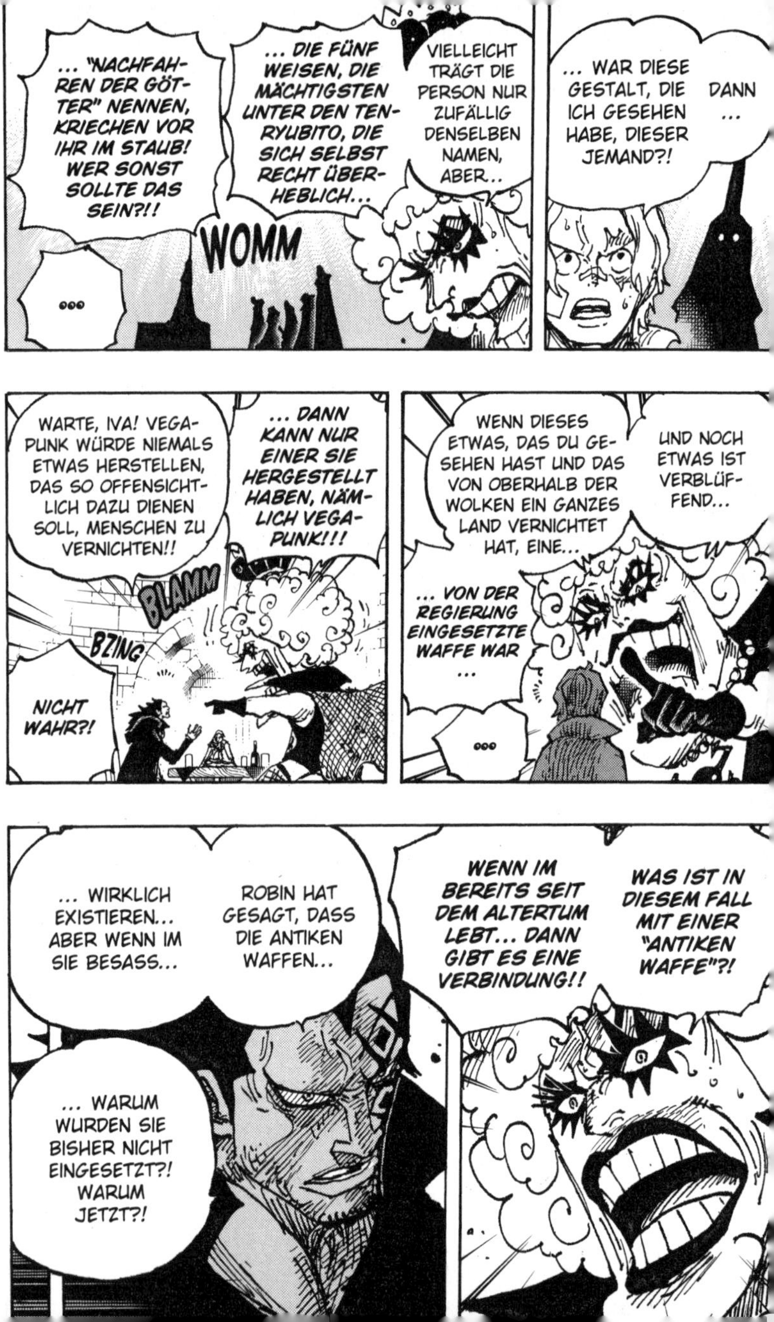
DANN ...
... WAR DIESE GESTALT, DIE ICH GESEHEN HABE, DIESER JEMAND?!
VIELLEICHT TRÄGT DIE PERSON NUR ZUFÄLLIG DENSELBEN NAMEN, ABER...
... DIE FÜNF WEISEN, DIE MÄCHTIGSTEN UNTER DEN TENRYUBITO, DIE SICH SELBST RECHT ÜBERHEBLICH...
WOMM
... "NACHFAHREN DER GÖTTER" NENNEN, KRIECHEN VOR IHR IM STAUB! WER SONST SOLLTE DAS SEIN?!!
...
UND NOCH ETWAS IST VERBLÜFFEND...
WENN DIESES ETWAS, DAS DU GESEHEN HAST UND DAS VON OBERHALB DER WOLKEN EIN GANZES LAND VERNICHTET HAT, EINE...
... VON DER REGIERUNG EINGESETZTE WAFFE WAR ...
...
... DANN KANN NUR EINER SIE HERGESTELLT HABEN, NÄMLICH VEGAPUNK!!!
WARTE, IVA! VEGAPUNK WÜRDE NIEMALS ETWAS HERSTELLEN, DAS SO OFFENSICHTLICH DAZU DIENEN SOLL, MENSCHEN ZU VERNICHTEN!!
BLAMM
BZING
NICHT WAHR?!
WAS IST IN DIESEM FALL MIT EINER "ANTIKEN WAFFE"?!
WENN IM BEREITS SEIT DEM ALTERTUM LEBT... DANN GIBT ES EINE VERBINDUNG!!
ROBIN HAT GESAGT, DASS DIE ANTIKEN WAFFEN...
... WIRKLICH EXISTIEREN... ABER WENN IM SIE BESASS...
... WARUM WURDEN SIE BISHER NICHT EINGESETZT?! WARUM JETZT?!

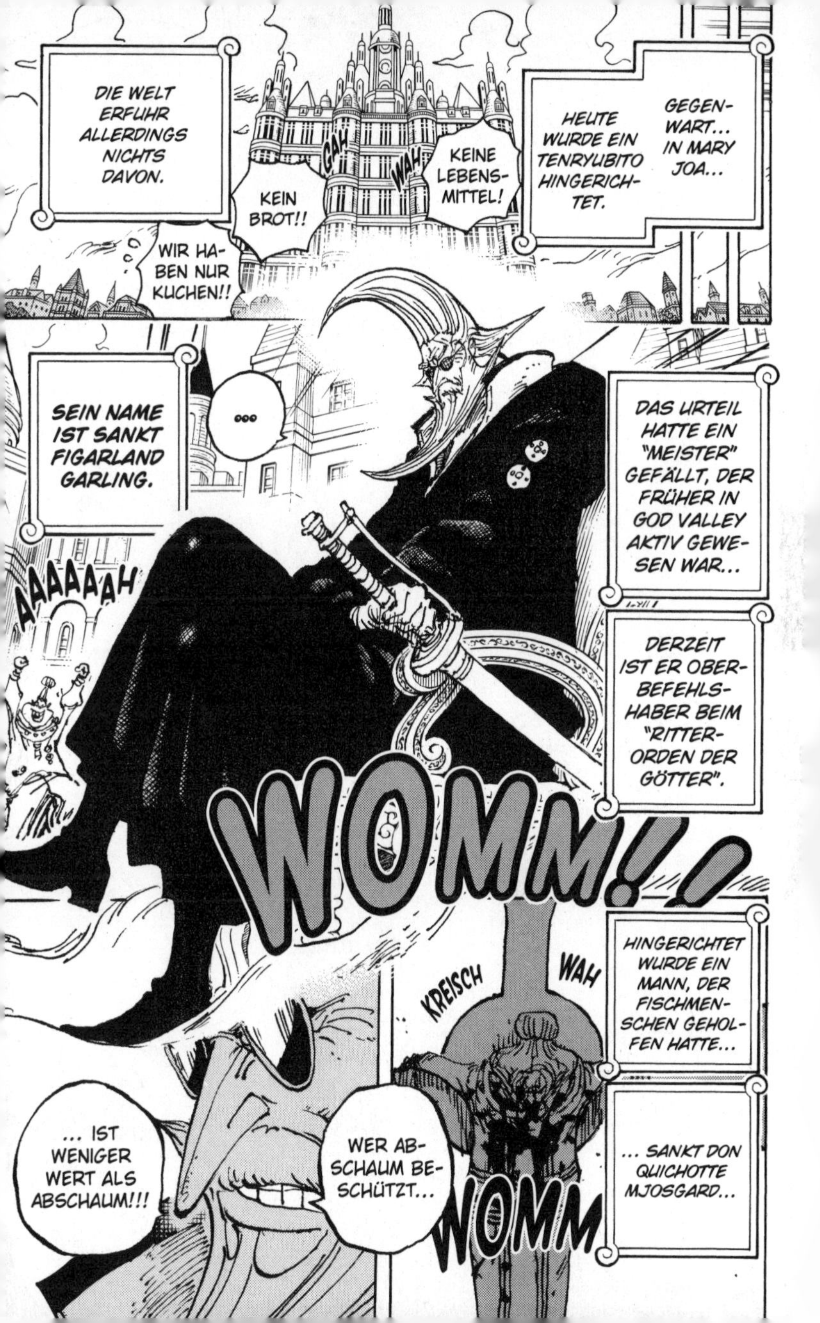

GEGENWART… IN MARY JOA…
HEUTE WURDE EIN TENRYUBITO HINGERICHTET.
KEINE LEBENSMITTEL!
WAH
GAH
KEIN BROT!!
WIR HABEN NUR KUCHEN!!
DIE WELT ERFUHR ALLERDINGS NICHTS DAVON.
DAS URTEIL HATTE EIN "MEISTER" GEFÄLLT, DER FRÜHER IN GOD VALLEY AKTIV GEWESEN WAR…
…
SEIN NAME IST SANKT FIGARLAND GARLING.
DERZEIT IST ER OBERBEFEHLSHABER BEIM "RITTERORDEN DER GÖTTER".
AAAAAAH
WOMM!!
HINGERICHTET WURDE EIN MANN, DER FISCHMENSCHEN GEHOLFEN HATTE…
WAH
KREISCH
… SANKT DON QUICHOTTE MJOSGARD…
WOMM
WER ABSCHAUM BESCHÜTZT…
… IST WENIGER WERT ALS ABSCHAUM!!!

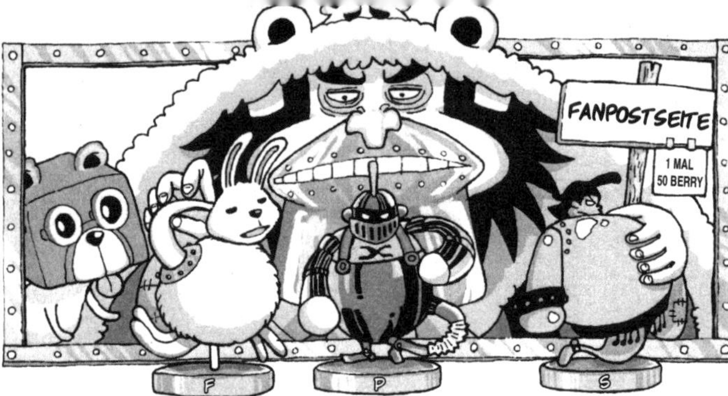

L: ODA-SENSEI, ICH FREUE MICH SEHR, DASS ICH ZUM ERSTEN MAL AUF EINER FPS SEIN DARF. ICH BIN GANZ AUFGEREGT! ALSO, MEINE FRAGE IST... (DIE AUFZUGTÜR SCHLIESST SICH) STILLE
PSEUDONYM: YUTAN

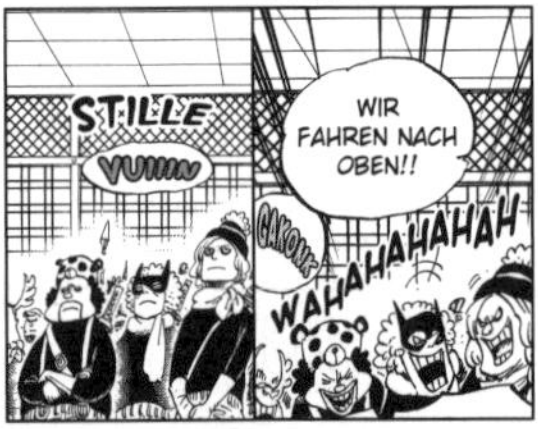

O: ... ÄH... OKAY, DER NÄCHSTE BITTE!

L: ODA-SENSEI, DAS MACHT MICH TATSÄCHLICH ETWAS SAUER... BITTE VERRATEN SIE MIR DEN NAMEN DES MÄDCHENS, DAS AUF DER LETZTEN SEITE VON KAPITEL 1074 VIVI KLEIDUNG GELIEHEN HAT. ICH WERDE DAZWISCHENGEHEN UND SAGEN "HE, *ICH* WOLLTE IHR KLEIDER LEIHEN!"
PSEUDONYM: ARI

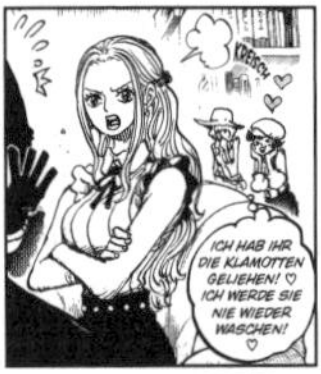

O: NANANA, NUN REG DICH DOCH NICHT SO AUF! WIE DU JA GELESEN HAST, IST VIVI NUR MIT KNAPPER NOT AUS DER HEILIGEN STADT ENTKOMMEN UND WAR KÖRPERLICH UND SEELISCH SCHWER MITGENOMMEN. DIE PERSON, DIE ZU IHR GING UND IHR ETWAS ZUM ANZIEHEN LIEH, WAR DIE JOURNALISTIN IYANENO CHINODE (24), DIE FÜR DIE BELIEBTE MODEKOLUMNE "STREET CORNER COLLECTION" IN DER WELTWIRTSCHAFTSZEITUNG VERANTWORTLICH IST. ALS JOURNALISTIN, DIE IHREN BERUF SEHR ERNST NIMMT, IST SIE ENORM BELIEBT.

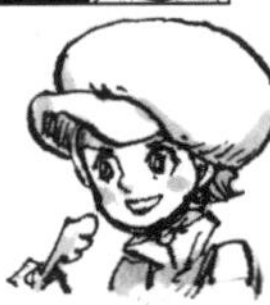

L: IN KAPITEL 1076 SAGT LUCKY LOU: "GAHAHA, DAS MUSST DU GERADE SAGEN, BECK!! WER IST DENN DERJENIGE, AUF DEN ER SAUER IST?!". BEDEUTET DAS, DASS BECKMAN KIDS ARM AUF DEM GEWISSEN HAT?
PSEUDONYM: RYOTA EBARA

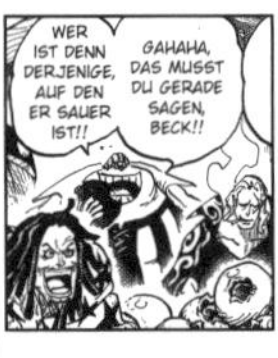

O: JA, SIEHT GANZ DANACH AUS!! DAS IST DIE WELT DER PIRATEN. DA ÜBERLEBEN NUR DIE HARTEN TYPEN!! ALSO, DAS WAR'S FÜR DIESES MAL MIT DER FPS!! WIR SEHEN UNS IM NÄCHSTEN BAND!!

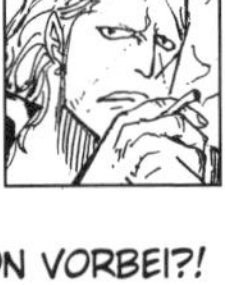

L: STILLE
(DIE AUFZUGTÜR ÖFFNET SICH)
ALSO, MEINE FRAGE... WAS? DIE FPS IST SCHON VORBEI?!
PSEUDONYM: YUTAN

1087. Kapitel:
Kriegsschiffsäcke

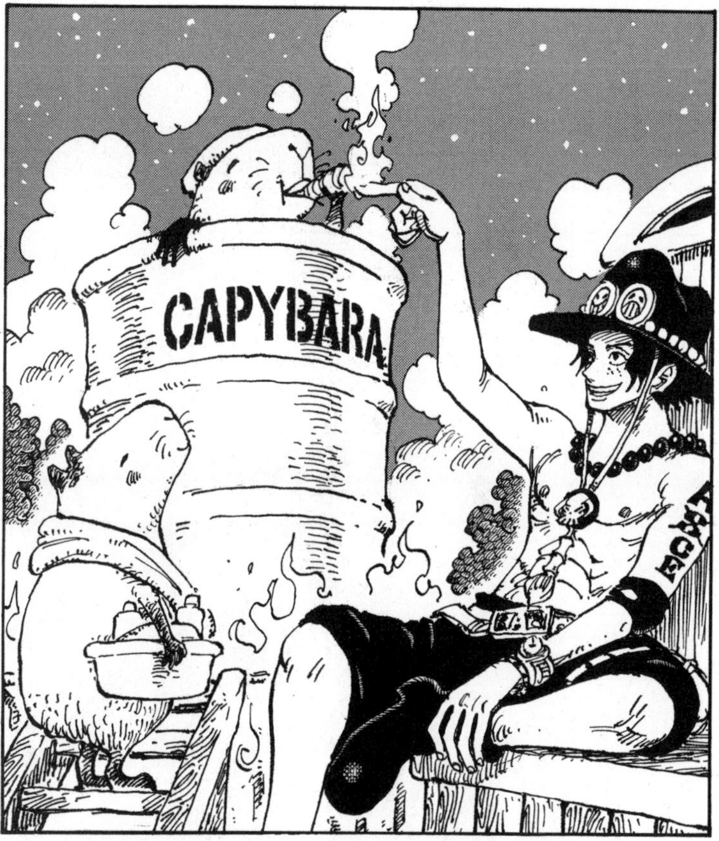

Wunsch-Titelbild „Capybaras baden in einem von Ace angeheizten Bad" Pseudonym: hisaTomo Keitaku

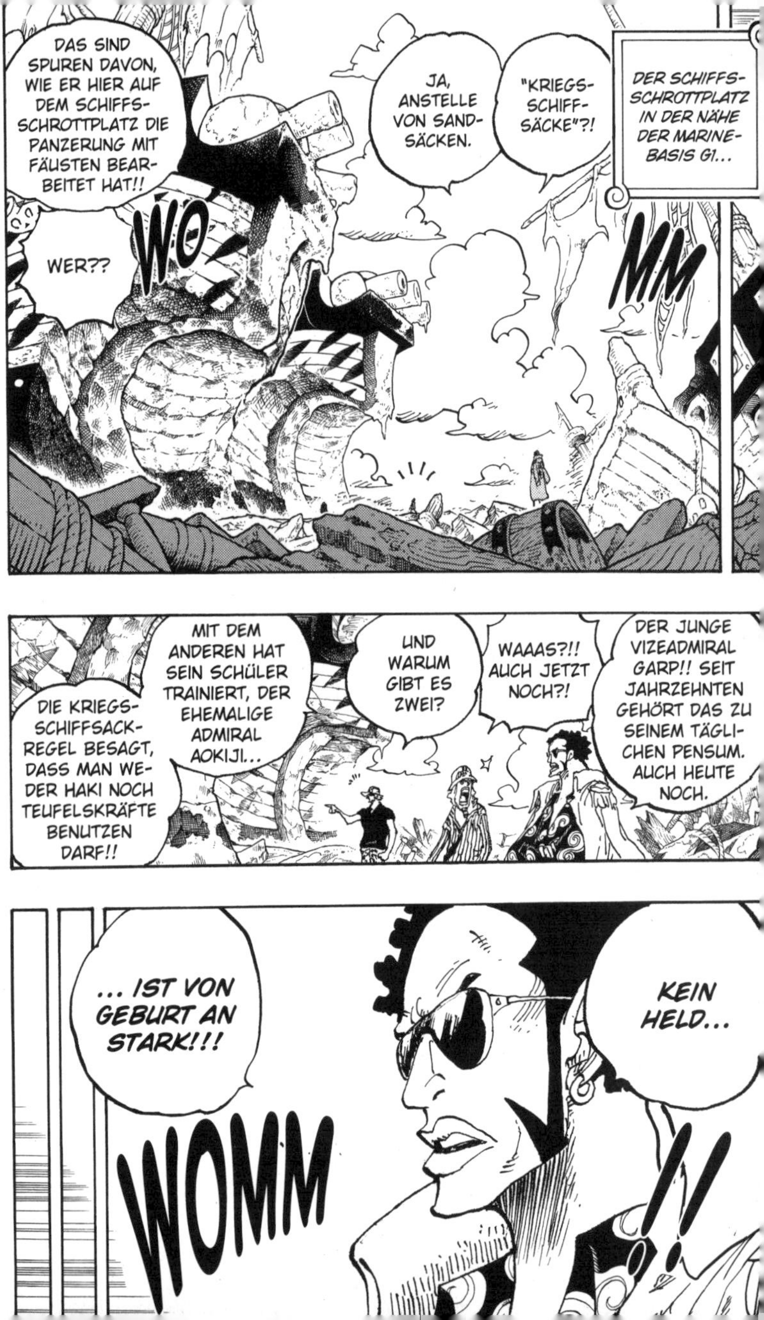
DER SCHIFFS-SCHROTTPLATZ IN DER NÄHE DER MARINE-BASIS G1…
MM
"KRIEGS-SCHIFF-SÄCKE"?!
JA, ANSTELLE VON SAND-SÄCKEN.
DAS SIND SPUREN DAVON, WIE ER HIER AUF DEM SCHIFFS-SCHROTTPLATZ DIE PANZERUNG MIT FÄUSTEN BEAR-BEITET HAT!!
WO
WER??
DER JUNGE VIZEADMIRAL GARP!! SEIT JAHRZEHNTEN GEHÖRT DAS ZU SEINEM TÄGLI-CHEN PENSUM. AUCH HEUTE NOCH.
WAAAS?!! AUCH JETZT NOCH?!
UND WARUM GIBT ES ZWEI?
MIT DEM ANDEREN HAT SEIN SCHÜLER TRAINIERT, DER EHEMALIGE ADMIRAL AOKIJI…
DIE KRIEGS-SCHIFFSACK-REGEL BESAGT, DASS MAN WE-DER HAKI NOCH TEUFELSKRÄFTE BENUTZEN DARF!!
KEIN HELD…
… IST VON GEBURT AN STARK!!!
WOMM

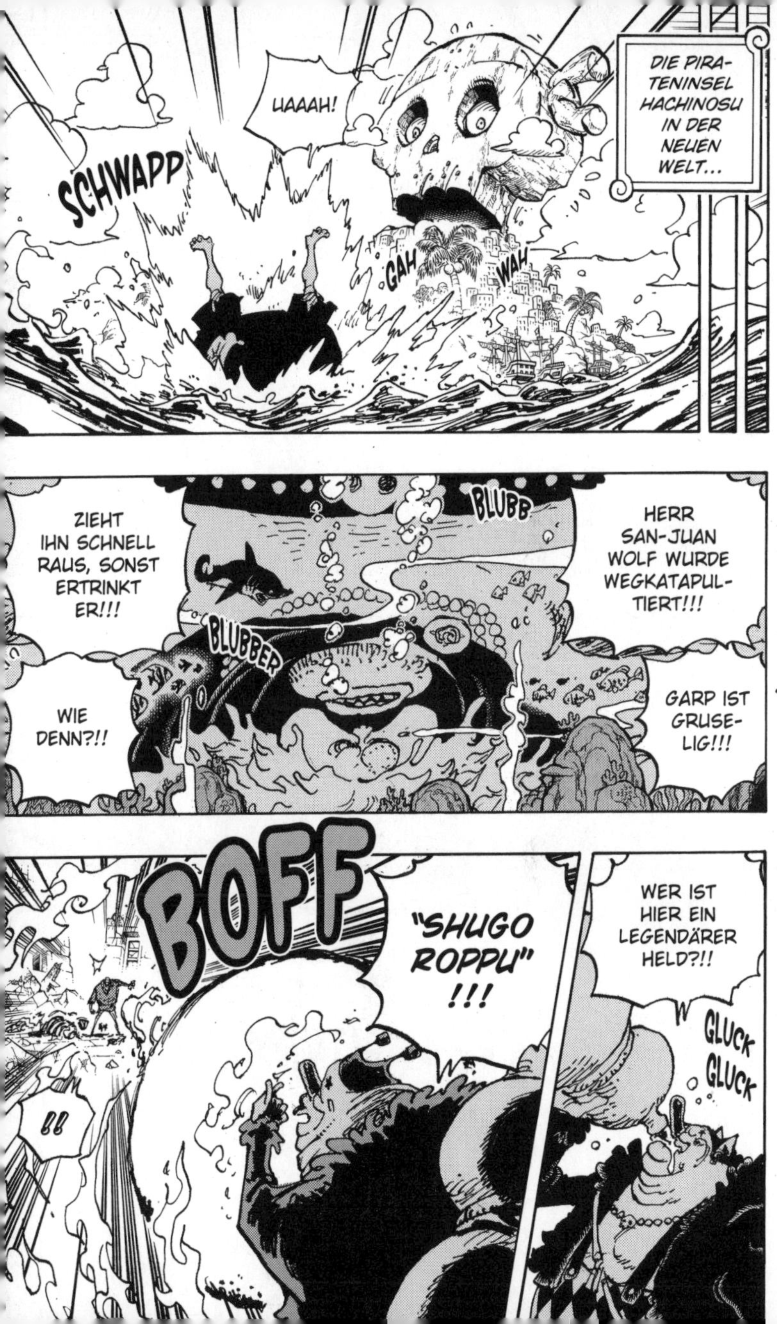
DIE PIRATENINSEL HACHINOSU IN DER NEUEN WELT...
UAAAH!
SCHWAPP
GAH
WAH
BLUBB
HERR SAN-JUAN WOLF WURDE WEGKATAPULTIERT!!!
ZIEHT IHN SCHNELL RAUS, SONST ERTRINKT ER!!!
BLUBBER
GARP IST GRUSELIG!!!
WIE DENN?!!
WER IST HIER EIN LEGENDÄRER HELD?!!
GLUCK GLUCK
"SHUGO ROPPU" !!!
BOFF
!!

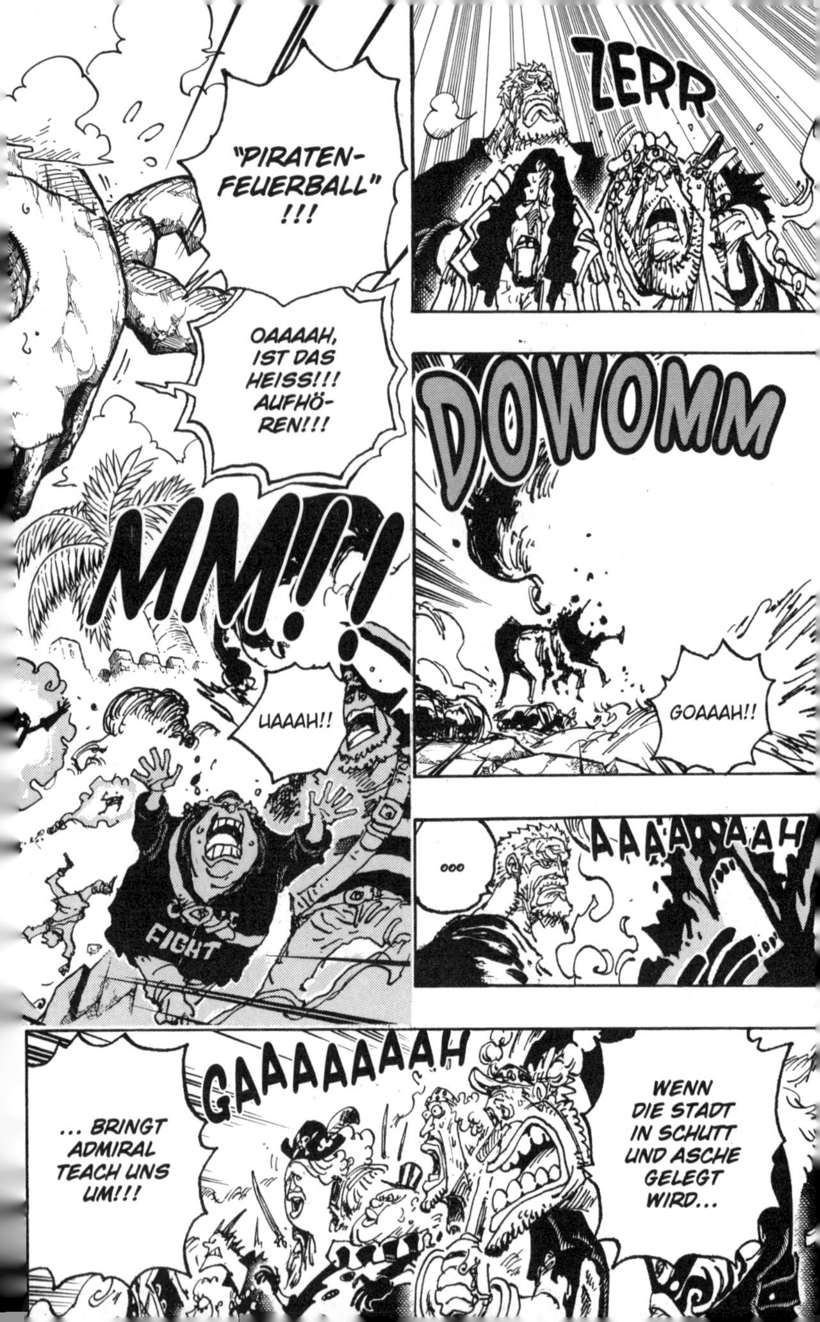
ZERR
"PIRATEN-FEUERBALL" !!!
OAAAAH, IST DAS HEISS!!! AUFHÖ-REN!!!
DOWOMM
GOAAAH!!
MM!!
UAAAH!!
...
AAAAAAAH
WENN DIE STADT IN SCHUTT UND ASCHE GELEGT WIRD...
GAAAAAAAH
... BRINGT ADMIRAL TEACH UNS UM!!!

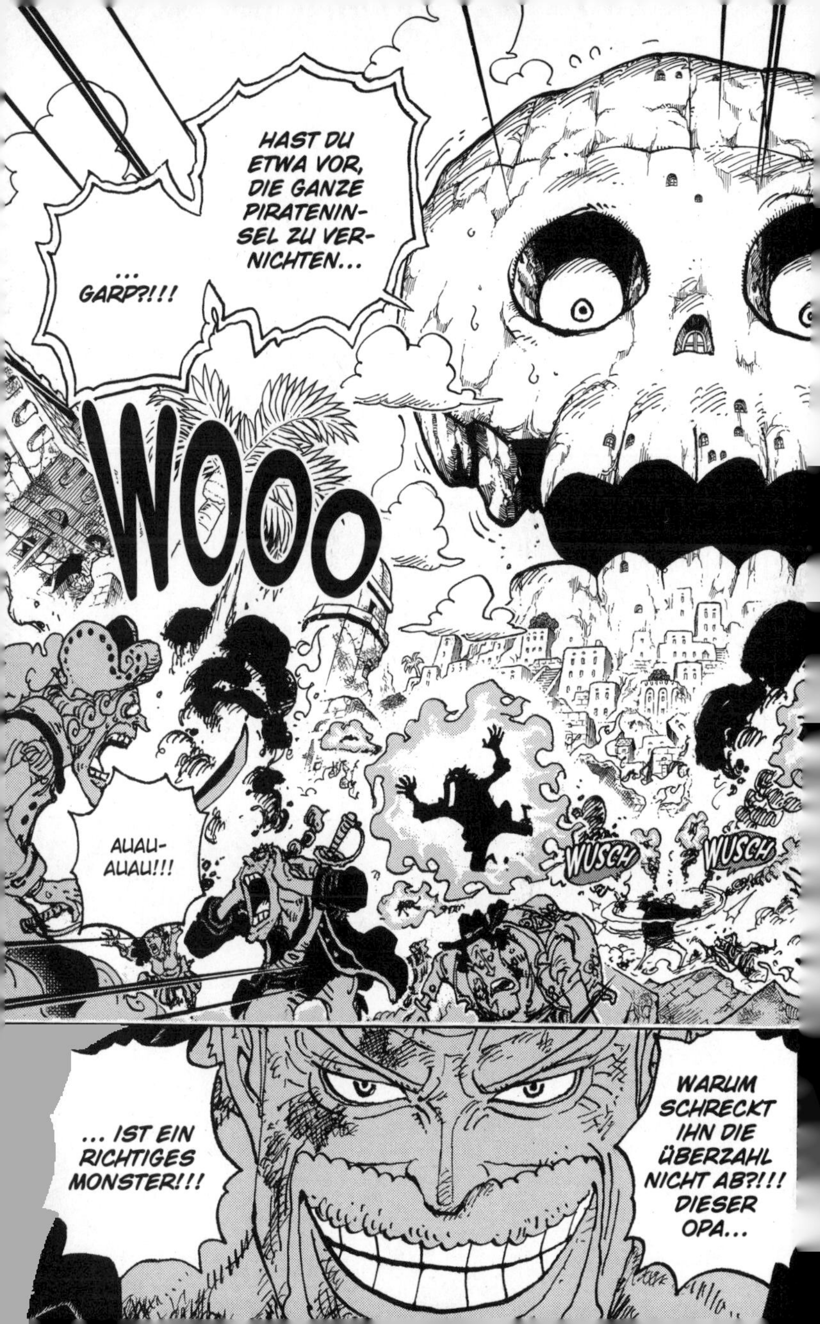
HAST DU ETWA VOR, DIE GANZE PIRATENIN-SEL ZU VER-NICHTEN...
... GARP?!!!
WOOO
AUAU-AUAU!!!
WUSCH
WUSCH
WARUM SCHRECKT IHN DIE ÜBERZAHL NICHT AB?!!! DIESER OPA...
... IST EIN RICHTIGES MONSTER!!!

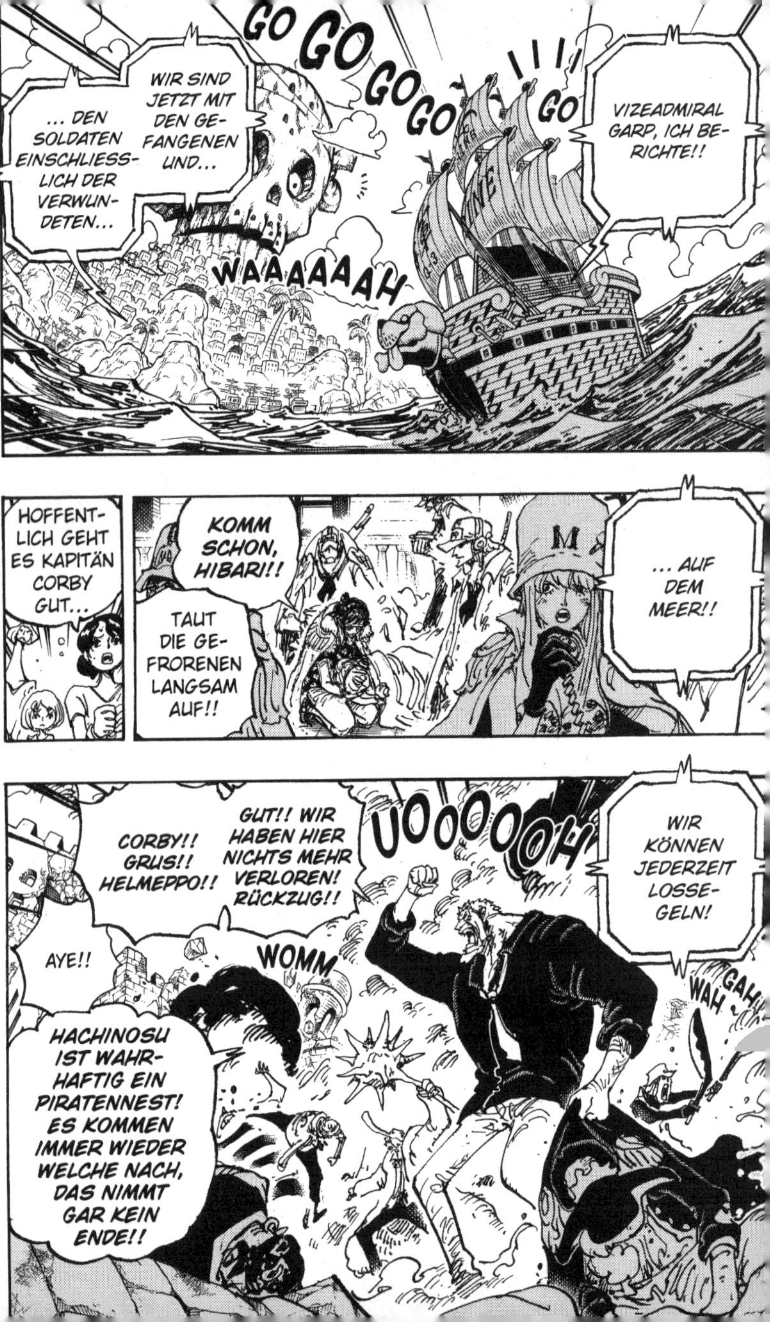
VIZEADMIRAL GARP, ICH BERICHTE!!
GO GO GO GO GO
WIR SIND JETZT MIT DEN GEFANGENEN UND...
... DEN SOLDATEN EINSCHLIESSLICH DER VERWUNDETEN...
WAAAAAAH
... AUF DEM MEER!!
KOMM SCHON, HIBARI!!
TAUT DIE GEFRORENEN LANGSAM AUF!!
HOFFENTLICH GEHT ES KAPITÄN CORBY GUT...
WIR KÖNNEN JEDERZEIT LOSSEGELN!
UOOOOOOH
GUT!! WIR HABEN HIER NICHTS MEHR VERLOREN! RÜCKZUG!!
CORBY!! GRUS!! HELMEPPO!!
AYE!!
GAH WAH
WOMM
HACHINOSU IST WAHRHAFTIG EIN PIRATENNEST! ES KOMMEN IMMER WIEDER WELCHE NACH, DAS NIMMT GAR KEIN ENDE!!

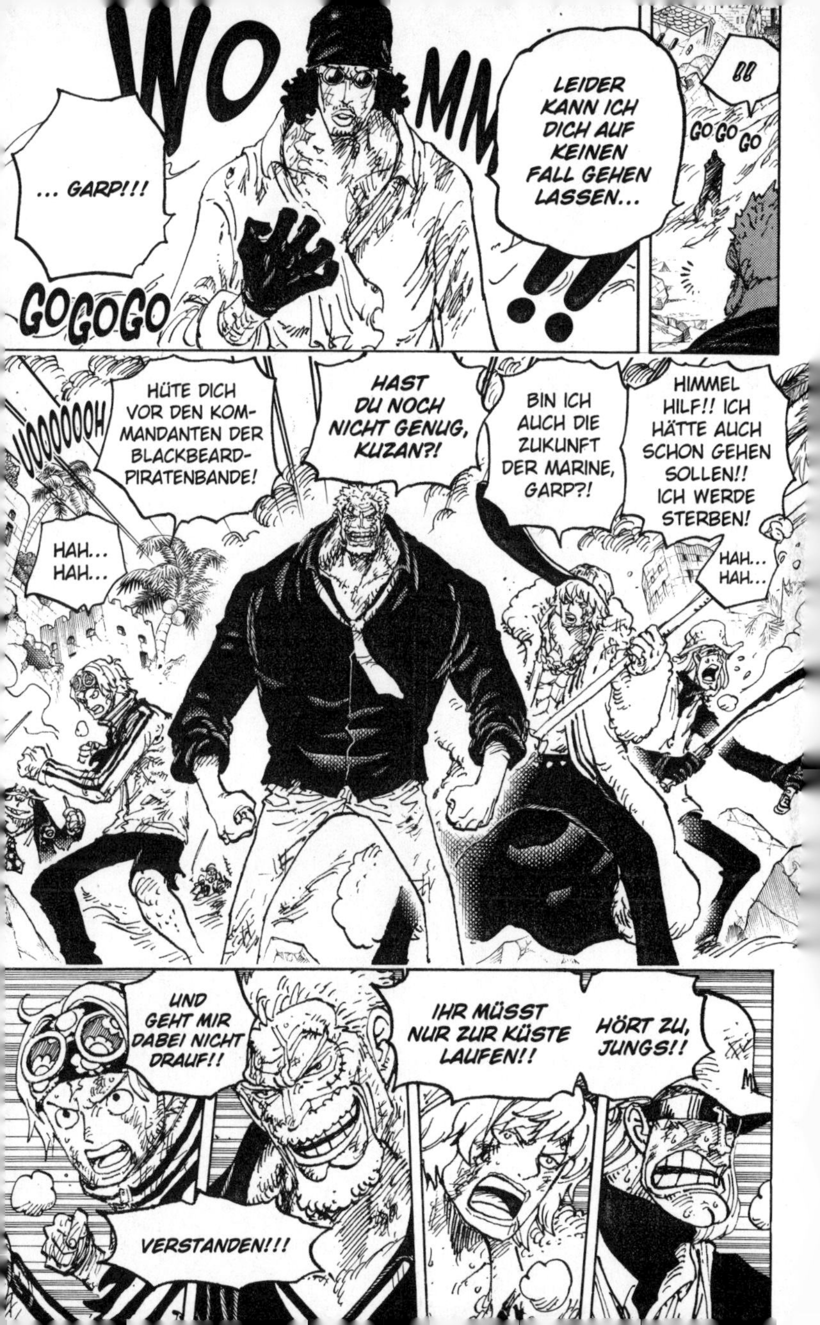
GO GO GO
LEIDER KANN ICH DICH AUF KEINEN FALL GEHEN LASSEN...
WOMM
... GARP!!!
GOGOGO
HIMMEL HILF!! ICH HÄTTE AUCH SCHON GEHEN SOLLEN!! ICH WERDE STERBEN!
HAH... HAH...
BIN ICH AUCH DIE ZUKUNFT DER MARINE, GARP?!
HAST DU NOCH NICHT GENUG, KUZAN?!
HÜTE DICH VOR DEN KOMMANDANTEN DER BLACKBEARD-PIRATENBANDE!
UOOOOOOH
HAH... HAH...
HÖRT ZU, JUNGS!!
IHR MÜSST NUR ZUR KÜSTE LAUFEN!!
UND GEHT MIR DABEI NICHT DRAUF!!
VERSTANDEN!!!

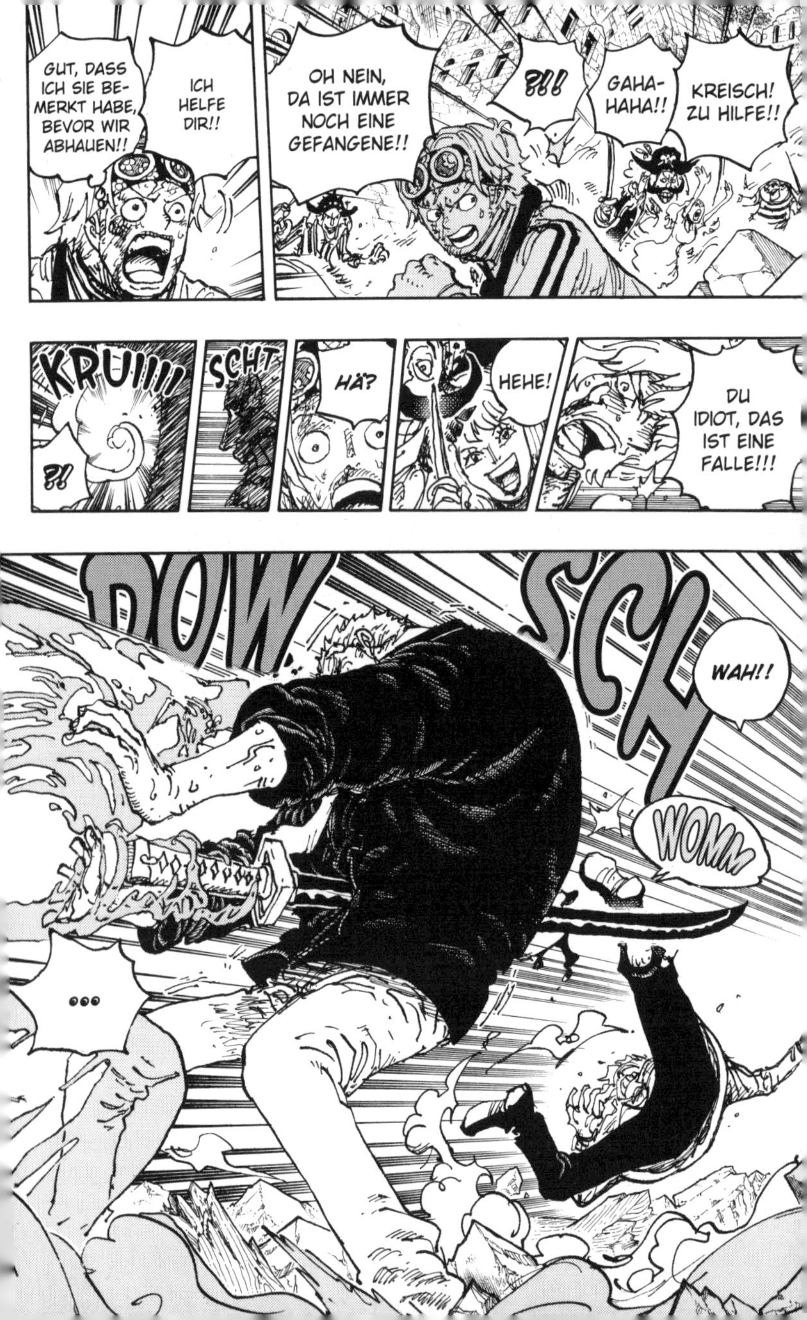
KREISCH! ZU HILFE!!
GAHA-HAHA!!
?!!
OH NEIN, DA IST IMMER NOCH EINE GEFANGENE!!
ICH HELFE DIR!!
GUT, DASS ICH SIE BE-MERKT HABE, BEVOR WIR ABHAUEN!!
DU IDIOT, DAS IST EINE FALLE!!!
HEHE!
HÄ?
SCHT
KRUIIIII
?!
DOW
SCH
WAH!!
WOMM
...

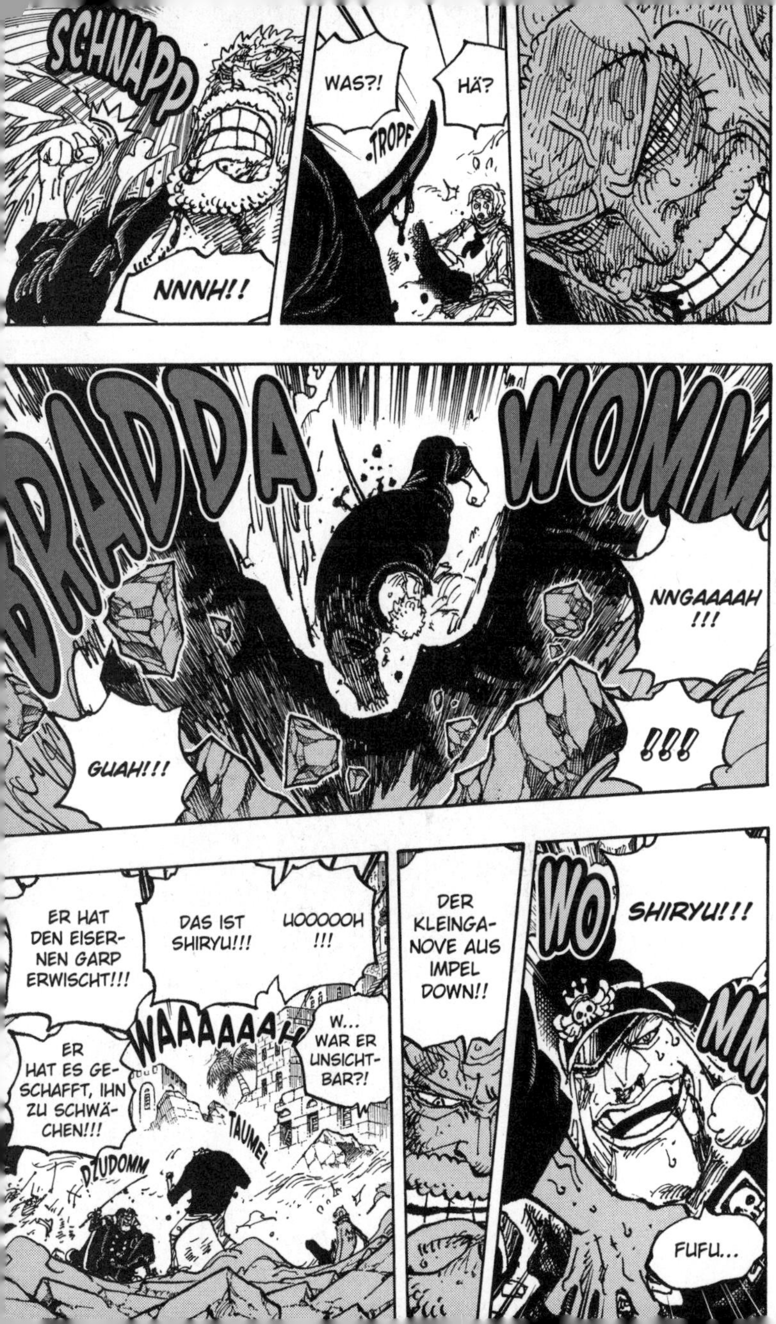

HÄ?
WAS?!
TROPF
SCHNAPP
NNNH!!
WOMM
BADDA
NNGAAAAH !!!
!!!
GUAH!!!
WO
SHIRYU!!!
MM
DER KLEINGA-NOVE AUS IMPEL DOWN!!
FUFU...
UOOOOOH !!!
DAS IST SHIRYU!!!
ER HAT DEN EISER-NEN GARP ERWISCHT!!!
W... WAR ER UNSICHT-BAR?!
WAAAAAAH
ER HAT ES GE-SCHAFFT, IHN ZU SCHWÄ-CHEN!!!
TAUMEL
DZUDOMM

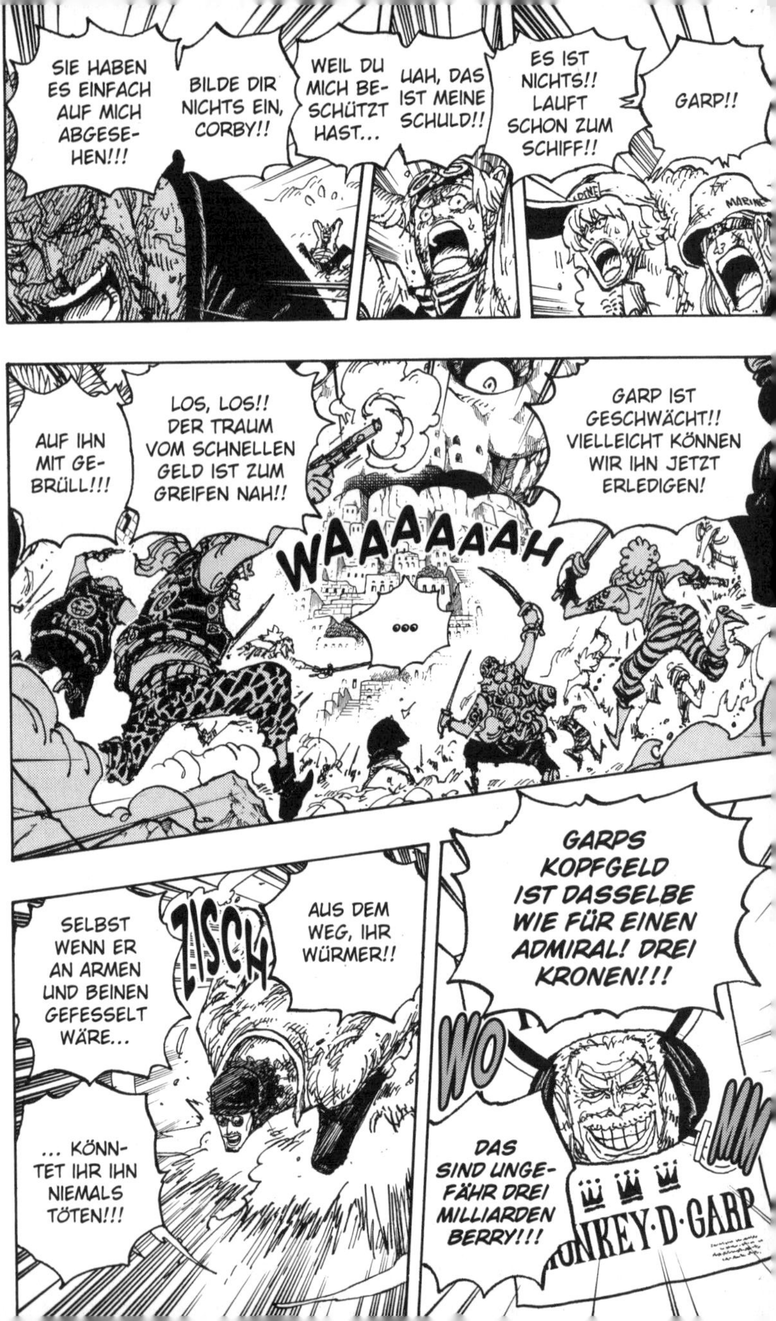
GARP!!
ES IST NICHTS!! LAUFT SCHON ZUM SCHIFF!!
UAH, DAS IST MEINE SCHULD!!
WEIL DU MICH BESCHÜTZT HAST...
BILDE DIR NICHTS EIN, CORBY!!
SIE HABEN ES EINFACH AUF MICH ABGESEHEN!!!
GARP IST GESCHWÄCHT!! VIELLEICHT KÖNNEN WIR IHN JETZT ERLEDIGEN!
LOS, LOS!! DER TRAUM VOM SCHNELLEN GELD IST ZUM GREIFEN NAH!!
AUF IHN MIT GEBRÜLL!!!
WAAAAAAH
...
GARPS KOPFGELD IST DASSELBE WIE FÜR EINEN ADMIRAL! DREI KRONEN!!!
WO
DAS SIND UNGEFÄHR DREI MILLIARDEN BERRY!!!
ONKEY·D·GARP
AUS DEM WEG, IHR WÜRMER!!
ZISCH
SELBST WENN ER AN ARMEN UND BEINEN GEFESSELT WÄRE...
... KÖNNTET IHR IHN NIEMALS TÖTEN!!!

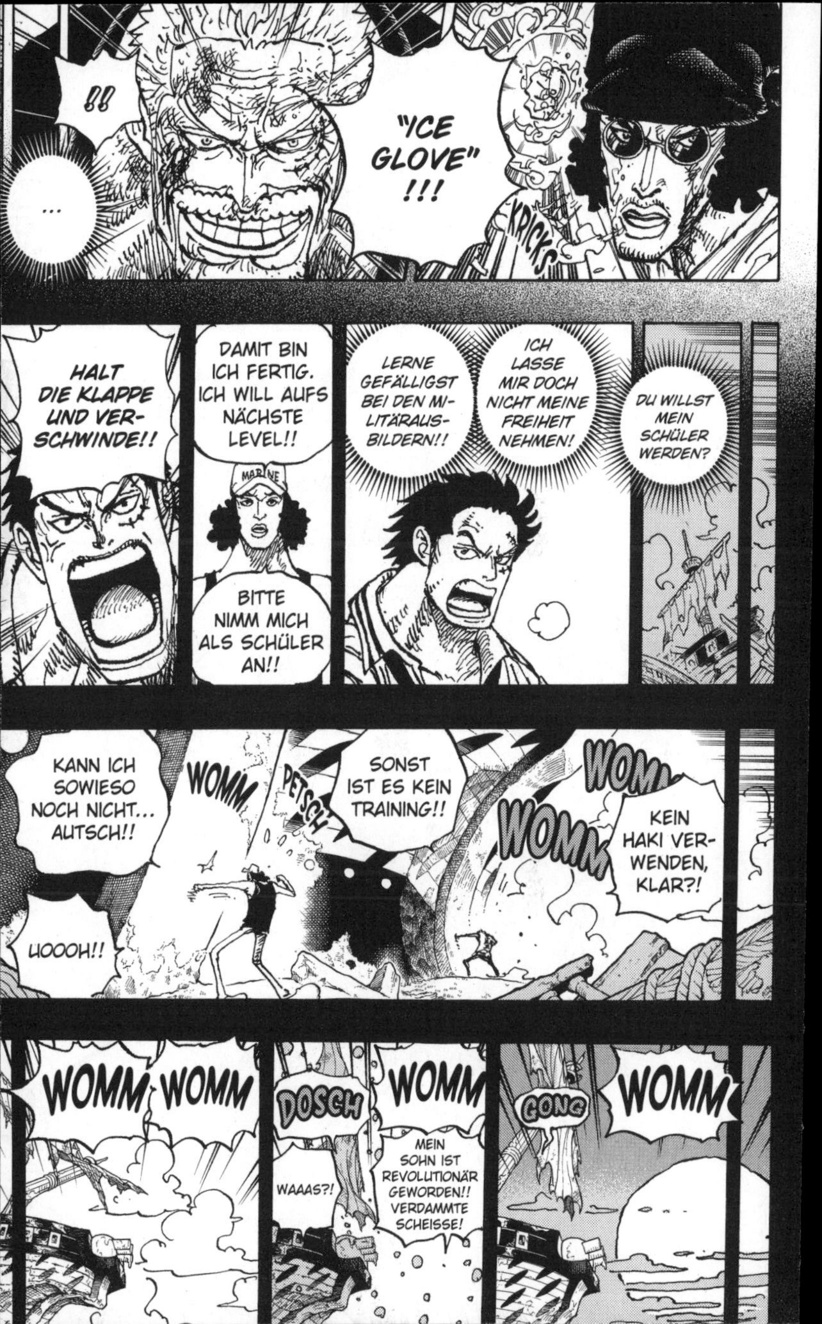
KRICKS
"ICE GLOVE"
!!!
!!
...
DU WILLST MEIN SCHÜLER WERDEN?
ICH LASSE MIR DOCH NICHT MEINE FREIHEIT NEHMEN!
LERNE GEFÄLLIGST BEI DEN MILITÄRAUSBILDERN!!
DAMIT BIN ICH FERTIG. ICH WILL AUFS NÄCHSTE LEVEL!!
MARINE
BITTE NIMM MICH ALS SCHÜLER AN!!
HALT DIE KLAPPE UND VERSCHWINDE!!
WOMM
WOMM
KEIN HAKI VERWENDEN, KLAR?!
SONST IST ES KEIN TRAINING!!
PETSCH
WOMM
KANN ICH SOWIESO NOCH NICHT... AUTSCH!!
UOOOH!!
WOMM
GONG
WOMM
DOSCH
MEIN SOHN IST REVOLUTIONÄR GEWORDEN!! VERDAMMTE SCHEISSE!
WAAAS?!
WOMM
WOMM

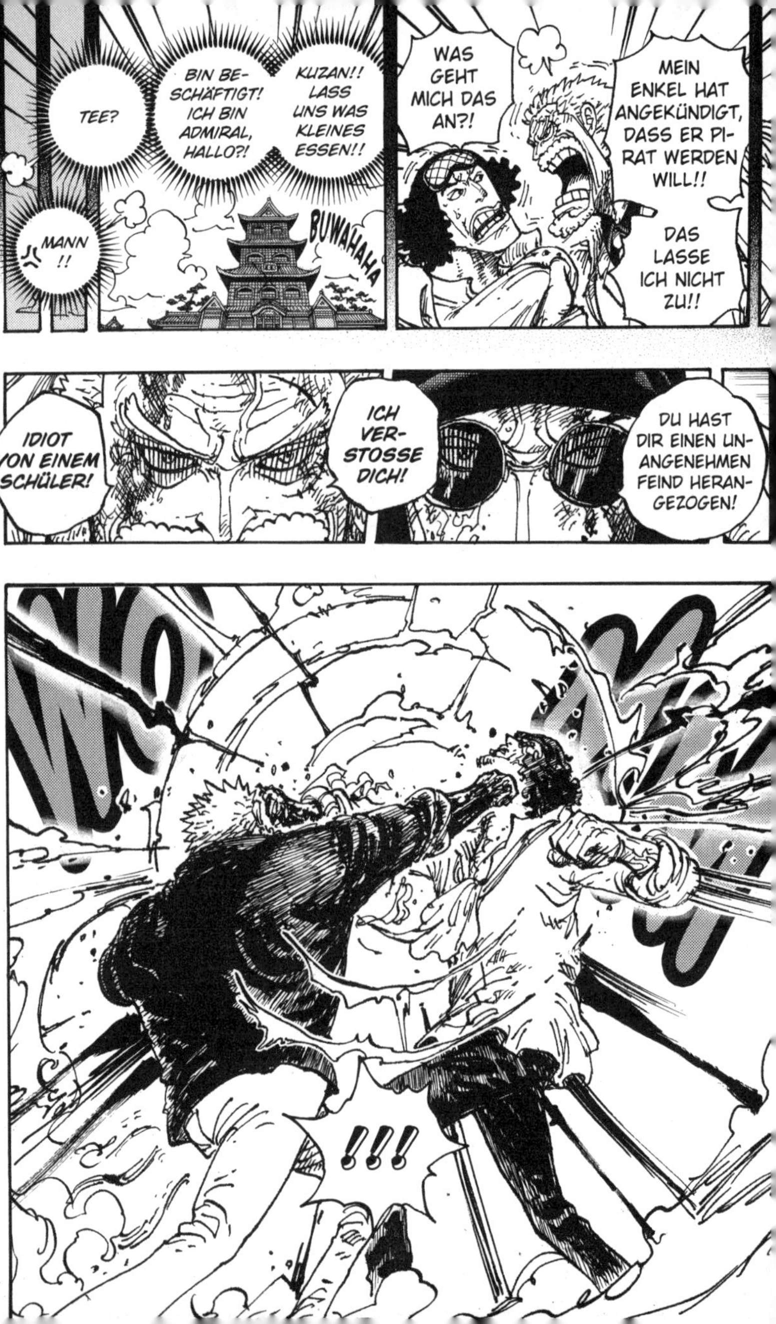
MEIN ENKEL HAT ANGEKÜNDIGT, DASS ER PIRAT WERDEN WILL!!
DAS LASSE ICH NICHT ZU!!
WAS GEHT MICH DAS AN?!
KUZAN!! LASS UNS WAS KLEINES ESSEN!!
BIN BESCHÄFTIGT! ICH BIN ADMIRAL, HALLO?!
TEE?
BUWAHAHA
MANN!!
DU HAST DIR EINEN UNANGENEHMEN FEIND HERANGEZOGEN!
ICH VERSTOSSE DICH!
IDIOT VON EINEM SCHÜLER!
!!!

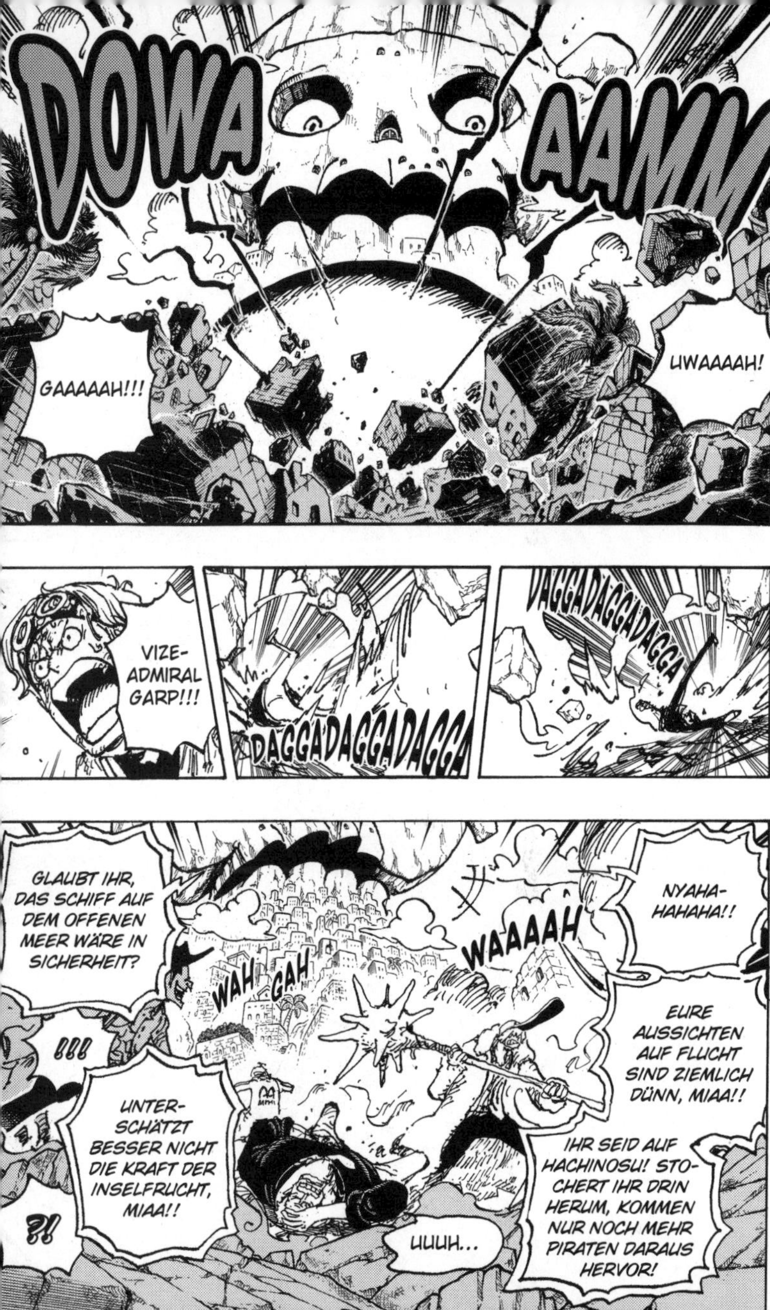
DOWA
AAMM
GAAAAAH!!!
UWAAAAH!
VIZE-ADMIRAL GARP!!!
DAGGADAGGADAGGA
DAGGADAGGADAGGA
GLAUBT IHR, DAS SCHIFF AUF DEM OFFENEN MEER WÄRE IN SICHERHEIT?
NYAHA-HAHAHA!!
WAH
GAH
WAAAAH
!!!
EURE AUSSICHTEN AUF FLUCHT SIND ZIEMLICH DÜNN, MIAA!!
UNTER-SCHÄTZT BESSER NICHT DIE KRAFT DER INSELFRUCHT, MIAA!!
IHR SEID AUF HACHINOSU! STO-CHERT IHR DRIN HERUM, KOMMEN NUR NOCH MEHR PIRATEN DARAUS HERVOR!
?!
UUUH...

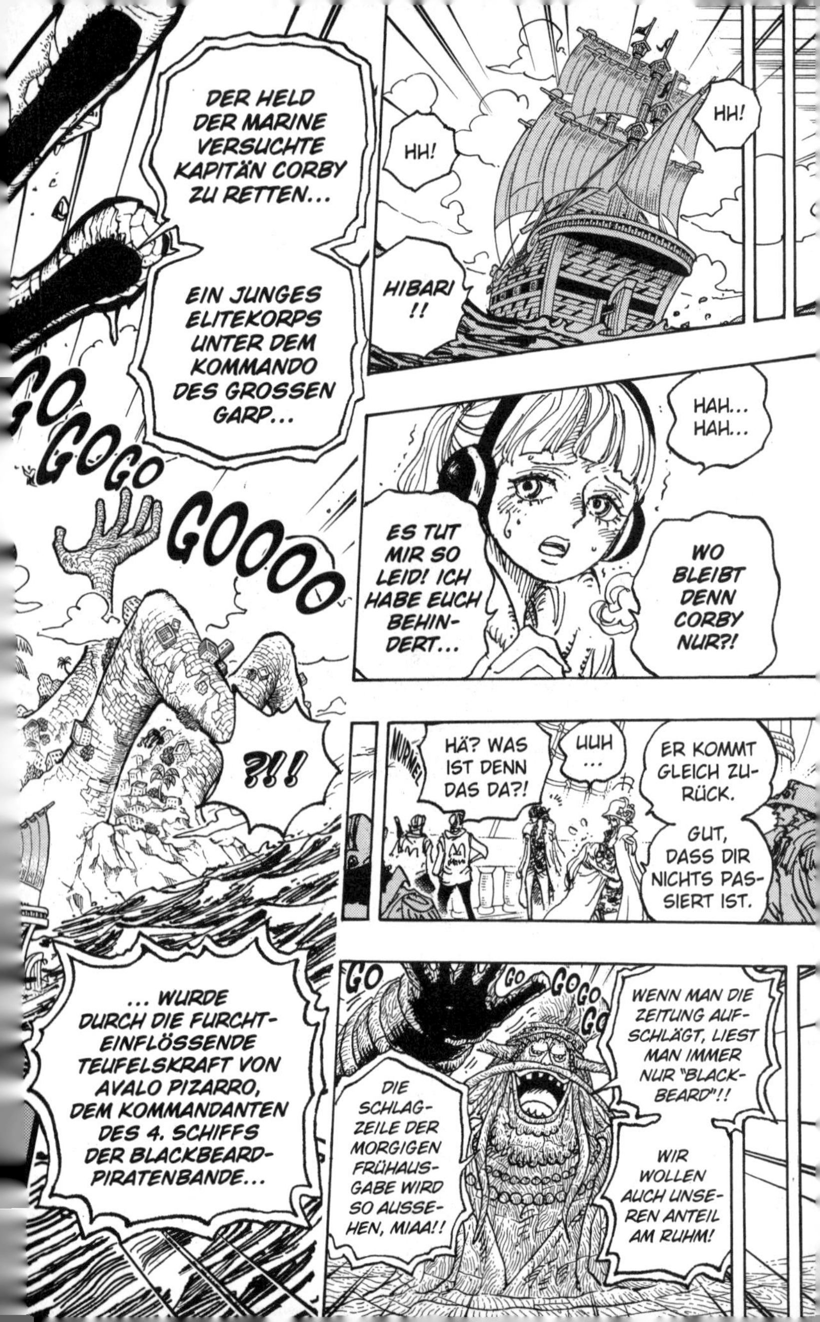
HH!
HH!
HIBARI!!
HAH... HAH...
WO BLEIBT DENN CORBY NUR?!
ES TUT MIR SO LEID! ICH HABE EUCH BEHINDERT...
ER KOMMT GLEICH ZURÜCK.
GUT, DASS DIR NICHTS PASSIERT IST.
UUH ...
HÄ? WAS IST DENN DAS DA?!
MURMEL
DER HELD DER MARINE VERSUCHTE KAPITÄN CORBY ZU RETTEN...
EIN JUNGES ELITEKORPS UNTER DEM KOMMANDO DES GROSSEN GARP...
GO GO GO GO GOOOOO
?!!
... WURDE DURCH DIE FURCHTEINFLÖSSENDE TEUFELSKRAFT VON AVALO PIZARRO, DEM KOMMANDANTEN DES 4. SCHIFFS DER BLACKBEARD-PIRATENBANDE...
GO GO GOGO GO
WENN MAN DIE ZEITUNG AUFSCHLÄGT, LIEST MAN IMMER NUR "BLACKBEARD"!!
WIR WOLLEN AUCH UNSEREN ANTEIL AM RUHM!
DIE SCHLAGZEILE DER MORGIGEN FRÜHAUSGABE WIRD SO AUSSEHEN, MIAA!!

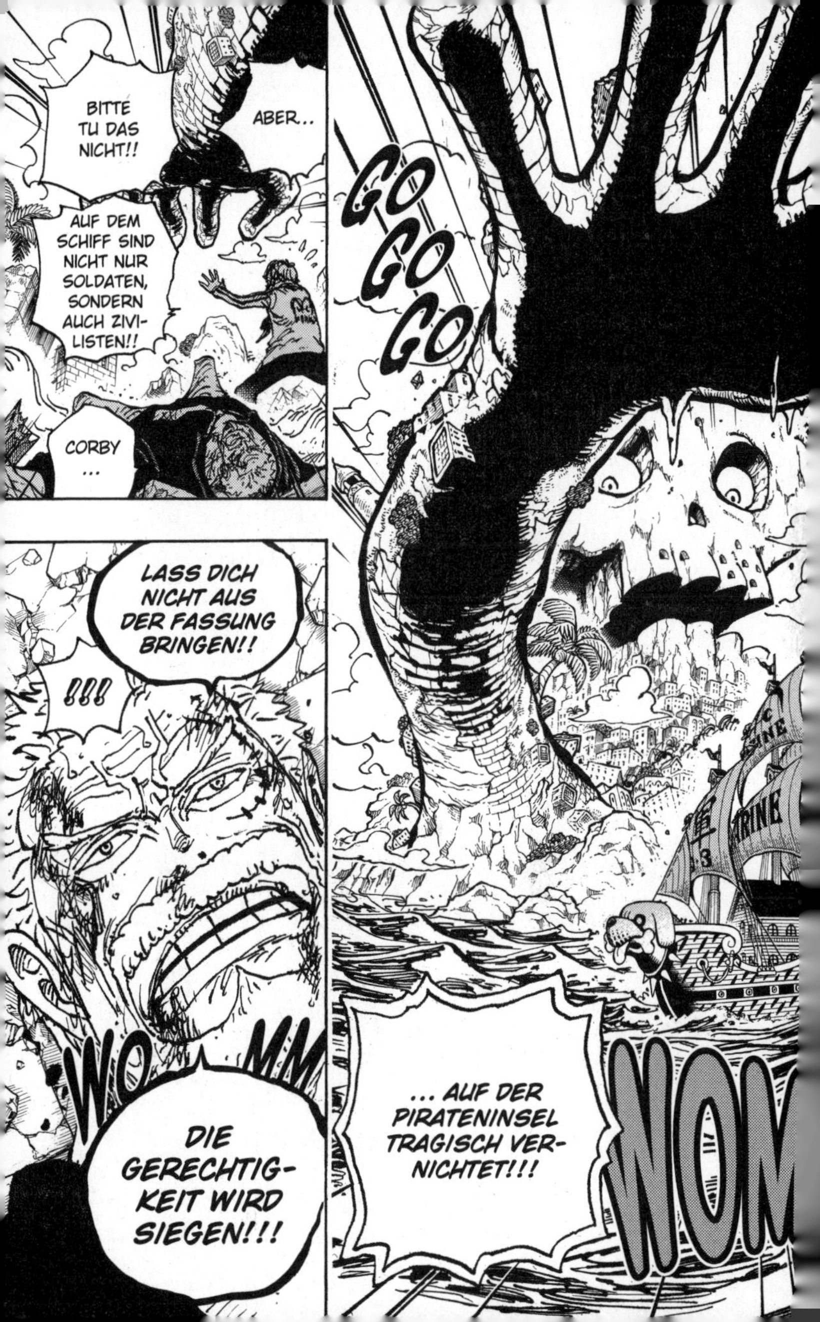
GOGOGO
... AUF DER PIRATENINSEL TRAGISCH VERNICHTET!!!
NOM
ABER...
BITTE TU DAS NICHT!!
AUF DEM SCHIFF SIND NICHT NUR SOLDATEN, SONDERN AUCH ZIVILISTEN!!
CORBY ...
LASS DICH NICHT AUS DER FASSUNG BRINGEN!!
!!!
WO MM
DIE GERECHTIGKEIT WIRD SIEGEN!!!

Kapitel 1088: Die letzte Lektion

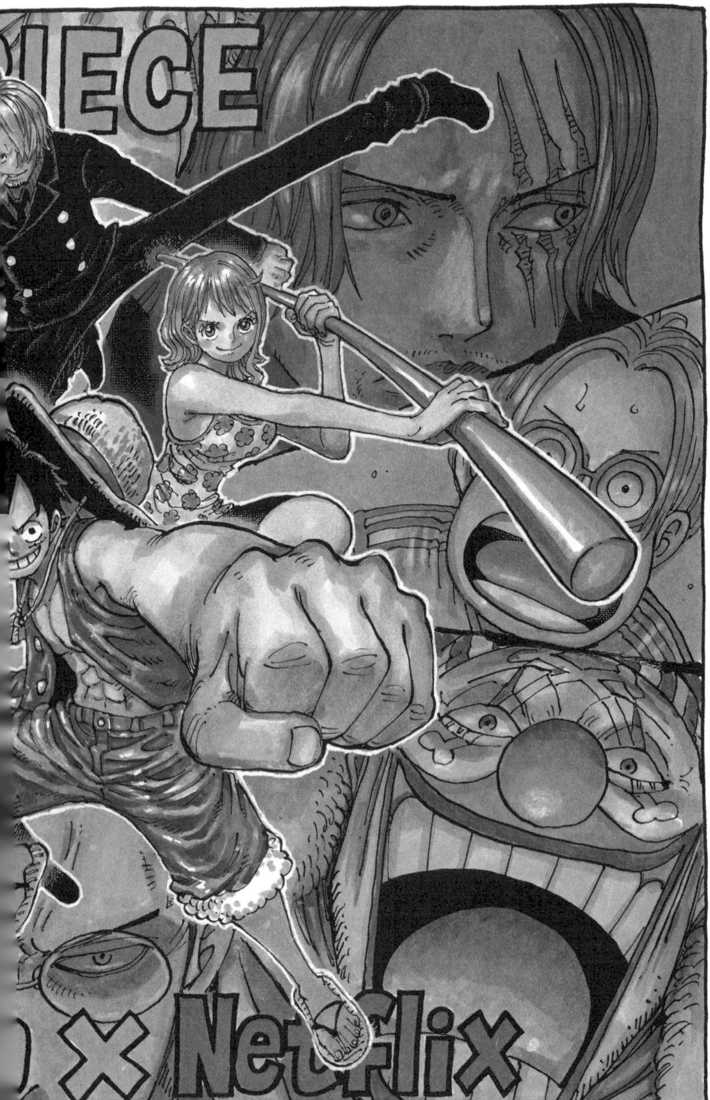

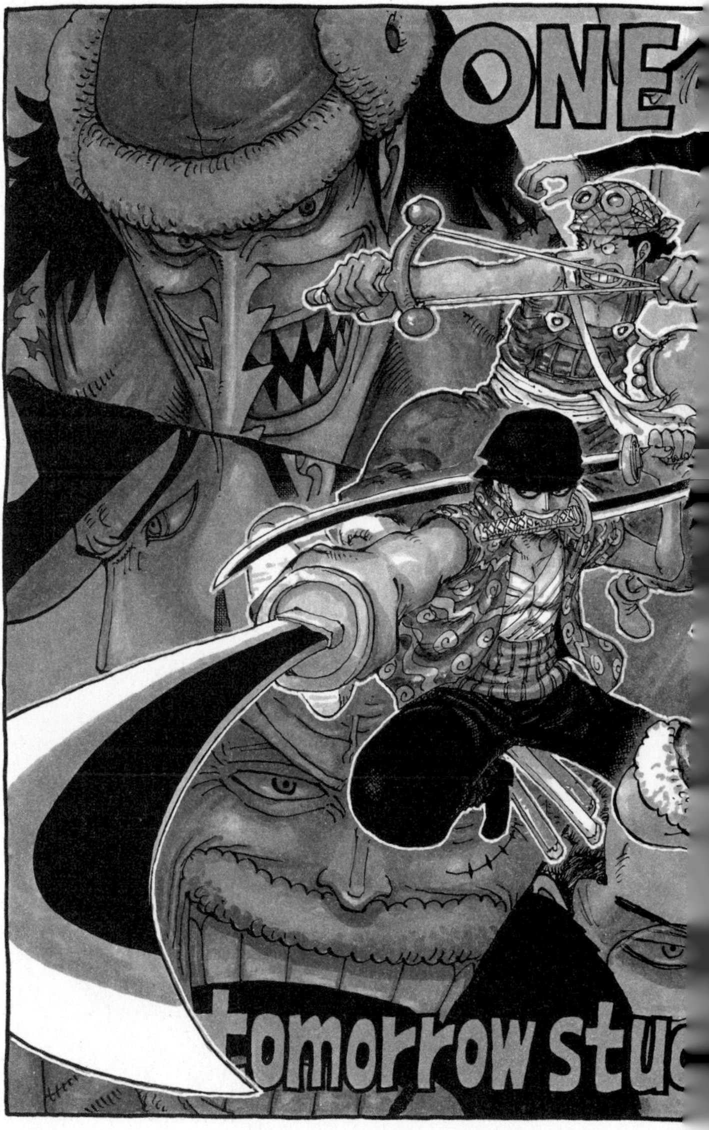
ONE
tomorrow stu

vol. 107
ONE PIECE

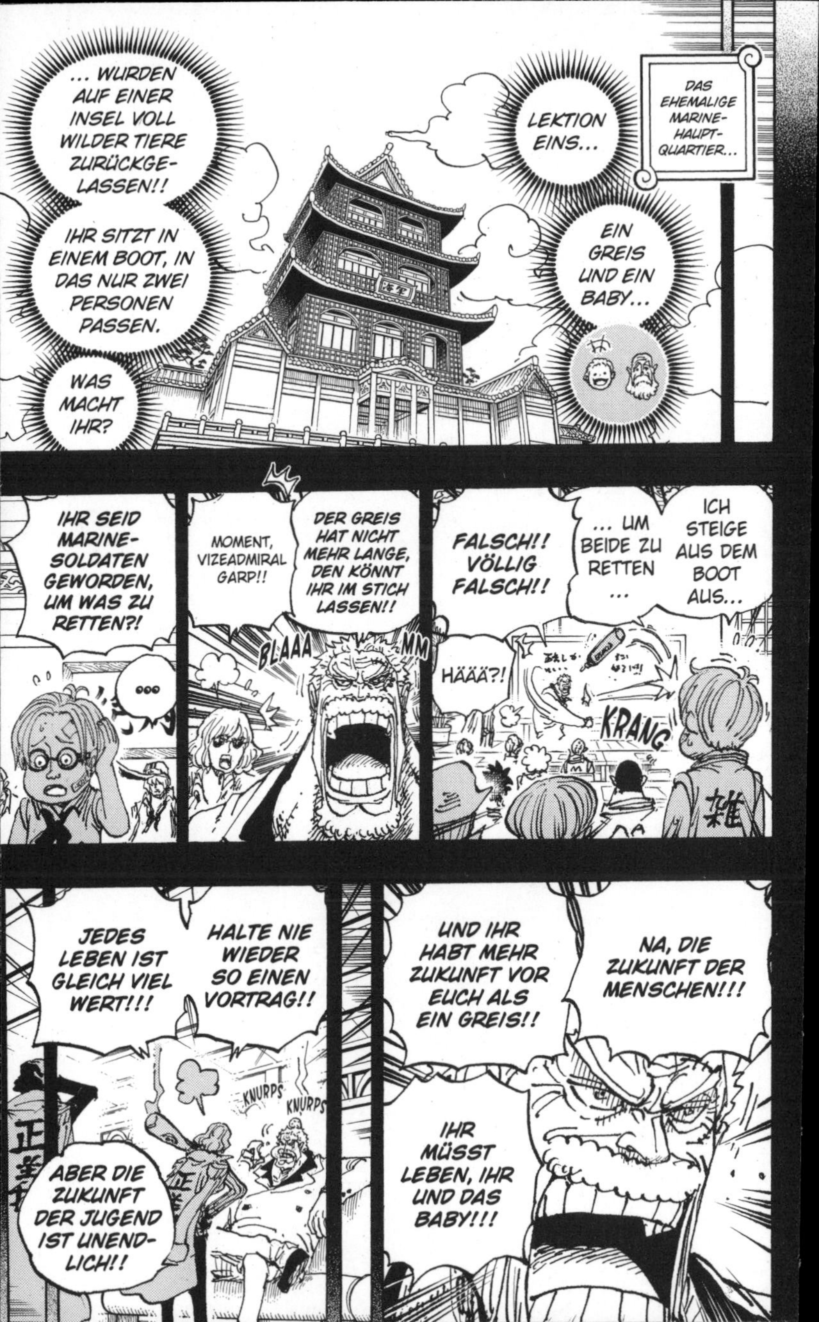
DAS EHEMALIGE MARINE-HAUPTQUARTIER...
LEKTION EINS...
EIN GREIS UND EIN BABY...
... WURDEN AUF EINER INSEL VOLL WILDER TIERE ZURÜCKGELASSEN!!
IHR SITZT IN EINEM BOOT, IN DAS NUR ZWEI PERSONEN PASSEN.
WAS MACHT IHR?
ICH STEIGE AUS DEM BOOT AUS...
... UM BEIDE ZU RETTEN ...
FALSCH!! VÖLLIG FALSCH!!
HÄÄÄ?!
KRANG
DER GREIS HAT NICHT MEHR LANGE, DEN KÖNNT IHR IM STICH LASSEN!!
MOMENT, VIZEADMIRAL GARP!!
BLAAAMM
IHR SEID MARINE-SOLDATEN GEWORDEN, UM WAS ZU RETTEN?!
NA, DIE ZUKUNFT DER MENSCHEN!!!
UND IHR HABT MEHR ZUKUNFT VOR EUCH ALS EIN GREIS!!
IHR MÜSST LEBEN, IHR UND DAS BABY!!!
HALTE NIE WIEDER SO EINEN VORTRAG!!
JEDES LEBEN IST GLEICH VIEL WERT!!!
KNURPS
KNURPS
ABER DIE ZUKUNFT DER JUGEND IST UNENDLICH!!

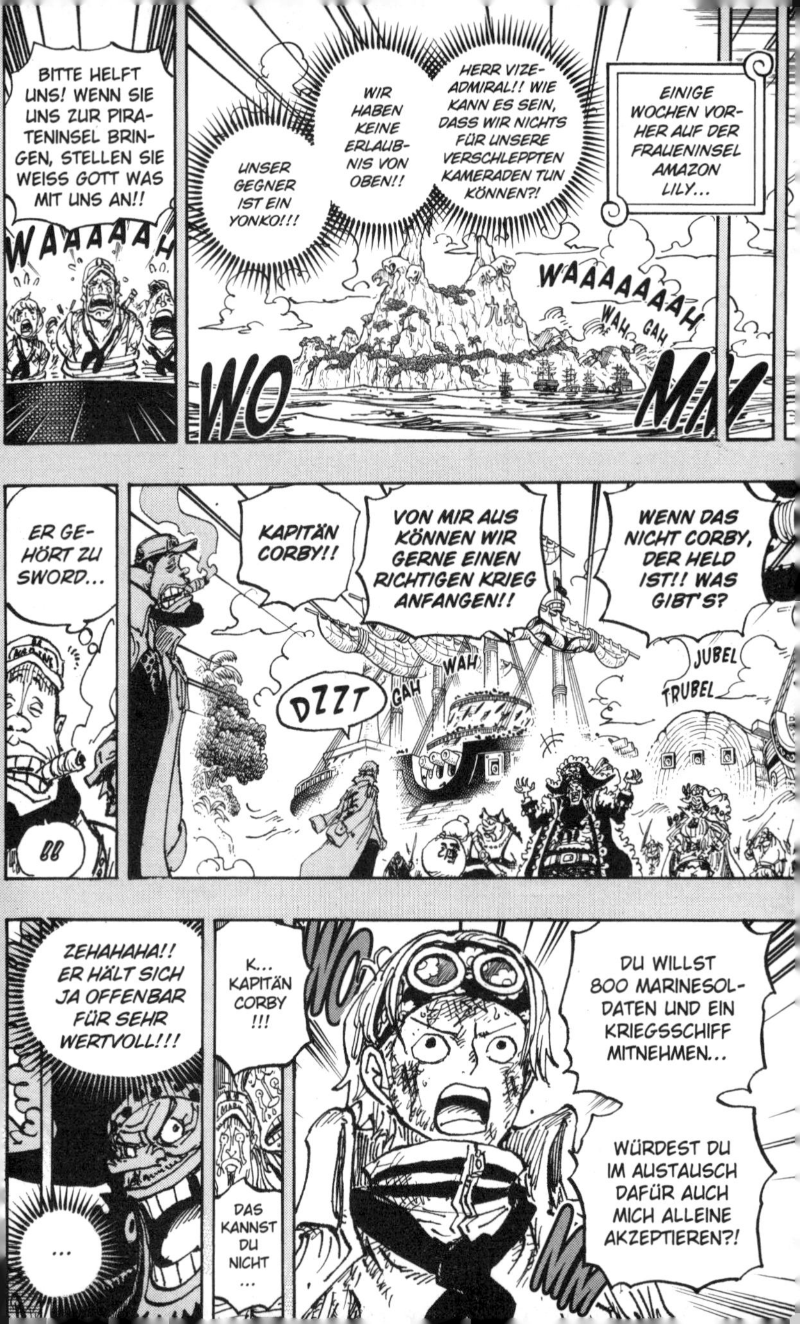
EINIGE WOCHEN VORHER AUF DER FRAUENINSEL AMAZON LILY…
HERR VIZE-ADMIRAL!! WIE KANN ES SEIN, DASS WIR NICHTS FÜR UNSERE VERSCHLEPPTEN KAMERADEN TUN KÖNNEN?!
WIR HABEN KEINE ERLAUBNIS VON OBEN!!
UNSER GEGNER IST EIN YONKO!!!
WAAAAAAAAH
WAH
GAH
WO
MM
BITTE HELFT UNS! WENN SIE UNS ZUR PIRATENINSEL BRINGEN, STELLEN SIE WEISS GOTT WAS MIT UNS AN!!
WAAAAAH
WENN DAS NICHT CORBY, DER HELD IST!! WAS GIBT'S?
JUBEL
TRUBEL
VON MIR AUS KÖNNEN WIR GERNE EINEN RICHTIGEN KRIEG ANFANGEN!!
KAPITÄN CORBY!!
WAH
GAH
DZZT
ER GEHÖRT ZU SWORD…
DU WILLST 800 MARINESOLDATEN UND EIN KRIEGSSCHIFF MITNEHMEN…
WÜRDEST DU IM AUSTAUSCH DAFÜR AUCH MICH ALLEINE AKZEPTIEREN?!
WO
MM
K… KAPITÄN CORBY!!!
DAS KANNST DU NICHT…
ZEHAHAHA!! ER HÄLT SICH JA OFFENBAR FÜR SEHR WERTVOLL!!!
…

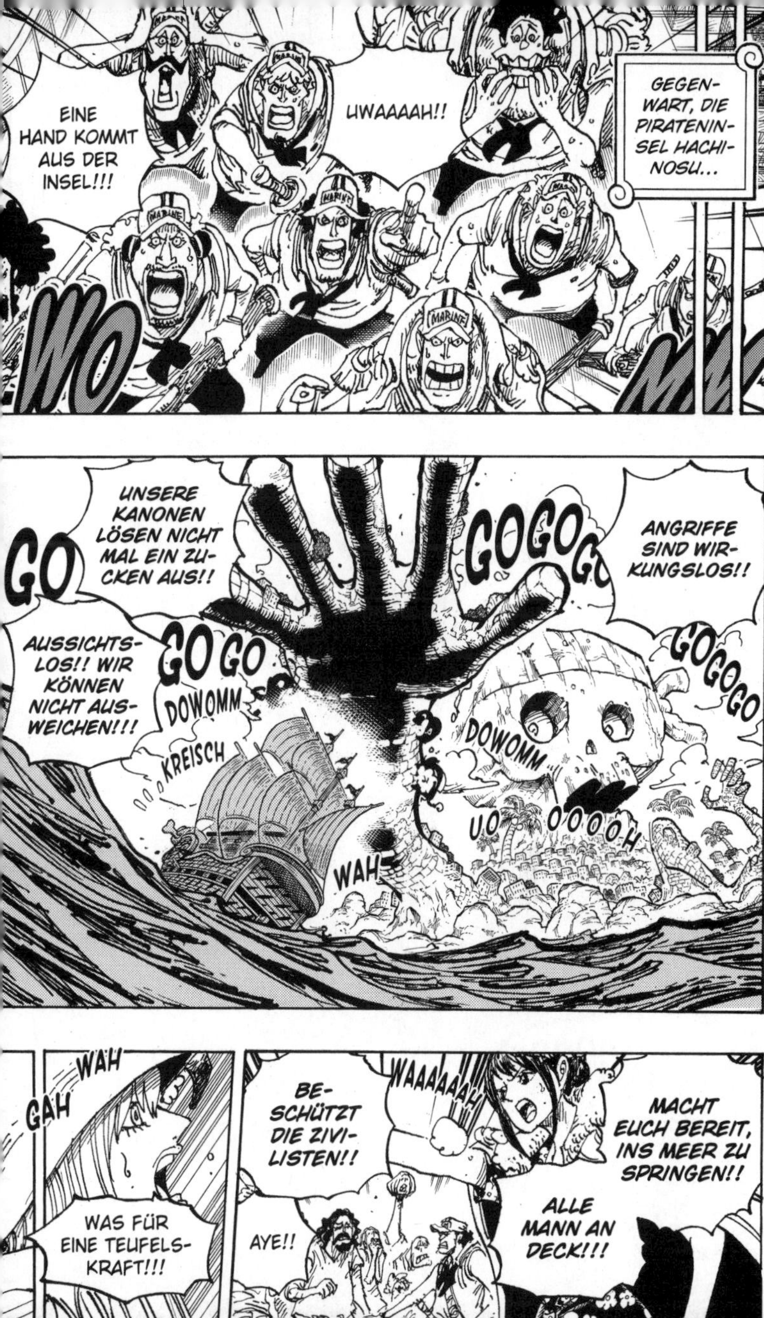
GEGENWART, DIE PIRATENINSEL HACHINOSU…
UWAAAAH!!
EINE HAND KOMMT AUS DER INSEL!!!
WO
MU
ANGRIFFE SIND WIRKUNGSLOS!!
GOGOGO
UNSERE KANONEN LÖSEN NICHT MAL EIN ZUCKEN AUS!!
GO
GOGOGO
AUSSICHTSLOS!! WIR KÖNNEN NICHT AUSWEICHEN!!!
GO GO
DOWOMM
DOWOMM
KREISCH
UO OOOOOH
WAH
MACHT EUCH BEREIT, INS MEER ZU SPRINGEN!!
ALLE MANN AN DECK!!!
WAAAAAAAH
BESCHÜTZT DIE ZIVILISTEN!!
AYE!!
WAH
GAH
WAS FÜR EINE TEUFELSKRAFT!!!

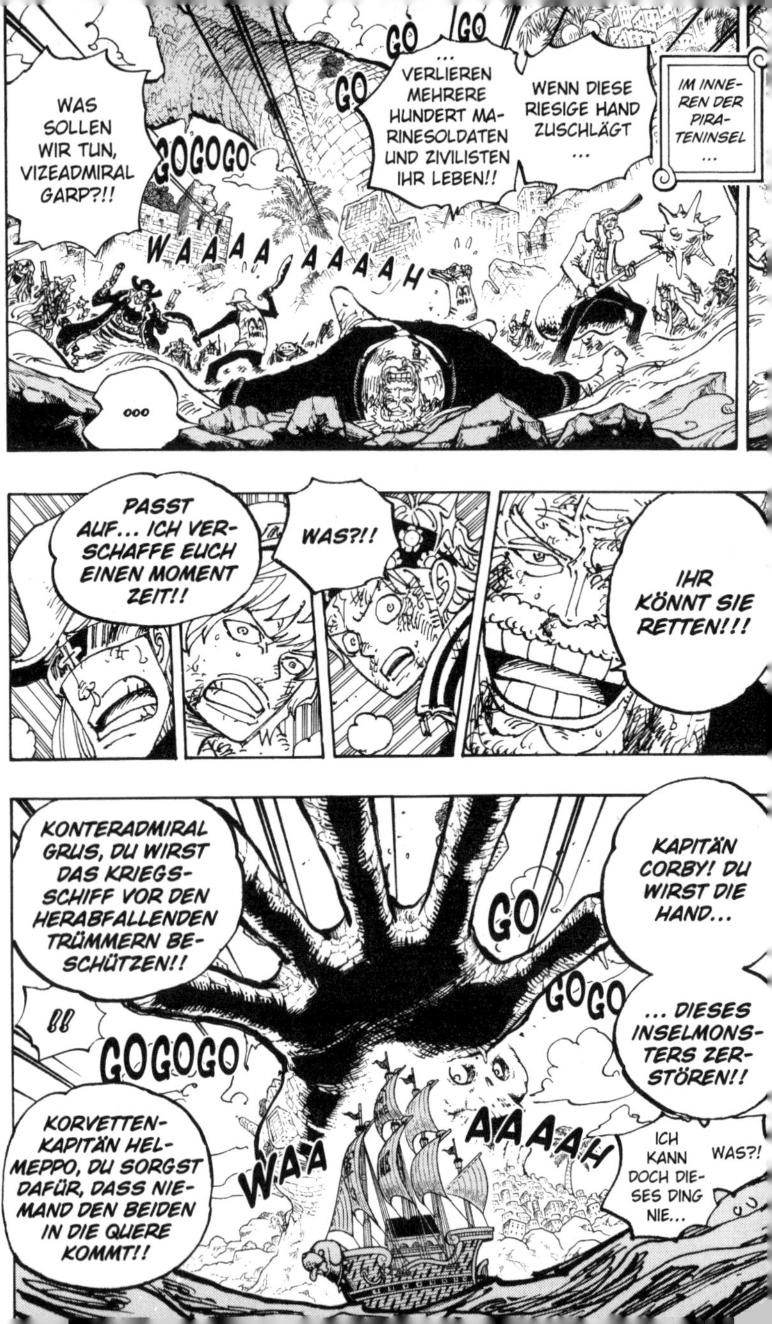
IM INNEREN DER PIRATENINSEL ...
WENN DIESE RIESIGE HAND ZUSCHLÄGT ...
... VERLIEREN MEHRERE HUNDERT MARINESOLDATEN UND ZIVILISTEN IHR LEBEN!!
GO GO GO
WAS SOLLEN WIR TUN, VIZEADMIRAL GARP?!!
GOGOGO
WAAAA AAAAAH
ooo
IHR KÖNNT SIE RETTEN!!!
WAS?!!
PASST AUF... ICH VERSCHAFFE EUCH EINEN MOMENT ZEIT!!
KAPITÄN CORBY! DU WIRST DIE HAND...
... DIESES INSELMONSTERS ZERSTÖREN!!
GO
GOGO
WAS?!
ICH KANN DOCH DIESES DING NIE...
KONTERADMIRAL GRUS, DU WIRST DAS KRIEGSSCHIFF VOR DEN HERABFALLENDEN TRÜMMERN BESCHÜTZEN!!
GOGOGO
KORVETTENKAPITÄN HELMEPPO, DU SORGST DAFÜR, DASS NIEMAND DEN BEIDEN IN DIE QUERE KOMMT!!
WAA AAAAAH

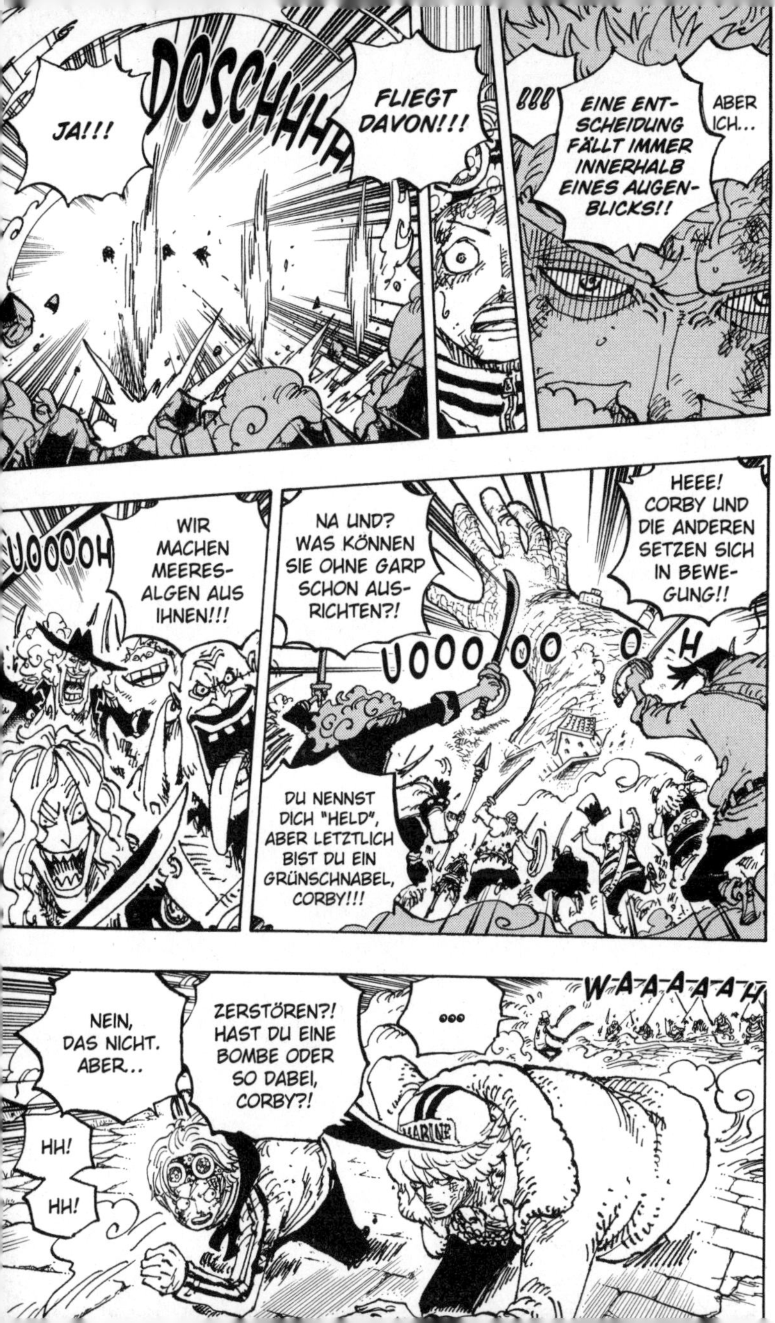
ABER ICH...
EINE ENTSCHEIDUNG FÄLLT IMMER INNERHALB EINES AUGENBLICKS!!
FLIEGT DAVON!!!
DOSCHHHH
JA!!!
HEEE! CORBY UND DIE ANDEREN SETZEN SICH IN BEWEGUNG!!
UOOOOOOH
NA UND? WAS KÖNNEN SIE OHNE GARP SCHON AUSRICHTEN?!
DU NENNST DICH "HELD", ABER LETZTLICH BIST DU EIN GRÜNSCHNABEL, CORBY!!!
WIR MACHEN MEERESALGEN AUS IHNEN!!!
UOOOOH
WAAAAAAH
...
ZERSTÖREN?! HAST DU EINE BOMBE ODER SO DABEI, CORBY?!
NEIN, DAS NICHT. ABER...
HH!
HH!
MARINE

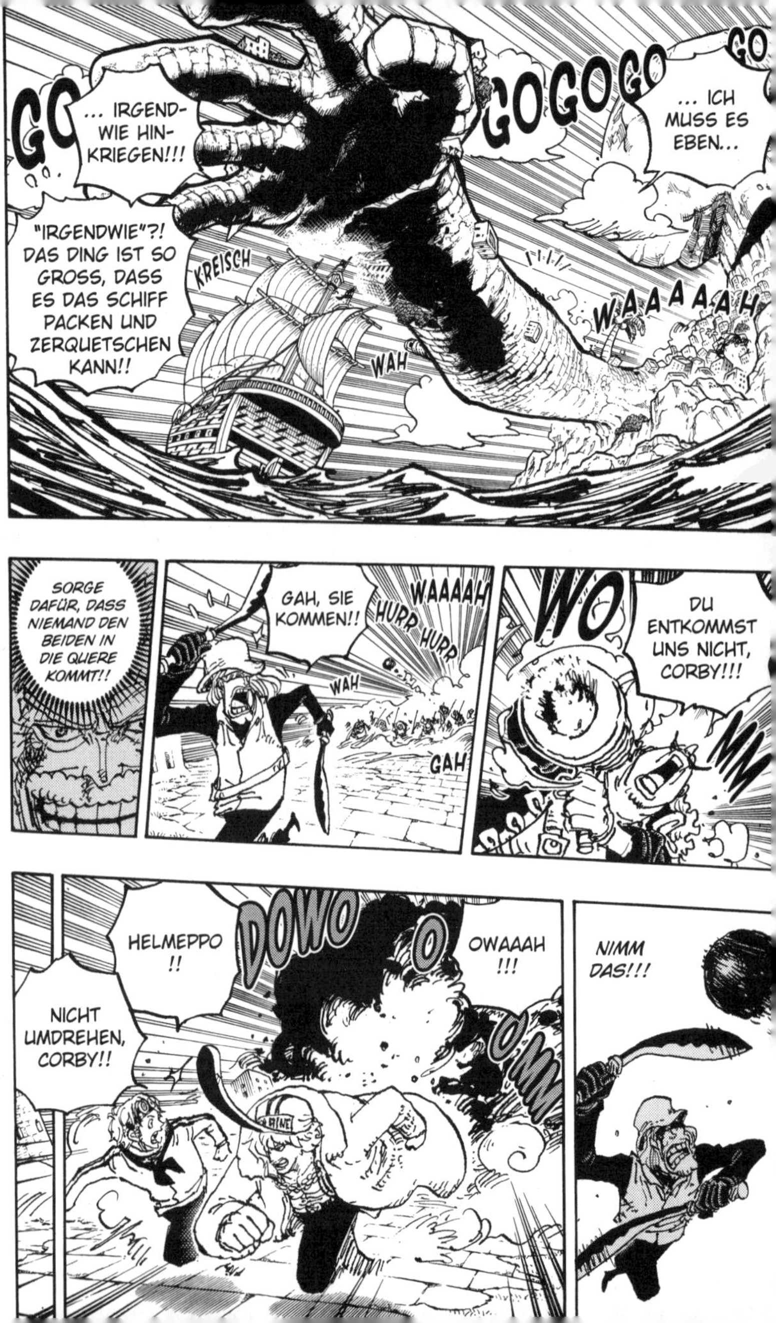

GO
... ICH MUSS ES EBEN...
GOGOGO
... IRGEND-WIE HIN-KRIEGEN!!!
GO
WAAAAAH
KREISCH
WAH
"IRGENDWIE"?! DAS DING IST SO GROSS, DASS ES DAS SCHIFF PACKEN UND ZERQUETSCHEN KANN!!
WO
DU ENTKOMMST UNS NICHT, CORBY!!!
MM
WAAAAH
GAH, SIE KOMMEN!!
HURR HURR
WAH
GAH
SORGE DAFÜR, DASS NIEMAND DEN BEIDEN IN DIE QUERE KOMMT!!
NIMM DAS!!!
OWAAAH !!!
DOWO
O
OMM
HELMEPPO !!
NICHT UMDREHEN, CORBY!!

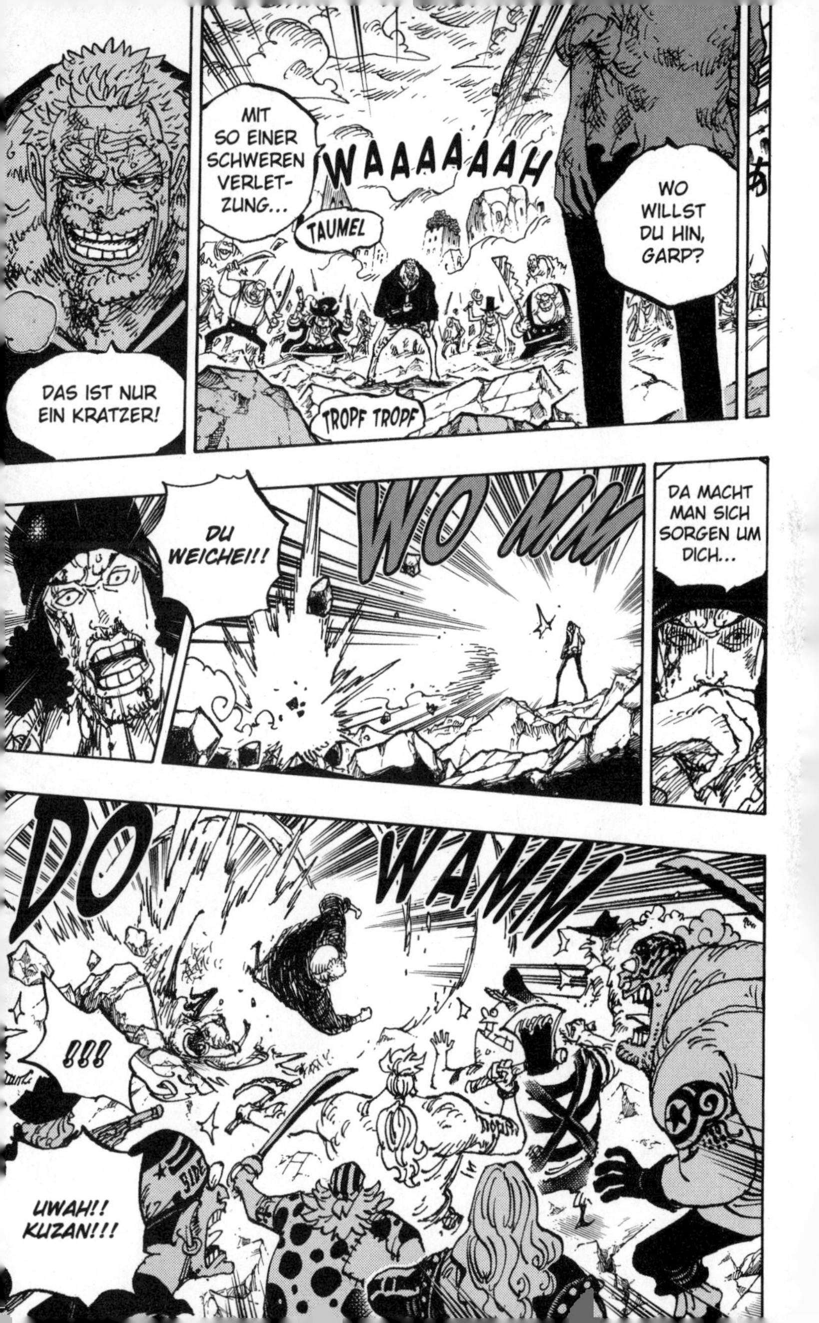
WO WILLST DU HIN, GARP?
MIT SO EINER SCHWEREN VERLETZUNG…
WAAAAAAH
TAUMEL
TROPF TROPF
DAS IST NUR EIN KRATZER!
DA MACHT MAN SICH SORGEN UM DICH…
WOMM
DU WEICHEI!!
DO
WAMM
!!!
UWAH!! KUZAN!!!

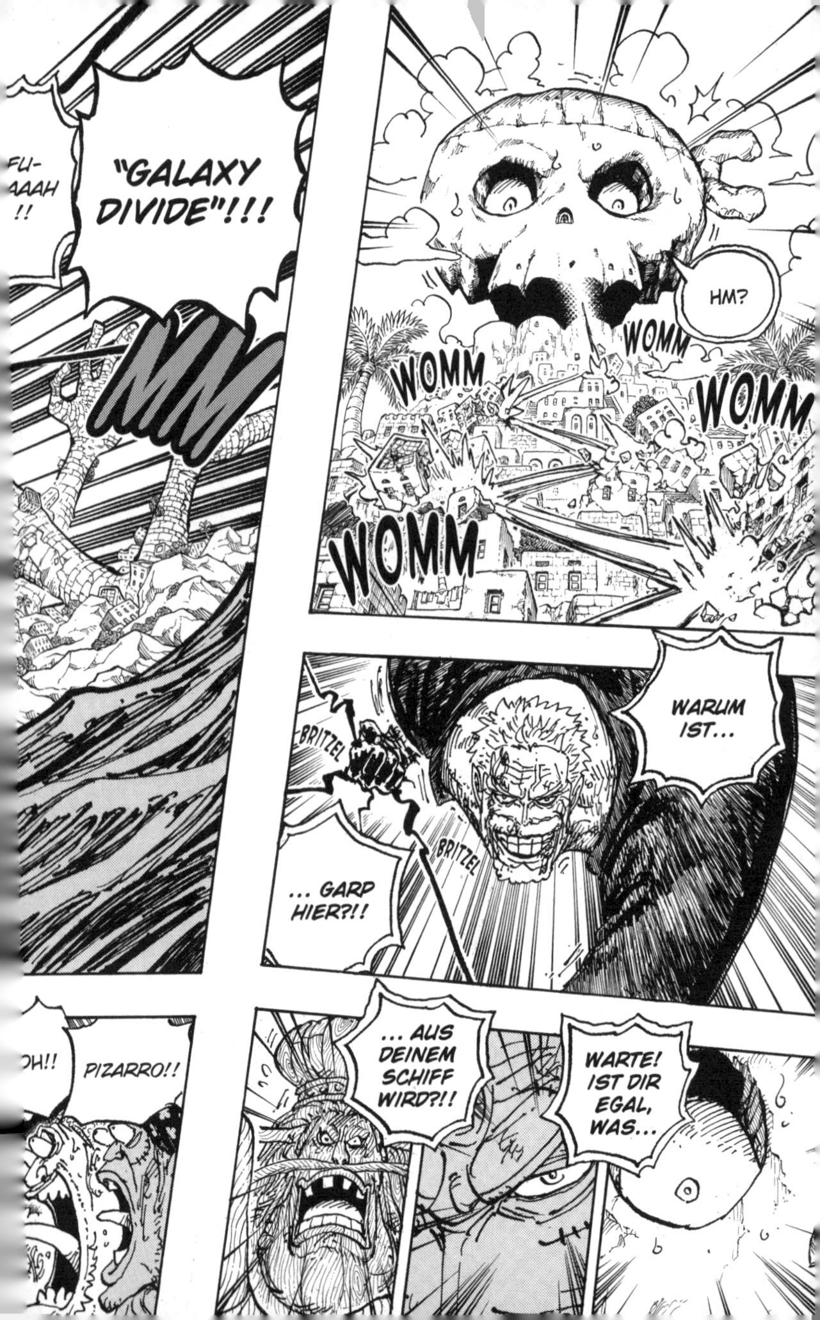
HM?
WOMM
WOMM
WOMM
WOMM
WARUM IST...
BRITZEL
BRITZEL
... GARP HIER?!!
"GALAXY DIVIDE"!!!
FU-AAAH!!
WARTE! IST DIR EGAL, WAS...
... AUS DEINEM SCHIFF WIRD?!!
PIZARRO!!
OH!!

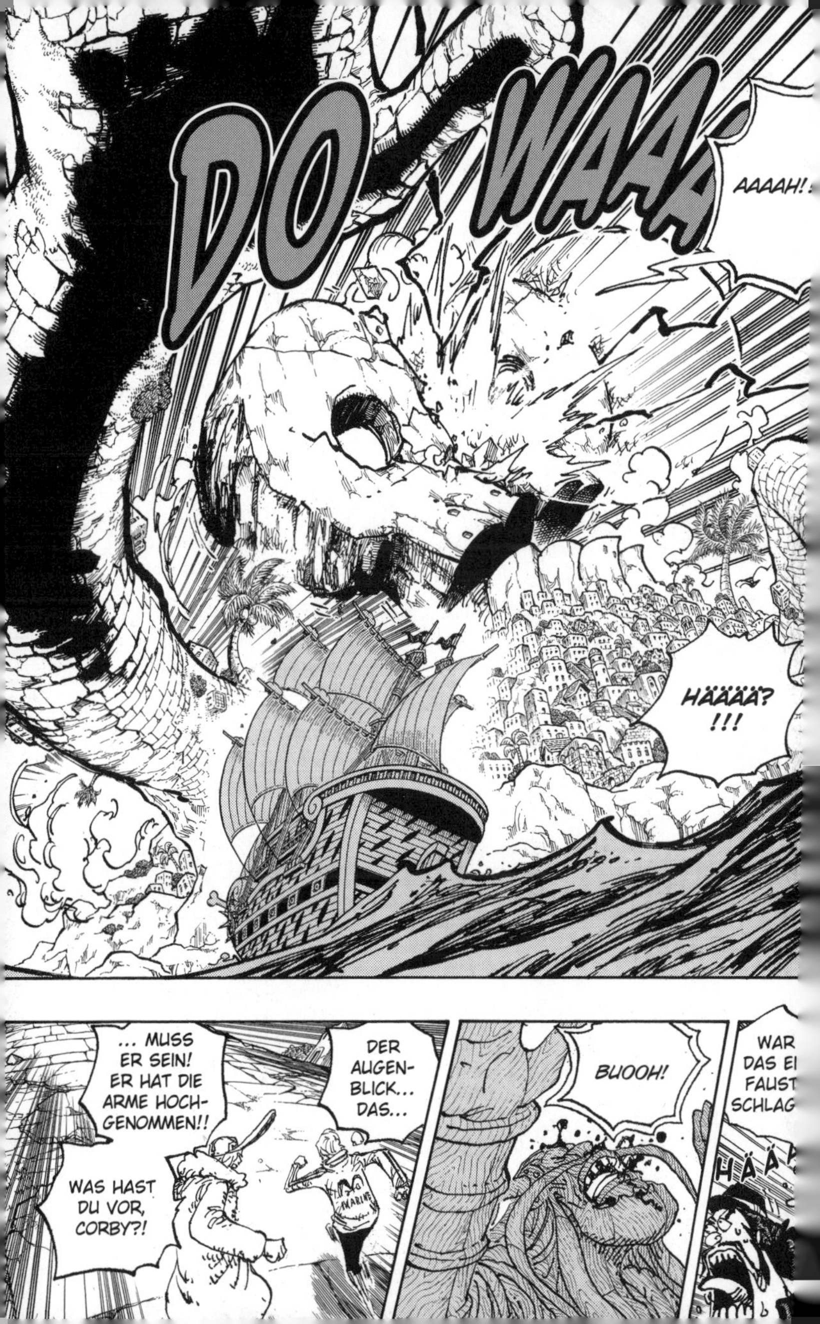
DO-WAA
AAAAH!!
HÄÄÄÄ? !!!
WAR DAS EI FAUST SCHLAG
HÄÄ
BUOOH!
DER AUGEN-BLICK… DAS…
… MUSS ER SEIN! ER HAT DIE ARME HOCH-GENOMMEN!!
WAS HAST DU VOR, CORBY?!
MARINE

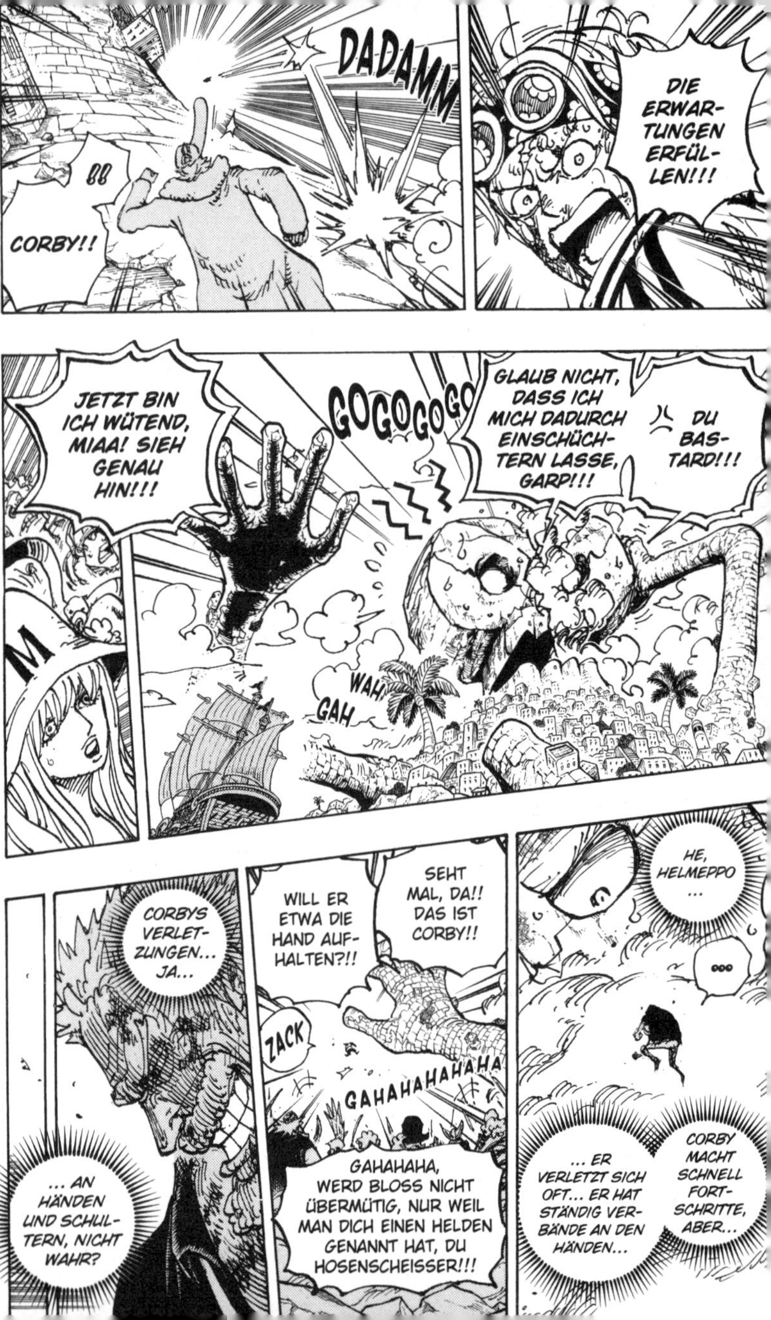

DIE ERWARTUNGEN ERFÜLLEN!!!
DADAMM
CORBY!!
DU BASTARD!!!
GLAUB NICHT, DASS ICH MICH DADURCH EINSCHÜCHTERN LASSE, GARP!!!
GOGOGOGO
JETZT BIN ICH WÜTEND, MIAA! SIEH GENAU HIN!!!
WAH GAH
HE, HELMEPPO ...
...
CORBY MACHT SCHNELL FORTSCHRITTE, ABER...
... ER VERLETZT SICH OFT... ER HAT STÄNDIG VERBÄNDE AN DEN HÄNDEN...
SEHT MAL, DA!! DAS IST CORBY!!
WILL ER ETWA DIE HAND AUFHALTEN?!!
ZACK
GAHAHAHAHAHAHA
GAHAHAHA, WERD BLOSS NICHT ÜBERMÜTIG, NUR WEIL MAN DICH EINEN HELDEN GENANNT HAT, DU HOSENSCHEISSER!!!
CORBYS VERLETZUNGEN... JA...
... AN HÄNDEN UND SCHULTERN, NICHT WAHR?

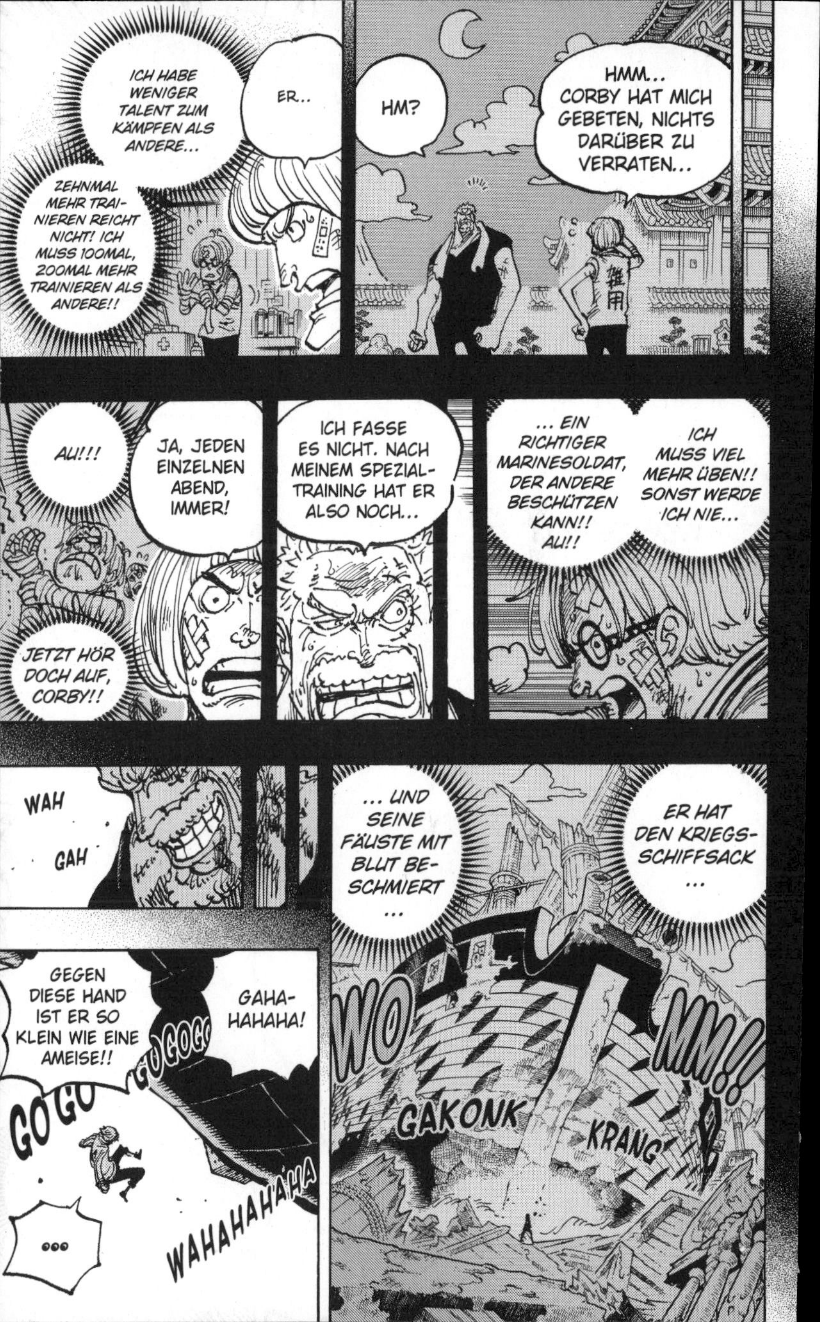
HMM... CORBY HAT MICH GEBETEN, NICHTS DARÜBER ZU VERRATEN...
HM?
ER...
ICH HABE WENIGER TALENT ZUM KÄMPFEN ALS ANDERE...
ZEHNMAL MEHR TRAINIEREN REICHT NICHT! ICH MUSS 100MAL, 200MAL MEHR TRAINIEREN ALS ANDERE!!
ICH MUSS VIEL MEHR ÜBEN!! SONST WERDE ICH NIE...
... EIN RICHTIGER MARINESOLDAT, DER ANDERE BESCHÜTZEN KANN!! AU!!
ICH FASSE ES NICHT. NACH MEINEM SPEZIAL-TRAINING HAT ER ALSO NOCH...
JA, JEDEN EINZELNEN ABEND, IMMER!
AU!!!
JETZT HÖR DOCH AUF, CORBY!!
ER HAT DEN KRIEGSSCHIFFSACK ...
... UND SEINE FÄUSTE MIT BLUT BESCHMIERT ...
WO MM!!
GAKONK
KRANG
WAH
GAH
GAHAHAHAHA!
GEGEN DIESE HAND IST ER SO KLEIN WIE EINE AMEISE!!
GOGOGO
GOGO
WAHAHAHAHAHA
...

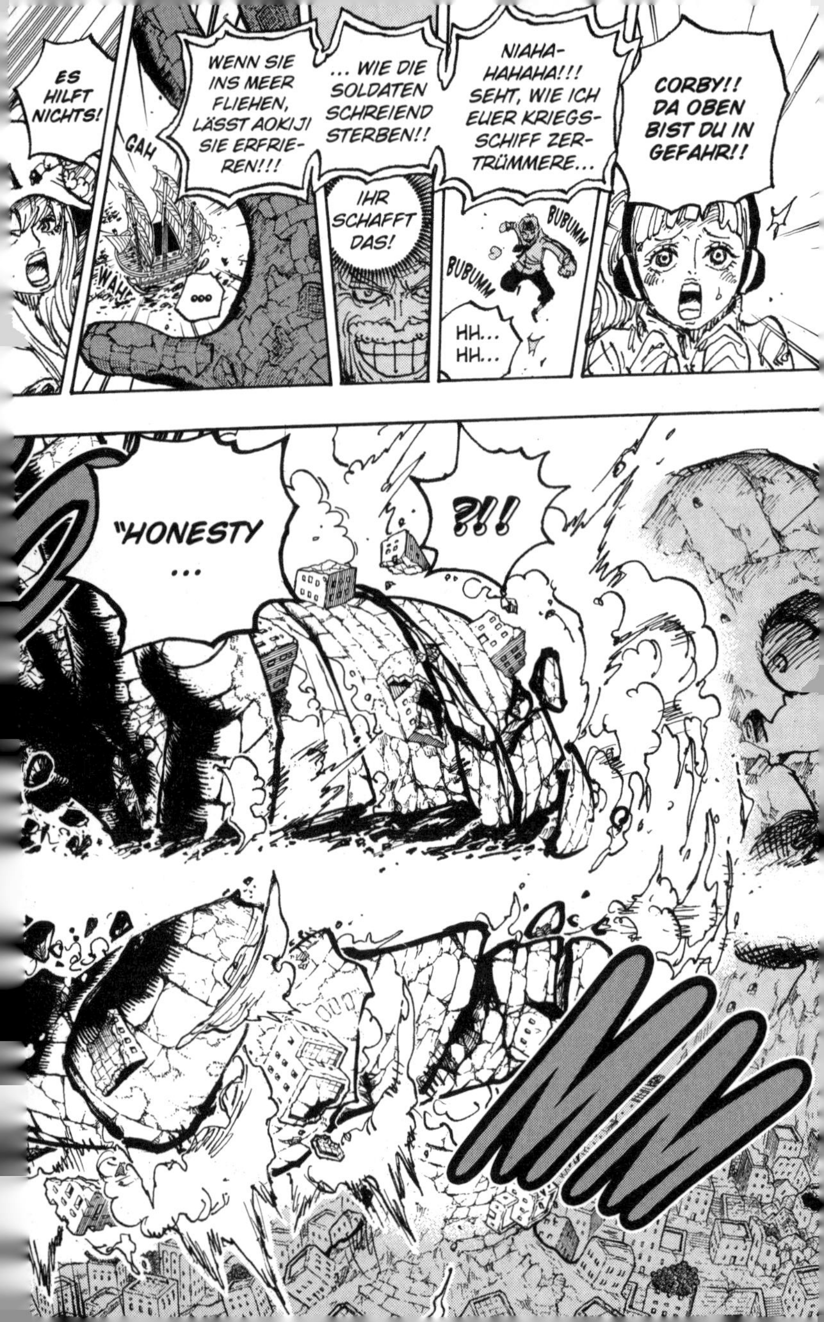
CORBY!! DA OBEN BIST DU IN GEFAHR!!
NIAHA-HAHAHA!!! SEHT, WIE ICH EUER KRIEGS-SCHIFF ZER-TRÜMMERE...
BUBUMM
BUBUMM
HH... HH...
... WIE DIE SOLDATEN SCHREIEND STERBEN!!
IHR SCHAFFT DAS!
WENN SIE INS MEER FLIEHEN, LÄSST AOKIJI SIE ERFRIE-REN!!!
GAH
WAH!
...
ES HILFT NICHTS!
?!!
"HONESTY ...

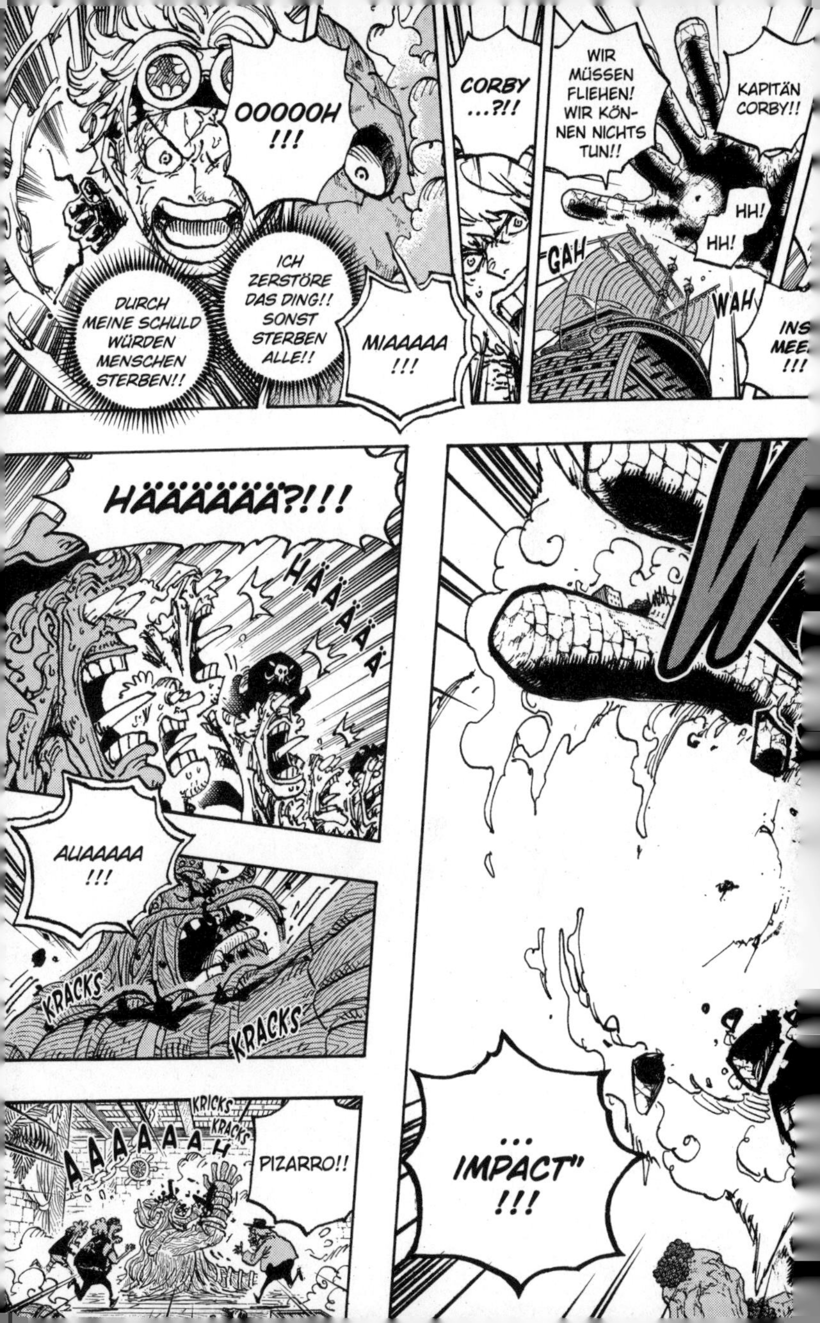
KAPITÄN CORBY!!
WIR MÜSSEN FLIEHEN! WIR KÖN-NEN NICHTS TUN!!
HH!
HH!
GAH
WAH
CORBY ...?!!
OOOOOH !!!
MIAAAAA !!!
ICH ZERSTÖRE DAS DING!! SONST STERBEN ALLE!!
DURCH MEINE SCHULD WÜRDEN MENSCHEN STERBEN!!
... IMPACT" !!!
HÄÄÄÄÄÄ?!!!
HÄÄÄÄÄ
AUAAAAA !!!
KRACKS
KRACKS
KRICKS
KRACKS
AAAAAAAH
PIZARRO!!

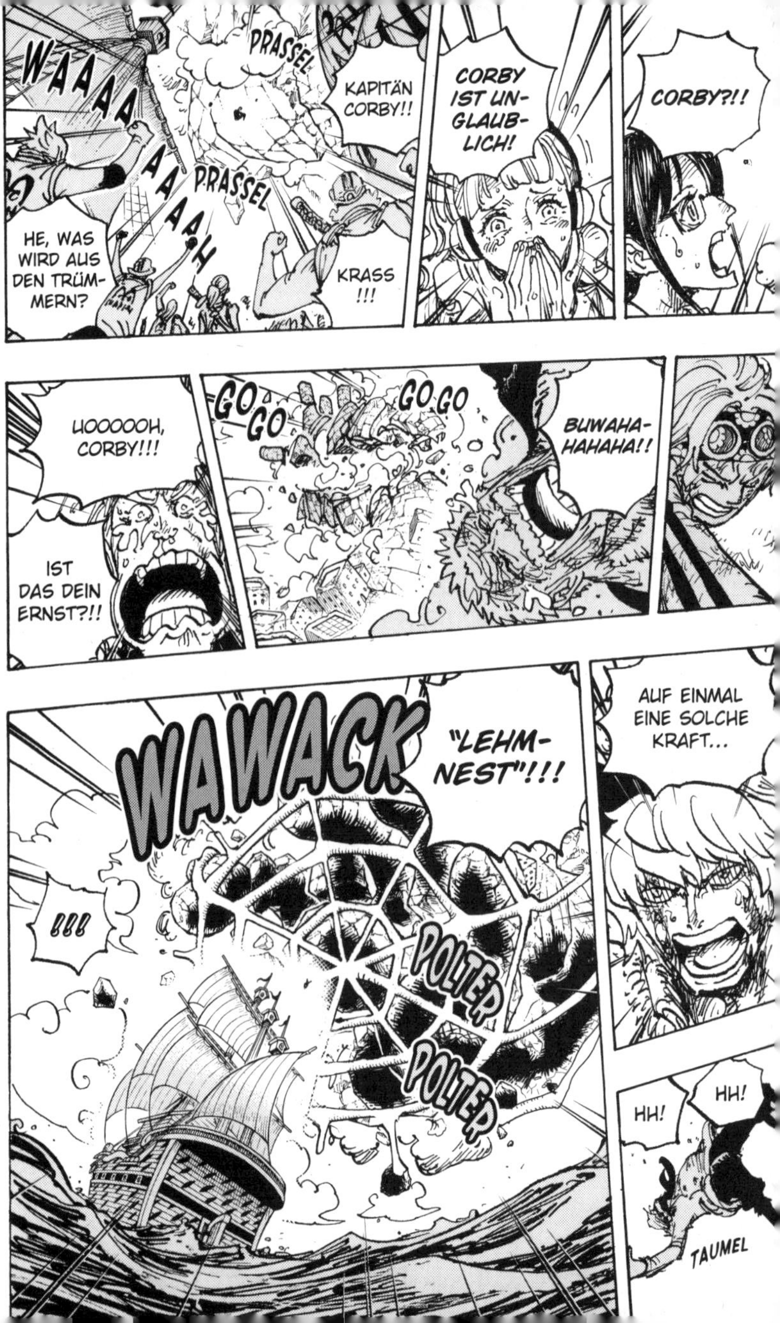
CORBY?!!
CORBY IST UNGLAUBLICH!
KAPITÄN CORBY!!
PRASSEL
PRASSEL
KRASS!!!
WAAAAAAAAAH
HE, WAS WIRD AUS DEN TRÜMMERN?
BUWAHAHAHAHA!!
GO GO
GO GO
UOOOOOH, CORBY!!!
IST DAS DEIN ERNST?!!
AUF EINMAL EINE SOLCHE KRAFT...
HH!
HH!
TAUMEL
"LEHMNEST"!!!
WAWACK
!!!
POLTER
POLTER

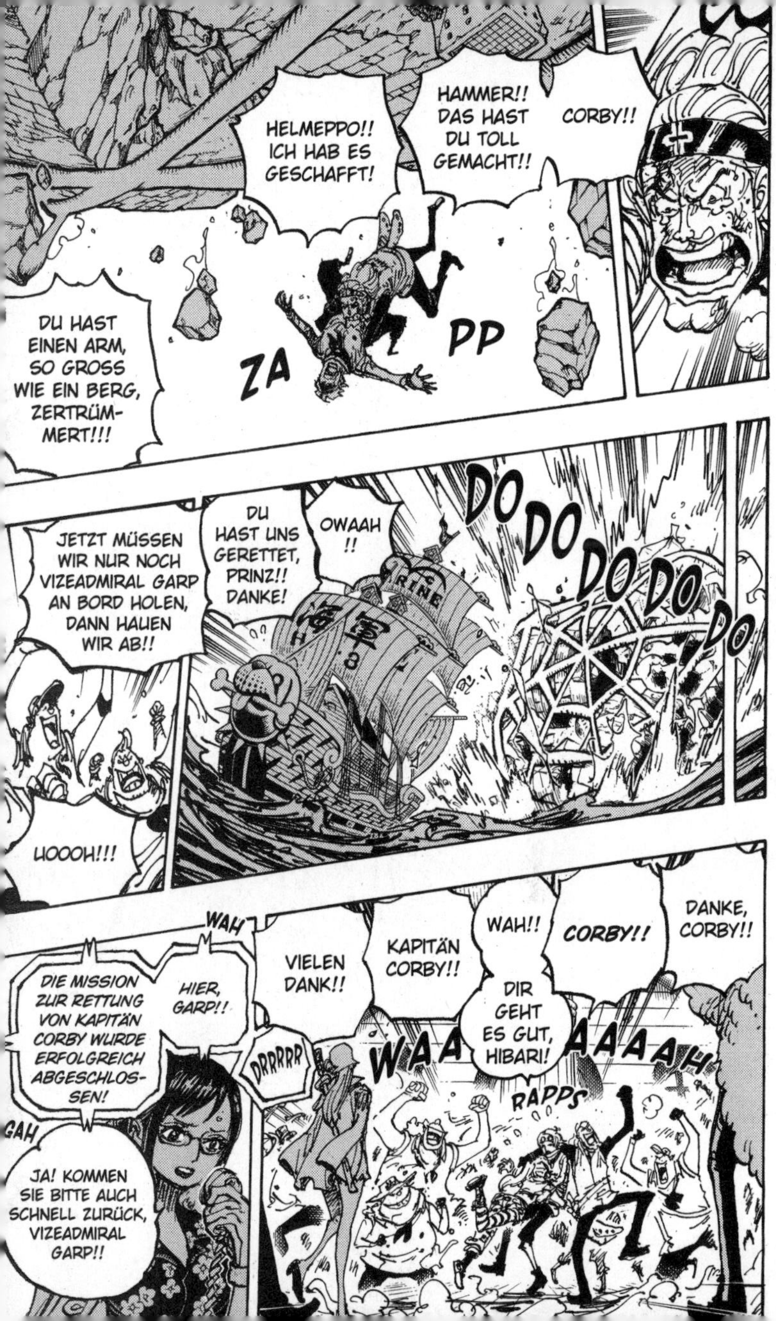
CORBY!!
HAMMER!! DAS HAST DU TOLL GEMACHT!!
HELMEPPO!! ICH HAB ES GESCHAFFT!
DU HAST EINEN ARM, SO GROSS WIE EIN BERG, ZERTRÜMMERT!!!
ZA PP
DO DO DO DO DO DO DO
OWAAH !!
DU HAST UNS GERETTET, PRINZ!! DANKE!
JETZT MÜSSEN WIR NUR NOCH VIZEADMIRAL GARP AN BORD HOLEN, DANN HAUEN WIR AB!!
UOOOH!!!
DANKE, CORBY!!
CORBY!!
WAH!!
DIR GEHT ES GUT, HIBARI!
KAPITÄN CORBY!!
VIELEN DANK!!
WAA AAAAH
RAPPS
HIER, GARP!!
DRRRRR
WAH
DIE MISSION ZUR RETTUNG VON KAPITÄN CORBY WURDE ERFOLGREICH ABGESCHLOSSEN!
GAH
JA! KOMMEN SIE BITTE AUCH SCHNELL ZURÜCK, VIZEADMIRAL GARP!!

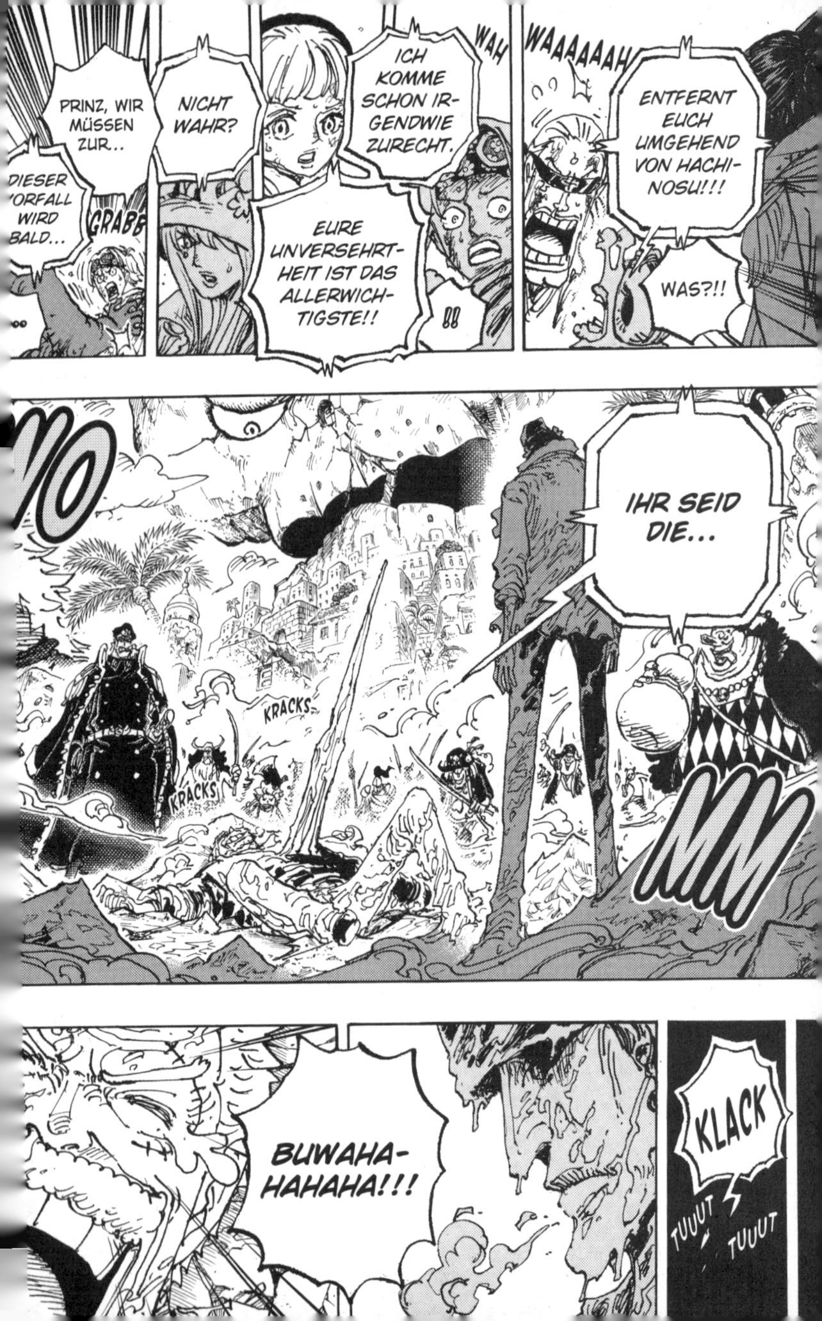

ENTFERNT EUCH UMGEHEND VON HACHINOSU!!!
WAAAAAAH
WAS?!!
WAH
!!
ICH KOMME SCHON IRGENDWIE ZURECHT.
EURE UNVERSEHRTHEIT IST DAS ALLERWICHTIGSTE!!
NICHT WAHR?
PRINZ, WIR MÜSSEN ZUR...
GRABB
DIESER VORFALL WIRD BALD...
IHR SEID DIE...
MM
KRACKS
KRACKS
MO
KLACK
TUUUT
TUUUT
BUWAHAHAHAHA!!!

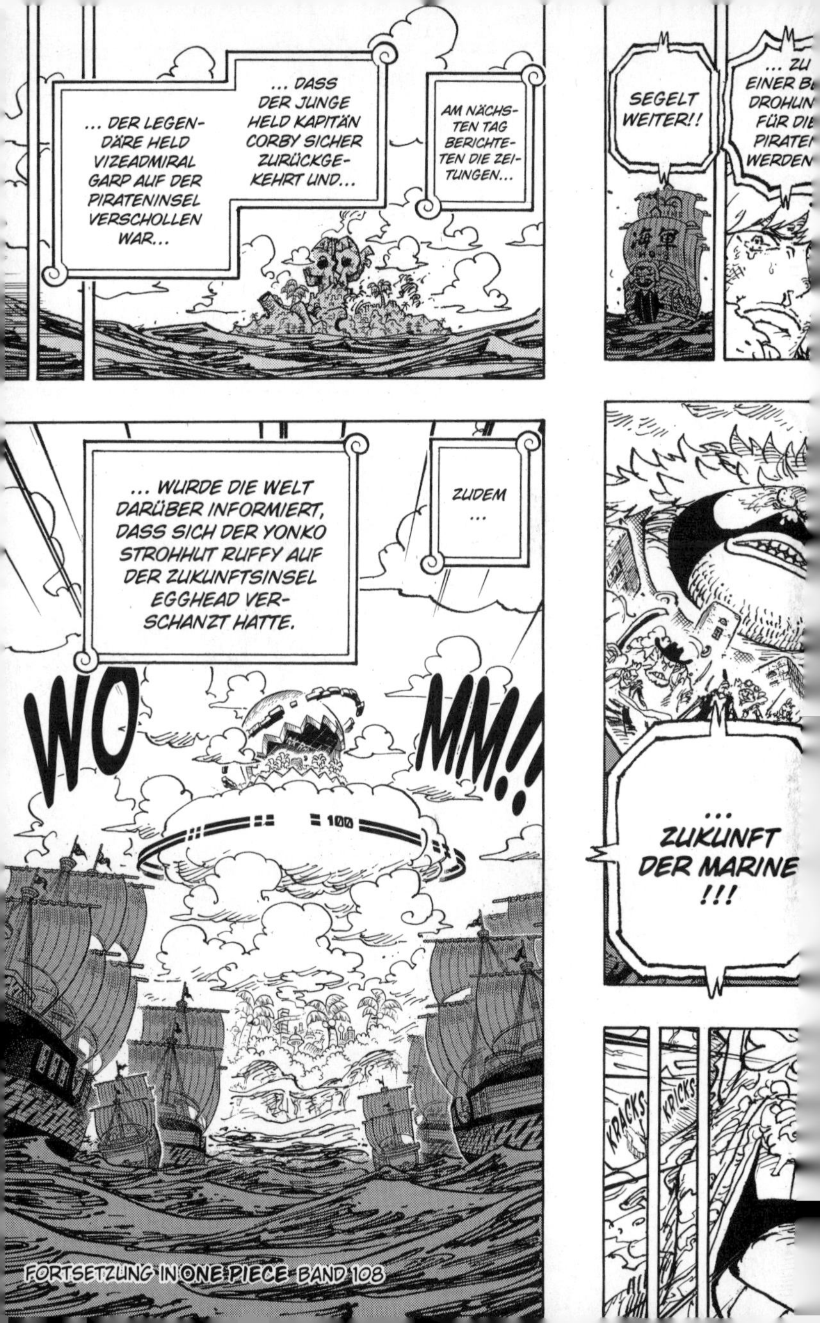

FORTSETZUNG IN ONE PIECE BAND 108

MASHLE
MAGIC AND MUSCLES

Story and Art by
HAJIME KOMOTO

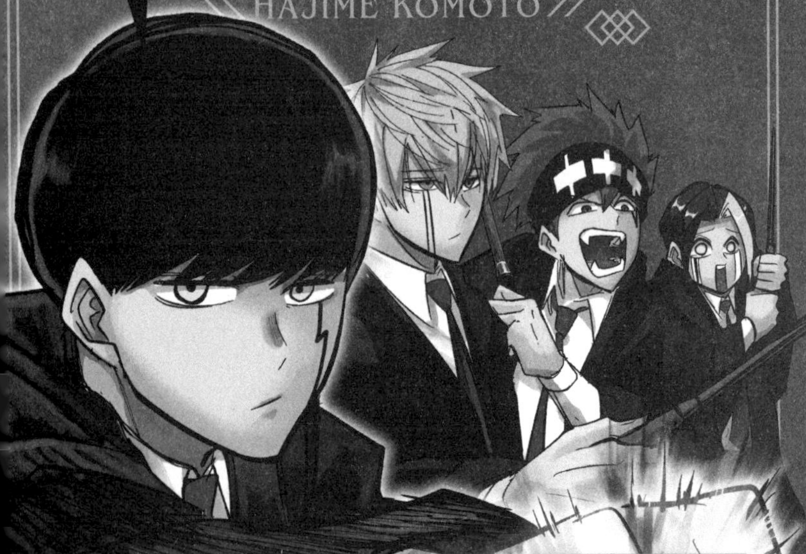

MAGIE IST GUT – MUSKELN SIND BESSER!

Im Reich der Magie wird der soziale Status durch die magischen Fähigkeiten bestimmt. Doch tief im Wald lebt Mash Burnedead, ein junger Mann, der seine gesamte Zeit damit verbringt, seinen Körper zu stählen. Er kann keine Magie benutzen, genießt jedoch ein friedliches Leben mit seinem Vater. Als das herauskommt, geraten beide in Gefahr. Die einzige Lösung: Mash wird in der Magieschule eingeschrieben, wo er die magische Konkurrenz schlagen muss! Wird sich Mash ohne einen Funken Magie und durch reine Muskelkraft einen Weg an die Spitze bahnen können?

CARLSEN MANGA!
www.carlsenmanga.de
carlsen_manga
carlsenmanga

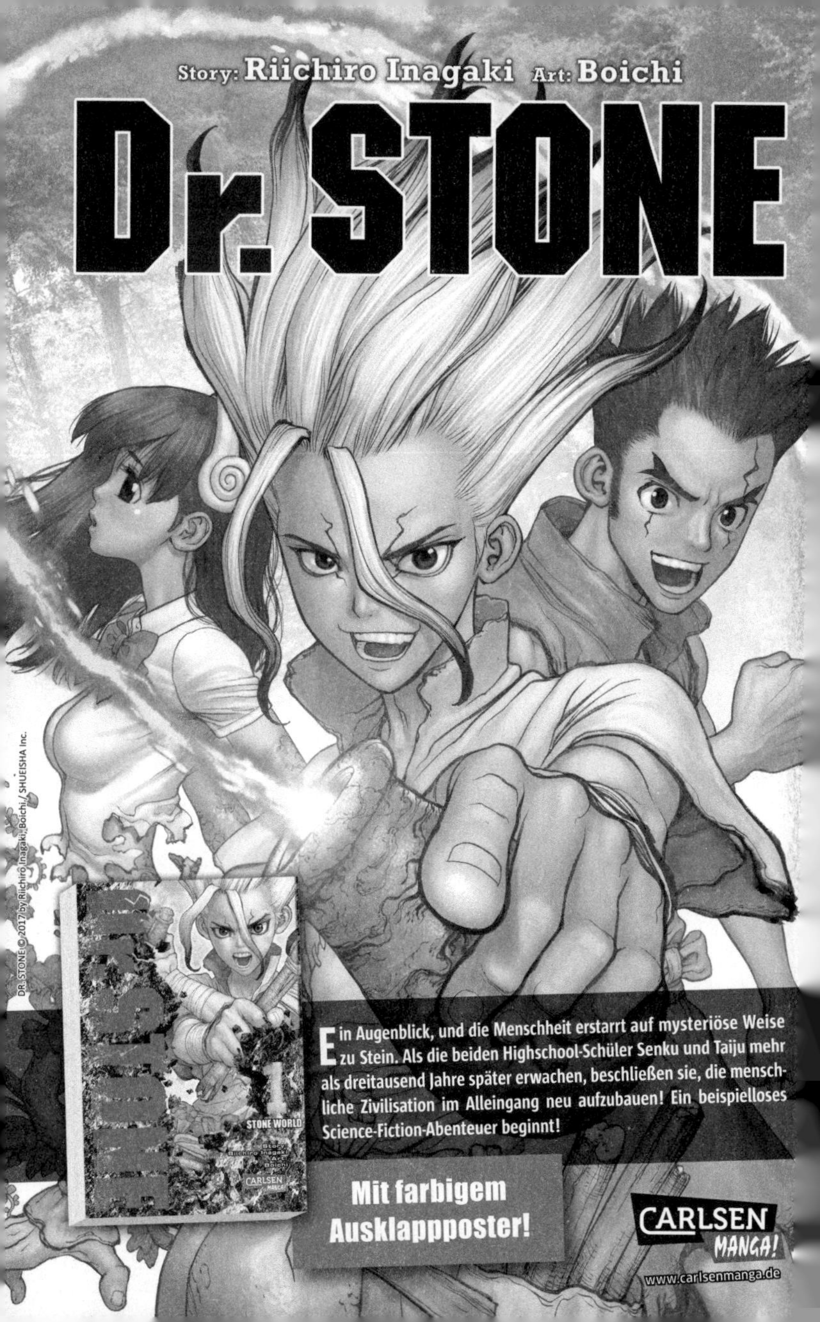
Story: Riichiro Inagaki Art: Boichi
Dr. STONE
STONE WORLD
Ein Augenblick, und die Menschheit erstarrt auf mysteriöse Weise zu Stein. Als die beiden Highschool-Schüler Senku und Taiju mehr als dreitausend Jahre später erwachen, beschließen sie, die menschliche Zivilisation im Alleingang neu aufzubauen! Ein beispielloses Science-Fiction-Abenteuer beginnt!
Mit farbigem Ausklappposter!
CARLSEN MANGA!
www.carlsenmanga.de
DR. STONE © 2017 by Riichiro Inagaki, Boichi / SHUEISHA Inc.

MISSION: Yozakura Family

HITSUJI GONDAIRA

VORHANG AUF FÜR DIE SCHRÄGSTE UND GEFÄHRLICHSTE FAMILIE DER WELT!

Taiyo Asano ist ein extrem schüchterner Oberschüler. Die einzige Person, mit der er unbeschwert reden kann, ist seine Kindheitsfreundin Mutsumi Yozakura. Doch dann stellt sich heraus, dass Mutsumi ein Geheimnis hat, das Taiyos Leben völlig auf den Kopf stellt: Ihre Familie besteht aus lauter Superspionen! Und als wäre das nicht schon aufregend genug, trachtet Mutsumis großer Bruder ihm auch noch nach dem Leben! Wie weit wird Taiyo gehen, um seine Haut zu retten?

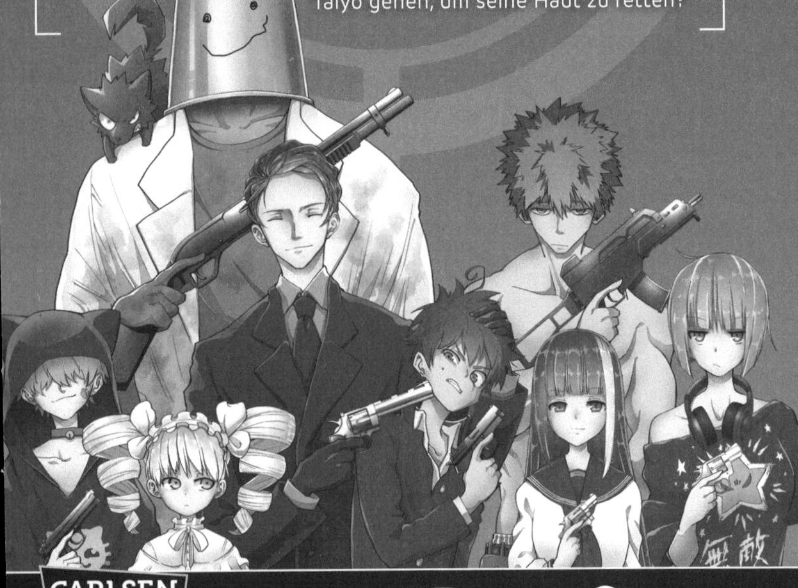

CARLSEN MANGA!
www.carlsenmanga.de
carlsen_manga
carlsenmanga

reiche Serien

Boruto
von Masashi Kishimoto, Ukyo Kodachi und Mikio Ikemoto

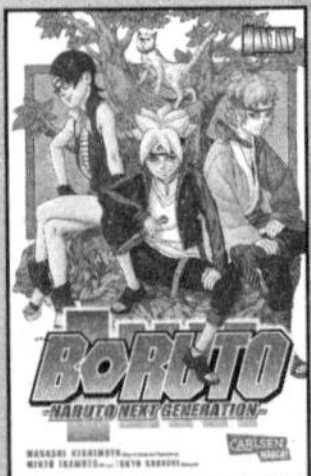

Narutos Sohn Boruto gilt als Wunderkind und ist genauso rebellisch wie einst sein Vater. Er bittet Sasuke ihn zu trainieren, um ein besserer Ninja als Naruto zu werden...

Naruto
von Masashi Kishimoto

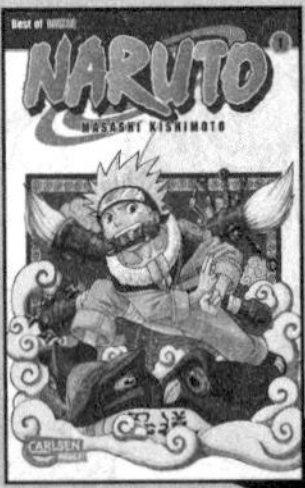

Naruto will der beste Ninja der Welt werden. Weil in ihm ein mächtiges Geheimnis schlummert, wird er von vielen bösen und gefährlichen Ninja verfolgt...

Fairy Tail
von Hiro Mashima

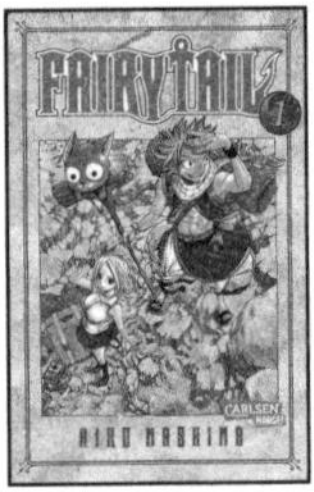

Verrückte Magier, geflügelte Katzen und gefährliche Monster – das ist die Welt von »Fairy Tail«. So nennt sich eine Gilde von sympathischen Outlaws, die mit ihren Zauberkünsten gegen das Böse in der Welt kämpfen, dabei aber mehr als einmal über das Ziel hinausschießen.

Edens Zero
von Hiro Mashima

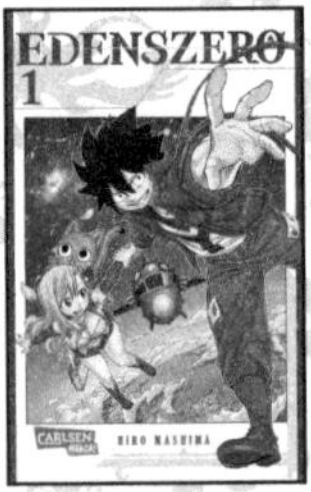

Im Reich der Träume, dem Vergnügungspark Granbell, lebt Shiki allein unter Robotern, doch dann treffen die ersten Gäste seit 100 Jahren ein: Rebecca und ihre blaue Katze Happy. Die drei verstehen sich auf Anhieb gut und werden Freunde... Allerdings birgt dieses kleine Aufeinandertreffen große Veränderungen für ihr Schicksal!

Assassination Classroom
von Yusei Matsui

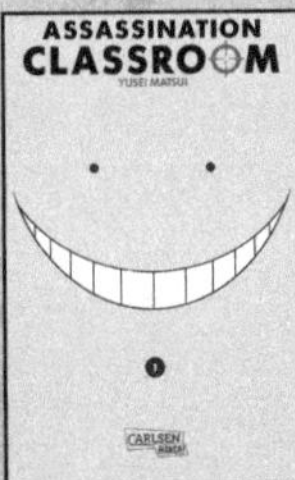

Ein übermächtiges Tentakelmonster mit Smileygesicht droht die Erde zu zerstören. Aber erst nächstes Jahr ... Bis dahin unterrichtet das Monster die Klasse 9-E der Kunugigaoka Junior Highschool.

Soul Eater Massiv
von Atsushi Ohkubo

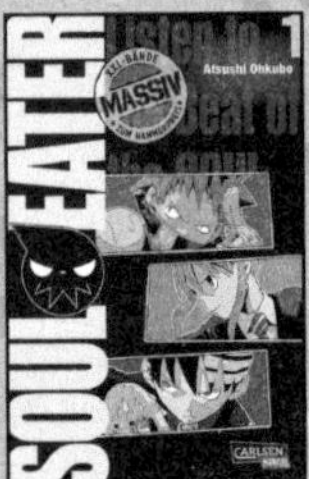

Maka ist Waffenschmiedin in einer spezieller Ausbildung. Ihre Sense namens Soul Eater hat ein Eigenleben und nimmt außerhalb des Kampfes die Gestalt eines ultracoolen Jungen an.

Manga Heroes Action

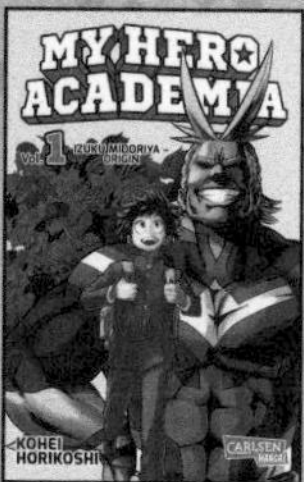

My Hero Academia

von Kohei Horikoshi

In der Welt von Izuku Midoriya besitzt 80% der Bevölkerung Superkräfte. Doch wie und wo könnten die Helden lernen, ihre Fähigkeiten, die sogenannten »Macken« (jp. Kosei) effizienter zu nutzen? Natürlich an der MY HERO ACADEMIA!

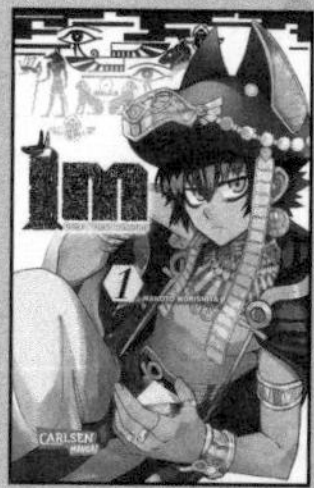

IM – Great Priest Imhotep

von Makoto Morishita

Der Hohepriester Imhotep aus dem antiken Ägypten weilt wieder unter den Lebenden. Im modernen Japan gestrandet, ist er ein Jäger, der die Menschen vor dem uralten Übel der Magai bewahren soll – gottgleichen Wesen, die nach der Vernichtung der Menschen trachten.

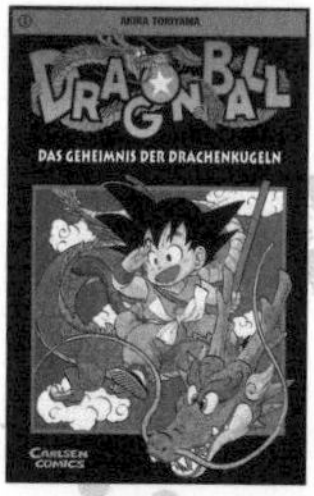

Dragon Ball

von Akira Toriyama

Der Legende nach gibt es sieben »Dragon Balls« auf der Welt. Bringt man allezusammen, so erscheint der mächtige Drache Shenlong und erfüllt einen Wunsch. Nicht auszudenken, was passiert, sollten die »Dragon Balls« in falsche Hände geraten ...

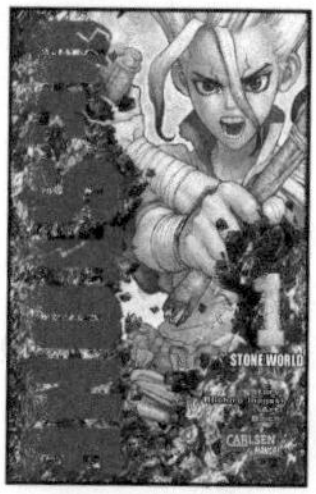

Dr. Stone

von Riichiro Inagaki und Boichi

Ein Augenblick, und die Menschheit erstarrt auf mysteriöse Weise zu Stein. Als die beiden Highschool-Schüler Senku und Taiju mehr als dreitausend Jahre später erwachen, beschließen sie, die menschliche Zivilisation im Alleingang neu aufzubauen!

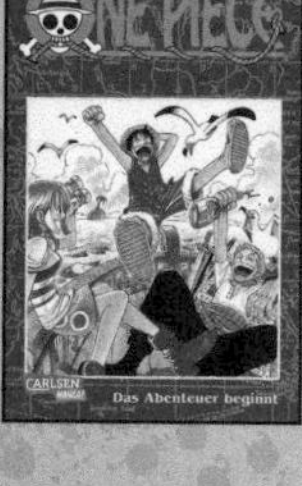

One Piece

von Eiichiro Oda

Monkey D. Ruffy und seine lustige Piraten-Crew sind auf der Suche nach dem größten Schatz der Welt: dem One Piece! Klar, dass sie da nicht die einzigen Piraten auf den Meeren sind...

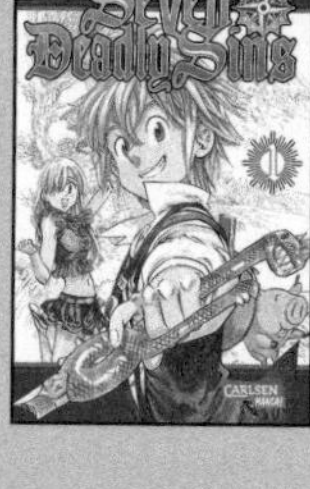

Seven Deadly Sins

von Nakaba Suzuki

Die »Seven Deadly Sins« gelten als die schlimmsten Verbrecher Britannias, Prinzessin Elisabeth macht sich dennoch auf die Suche nach ihnen, denn sie braucht dringend ihre Hilfe...

HALT!

Dieser Comic beginnt nicht auf dieser Seite. ONE PIECE ist ein japanischer Comic. Da in Japan von »hinten« nach »vorne« gelesen wird und von rechts nach links, müsst ihr auch diesen Comic auf der anderen Seite aufschlagen und von »hinten« nach »vorne« blättern.

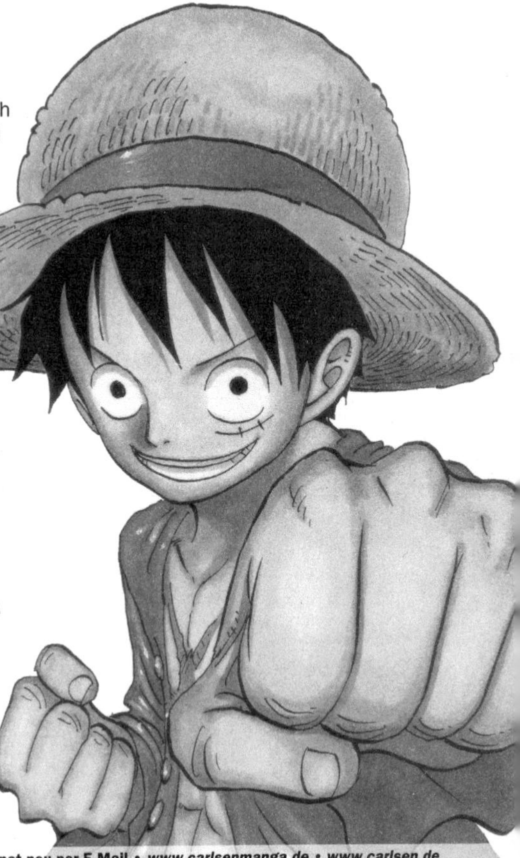

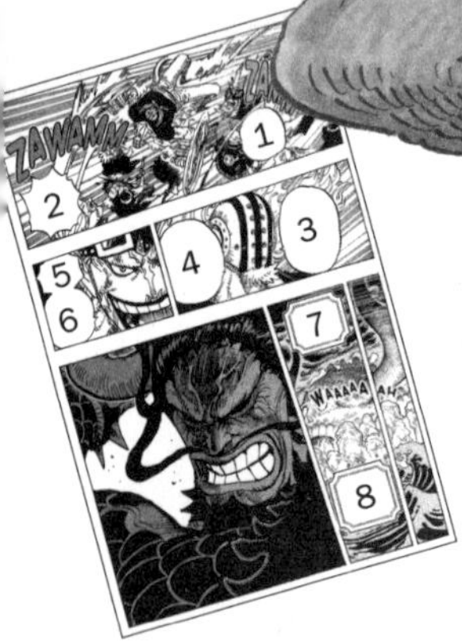

Auch die Bilder und Sprechblasen werden von rechts oben nach links unten gelesen, so wie es die Grafik hier zeigt.
Viel Spaß mit ONE PIECE!

Deutsche Ausgabe / German Edition

· Redaktion: Lisa Gocke
Textbearbeitung: Steffen Haubner · Lettering: Datagrafix
Herstellung: Tobias Hametner

· ISBN 978-3-551-80110-4